HISTOIRE D'UN MYTHE
Le forgeron dans *Le livre des rois* de Ferdowsi

COLLECTION L'IRAN EN TRANSITION

Dirigée par Ata Ayati

Les dernières parutions

MONIREH KIANVACH-KECHAVARZI, *Deux cents locutions comparatives du persan*, 2017.

FOROUGH FARROKHZAD *Au seuil d'une saison froide, Recueil de poèmes, Bilingue français-persan*, Traduit du persan et présenté par Sara Saïdi B. 2017.

JEAN-CLAUDE VOISIN, *Forteresses de la route de la soie. De l'Hindou Kouch à la Méditerranée*, Trilingue français-anglais-persan, 2017.

NAHID PILVAR, *Le pouvoir et la presse en Iran depuis la révolution islamique 1979-2004*, 2017

SÉBASTIEN REGNAULT, *La modernité iranienne. Culture, société, organisation, pouvoir, coopération*, Préface de Philippe d'Iribarne, 2017

SEYYED ROUHOLLAH HOSSEINI, *Crise de la modernité et modernité en crise. Étude contrastive de l'oeuvre d'Albert Camus et de celle de Sadegh Hedayat.* Préface de Pierre Lafrance, 2017.

CHRISTOPHE BALAŸ, *La crise de la conscience iranienne. Histoire de la prose persane moderne (1800-1980).* 2017.

FARID ESMAEELPOUR, *La genèse du cinéma d'auteur iranien : Ebrahim Golestan.* Préface de Serge Le Péron et postface de Jean Douchet, 2017.

LÉLIA ROUSSELET, *Négocier l'atome. Les États-Unis et les négociations de l'accord sur le nucléaire iranien.* Préface de Clément Therme et postface d'Annick Cizel, 2017.

REZA ROKOEE, *L'Iran autrement. Des conflits philosophiques à l'iconophobie*, 2017.

CAROL MANN, *De la burqa afghane à la hijabista mondialisée. Une brève sociologie du voile afghan et ses incarnations dans le monde contemporain.* Préface de Catherine Millet. 2017.

Reza Afchar Naderi

HISTOIRE D'UN MYTHE
Le forgeron dans *Le livre des rois* de Ferdowsi

L'Harmattan

© L'HARMATTAN, 2018
5-7, rue de l'École-Polytechnique, 75005 Paris
http://www.editions-harmattan.fr
ISBN : 978-2-343-14610-2
EAN : 9782343146102

À mes parents de qui je tiens un vrai savoir

« La Perse a, trois mille ans, quatre mille ans, chanté son forgeron »
(Jules Michelet, *La Bible de l'Humanité*)

Repères

Nous avons préféré au titre courant de *Livre des rois* celui de *Shâhnâmeh*, le nom de l'œuvre en persan. De même que l'on transcrit phonétiquement la langue d'origine pour désigner d'autres grandes épopées telles que le *Kalevala* finnois ou le *Mahâbhârata* hindou.

Une approche textuelle du *Shâhnâmeh*, nécessitant le recours à différentes éditions de l'œuvre, suppose l'emploi d'une table de concordance. Nous avons utilisé, dans ce travail, le classique *Glossar* de F. Wolff qu'il convient de compléter, à présent, avec la « Lecture du Livre des rois » parue dans *Studia Iranica*, de Charles-Henri de Fouchécour. Les éditions consultées sont celles de Mohl (édition bilingue, système de pagination in Wolff) et de Bertel's (système de pagination in Fouchécour). Les titres de chapitre sont ceux de la table dressée par C.-H. de Fouchécour. De même les noms propres du *Shâhnâmeh*.

Les références doivent être lues selon le modèle qui suit :
Sh, Lohrâsp, v. 93 (Bertel's VI, p. 13) / v. 95 (Mohl IV, p. 387) :
Sh = référence au texte du Shâhnâmeh
Lohrâsp = titre du chapitre comprenant la citation
v. / vers/ 93 /93-94/ = numéros(s) de distique(s) in édition Bertel's
Bertel's VI [...] = volume 6 de l'édition Bertel's
(/.../, p. 13) = pagination de distique(s) cités(s) in Bertel's
/ = distinction entre la référence à Bertel's et à Mohl. *Idem* pour Mohl

Les passages en persan du texte du Shâhnâmeh sur lesquels nous avons travaillé sont extraits de l'édition Bertel's. La traduction française de ces passages est celle de Jules Mohl, sauf correction de notre part notifiée par la mention /ici :/ si un réajustement s'impose par rapport au texte persan.

Pour faciliter la lecture de certaines abréviations non courantes, nous avons reproduit, au premier renvoi de note en bas de page, le titre entier de l'ouvrage concerné.

Les citations du *Coran*, sauf indication contraire, sont empruntées à la traduction de R. Blachère. Celles de la *Bible*, à la traduction œcuménique.

Enfin, les références aux chroniques sont souvent indirectes, mais nous avons tenté d'en proposer une bibliographie, en particulier pour ce qui concerne l'histoire des Sassanides.

Abréviations

Ackerman, *Standards* : « Standards banners and Badges »
Air. Wb. : Bartholomae, *Altiranisches Wörterbuch*
Bachelard, *La Terre* : *La Terre et les rêveries de la volonté*
BGA : *Bibliotheca geographorum Arabicorum*
Borhân : Tabrizi, *Frahang-e Borhân-e Ghâte'*
Christensen, *Démonologie* : *Essai sur la démonologie iranienne*
Id., *Gestes* : *Les Gestes des rois dans les traditions de l'Iran antique*
Id., *Ir. Sassanides* : *L'Iran sous les Sassanides*
Id., *Kâveh* : « The Smith Kâveh and the Ancient Persian Imperial Banner »
Id. *Kayanides* : *Les Kayanides*
Id. *Premier Homme, I – II* : *Le Premier Homme et le premier Roi dans l'histoire légendaire des Iraniens*, tt. 1 et 2.
Coyajee, *Cults and Legends* : *Cults and Legends of Ancient Iran and China*
Dehkhodâ, *LN* : *Loghat-Nâmeh*
Delcourt, *Héphaïstos* : *Héphaïstos ou la légende du Dieu magicien*
Deluzan, *Métallurges* : « Métallurges » in EU[10]
Desai, *Zohak* : « Zohak in history and tradition »
Desmaison, *DPF* : *Dictionnaire Persan-Français*
DS : *Dictionnaire des Symboles*
Duchesnes-Guillemin, *Rel. Ir.* : « La religion iranienne »
Id., *Rel. Ir. A.* : *La Religion de l'Iran ancien*
Id., *Zoroastre* : *Zoroastre, étude critique avec une traduction commentée des Gâthâ*
Dumézil, *ME*[1-3] : *Mythe et Épopée*, vols. I-3
EI[1-2] : *Encyclopédie de l'Islam*, I[e] et nouvelle eds
Eliade, *Chamanisme* : *Le Chamanisme et les techniques archaïques de l'extase*
Id., *Forgerons* : *Forgerons et alchimistes*
Id., *HCIR*[1-2] : *Histoire des Croyances et des Idées religieuses*, vols. 1-2
Id., *Initiation* : *Initiation, rites, sociétés secrètes. Naissances mystiques, essai sur quelques types d'initiation*
Id., *Mythe* : *Aspects du Mythe*
Id., *THR* : *Traité d'histoire des religions*
EU : *Encyclopædia Universalis*

Frontisi-Ducroux, *Dédale* : Dédale : *mythologie de l'artisan en Grèce ancienne*
Ghirshman, *PS* : *Iran ; Parthes et Sassanides*
GM/N/S : *Gibb Memorial / New / Series*
Gr. Ir. Ph. : *Grundriss der Iranischen Philologie*
Hist.-filol. Medd. : *Det Kgl. Danske Videnskabernes Selskab, Historisk filologiske Meddelelser*
   Ir. Nam. : Justi, *Iranisches Namenbuch*
JCOI : *Journal of the K. R. Coma Oriental Institute*
Lex. pers.-lat. : Vullers, *Lexicon Persico-latinum*
Massé, *Firdousi* : *Firdousi et l'épopée nationale*
Menasce, *Religions A. Ir.* : « Religions de l'Ancien Iran »
Molé, *Epopée Fir.* : « L'épopée iranienne après Firdosi »
Id., *Ir. A.* : *L'Iran ancien*
Id., *Naissance Ir.* : « La naissance du monde dans l'Iran préislamique »
Id., *Sutkar* : « La Guerre des géants d'après le *Sutkar Nask* »
Nafisi, *Derafsh* : *Derafsh-e Irân va Shir-o Khorshid*
Nayyer-Nouri, *Beyragh* : *Târikhtche-ye beyragh-e Irân va Shir-o Khorshid*
Pope, *S. Per. A.* : *A Survey of Persian Art*, A.U. Pope ed.
Safâ, *Hamâseh* : *Hamâseh sarâ'i dar Irân*
Sarre, *Art P. A.* : *L'Art de la Perse ancienne*
SBE : *Sacred Books of the East*, M. Müller ed.
SMSR : *Studi e materiali di storia delle religioni*
Steingass, *PED* : *A Comprehensive Persian-English Dictionary*
Tegnaeus, *Civilisateur* : *Le Héros civilisateur. Contribution à l'étude ethnologique de la religion et de la sociologie africaines*
Widengren, *Féodalisme* : « Recherches sur le féodalisme iranien »
Id., *Religions Ir.* : *Les Religions de l'Iran*
Wolff, *Glossar* : *Glossar zu Firdosis Schahname*
Xella, *Kothar* : « Il dio siriano Kothar »
ZA^{1-3} : *Le Zend-Avesta*, vols. 1-3, Darmesteter ed.

Le forgeron, archétype éternel du patriote persan

L'objet de ce livre est une mise en lumière des différents aspects de la figure du forgeron dans *Le livre des rois*. Le lecteur, pour peu qu'il soit familier de cette œuvre titanesque qu'est le *Shâhnâmeh*, n'ignore pas qu'il est un forgeron en particulier dont la stature émerge de cette épopée. Celle de Kâveh, nimbée d'une aura patriotique à laquelle aucun Iranien ne saurait demeurer insensible.

Le mythe qu'il incarne, aux origines si anciennes qu'il prend racine dans les cosmogonies primitives de l'humanité, joue un rôle décisif dans le combat qui oppose le dieu céleste au monstre ophidien matérialisant le chaos. La version, originelle toujours, de ce mythe veut que le forgeron céleste, homologue d'un Tvashtri indien ou d'un Héhaïstos grec, soit celui qui forge les armes avec lesquelles la divinité de lumière viendra à bout du dragon symbolisant la sécheresse et retenant prisonnières les eaux de pluie. Le forgeron, ainsi, en remettant la foudre forgée par ses soins et le tonnerre au dieu céleste fait basculer la destinée de l'univers du côté de la vie et de la fertilité. Voici pour l'imagination primitive, libre de toute chronologie terrestre.

Mais la tentation est forte toujours, pour les maîtres sur terre, de raccorder leurs destinées à celles du ciel. Histoire de se greffer – et de se légitimer – une bonne fois pour toutes et pour l'éternité. Le procédé est des plus classiques. Ainsi, quand le prince perse Faridoun vient se mesurer avec Zahhâk, l'homme dragon usurpateur du trône, on réédite l'épisode cosmogonique ici-bas en terre d'Iran, et ce dès les premiers chapitres de l'épopée de Ferdowsi. De la sorte, les débuts de la geste nationale se confondent avec les débuts de l'humanité. Par ailleurs il s'avère que, dans cet affrontement, la figure indispensable du forgeron divin sera escamotée pour ce qui est de la création de ces armes cosmiques que sont l'éclair et la foudre. Par contre, Kâveh le forgeron se retrouvera à la tête d'un soulèvement populaire qu'il suscitera en créant ce qui deviendra l'étendard national iranien.

D'intemporel, le personnage glisse vers la légende temporelle comme garant de la légitimité populaire de Faridoun. Légitimité portée par l'étendard « kavien » ou royal. Cet étendard ou *derafsh* traversera toute l'étendue poétique du *Livre des rois*, d'un siècle à l'autre, jusqu'à ses derniers chapitres relatant l'invasion de l'empire perse par les armées arabes.

La présente relation, si courte et si brève de mon travail, s'adresse à l'amateur de poésies sublimes, de mythes et de légendes, afin qu'il sache parcourir patiemment cette œuvre porteuse de promesses de savoirs fabuleux. Car même si le devoir du chercheur demeure, avant tout, de mettre en lumière la « généalogie » d'un phénomène – ici le mythe du forgeron mis au service de l'idéologie royale des dynasties perses – la fascination sera entière quant à la découverte d'une culture unique au monde, celle préservée par l'incommensurable talent de Ferdowsi.

Le lecteur aura, dans ce voyage à travers le plus profond de l'âme perse, le choix entre une lecture détaillée, citations comprises, et une lecture des seuls commentaires de l'auteur agrémentés des poèmes du Shâhnâmeh traduits par Jules Mohl, autre nom indissociable de l'aventure française du *Livre des rois*.

Puisse cette étude, qui fut longue, harassante et laborieuse, entrecoupée cependant de grands moments d'extase, contribuer à faire revenir au devant de la scène éditoriale et culturelle francophone l'œuvre la plus représentative de l'identité persane, ce *Livre des rois* dont le génie poétique unique au monde a été considérablement négligé au cours de ces dernières décennies. Un trésor patrimonial essentiel sans lequel l'Iran se serait vu privé de son essence et de sa voix.

Paris, le 27 février 2018.

Aspects du forgeron.
Étude de la figure polyvalente
de l'artisan des métaux

Ayant à traiter d'un mythe « professionnel », il serait bon, au préalable, d'étudier ce mythe dans le cadre des différentes valeurs que sa fonction implique, que ce soit au niveau des rapports qu'il entretient avec le monde qui l'entoure, avec les éléments, ou bien au niveau de sa relation avec la société pour laquelle il travaille.

Dans ce chapitre, nous serons conduits à évoquer les différentes fonctions exercées par le « métallurge » qui, ne se limitant pas au travail du métal, lui confèrent un rang particulier, voire privilégié, aussi bien dans le monde humain que dans celui de la mythologie[1].

Rapports du forgeron avec les éléments

Selon M. Eliade, l'expérience du forgeron des sociétés archaïques a déjà connu un précédent en la personne du « potier primordial » :

> « Nous avons tenté de comprendre le comportement de l'homme des sociétés archaïques à l'égard de la Matière, de suivre les aventures spirituelles dans lesquelles il s'est trouvé engagé lorsqu'il eut découvert son pouvoir de changer le mode d'être des Substances. C'est l'expérience démiurgique du potier primordial qu'il eut fallu plutôt étudier, puisqu'il fut le premier à modifier l'état de la Matière. Mais le souvenir de cette expérience démiurgique n'a laissé à peu près aucun vestige. Nous avons donc retenu comme point de départ l'étude des rapports de l'homme archaïque avec les substances minérales, et particulièrement son comportement rituel de mineur, de métallurgiste du fer et de forgeron[2] ».

Ainsi, dans ses rapports avec la matière, le forgeron s'inscrit dans une chaîne de métallurges comprenant, entre autres, le fondeur et l'alchimiste.

---

1 Pour « Métallurges », voir Deluzan, art. « Métallurges » in *EU10*
2 Eliade, *Forgerons*, p. 6.

Dans la hiérarchie du travail du métal, J. Deluzan commente ainsi la profession du forgeron dans sa relation avec la terre :

> « La Terre est femme ; comparable au ventre maternel, elle porte dans ses entrailles les métaux ; ceux-ci croissent dans son sein et les mineurs procèdent à leur accouchement ; les forgerons à leur tour éduquent et structurent les enfants de la Terre-Mère, participant, par leur œuvre, à la plénitude de sa sacralité[3]. »

Ce que nous retiendrons de ce mode de relation privilégié avec les éléments, c'est la nature particulière d'un métier qui relève du domaine du sacré :

> « Il y a ceci de commun entre le fondeur, le forgeron et l'alchimiste, que tous trois revendiquent une expérience magico-religieuse particulière dans leurs rapports avec la Substance ; cette expérience est leur monopole et le secret s'en transmet par les rites initiatiques des métiers ; tous trois travaillent sur une Matière qu'ils tiennent à la fois pour vivante et sacrée, et leurs labeurs poursuivent la transformation de la Matière, son « perfectionnement », sa « transmutation »[4].

Mise à part cette relation immédiate avec la terre, le forgeron a aussi commerce avec les trois autres éléments classiques et cette diversité des rapports conduit Bachelard à reconnaître dans le métier de la forge un « travail complet » :

> « Du point de vue de l'imagination des éléments, le métier du forgeron apparaît comme un « métier complet ». Il implique des rêveries qui touchent le métal, le feu, l'eau et l'air[5] ».

En effet, cette profession s'apparente à ces trois derniers éléments par le four, la trempe et le soufflet. Le feu est sans doute parmi ces trois l'élément qui caractérise le mieux le travail de la forge, « une des grandes rêveries de la volonté »[6], l'occasion d'un « complexe archaïque fécond »[7].

> « Le feu s'avérait être le moyen de « faire plus vite », mais aussi de faire « autre chose » que ce qui existait déjà dans la Nature : il était, donc, la manifestation d'une force magico-religieuse qui pouvait modifier le monde, qui, par conséquent, n'appartenait pas à ce monde ci. C'est la raison pour laquelle déjà les cultures les plus archaïques imaginent le spécialiste du sacré comme un « maître du feu »[8].

De l'ambivalence qui est propre à l'archétype découle l'aspect paradoxal du feu, transmis à celui qui le manie :

---

3   Deluzan, « Métallurges », p. 945 b.
4   Eliade, *Forgerons*, p. 7.
5   Bachelard, *La Terre*, p. 173.
6   Bachelard, *La Terre*, op. cit., p. 156.
7   Id., *La Psychanalyse du feu*, p. 183.
8   Eliade, *Forgerons*, p. 64.

> « Le maître du feu », comme le feu lui-même, est susceptible de valorisations différentes : il peut être divin ou démoniaque. Il existe un feu céleste qui coule devant le trône de Dieu, et, dans la Géhenne, brûle le feu infernal. »[9]

Le forgeron hérite ainsi de cette ambivalence, et, entre l'archétype et le mythe qui s'y rattache, on peut constater le même caractère équivoque :

> « Des métiers liés à la transformation des métaux, celui de forgeron est le plus significatif quant à [...] l'ambivalence des symboles qu'il implique. La forge comporte un aspect cosmogonique et créateur, un aspect « asurique » et infernal [...] »[10]

Cette ambivalence du forgeron nous paraît surdéterminée par les valeurs contradictoires attribuées à la matière même qu'il travaille : dans le *Coran*[11], il est rapporté que l'on a fait descendre pour les hommes le Fer « qui contient danger terrible et utilité ».

C'est ainsi que celui à qui le Créateur a concédé la maîtrise du fer ne peut être qu'un Élu, un prophète :

> « Certes nous avons donné à David une faveur (issue) de Nous. Ô Montagnes ! reprenez avec lui (ses hymnes) et (vous aussi), Oiseaux ! Pour lui nous avons amolli le fer [...] »[12].

Cette connivence céleste, dans d'autres traditions, s'est maintenue dans le vocabulaire de langues très anciennes :

> « Le mot sumérien AN-BAR, le plus ancien vocable désignant le fer, est constitué des signes pictographiques « ciel » et « feu ». On le traduit généralement par « métal céleste » ou « métal-étoile ». Campbell Thompson le traduit par « éclair céleste » (du météorite). L'étymologie de l'autre nom mésopotamien du fer, l'assyrien *parzillu*, demeure controversée. Certains savants le font dériver du sumérien BAR.GAL, le « grand métal » [...]. Pendant assez longtemps les Égyptiens ne connurent que le fer météorique. Le fer des gisements ne paraît pas avoir été utilisé en Égypte avant la XVIIIe dynastie et le Nouvel Empire. [...] Le terme *biz-n.pt*, « fer du ciel », ou, plus exactement, « métal du ciel », indique clairement l'origine météorique. [...] Même situation chez les Hittites : un texte du XIVe siècle précise que les rois hittites utilisaient « le fer noir du ciel ». [...] Le fer météorique est connu en Crète depuis l'époque minoenne (2000 av. J.-C.) [...] L'origine « céleste » du fer est peut-être attestée dans le vocable grec *sideros*, que l'on a mis en rapport avec *sidus, -eris*, « étoile », et le lituanien *svidu*, « briller », *svideti*, « brillant »[13].

Le forgeron à qui il appartient d'exploiter deux régions sacrées (ciel puis terre) devient un être d'exception, une sorte de médiateur, de lien entre les divinités ouraniennes et les puissances chtoniennes : il a affaire à la fois à une

---

9   *Ibid.*, p. 91.
10 *DS*, art. « Forgeron », p. 341.
11 57, 25, in « Al-Hadid – Missions successives des Prophètes ».
12 Coran, *op. cit.*, 34, 10.
13 *Ibid.*

production céleste « masculine » matérialisée par les météorites et au minerais engendré par les entités relevant du règne de la « Terra Genitrix »[14].

Après avoir établi les modes de relation entre le forgeron et les éléments, puis, de là, ayant reconnu les valeurs mythiques que ces rapports impliquaient, nous procéderons maintenant à une étude de la « production » du forgeron, puisque la matière qu'il côtoie doit, par lui, prendre forme et vie.

Armes et outils

Nous avons constaté que le fer, qu'il soit « tombé de la voûte céleste » ou bien qu'il soit « extrait des entrailles de la Terre », est « chargé de puissance sacrée »[15].

La manière dont cette puissance sacrée se manifestera après que le métal aura été travaillé par le forgeron est fonction de la forme et de l'emploi qui lui sont réservés. Surtout si on n'ignore pas le caractère ambivalent du fer qui peut, à la fois, conduire l'homme à la « civilisation », c'est-à-dire, en premier lieu, « l'agriculture », puis à la « guerre », le triomphe militaire, dans ce dernier cas, devenant homologué à un triomphe démoniaque »[16].

> « L'art de faire des outils est d'essence surhumaine, soit divine, soit démoniaque (le forgeron forge également les armes meurtrières). Des restes des anciennes mythologies des temps lithiques se sont probablement surajoutés et intégrés à la mythologie des métaux. L'outil en pierre, le coup de poing, étaient chargés d'une force mystérieuse : ils frappaient, blessaient, faisaient éclater, produisaient les étincelles, tout comme la foudre. La magie ambivalente des armes de pierre, meurtrières et bienfaisantes comme la foudre elle-même, s'est transmise, amplifiée, aux nouveaux instruments forgés en métal. Le marteau, héritier de la hache des temps lithiques, devient l'insigne des dieux forts, les dieux de l'orage. »[17].

Nous étudierons séparément ces deux aspects contradictoires de la production du forgeron, ainsi que leurs dimensions mythologiques respectives.

Armes

La création des armes du héros, dans les traditions mythologiques, compte parmi les attributs du forgeron, et c'est là une production qui participe de ces dons que nous avons évoqués précédemment, qui mettent le métallurge en rapport avec la sacralité :

> « Le forgeron crée les armes des héros. Il ne s'agit pas seulement de leur fabrication matérielle, mais de la « magie » dont elles sont investies ; c'est

---

14 Eliade, *Forgerons*, p. 15.
15 *Ibid.*, p. 21.
16 *Ibid.*, p. 22
17 *Ibid.*, p. 23.

l'art mystérieux du forgeron qui les transforme en outils magiques. D'où les rapports attestés dans les épopées, entre forgerons et héros. »[18].

Outils

Il est à noter que les notions d'« arme » et d'« outil », dans le domaine qui nous intéresse, ne sont pas nécessairement distinctes l'une de l'autre. Cet aspect vient de ce que, dans la mentalité primitive, la « création » et le « combat » vont souvent de pair. Ainsi, la foudre, le tonnerre, « symboles de l'activité céleste », deviennent, dans la plupart des cas, « arme » et « outil cosmogonique »[19].

Au niveau humain, les forgerons se proposent de traduire sur terre l'activité créatrice des dieux dont ils se sont inspirés pour la production des outils :

> « Les dieux et les forgerons unissent leurs opérations, les uns et les autres étant les artisans de nouvelles destinées. [...] les hommes fabriquent leurs outils en imitant des modèles divins, participant ainsi à leur puissance démiurgique : le marteau, le soufflet, l'enclume possèdent un pouvoir sacré relevant à la fois du merveilleux et de la magie »[20]

La fonction artisanale

Une approche du métier de forgeron envisagé dans son aspect « technique » paraît nécessaire dans la mesure où il convient de se référer à un champ sémantique propre à cette profession, en particulier le vocabulaire qui se rattache à la forge même. Si les outils du forgeron participent à la « sacralité », si « le marteau, le soufflet, l'enclume se révèlent des êtres animés et merveilleux » passant pour pouvoir « opérer par leur propre force magico-religieuse, sans l'aide du forgeron »[21], il s'avère nécessaire de disposer d'éléments permettant de reconnaître, éventuellement de répertorier, la terminologie propre au matériel ou aux techniques métallurgiques.

Dans le domaine iranien, nous nous référons à l'ouvrage de H. E. Wulff[22] sur l'artisanat traditionnel en Iran. Dans son étude, il indique qu'il semblerait que le nord et le centre de la Perse aient été les plus anciens foyers d'activité métallurgique :

---

18 Eliade, *Forgerons*, p. 70.
19 DS, art. « Forgeron », p. 342.
20 Deluzan, « Métallurges » in *EU*, p. 945c.
21 Eliade, *Forgerons*, p. 23
22 Wulff, *The Traditional Crafts of Persia*.

L'exposé sur l'Iran en tant que « foyer préhistorique », établi par E. Hertzfeld et A. Keith[23] dans *A Survey of Persian Art*, étudie la question des origines de cette activité en Iran.

Dans le contexte précis de notre étude, le *Shâhnâmeh* renvoyant surtout à la période sassanide, nous nous sommes référés à J. Oberli, dans l'article, compris dans l'ouvrage cité, sur le travail du métal à l'époque sassanide et au début de l'ère islamique[24].

D'autre part, nous avons aussi puisé certains éléments, pour ce qui est de l'art iranien en général, dans les ouvrages d'A. Godard[25] et de F. Sarre[26].

Dans son chapitre sur la métallurgie dans la Perse antique[27], Wulff dresse un historique de cette activité accompagné de certains repères étymologiques importants pour déterminer les différentes nuances du mot « fer » en persan. Ainsi, il fait la distinction entre *âhan* (Skr. *ayas* « fer forgé ») et *poulâd* (moyen perse), *foulâd* (persan moderne) pour « acier trempé ».

Dans le texte du *Shâhnâmeh*, c'est ce dernier terme qui est employé pour désigner la matière dont est forgée l'arme des héros ; littéralement *foulâd*[28]. Nous relèverons, de même, un chapitre de ce livre consacré au forgeron, « blacksmith »[29] et un glossaire détaillé des termes techniques où l'on puisera les termes appropriés au travail du métal[30].

Bien entendu, les ouvrages mentionnés sont d'un apport technique qui doit être placé dans un contexte contemporain. Le *Shâhnâmeh*, ayant été rédigé en persan, la question de la langue n'est pas préoccupante. Pour ce qui concerne le recours à des traités de forge anciens qui auraient pu apporter un éclairage significatif à notre travail, nous n'en avons malheureusement connu aucun, ceux-ci étant, apparemment, assez rares. Les seuls traités disponibles qui iraient plus ou moins dans notre sens sont plutôt des traités de forgerons ayant pour objet de fixer les serments prêtés par les apprentis pour leur intégration dans des corporations de métier.

À ce propos, nous avons consulté le texte d'un traité de forgeron, le *Fotovvat-nâmeh-ye âhangarân* publié depuis peu par I. Afshâr[31], dans l'introduction duquel il reconnaît la rareté regrettable des œuvres portant

---

23 E. Hertzfeld and A. Keith, « Iran as a Prehistoric Center » in Pope, *S. Per. A¹*, pp. 42-59.
24 Oberli, « Sasanian and Early Islamic Metalwork » in Pope, *S. Per. A¹*, pp. 716-771.
25 Godard, *L'Art de l'Iran*.
26 Sarre, *Art de la Perse ancienne*.
27 *Op. cit.*, pp. 1-14.
28 *Ibid.*
29 *Op. cit.*, pp. 48a-52b.
30 Wulff, *Crafts P.*, « Glossary of technical terms », pp. 331-387.
31 Afshâr, « Forovvat-nâmeh-ye âhangarân » in *Farkhonde payâm*, pp. 53-59. Par l'occasion nous adressons nos remerciements à M. M.-Dj. Mahdjoub qui nous a communiqué le texte de ce traité.

directement sur le domaine des « sciences pratiques »[32]. Son article est suivi des formules rituelles, sous forme de questions et de réponses entre le maître et le postulant. De l'avis de l'auteur de l'article, on ne peut tirer d'informations techniques du traité, mais, comme il contient un certain nombre d'expressions techniques, de récits de coutumes et de traditions en rapport avec cet art, il peut s'avérer utile[33].

Les expressions sont au nombre d'une trentaine environ et il est possible de trouver leurs homologues dans le glossaire de Wulff que nous venons de mentionner. Nous retrouvons, insérées dans les formules rituelles, des expressions telles que *dam* « souffler », *anbor* « tenailles », *sendân* « enclume », *koureh* « four », etc.

Avec ce minimum de matériel technique, nous considérons qu'il est possible d'aborder le texte du *Shâhnâmeh*, de sorte à identifier des séquences comprenant des allusions à l'activité métallurgique, une étude plus spécialisée de la question ne relevant plus de notre compétence ni de l'orientation que nous avons choisi de donner à notre recherche.

Le forgeron architecte et démiurge

Il va de soi que celui qui, par sa « possession du secret occulte de fabrication », prend place dans « la grande mythologie du savoir-faire », celui-ci engage ses dons dans la création d'un monde qui se veut à l'image de « modèles divins »[34] : l'artisan devient « substitut de l'organisateur du monde »[35].

La figure du forgeron est une des nombreuses manifestations de l'*homo faber*, artisan qui, par son « habileté », réussit à donner forme et vie à la matière inanimée. Dans la mythologie de la Grèce antique, Dédale est l'expression même de cette disposition :

> « Dédale est représenté, dans la tradition antique, tantôt come fils de Métion, l'homme à la *métis* (« ruse », « astuce »), tantôt comme fils d'Eupalamos, terme évoquant l'habileté manuelle, qualificatif des génies de la forge, inventeurs de la métallurgie. »[36]

Mais, dans le mythe, Dédale est surtout « l'inventaire de la statuaire »[37]. Il procède de la *techne* « artifice » pour parvenir à une « imitation du vivant »[38].

---

32 *Ibid*, p. 53
33 *Ibid*.
34 Eliade, *Forgerons*, p. 85.
35 DS, art. « Forgeron », p. 342.
36 P. Vidal-Naquet, préf. à F. Frontisi-Ducroux, *Dédale*, p. 14.
37 *Ibid*, p. 11.
38 *Ibid*, p. 139.

Dans la mythologie ougaritique, on retrouve chez le dieu forgeron et artisan Kothar ces mêmes aptitudes traduites par le nom qui est le sien : *kothar-wa-khasis* « habile et ingénieux »[39]

On sait que Kothar employa son talent à construire « l'inégalable palais de Baal »[40]. À l'instar du forgeron divin du Poème de Baal, les forgerons humains tentent de reproduire sur terre l'œuvre de l'artisan des dieux, participant ainsi de la « mythologie de l'*homo faber* », conscients de ce que « toute création, toute construction, ne peut être qu'un ouvrage surhumain »[41].

La maison des dieux faisant partie intégrante de l'univers, le forgeron-architecte assume, dans la conception de cet édifice, « l'aspect cosmogonique et créateur » qui lui a été imparti[42].

Pour construire, le forgeron déploie ses connaissances techniques, mais, pour réaliser l'œuvre qu'il rendra unique, il lui faut aussi recourir à la puissance de la pensée :

> « Le détenteur de la dextérité manuelle [...] se caractérise essentiellement par ses qualités intellectuelles. La forme d'esprit dont il fait preuve, subtilité inventive, inépuisable en ressources, ruses et stratagèmes, constitue un type d'intelligence, pratique certes, mais que les Grecs se sont attachés à définir, à côté d'autres formes de pensée, pour la mettre en relation constante avec bon nombre d'activités humaines, et plus particulièrement les techniques et les arts. Dès Homère, en effet, les ouvrages d'Héphaïstos sont présentés comme « le fruit de ses savants pensers ». Athéna, divinité technicienne, est fille de Métis, et incarne précisément cette forme d'intelligence. Ulysse, son protégé [...], est dit « polumétis », le plus astucieux toujours et partout. Quant à Dédale, le fils de Métion, ses aventures [...] mettent en relief l'aspect conceptuel de son génie plus que les manifestations concrètes de son habileté.[43] »

Nous avons constaté que, dans la tradition coranique, l'emprise sur le fer était accordée à Alexandre comme témoignage d'élection divine[44]. Il y dirige l'édification de la fameuse muraille qui devait servir à contenir les Gog et les Magog :

> « Ensuite il suivit une corde (céleste). Jusqu'à ce qu'étant parvenu entre les Deux Digues, il trouva, en deçà d'elles, un peuple qui ne pouvait comprendre un langage. (Ces gens) dirent : « Ô Dhou-l-Qarnaïn ! les Gog et Magog sèment le désordre sur la terre. Pourrions-nous te remettre une redevance, à charge que tu établisses une digue entre eux et nous ? ». Ce que mon Seigneur m'a conféré vaut mieux (que vos dons), répondit

....
39   Xella, *Kothar*, p. 116.
40   *Ibid*, p. 117.
41   Eliade, *Forgerons*, p. 85.
42   *DS*, art, « Forgeron », p. 341.
43   Frontisi-Ducroux, *Dédale*, p. 192.
44   Cf. aussi pour David, *supra*, « Al-Hadith », 57, 25 ; p. 8.

> Dhou-l-Qarnaïn. « Aidez-moi (seulement) avec ardeur (et) j'établirai entre vous et eux un rempart. Apportez-moi des blocs de fer ! ». Quand il eut comblé l'espace entre les deux versants (des monts), il dit : « Soufflez ! ». Quand il eut fait du fer (une masse de) feu, il dit : « Apportez-moi de l'airain que je verserai sur ce fer ! ». (Les Gog et les Magog) ne purent ni escalader ce rempart, ni y pratiqur une brèche. (Dhou-l-Qarnaïn) dit : « Ceci est une bonté (*rahma*) de mon Seigneur. Quand viendra (la réalisation de) la promesse de mon Seigneur, il rasera ce rempart : la promesse de mon Seigneur est inévitable. »[45]

Nous constatons, encore une fois, que le prestige du maître des métaux est lié à sa connaissance surhumaine des phénomènes engendrés par la matière : *dhou-l-qarnaïn*, « celui qui possède deux cornes », nous rappelle que, chez les Sémites, la corne était considérée comme « symbole de la puissance[46] ». La légende d'Alexandre le Grand, selon le pseudo-Callisthène et Jacques de Sarouj[47], veut qu'il ait érigé un mur d'airain pour retenir les invasions de peuples féroces, les Gog et Magog[48] ; mais elle voit en lui le patron sous les ordres de qui les forgerons auraient élevé le célèbre rempart[49]. L'œuvre exceptionnelle de l'architecte – forgeron demande, pour s'accomplir, le concours du « sacré » :

> « Nous l'avons établi sur la terre et l'avons comblé de toutes choses »[50].

Bien que ces dons semblent relever de la « magie » plutôt que de la « prophétie »[51], le bâtisseur demeure un élu appelé aux grandes réalisations. Ce qui le distingue des autres humains, c'est sa connaissance des matériaux produits par la nature, de leurs propriétés et des forces qu'ils recèlent ; ce savoir fait de lui l'auteur d'entreprises surhumaines.

La fonction sociale

Après avoir étudié les rapports que le forgeron entretient avec les éléments, considérons à présent son rôle dans la société, examinons son statut vis-à-vis de la communauté qu'il fréquente et qui sollicite ses services.

Tout comme la matière que travaille le métallurge, le regard que posent sur lui les membres de sociétés régies par des modes d'organisation différents est ambigu. D'autre part, malgré l'aversion que certains groupes

---
45 « Al Kahf », 18, 91-98.
46 *Le Coran*, D. Masson éd., Paris, Gallimard, coll. « Pléiade », p. 877, note 83.
47 Cf. E. A.T.W. Budge, *The History of Alexander the Great, being the Syrian version of the pseudo-Callisthene*, 1889.
48 Cf. aussi, pour la tradition biblique, « Ezéchiel », 38-39 et « *Apocalypse de Jean* », 20, 7-10.
49 Budge, *op. cit.*, pp. 182-184.
50 « Al-Kahf », 18, 83/84.
51 *Ibid*, p. 326.

sociaux éprouvent à son encontre, il reste, depuis les époques archaïques, un personnage de marque jouant un rôle essentiel, parfois de première importance, pour le maintien des structures de ces sociétés. Il est souvent le détenteur des traditions de sa race, il patronne les cérémonies rituelles et revêt, comme « initiateur », les attributs du sorcier ou du prêtre.

Contradictions du statut social

Le pouvoir dont dispose le forgeron peut se manifester de manière contradictoire ; il peut contribuer à la ruine comme à la prospérité. Sa puissance « essentiellement ambivalente » est « aussi maléfique que bénéfique », d'où une « crainte révérencieuse » qu'il inspire partout[52]. Cet aspect équivoque correspond bien à la double nature que nous avons constatée chez le feu et le fer :

> « Leur pouvoir sur le feu et surtout la magie des métaux ont valu aux forgerons la réputation de redoutables sorciers[53]. D'où l'attitude ambivalente dont ils sont l'objet : ils sont méprisés et vénérés à la fois. Ce comportement antithétique est surtout attesté en Afrique[54] : dans nombre de tribus le forgeron est honni, considéré comme paria et on peut même le tuer impunément[55] ; dans d'autres tribus, le forgeron est, au contraire, respecté, assimilé au *medecine-man* et il devient même chef politique. Cette conduite s'explique par les réactions contradictoires qu'inspirent les métaux et la métallurgie, et par les dénivellations qui séparent les différentes sociétés africaines : certaines ont connu tardivement la métallurgie et dans des contextes historiques complexes »[56].

Cette attitude ambivalente est à mettre en rapport avec le mode d'organisation et la structure de ces sociétés :

> « Il y a pour ainsi dire une corrélation entre la considération pour le forgeron et l'activité agricole de sa tribu d'une part, corrélation entre le mépris vis-à-vis de cet artisan et l'économie pastorale d'autre part.[57] »

Dans les deux cas, que le forgeron jouisse, au sein d'une économie de type agricole, d'un « grand prestige social » ou qu'il soit marginalisé par une société à économie de type pastoral et nomade, il inspire toujours une « crainte révérencieuse qui finit par lui garantir des privilèges particuliers en relation avec la sphère du sacré.[58] »

---

52 *DS*, art. « Forgeron », p. 343.
53 Cf., à ce propos, Eliade, *Metallurgy, Magic and Alchemy* (« Zalmoxis », I, 1938, pp. 85-129 et « Cahiers de Zalmoxis », I, 1938).
54 Cf. W. Cline, *Mining and Metallurgy in Negro Africa* (General Series of Anthropology, n°5, Paris, 1937).
55 Cf. R. Andree, *Die Metalle bei den Naturvölkern mit Berücksichtigung prähistorischer Verhältnisse*, Leipzig, 1884.
56 Eliade, *Chamanisme*, pp. 410-411.
57 H. Tegnaeus, *Le Héros civilisateur*, p. 179. Cf. aussi : Xella, *Kothar*, pp. 111-112.
58 *Ibid.*

Ces comportements trouvent leur explication dans la « nature » attribuée par ces sociétés au forgeron : il joue un rôle de « révélateur de culture » en faveur de l'humanité, mais sa participation à des forces naturelles et « incontrôlées » font de lui un être « hostile » ; cette dernière caractéristique lui vaut d'être représenté avec des déformations physiques, reflétant bien son ascendance « chaotique.[59] »

Données qui ont été constatées parmi les populations africaines en particulier. Xella développe ainsi, dans son article, les thèses de H. Tegnaeus[60] qui voit dans le forgeron des sociétés sédentaires le type de « héros civilisateur » et leur oppose le cas du régime pastoral et nomade où le métallurge devient un « étranger » classé parmi les basses couches sociales[61].

L'auteur note cependant que cette affirmation n'est pas une règle, et qu'il arrive que le forgeron soit parfaitement intégré auprès de certaines populations pastorales ; de même il existerait des sociétés agricoles où la norme est inversée[62].

L'initiation

Nous avons mentionné à plusieurs reprises la question de la sacralité du fer qui est la matière même que travaille le forgeron. En dehors de sa fonction purement pratique, celui-ci est le détenteur de « secrets » que nous avons qualifiés de « célestes » et « terrestres », en fonction de l'histoire de la matallurgie chez les peuples concernés. De la connaissance de ces secrets découle toute une tradition liée à la science et à la sagesse dont on trouve des échos chez les sorciers, les chamans, les prêtres et d'autres figures sociales qui « communiquent » avec la sphère du sacré. Le travail du fer est aussi en rapport avec « l'activité créatrice du verbe », et le forgeron participe de la fonction oratoire et du chant. Il est aussi le dépositaire des traditions mythologiques de son milieu. D'où le rôle de chef politique qui lui est parfois imparti. Enfin, on retrouve des forgerons associés en clans ou en corporations à structures bien définies, avec leurs codes et rituels initiatiques.

Science et Sagesse métallurgiques

Bien avant que le minerai ferreux ne soit extrait du sol, les peuples de l'Antiquité travaillaient les météorites. Parmi ces peuples, Eliade a cité les Indo-Européens qui croyaient à l'existence de « cieux métalliques » d'où

---

59 Xella, *Kothar*, pp. 111-112.
60 Tegnaeus, *Civilisateur, passim*.
61 Xella, *Kothar*, p. 113.
62 *Ibid*.

se détacheraient ces matériaux[63]. Plus tard, le forgeron s'associe au mineur pour travailler une matière en provenance des profondeurs de la terre. Une fois détaché de ces produits des sphères célestes qui le mettaient en contact de secrets d'essence « ouranienne »[64], il établit des rapports avec l'univers « tellurique » :

> « Si les sources, les galeries de mines et les cavernes sont assimilées à l'utérus de la Terre-Mère, tout ce qui gît dans le « ventre » de la terre est vivant, encore qu'au stade de la gestation. Autrement dit, les minerais extraits des mines sont en quelque sorte des « embryons » : ils croissent lentement, comme s'ils obéissaient à un autre rythme temporel que la vie des organismes végétaux et animaux – ils ne croissent pas moins, ils « mûrissent » dans les ténèbres telluriques. Leur extraction au sein de la Terre est donc une opération pratiquée avant terme. Si on leur avait laissé le temps de se développer (c'est-à-dire le « rythme géologique » du temps), les minerais seraient devenus des métaux mûrs, « parfaits » [...] Nous pouvons mesurer dès maintenant la responsabilité assumée par les mineurs et les métallurgistes en intervenant dans l'obscur processus de croissance minérale. Il leur fallait à tout prix « justifier » leur intervention, et pour ce faire, ils devaient prétendre se substituer, par les procédés métallurgiques, à l'œuvre de la Nature. En accélérant le processus de la croissance des métaux, le métallurgiste précipitait le rythme temporel : le « tempo géologique » était par lui changé en « tempo vital ». Cette audacieuse conception, où l'homme assume sa pleine responsabilité devant la Nature, laisse déjà percer un pressentiment de l'œuvre alchimique.[65] »

Le forgeron est situé, en quelque sorte, entre le mineur qui fait accoucher la terre de son minerai et l'alchimiste qui fait parvenir le métal à son degré le plus parfait d'évolution :

> « Comme le métallurgiste, qui transforme des « embryons » (= minerai) en métaux, en accélérant la croissance commencée dans la Terre-Mère, l'alchimiste rêve de prolonger cette accélération et de la couronner par la transmutation finale de tous les métaux « ordinaires » dans le métal « noble » qui est l'or.[66] »

Mais cette évolution de la substance est en relation avec l'évolution de la personne même qui la travaille et qui l'aide à s'accomplir. Dans cette évolution, le forgeron est situé à un degré intermédiaire entre la fonction obstétrique du mineur et celle, hautement spirituelle, de l'alchimiste qui « prolonge et consomme un très vieux rêve de l'*homo faber* : collaborer

---
63 Eliade, *Forgerons*, chap. « Météorites et métallurgie », pp. 14-20.
64 *Ibid*, p. 15 (« L'essence ouranienne, et donc masculine des météorites (est) incontestable, car certains silex et outils néolithiques ont reçu des hommes des époques postérieures le nom de « pierre de foudre », « dents de foudre » ou « haches de Dieu » (*God's axes*) ; les places où ils se trouvaient passaient pour avoir été frappées par la foudre.)
65 Eliade, *Forgerons*, p. 34.
66 *Ibid*, p. 42.

au perfectionnement de la matière, tout en assurant à soi-même sa propre perfection.[67] »

Dans notre étude du *Shâhnâmeh*, nous aurons soin de faire la part entre ces fonctions afin d'éviter toute identification erronée avec le forgeron. Il se pourrait en effet que l'on y retrouve des éléments en rapport avec le travail de la mine ou bien avec l'œuvre alchimique. Mais ce n'est point là l'objet de cette recherche et nous ne retiendrons des similitudes que nous venons d'exposer que l'analogie entre l'art et la science du métal avec la sagesse et l'accomplissement de l'individu.

Alors que par son pouvoir sur le métal le forgeron se retrouve dans le statut de l'alchimiste, son pouvoir sur le feu l'apparente au chaman et au sorcier. Nous avons découvert le feu comme la « manifestation d'une force magico-religieuse » et « n'appartenant pas à ce monde-ci »[68] :

> C'est la raison pour laquelle déjà les cultures les plus archaïques imaginent le spécialiste du sacré – le chaman, l'homme-médecine, le magicien – comme un « maître du feu ». (Chez les chamans) « produire le feu » dans son propre corps est un signe qu'on a transcendé la condition humaine. [...] La vraie signification de la « chaleur magique » et de la « maîtrise du feu » n'est pas difficile à deviner : ces pouvoirs indiquent l'accès à un certain état extatique ou, sur d'autres plans culturels (dans l'Inde par exemple), à un état non conditionné, de parfaite liberté spirituelle. [...] Tout comme les chamans, les forgerons sont réputés « maîtres du feu ».[69]

Dans la hiérarchie de ces « maîtres du feu », Eliade situe le métier du forgeron, en fonction de son importance, « immédiatement après la vocation de chaman »[70]. Nous apprenons que les forgerons ont aussi, à l'instar des chamans, le « pouvoir de guérir et même de prédire l'avenir »[71]

En ce qui concerne le texte du *Shâhnâmeh*, nous n'avons relevé qu'un seul distique où il est question de chaman et, de surcroît, il n'y est employé que comme figure de style. Nous citons ici ce passage avec la traduction de J. Mohl :

*agar tâdj-e irân sepârad beh man
parastesh konam tchon botân râ shaman*[72]

> « S'il (le roi) me (Goshtâsb) donne le trône de l'Iran, je l'adorerai comme le Schamane adore ses idoles. »

Les liens entre le travail de la forge et l'agriculture s'expliquent, non seulement en raison du matériel aratoire produit par le métallurge, mais

....
67 *Ibid.*, p. 145.
68 *Ibid.*, p. 64.
69 *Ibid.*, pp. 64, 66-67.
70 Id., *Le Chamanisme et les techniques archaïques de l'extase*, p. 408.
71 *Ibid.*, p. 409.
72 *Sh.*, Lohrâsp, v. 93 (Bertel's VI, p. 13) / v. 95 (Mohl IV, p. 287).

aussi en fonction de l'idée, exposée plus haut, de la participation de l'homme à la germination de la terre.[73]

La connaissance des techniques métallurgiques conduit à une science de l'homme. Cette connaissance permet au maître du fer et du feu de forcer le temps naturel et de se substituer ainsi au rythme universel. Le forgeron, comme l'alchimiste et le chaman, sont détenteurs de secrets – relevant de l'art de la magie – qu'ils transmettent par initiation :

> « Les « secrets de la métallurgie » nous rappellent les secrets de métier qui se transmettent, par initiation, chez les chamans : de part et d'autre, on est en face d'une technique magique de caractère ésotérique. C'est pour cela que la profession de forgeron est généralement héréditaire, comme celle de chaman. [...] Il importe de mettre en évidence que la magie métallurgique par le « pouvoir sur le feu » qu'elle impliquait, s'est assimilée à nombre de prestiges chamaniques. Nous trouvons dans la mythologie des forgerons quantité de thèmes et motifs empruntés aux mythologies des chamans et sorciers en général. »[74]

Dans son ouvrage sur les « naissances mystiques », Eliade distingue trois types d'initiation : celui des initiations « collectives », le plus répandu, celui des « sociétés secrètes » et celui de la « vocation mystique ». À titre d'exemple, le chamanisme pourrait être l'aboutissement d'une initiation du troisième type[75]. La fonction sociale du forgeron peut le conduire à participer ou à présider aux différentes catégories que nous venons d'exposer : il patronne les cérémonies de naissance et les rites qui s'y rattachent, il participe à des sociétés secrètes et il dispose d'un statut analogue à celui du chaman ou de l'alchimiste.

L'Expression et le Pouvoir

Compte tenu de ses dons incantatoires, nous sommes amenés à étudier le forgeron sous l'angle de la « mythologie du verbe » :

> « Le symbole de la forge est souvent lié à la parole et au chant, ce qui nous introduit au rôle initiatique du métier, mais aussi à l'activité créatrice du Verbe. »[76]

Dans nombre de traditions, la création « poétique » est identifiée à la technique qui vise à « créer », à « faire ». En ce sens, la production de l'artisan rejoint celle de l'artiste. Dans certaines langues indo-européennes, le « faire » et la « préparation avec art » sont synonymes de « l'activité

---

73 Xella, *Kothar*, p. 112.
74 Eliade, *Chamanisme*, p. 412.
75 Id, *Initiation, rites, sociétés secrètes*, pp. 24-25.
76 DS, art. « Forgeron », p. 342.

poétique »[77]. Concernant le métier de métallurge, il existe un rapport encore plus défini entre le forgeron, le « poète » et « l'œuvre d'art »[78].

Le chaman, à qui le forgeron a été assimilé, possède aussi le don du chant qui est ici à mettre en relation avec la « magie » :

> « le chaman tombe en extase en utilisant son tambour et le « Jodler », et les textes magiques sont partout chantés. « Magie » et « chant » - spécialement le chant à la manière des oiseaux – s'expriment fréquemment par le même terme. Le vocable germanique pour la formule magique est *galdr*, qu'on utilise avec le verbe *galan* « chanter », terme que l'on applique spécialement aux cris des oiseaux. »[79]
> Apprendre le langage des animaux, en premier lieu celui des oiseaux, équivaut dans le monde à connaître les secrets de la Nature et partant à être capable de prophétiser.[80] »

On retrouve ces caractères dans la mythologie ougaritique où le dieu-forgeron est inventeur de la « parole poétique », dans les *Veda* de l'Inde et parmi les populations tsiganes qui nous rappellent les Louris nomades que Bahrâm-Gour fit venir de l'Inde pour servir de bardes aux pauvres du royaume[81] :

> « Chusôr (= Kothar) a également inventé l'art de « bien parler » et l'art de composer des incantations et des chants. Dans les textes ougaritiques, les chanteurs sont nommés *kôtarât*. La solidarité entre le métier de forgeron et le chant est clairement marquée dans le vocabulaire sémitique : l'arabe *q-y-n* « forger, être forgeron » est apparenté aux termes hébreu, syrique et éthiopien désignant l'action de chanter, entonner une lamentation funèbre. Il est inutile de rappeler l'étymologie du mot *poète*, du grec *paiêtês* « fabricant », « faiseur », et le voisinage sémantique de « l'artisan » et de « l'artiste ». Le sanskrit *taksh* « fabriquer » est utilisé pour expliquer la composition des chants du *Rig Veda* (I, 62, 13 ; V, 2, 11) [...] On a remarqué les mêmes rapports chez les Turco-Tartars et les Mongols, où le forgeron se trouve associé aux héros, aux chantres et aux poètes. Il faut également rappeler les Tsiganes nomades, à la fois forgerons, chaudronniers, musiciens, guérisseurs et diseurs de bonne aventure. [...] Dans les textes sanskrits, ils sont associés aux musiciens, aux intouchables, mais ils sont connus surtout comme forgerons et musiciens. »[82]

---

77 Durante, « Ricerche sulla preistoria della lingua poetica greca », p. 235.
78 *Ibid.*, p. 253.
79 Cf. Jan de Vries, *Beobachtungen*, pp. 27 sq. ; cf. *carmen* « chant magique » ; *incantare* « enchanter » ; roumain *descântare* (litt. « des-enchanter ») « exorciser », *descântec* « incantation, exorcisme ».
80 Eliade, *Chamanisme*, p. 101.
81 *Sh.* Bahrâm-Gour, (*Bertel's VII / (Mohl VI) : in Mohl*, p. 77 : « Bahrâm fait venir de l'Inde des Louris ».
82 Eliade, *Forgerons*, pp. 83-84. Pour *q-y-n*, cf. EI^{2} s.v. *qayn*, p. 852 : *haddadin* (*haddad* « forgeron ») désigne une tribu : « les forgerons appartiennent parfois à des tribus de parias ». Cf. aussi, pour l'aspect maléfique de la parole, le *Coran*, 3, 88

Nous citerons, de même, le persan *moghanni* « chanteur, musicien, récitant » qui serait peut-être à mettre en rapport avec le terme sémitique étudié *q-y-n*.

On retrouve d'une manière frappante cette logique de la coïncidence du travail métallurgique avec la sagesse, la musique et la danse, dans la miniature représentant Roumi dansant, emporté par le tintement des marteaux, dans la ruelle des orfèvres :

> « Jalal-ad-din Rumi passait dans la ruelle des orfèvres quand il entendit la musique soulevée par leurs marteaux. Il se livra alors à une danse. Le théologien Salah-ad-din, en sortant d'une échoppe, découvrit Rumi dansant. Alors il se jeta à ses pieds. »[83]

En Afrique, les épopées du Sud-Cameroun, du Gabon et de la Guinée équatoriale sont chantées par un aède qui accompagne ses récits avec un instrument à corde, le *mvet*, d'où a été tiré le nom même de ces épopées. Les symboles utilisés dans le *mvet* ont appartenu autrefois à une corporation de forgerons[84].

Pour ce qui est de la relation artisanat-musique, la seule occurrence du *Shâhnâmeh* qui nous a frappé est celle de l'épisode où, sous l'impulsion d'un « div ménestrel », Kâvous projette la conquête du Mâzandaran[85] : si l'on sait que, au cours des premiers chapitres du *Shâhnâmeh*, les divs dévoilent leur savoir artisanal aux « rois civilisateurs »[86], cette relation paraît plus évidente.

Dans le *Coran*, Salomon, à l'image de Tahmuras, met à contribution l'art des djins qui construisent pour lui, entre autres, des ustensiles en métal. Encore une fois, comme pour David, la prérogative de disposer du métal lui a été accordée par Dieu :

> « Pour lui, Nous fîmes couler la source d'Airain. Parmi les Djinns, il en était qui travaillaient à sa discrétion, avec la permission d'Allah. [...] Pour lui, ils faisaient ce qu'il voulait : des sanctuaires, des statues, des chaudrons (grands) comme des bassins et des marmites stables.[87] »

(« Ceux qui, après cela, forgent le mensonge contre Allah, ceux-là sont les Injustes ») et 5, 102 (« Ceux qui sont infidèles forgent le mensonge contre Allah »). Pour la tradition biblique, Genèse, 4, 17 : « Caïn [...] devint un constructeur de ville et il donna à la ville le nom de son fils, Hénok. » (note *f* : « ici Caïn est le constructeur de la première ville, l'ancêtre des éleveurs, des musiciens, des forgerons et peut-être des filles de joie qui subviennent aux commodités et aux plaisirs de la vie urbaine. »)

83 *Oriental miniatures* of Abu Raihon Beruni Inst. of Orientology of the UzSSR Acad. of Sc., pl. 30.
84 S.-M. Eno belinga, *Littérature orale africaine*, p. 45.
85 *Sh.*, Kâvous au Mâzandarân (*Bertel's* II, pp. 76 sq.) / (*Mohl* I, pp. 487 sq.).
86 *Id.*, cf. en particulier Tahmouras (*Bertel's* I, pp. 36 sq.) / (*Mohl* I, pp. 42 sq.).
87 Les Sabâ', 34, 11-13.

La corrélation entre le travail du métal, et du fer en particulier, avec l'art de la parole trouve son expression heureuse dans l'œuvre de Dante qui présente le troubadour Arnaut Daniel comme « le meilleur ouvrier du parler maternel » :

« *fu miglior fabbro del parlar materno* »[88]

Ici, *fabbro* a pour sens premier « forgeron » et pour sens second « artisan »[89].

Du pouvoir de modifier les métaux et de leur donner forme au pouvoir de la parole, du chant et de la musique, en passant par les dons magiques et dans certains cas prophétiques qui semblent inhérents à ces capacités, le forgeron devient le détenteur d'un prestige qui le conduit à prendre en charge des responsabilités importantes au sein de la communauté :

> « Au point de vue de la différentiation sociale, [...] le forgeron très souvent a une fonction spéciale dans la société. Il joue le rôle d'arbitre ; on lui demande d'intervenir entre les parties à l'occasion de tous les différends. Parfois même il peut exercer la fonction d'un chef ou d'un roi.[90] »

Chez les Africains, la détention du pouvoir de la parole et celle du pouvoir politique deviennent inséparables :

> « La langue sacrée, qui joue un rôle important dans de nombreuses cérémonies, est considérée comme celle du premier roi, le mythique Myikango.[91] »

Tegnaeus, dans son *Héros civilisateur*, expose la situation de sociétés primitives dans lesquelles le rang de forgeron est supérieur à celui du roi, ce dernier étant soumis à ce que l'auteur nomme la « fonction corrective » du métallurge :

> « Ni grands états ni même des embryons de tels états n'existaient primitivement. Le forgeron a un rôle beaucoup plus important que le roi, qui est soumis à la fonction corrective de cet artisan.[92] »

Cette suprématie se retrouve aussi auprès des Bambaras où le forgeron est aussi le « grand-prêtre » de la tribu.[93] »

Nous avons tenu à préciser dans quelle mesure le forgeron occupait une place de premier plan dans la vie des sociétés. Le pouvoir de la parole qui, dans cette optique, nous a paru fondamental, est illustré, ainsi que nous l'avons constaté dans l'œuvre de Dante, par la production poétique. Nous avons remarqué, également, le mode d'expression métaphorique du travail de la forge, dans le *Coran* notamment, en relation avec le langage.

---

88 Dante, *La Divine comédie*, Purgatoire 26, 117.
89 Ghiotti, *Vocabolario ital.-franc.*, Torino, Petrini, 1964, s.v. fabbro.
90 Tegnaeus, *Civilisateur*, p. 180.
91 *Ibid.*, p. 123.
92 *Ibid.*, p. 105.
93 *Ibid.*, p. 47.

Sociétés métallurgiques

Il sera surtout question, dans cette section, des sociétés parmi lesquelles sont pratiqués des rites d'initiation du second degré dont les « sociétés d'hommes » (*Männerbünde*) en constituent un exemple remarquable :

> « La présence des forgerons dans les sociétés (« *Männerbünde* ») à base d'initiation est attesté chez les anciens Germains et chez les Japonais. On a vérifié des rapports analogues entre la métallurgie, la magie et les fondateurs de dynasties dans les traditions mythologiques chinoises.[94] »

Ce genre de structure se retrouve aussi en Afrique où ces sociétés comprennent, de même, des chamans et des *medecine-men* :

> « en Afrique [...], les forgerons constituent parfois des sociétés secrètes avec des rituels initiatiques spécifiques[95]. Dans certains cas, on assiste même à une symbiose entre les forgerons et les chamans ou les hommes-médecine.[96] »

La création de ces sociétés secrètes aurait pour objet, chez certaines populations, de garantir la sécurité de leur territoire :

> « les forgerons ont organisé ces confréries pour se protéger contre les envahisseurs. Gardant les idées et les manifestations du culte, ils arrivent souvent à impressionner leurs vainqueurs superstitieux par la crainte de leurs divinités et de leur pouvoir occulte [...]. Le Komo, une confrérie très importante [...] et qui est aux mains des forgerons, se présente avant tout comme une société de protection sociale destinée à punir les meurtriers, les voleurs, etc. Il est évident que nous sommes en présence d'un développement de (l') autorité corrective due à une (certaine) différentiation sociale.[97] »

Dans la Grèce antique, il existait des confréries[98] à structure initiatique comprenant, outre des forgerons, d'autres artisans à vocation « démiurgique » ainsi que des professionnels de ce que nous avons nommé plus haut « l'expression » :

> « à l'époque homérique, de peu antérieure aux commencements de la vie urbaine en Grèce, la situation sociale des forgerons n'est pas sans analogie avec celle (du) pays de Sumer. Les forgerons, les charpentiers, les potiers, mais aussi les hérauts et les aèdes, font partie d'une classe sociale déterminée, celle des « démiurges », c'est-à-dire ceux qui sont au service du peuple. Ils étaient tenus de remplir certains offices gracieusement, mais avec la certitude d'être bien traités et nourris ; ils étaient sans doute pourvus à ce titre d'une tenure héréditaire [...]. Ils formaient des confréries où l'on entrait par initiation ou héréditairement.[99] »

---

94 Eliade, *Chamanisme*, p. 411. Cf. aussi, pour les sociétés aryennes, Wikander, *Der Arische Männerbund*.
95 Cf. Kline, *Mining and Metallurgy in Negro Africa*.
96 Eliade, *Chamanisme*, p. 411.
97 Tegnaeus, *Civilisateur*, p. 411.
98 Cf. E. Mireaux, *La vie quotidienne au temps d'Homère*, Paris, 1954.
99 Limet, *Le travail du métal au pays de Sumer au temps de la IIIe dynastie d'UR*, pp. 177-178.

Nous avons passé en revue les différents aspects qui font du forgeron une figure à part dans les sociétés qu'il fréquente : il devient, grâce à ses dons surnaturels et à ses capacités de création, l'égal d'un démiurge. Détenteur d'une science occulte, on fait de lui le « chef des sociétés initiatiques »[100]. Son pouvoir de donner « forme » le met en rapport avec les divinités. Ainsi, dans les sociétés africaines, où il est « le seul capable de sculpter les images des ancêtres et des guerriers qui seront les supports du culte », il assume un rôle religieux[101].

Ceci nous conduit à nous interroger sur sa place au sein même du système mythologique.

Le forgeron et le panthéon

À la mythologie de la « pierre polie » fait suite celle des « métaux » dont « la plus riche et la plus caractéristique fut élaborée autour du fer »[102]. Elle débuta, comme nous l'avons mentionné précédemment, par les traditions rattachées au fer météorique, avant que la « découverte de la fusion des minerais » grâce au feu, dont la magie et la sacralité ont été évoquées, n'inaugure « une nouvelle étape dans l'histoire de l'humanité » où « à la différence du cuivre et du bronze, la métallurgie du fer devint très vite industrielle »[103]. Il est alors question d'une « nouvelle mythologie de l'*homo faber* » héritée de l'âge de pierre, à un moment où le travail de l'homme se substitue au rythme de la Nature : « le fourneau remplace la matrice tellurique »[104].

En un premier lieu, nous envisagerons le rôle industriel de l'artisan qui confectionne des instruments en fer, dans le contexte de son appartenance au monde de la mythologie. Nous étudierons ensuite le rôle de ce héros civilisateur dans l'agriculture et les valeurs mythiques qui sont accordées à son intervention dans le travail de la terre. En effet, nous touchons là des thèmes qui ont toujours été traités en termes littéraires, pour illustrer l'apparition des civilisations. Si, à un moment de l'histoire, les forgerons ont commencé à être considérés comme des démiurges, avant qu'ils n'engagent leur action en faveur de l'humanité, les poètes ont attribué aux dieux la révélation des arts et de l'artisanat. Le forgeron devient, par la suite, « un relais mythologique » parmi les hommes :

---

100 *DS*, art. « Forgeron », p. 343.
101 *Ibid.*
102 Eliade, *HCIR¹*, p. 64.
103 *Ibid.*
104 *Ibid.*, pp. 66-67.

> « Songeons un instant à cet événement, véritable tournant de l'histoire, que fut l'apparition des métaux, d'une manière courante, dans la vie quotidienne des populations rurales, à l'époque où, groupés en petits villages, les habitants cultivaient le sol avec des moyens rudimentaires. Les auteurs de l'Antiquité, grecques et romains, ont dit bien souvent quel changement les hommes avaient apporté à leur vie le jour où ils découvrirent les propriétés des métaux. Les poètes qui ont traité les différents âges de l'humanité ne concevaient que difficilement une époque où les métaux n'existaient pas et ils faisaient remonter leur usage aux origines des temps ; ils en attribuaient la découverte, ou mieux, la révélation, aux dieux.[105] »

Nous citons ici la définition du héros civilisateur donnée par Tegnaeus qui a regroupé, malgré la complexité de cette figure, les éléments essentiels permettant d'en reproduire une « image d'ensemble » :

> « Le héros civilisateur est un être mythologique auquel sont attribuées des forces surnaturelles et qui, ou bien a participé à l'œuvre de la formation de la terre, ou bien a donné aux peuples les lois essentielles, les institutions, la civilisation. Dans bien des cas il est apparenté par sa nature à la divinité. Quelquefois c'est un simple humain, dont l'histoire est connue ; ailleurs il apparaît comme une figure mythique. Dans la mythologie d'un grand nombre de tribus, il se présente parfois sous l'aspect thériomorphique (relatif aux bêtes sauvages).[106] »

Nous reconnaissons, à travers ces données, des traits caractéristiques des « premiers rois » du *Shâhnâmeh* (*Pishdâdis*) qui furent les « premiers justiciers » : Kayoumars qui « soumit les animaux », Houshang qui « découvrit le fer et le feu », Tahmouras qui « établit la justice contre les divs, découvrit le tissage, apprit l'écriture » et Djamshid qui « découvrit le travail du fer et institua les catégories d'artisans ». Ce sont des éléments que nous étudierons ultérieurement de manière plus analytique.

Parmi les types de héros culturels, Tegnaeus commente celui du forgeron :

> « Un autre type de héros culturel que l'on doit ranger dans la même civilisation est le forgeron mythique. On lui attribue ou bien le rôle de co-créateur ou bien le mérite d'avoir donné aux hommes les outils nécessaires à la culture du sol. Son représentant vivant, ainsi que des ustensiles en fer jouent un rôle important dans les cérémonies cultuelles.[107] »

Compte tenu de la contradiction dans laquelle se tient la figure du forgeron, objet du mépris ou de l'estime des communautés, son travail consistera, « sur le plan cosmique », à provoquer « la rupture d'un ordre

---

105 Limet, *op. cit.*, p. 11.
106 Pour la transcription des noms propres et pour les références événementielles au *Shâhnâmeh*, nous nous rapprocherons de la méthode adoptée par M. C.-H. de Fouchécour, « Une lecture du *Livre des rois* de Ferdowsi » in *Studia Iranica*, 5, 1976, fasc. 2, pp. 171-202, que nous citerons entre guillemets dans le texte.
107 Tegnaeus, *Civilisateur*, pp. 179-180.

préalablement établi » ou bien il contribuera à « l'organisation d'un monde nouveau et à son fonctionnement »[108]. D'entre ces deux personnalités, le héros civilisateur est celui qui « ordonne le chaos ». Ainsi, selon E. Cerulli, la « substance » du forgeron apparaît comme un « trait d'union » entre le chaos et l'ordre cosmique. Il serait porteur des « découvertes vitales qui réparent le désordre cosmique »[109].

Ces thèses, selon Xella, constituent « des indices d'une extrême utilité quant à la figure divine de l'artisan dans les mythologies des religions polythéistes de l'antiquité »[110]. Cerulli fait remonter l'origine de la sidérurgie à « la nuit des temps mythiques », quand des êtres surnaturels enseignèrent aux hommes les « secrets techniques ». Le caractère « surnaturel » de la sidérurgie demeurant conservé jusqu'à nos jours, il investit « non seulement la personne du forgeron et du métal qu'il travaille mais également ses instruments et ses rapports sociaux »[111].

La fonction « agricole » de l'artisan se situe à la fois au niveau céleste et tellurique. D'une part, il « apporte du ciel les graines cultivables et révèle l'agriculture aux humains »[112], d'autre part il est celui qui aide à la germination des produits du sol :

> « Les mythes concernant les forgerons se rapportent à celui de la *Terra genetrix* qui forme dans sa matrice aussi bien les hommes que les métaux. Selon les récits d'origine américaine, les premiers hommes, ainsi que les métaux, ont vécu à l'état embryonnaire dans les entrailles de la terre avant d'arriver au jour. Ils se tenaient dans le sein obscur de la mère tellurique où ils commençaient à mûrir en attendant d'acquérir la plénitude de leur perfection lors de leur apparition au jour dans la lumière solaire. Le feu du jour est comparable au soleil ; c'est lui qui, par le don de la semence, engendre et fait éclore le métal.[113] »

Cette relation que le métallurge entretient avec l'évolution et le mûrissement de la Matière fait de lui un maître d'initiation dont le rôle se manifeste à l'occasion de « rites de passage »[114] :

> « le dieu façonne chaque enfant dans la forge, il le structure sur l'enclume grâce à son marteau. Aussi, les rites de fécondité reviennent-ils aux forgerons qui se les transmettent dans le secret sous la forme de petits mystères. L'initiation donnée par le forgeron est comparable au rite du passage de l'adolescence à la maturité dans les sociétés archaïques. Tel le jeune homme devenant physiologiquement adulte, le métal change d'état. Le four [...] désigne le ventre

---

108 G. Dieterlen, art. « Forgeron » in *Dictionnaire des mythologies*, Y. Bonnefoy éd., Paris, Flammarion, 1981, p. 432a.
109 E. Cerulli, « Il Fabbro africano, eroe culturale », pp. 90, 94.
110 Xella, *Kothar*, p. 114.
111 E. Cerulli, « L'iniziazione al mestiere di Fabbro in Africa », pp. 87-88.
112 Eliade, *Forgerons*, p. 24.
113 Deluzan, art. « Métallurges » in *EU*[10], p. 946 b.
114 A. Van Gennep, *Les Rites de passage*, Paris, A. et J. Picard, éd. augm., 1969.

maternel dans lequel le métal régresse jusqu'à l'état embryonnaire afin de pouvoir devenir contemporain de la création du monde.[115] »

Dans le contexte des rapports du forgeron avec le Panthéon, nous l'avons considéré en tant que « Sauveur » (*Heilbringer*)[116] de l'humanité : il prend ici le relais des dieux civilisateurs. Cette tradition se manifeste surtout à travers la mythologie au sens « rituel » du terme, et dans les littératures « orales », ce « réservoir des mythes désacralisés »[117]. Les récits de forgeron civilisateur sont transmis au néophyte au cours de cérémonies initiatiques où il apprend « les traditions secrètes du clan touchant la théologie, la cosmogonie, la mythologie et la morale »[118].

Dans le domaine qui est le nôtre, il nous a paru important de déterminer dans quelles condition apparaît l'ouvrier du métal, au cours d'une lecture au premier degré du *Shâhnâmeh*. Nous avons déjà évoqué le rôle du forgeron-architecte et sa vocation de bâtisseur. Mais les moments où sa présence est la plus ressentie dans le texte se situent dans le corps même de l'action. De ces dernières occurrences se dégagent surtout deux aspects : le métallurge sert d'auxiliaire dans un combat cosmique déguisé en affrontement mythique, ou bien il exerce le « pouvoir correctif » signalé précédemment.

Le combat mythique

Le feu, élément ambivalent, transmet sa dualité au travailleur du métal qui le manipule, d'où les traits redoutables attribués au métallurge :

> « Dans l'ensemble, le forgeron apparaît comme un symbole du Démiurge. Mais, s'il est capable de forger le cosmos, il n'est pas Dieu. Doué d'un pouvoir surhumain, il peut l'exercer et contre la divinité et contre les hommes ; il est redoutable à ce titre comme un mage satanique.[119] »

La force émanée du feu a été à l'origine d'anciens cultes dont nous aborderons celui qui s'exprime par la « fureur religieuse » :

> « Le culte du feu est un élément caractéristique des religions indo-européennes ; le nom de l'important dieu védique Agni se retrouve dans le latin *ignis*, lituanien *ugnis*, vieux-slave *ogni*.[120] »

---

115 Deluzan, *op. cit.*, p. 946a.
116 Xella, *Kothar*, p. 111.
117 Eliade, « Littérature orale » in *Histoire des littératures*[1], Gallimard, 1955, coll. Pléiade, p. 5.
118 *Ibid.*, p. 9.
119 DS, art. « Forgeron », p. 343.
120 Eliade, *HCIR*[1], p. 202. L'auteur ajoute en note : « En Iran, le nom de la divinité du feu est Âtar, mais il y a des indications que, dans une terminologie plus ancienne du culte, le feu s'appelait *agni* et non *âtar* : *cf.* Wikander, *Der Arische Männerbund*, pp. 77 sqq.

Aspects du forgeron

L'ardeur guerrière

Dans le cas de la mythologie nordique, les héros guerriers sont investis, lors de combats rituels, d'une chaleur magique qui leur transmet une force prodigieuse :

> « Odhin-Wotan était le maître du *wut*, le *furor religiosus* [...]. Or, le *wut*, comme quelques autre termes du vocabulaire religieux indo-européen (*furor, ferg, ménos*), exprime la « colère » et la « chaleur extrême » provoquée par une ingestion excessive de puissance sacrée. Le guerrier « s'échauffe » durant son combat initiatique, il produit une « chaleur » qui n'est pas sans rappeler la « chaleur magique » produite par les chamans et les yogins. Sur ce plan, le guerrier ressemble aux autres « maîtres du feu », magiciens, chamans, yogins, forgerons.[121] »

Cette expérience trouve un écho dans l'épopée ossète des Nartes traduite par G. Dumézil, où le forgeron céleste Kurdalaegon (*kurd* « forgeron »)[122] patronne de tels combats :

> « Le forgeron Kurdalaegon, qui a son atelier dans le ciel, est l'ami des Nartes : il se rend à leurs invitations et, comme un commerçant qui soigne sa pratique, vient prendre leurs commandes. [...] il a surtout la singulière mission de chauffer à blanc des héros dont le corps est métallique et de les plonger ensuite, pour les « tremper », dans l'eau de mer ou dans un liquide plus rare.[123] »

Les Nartes seraient un peuple indo-européen que Dumézil décrit ainsi :

> « le seul de la mosaïque avant l'établissement des stations cosaques, et un peuple indo-européen original : l'ultime débris du vaste groupe qu'Hérodote et les autres historiens et géographes de l'Antiquité couvraient des noms de Scythes et de Sarmates, et qui, plus tard, dans les remous des grandes invasions, sous des noms divers, Alain notamment, et Roxalans, ont circulé à travers l'Europe.[124] »

L'auteur précise que « les Scythes étaient des Iraniens[125] [...] étroitement apparentés, quant au langage, aux grandes sociétés impériales qui, sous les Achéménides, les Arsacides, les Sassanides, ont plusieurs fois commandé de la Syrie et du Bosphore jusqu'à l'Inde et au golfe Persique »[126]. Apparemment, ces peuplades ne sont pas sans analogie avec les « princes du Sistân »[127] ni avec les « Alains » (« Alânân ») du *Shâhnâmeh*. On peut constater, dans la geste de la famille de Sâm, des aspects de la « fureur guerrière » comparables à ceux que nous venons d'évoquer, mais ces

---

121 *Id.*, Forgerons, pp. 89-90.
122 Dumézil, *ME¹*, p. 466.
123 *Le Livre des Héros*, Dumézil éd. et trad., p. 14.
124 *Ibid.*, p. 10.
125 Dumézil, *ME¹*, p. 19.
126 *Ibid.*, p. 443.
127 Th. Nöldeke, *Das Iranische Nationalepos*, trad. Alavi, *Hamâse-ye melli-ye Irân*, p. 31 : « Sakastân = Sagastân = Sistân ».

aspects, ne relevant pas directement du thème qui nous intéresse, nous ne nous y attarderons pas faute de matériau suffisant.

Le forgeron antagoniste

Parmi les thèmes répandus de la mythologie, la « gigantomachie » met aux prises les dieux avec des créatures telluriques qui sont aussi des travailleurs du fer participant des forces maléfiques enfouies dans la terre :

> « Dans l'Inde, comme ailleurs, toute une mythologie solidarise les travailleurs du fer avec les diverses catégories de géants et de démons : tous sont des ennemis des dieux qui, eux, représentent d'autres « âges » et d'autres traditions.[128] »

Nous songeons aux sourates qui font allusion au travail métallurgique des Djinns soumis à la volonté divine :

> « Quiconque, parmi eux, se serait écarté de Notre Ordre, Nous lui aurions fait goûter au tourment du Brasier.[129] »

Ces Djinns nous renvoient aux divs subjugués par les premiers rois du *Shâhnâmeh*, les « Pishdâdiâns ». Les divs-artisans paraissent reproduire dans l'œuvre de Ferdowsi, aux premiers temps de l'humanité, le schéma cosmogonique classique de l'asservissement des puissances inquiétantes surgies de la Matière par un Dieu Suprême d'essence ouranienne. Ils trouvent leurs homologues dans les Cyclopes de la mythologie grecque qui travaillent dans les ateliers d'Héphaïstos régnant sur les volcans[130]. Nous nous limiterons à ces quelques relevés en raison de la complexité de la question de la révélation des arts et des industries sous les dynasties mythiques du livre de Ferdowsi. La métallurgie occupe, en réalité, une part trop restreinte de ces épisodes pour en permettre une étude textuelle.

Le forgeron auxiliaire

C'est cet aspect qui nous retient le plus dans le *Shâhnâmeh*. Le thème de la lutte entre divinités, dans l'imaginaire naturiste, va de pair avec le renouvellement de la terre :

> « La lutte en elle-même est un rituel de stimulation des forces génésiques et des forces de la vie végétative. Les batailles et les conflits qui ont lieu en beaucoup d'endroits à l'occasion du printemps ou des récoltes doivent sans doute leur origine à la conception archaïque selon laquelle les coups, les concours, les jeux brutaux entre groupes de sexe différent, etc. augmentent et forment l'énergie universelle.[131] »

....
128 Eliade, *Forgerons*, p. 56.
129 Les Sabâ, 34, 11-12 ; cf. *supra* p. 23.
130 P. Grimal, *Dictionnaire de la Myth. gr. et lat.*, Paris, PUF, 1951, art. « Héphaïstos ».
131 Eliade, *Traité d'histoire des religions*, p. 271.

Le modèle de cette lutte est celui qui oppose la « divinité de l'orage et de la fertilité » à un « monstre reptilien »[132] :

> Le combat d'un dieu contre un monstre ophidien ou marin constitue, on le sait, un thème mythique assez répandu. Qu'on se rappelle la lutte entre Rê et Apophis, entre le dieu sumérien Ninurta et Asag, Marduk et Tiamat, le dieu hittite de l'orage et le serpent Illuyankash, Zeus et Typhon, le héros iranien Thraêtaona et le dragon à trois têtes Azhi-Dahâka. En certain cas (Marduk – Tiamat, par exemple), la victoire du dieu constitue la condition préalable de la cosmogonie. En d'autres cas, l'enjeu est l'inauguration d'une nouvelle ère ou l'établissement d'une nouvelle souveraineté (cf. Zeus – Typhon, Baal – Yam). En somme, c'et par la mise à mort d'un monstre ophidien – symbole virtuel du « chaos » mais aussi de « l'autochtone » – qu'une nouvelle situation, cosmique ou institutionnelle, vient à l'être.[133] »

Dans la mythologie du *Shâhnâmeh*, la lutte cosmique Thraêtaona – Azhi Dahâka a pris la forme d'un combat au corps à corps entre Faridoun et le tyran Zahhâk. Le livre de Ferdowsi qui est la version persane du *Khvadhâynâmak* pehlevi assimile le dénouement du conflit cosmique à la fois à une sorte de rénovation de la nature et à l'avènement d'un nouvel ordre politique et social. Ce sont des points auxquels nous reviendrons dans les chapitres suivants. Dans la conception sassanide de la royauté, le souverain étant d'ascendance divine, l'accès au trône est synonyme de l'apparition d'un nouveau cycle de la nature.

Ce combat rituel donnait lieu à la fête du *Nawroz* (P) « Nouvel An » qui, dans le *Shâhnâmeh*, est remplacée par celle donnée en l'honneur du dieu Mithra : *Mehregân*.

> « Le *Nawroz*, comme tout scénario rituel du Nouvel An, renouvelait le monde par la répétition symbolique de la cosmogonie... [...] C'est au jour du Nouvel An que le roi aurait vaincu Azdâhâk.[134] »

Entre le dieu ouranien et le monstre aquatique, le facteur déterminant de la victoire sur le Chaos est la figure de l'artisan divin qui forge des armes magiques :

> « Dans nombre de mythologies, les forgerons divins forgent les armes des dieux, en leur assurant ainsi la victoire contre les Dragons ou autres Êtres monstrueux. Dans le mythe cananéen, Kôshar-wa-Hasis (litt.« Adroit-et-Astucieux ») forge pour Baal les deux gourdins avec lesquels il abattra Yam, Seigneur des mers et des eaux souterraines. Dans la version égyptienne du Mythe, Ptah (le Dieu-Potier) forge les armes qui permettent à Horus de vaincre Seth. De même, le forgeron divin Tvastr exécute les armes d'Indra lors de son

---

132 *Ibid.*, p. 85.
133 Eliade, *HCIR*[1], p. 218.
134 *Ibid.*, pp. 333 sq.

combat avec Vrtra ; Héphaïstos forge la foudre grâce à laquelle Zeus triomphera de Typhon.[135] »

Nous retrouvons ainsi, dans des schémas mythologiques d'origines diverses, la même structure quant à l'affrontement de ces entités. Voici une liste de quelques associations « Divinité – Artisan créateur d'armes magiques – Démon » :

> « Les gourdins de Ninurta (« dieu combattant » babylonien) s'appellent « écrase-monde » et « broye-monde », et sont assimilés à la foudre et à l'éclair.[136] »
> « Thor écrase le serpent Midhgardhsormr avec son marteau Mjölnir (= la foudre) forgé par les nains, répliques scandinaves des Cyclopes.[137] »
> « Héphaïstos (maître des volcans, patron des Cyclopes) forge la foudre grâce à laquelle Zeus triomphera de Typhon.[138] »

Le texte cananéen du *Poème de Baal*[139] relate la lutte cosmique entre Baal et Yam, où Kothar devient l'auxiliaire du « dieu positif ». L'action du dieu forgeron en faveur de la divinité positive pèse de tout son poids dans le duel entre Baal et Yam, le dieu marin. À cette occasion Kothar fabrique pour lui deux massues. La première se nomme *Yagrush* (« celle qui expulse »), la seconde se nomme *Ayyamur* (« celle qui destitue »).[140] »

Le groupe indien, le plus proche de la tradition iranienne, comprend le dieu de la pluie Indra, dans le conflit qui l'oppose à Vrtra, dieu de l'océan. Ses armes lui sont présentées par Tvashtri, le forgeron divin[141] :

> « Indra est le « héros » par excellence [...], vainqueur du monstre (dragon) Vritra (qui avait confisqué les eaux) [...] il tue Vritra, déclenche les ouragans [...]. La foudre (*vajra*) est l'arme avec laquelle il a tué Vritra, et les Maruts, divinités mineures de l'ouragan dont le chef est Indra, possèdent eux aussi cette arme divine.[142] »

Alors qu'Indra trouve sa réplique iranienne dans la personne de Verethraghna[143], le système zoroastrien transmet à Mithra les attributs du dieu guerrier indien :

> « Mithra (incontestablement « souverain ») [...] chargé en partie de ce qui faisait la province (justice, droit) du dieu souverain indo-iranien *Mithra est en même temps, par l'effet de la réforme zoroastrienne, l'un des héritiers, des

---

135 Eliade, *HCIR*[1], p. 66 ; cf. aussi Xella, *Kothar, passim.*
136 *Id.*, Forgerons, p. 84.
137 *Ibid.*, pp. 82-83.
138 *Ibid.*, p. 84.
139 Cf. pour le texte traduit et commenté : Th. H. Gster, *Thespis, Ritual, Myth and Drama in the Ancient Near East*, New York, 1950, pp. 154 sq.
140 Xella, *Kothar*, p. 118.
141 Eliade, *Forgerons*, p. 84.
142 *Id.*, *THR*, p. 81.
143 *Ibid.*, p. 82.

substituts d'Indra éliminé : dieu du combat (du bon combat, de la croisade), dieu armé du *vazra* comme l'Indra indien l'est encore du *vajra*, dieu enfin dont le spécialiste de la victoire Verethraghna n'est que l'auxiliaire.[144] »

Nous savons que dans le Shâhnâmeh, l'association Faridoun ≠ Zahhâk correspond au schéma avestique Thraêtaona ≠ Azhi Dahâka. Dans l'épisode de la préparation de l'arme de Faridoun qui s'apprête à renverser l'usurpateur, les forgerons lui présentent le fameux *gorz-e gâv-sar* « massue à tête de bœuf », doublet du *vajra* indien, mais aussi instrument qui, à diverses reprises, intervient dans les combats contre les dragons :

> « Il semble que le combat contre le dragon uniquement sur le plan rituel ne survive que dans les mystères de Mithra. Nous savons, en effet, que le grand-maître tue à coup de massue un dragon monstrueux, au cours d'un simulacre liturgique de bataille. [...] Le reste du temps, en Iran, l'arme utilisée par le héros contre le dragon est la massue (*clava* dans les mystères de Mithra). Son nom, *gurz* (<*vazr*<*vazra*), rappelle l'éclair d'Indra, le *vajra* (vir. *Vazra*), que celui-ci brandit contre Vrtra[145] »

---

144 Dumézil, *ME*², p. 286, note 1.
145 G. Widengren, *Religions Ir.*, p. 62.

Tableau synoptique des rapports entre dieux, héros, artisans auxiliaires et dragons ou monstres ophidiens

Dieu / Héros	Artisan auxiliaire	Dragon / Monstre ophidien
HORUS	PTAH (dieu-potier)	SETH
NINURTA	(...) forge : foudre / éclair « Ecrase-Monde » - « Broye-Monde »	ASAG
THOR	LES NAINS (forgerons) forgent : marteau *Mjölnir* « foudre »	MIDHGARDHSORMR
ZEUS	HEPHAÏSTOS (dieu-forgeron) / LES CYCLOPES *id.* / forge : foudre / éclair	TYPHON
MARDUK	(...)	TIAMAT
RÊ	(...)	APOPHIS
BAAL	KOTHAR (dieu-forgeron) forge : gourdins *Yagrush* « qui expulse » - *Ayyamur* « qui destitue »	YAM
INDRA / les Maruts /	TVASHTRI (dieu-forgeron) forge : foudre *vajra*	VRITRA
MITHRA / Verethraghna /	(...) ? : massue *vazra / clava*	(DRAGONS)
in AVESTÂ : Thraêtaona	(...)	AZHI-DAHÂKA
in SHÂHNÂMEH Faridoun	LES FORGERONS / KÂVEH id. / forgent : massue *gorz-e gâv-sar* (« massue à tête de bœuf »)	ZAHHÂK

Dans la page qui suit nous avons dressé un tableau synoptique des rapports exposés ci-dessus. Les artisans-auxiliaires des dieux figurent entre le héros victorieux et le dragon ou le monstre ophidien qui symbolisent, en général, le chaos. La dernière structure, celle du *Shâhnâmeh*, représente un type d'avatar du combat cosmique où des personnages terrestres ont pris le relais d'entités surnaturelles. Faridoun est un prince et Zahhâk un roi tyran. Ce dernier, néanmoins, a conservé des traits de l'avestique Azhi-Dahâka, avec les deux serpents qu'il porte sur les épaules. Dans la colonne des artisans figurent les forgerons, sollicités par Faridoun, qui lui ont procuré la fameuse massue. La figure de Kâveh est en retrait, mais il existe une correspondance, entre lui et les forgerons anonymes, que l'on retrouve entre Héphaïstos et les cyclopes. Seulement, là où Héphaïstos forge la foudre de Zeus, Kâveh s'absente après avoir improvisé l'étendard légendaire, le *derafsh-e kâviyân*.

De ces structures mythologiques, nous déduisons la « fonction auxiliaire » assumée par le forgeron dans l'établissement d'un équilibre cosmique.

Alors que, participant à la révolte des géants, il s'insurgeait contre le ciel – gigantomachie, titanomachie –, il apporte ici son concours, comme artisan « auxiliaire » des dieux, dans l'asservissement des forces incontrôlées de la Matière, témoignant ainsi de son rôle d'intermédiaire entre le chaos et l'ordre à venir.

La fonction corrective

La fonction corrective relève des capacités manifestes du forgeron dans le *Shâhnâmeh* : il est souvent chargé, par un roi ou un seigneur, d'enchaîner, donc « d'immobiliser » un personnage. L'inverse aussi est possible, en vertu de la maîtrise de cet ouvrier sur le fer. Il défait les chaînes qu'il impose. Cette fonction est en relation avec les capacités décrites par Dumézil[146] selon lesquelles les dieux peuvent soumettre qui ils veulent par la force des liens. Dans le contexte des mythologies indo-européennes, ce « pouvoir des liens » constitue « l'apanage d'un dieu maître des prises infaillibles, antithétiquement opposé à un dieu guerrier : Varuna à Indra »[147]. Cette opposition se retrouve aussi dans les doublets Odin – Thor, Ouranos – Zeus et Jupiter – Mars :

> « La force et le mode d'action (des « dieux lieurs ») se caractérisent par le fait qu'ils enchaînent mystérieusement ceux qu'ils veulent soumettre à leur autorité. C'est ainsi que, dans la mythologie hindoue, celtique, germanique,

---
146 Dumézil, *Les Dieux des Indo-Européens*, Paris, PUF, 1952.
147 Delcourt, *Héphaïstos*, p. 10.

latine et grecque, (on) oppose radicalement le dieu combattant, agressif, muni d'armes offensives, au dieu qui l'emporte par des moyens invisibles.[148] »

La correspondance lien-pouvoir peut être discernée dans le vocable *ligare* « frapper d'enchantement »[149].

Dans son ouvrage sur Héphaïstos, M. Delcourt consacre un chapitre à la question de la « ligature » dans différentes traditions mythologiques grecques[150]. Elle y présente le dieu-forgeron comme détenteur d'attaches à la fois visibles et invisibles :

> « Dans les épisodes les plus marquants de son histoire, Héphaïstos intervient pour enchaîner. Les liens dont il charge Héra et Aphrodite sont mystérieux et invisibles. Au contraire, lorsque Zeus lui ordonne de fixer Prométhée sur le Caucase, c'et un forgeron que nous voyons à l'œuvre : son marteau enfonce dans le roc, pour fixer les entraves, des clous bien matériels.[151] »

Nous soulignons, à cette occasion, l'analogie que H. Massé a cru distinguer entre le Prométhée grec cloué au mont Caucase et le Zahhâk du *Shâhnâmeh* rivé au mont Damâvand par les forgerons aux ordres de Faridoun[152].

Mais le rôle d'Héphaïstos consiste aussi à libérer ceux qu'il a enchaînés. De l'avis de M. Delcourt, s'il est capable « d'immobiliser », (il) sait aussi « animer l'immobile » (de sorte) qu'on ne trouve nullement en lui cette séparation des pouvoirs telle que M. Dumézil l'a constatée dans le monde latin où « le Luperque lie tandis que le Flamine délie »[153].

Cette dualité se retrouve chez les forgerons du *Shâhnâmeh* qui reproduisent ces fonctions à l'échelle humaine.

L'application de la magie des « liens » et des « filets » est un privilège de la « fonction royale » dont Varuna est un représentant :

> « Garant (est Varuna) des contrats conclus entre les hommes, les « liant » par leurs serments. Celui qu'il veut perdre, Varuna le « lie » ; les hommes craignent les « filets » de Varuna [...], ces liens qui les paralysent et les épuisent. Varuna est la divinité qui « lie », privilège qu'ont aussi d'autres dieux souverains (ainsi Ouranos) et qui traduit ses capacités magiques, la possession du pouvoir d'ordre spirituel, du pouvoir royal par excellence. Il n'est pas jusqu'au nom de Varuna qui ne s'explique par cette faculté de lier : car, en renonçant à l'étymologie *var -(vrnoti)* « couvrir, enfermer » (qui mettait en évidence son caractère ouranien), on suit aujourd'hui l'interprétation (d'après laquelle) on le dérive de la racine indo-européenne *uer* « lier » (Sk. Varatrâ « courroie, corde »). Varuna est toujours représenté avec une corde à la main [...] et

---

148 *Ibid.*, pp. 17–18.
149 *Ibid.*, p. 25.
150 *Ibid.*, chap. I : « Le pouvoir des liens », pp. 15–29.
151 *Ibid.*, p. 15.
152 Massé, *Firdousi*, p. 105.
153 Delcourt, *Hephaïstos*, p. 11.

beaucoup de cérémonies ont pour but de délier les hommes des « liens de Varuna »[154].

Varuna trouve une réplique en la personne de Yama, le souverain terrible des enfers :

> « Dans les recueils védiques comme dans la tradition postérieure, Yama est surtout le roi terrible de l'enfer. Il guette les mourants, les lie et les emmène dans son royaume. Terrible et impitoyable, les liens aux mains, il apparaît à Savitri dans la forêt où Satyavant est sur le point de rendre son dernier souffle. Un trait [...] qui rapproche Yama de Varuna, le dieu lieur par excellence.[155] »

L'*Avestâ* fait état de la capture de Franhrasyan (Afrâsiyâb in *Sh.*) par le dieu Haoma (Houm in *Sh.*), dans Y.II, Hom Yt. 3 :

> « Coupe-lui vite sa tranche de l'animal, part du robuste Haoma, de peur que Haoma ne t'enchaîne, comme il enchaîna le bandit touranien Franhrasyan, au tiers central de la terre, bien qu'il fût enveloppé d'un fort d'airain.[156] »

Le dieu avestique dispose, dans ce cas-ci, du pouvoir « magique » des liens. Dans le *Shâhnâmeh*, le roi des Touraniens est « ceinturé » par l'ermite Houm, alors qu'il tentait de se dissimuler après la défaite de ses troupes par l'armée iranienne. Malgré la « matérialité » du cordon avec lequel il est attaché, l'emploi religieux qui en est fait lui confère des propriétés magiques.

Dans le livre de Ferdowsi, en général, les ouvriers du métal exercent la fonction corrective des liens d'une manière concrète et visible. Il est question, bien entendu, des individus exerçant cette profession à titre exclusif. Dans le cas des personnages mythiques, nous ne relèverons cette fonction que si elle est exprimée de manière explicite dans le texte.

La punition par le feu, élément familier au forgeron, pourrait être comprise parmi les « fonctions correctives », mais il n'en est que très peu question dans le *Shâhnâmeh*.

Dans le *Coran*, le châtiment des infidèles leur est infligé par le « feu » et par le « fer » :

> « Voici deux groupes adverses qui se querellent au sujet de leur Seigneur. À ceux qui sont infidèles seront taillés des vêtements de feu ; sur leurs têtes sera versée de l'eau bouillante / Par laquelle seront consumées leurs entrailles et leur peau / Des fouets de fer leur seront destinés / Chaque fois que, de

---

154 Eliade, THR, pp. 70–71 ; cf. aussi *id.*, « Le dieu-lieur et le symbolisme des nœuds » in *RHR*, 67 (1948), 4-36.
155 M. Molé, « La guerre des géants d'après le *Sutkar Nask* », p. 296.
156 *ZA¹*, p. 111 ; cf. aussi, pour les « débris archaïques » de la « légende de la fin de Franhrasyan », Yts 5, 41-42 ; 19, 56 sq. et le *Grand Bundahish*. Pour le « cordon sacré » de Houm, cf. *ZA²*, Yt. 19, 77, texte et note.

chagrin, ils voudront sortir de ce Feu, ils y seront ramenés / Et il leur sera crié / « Goûtez le tourment de la Calcination ! »[157] »

Quant au livre de Ferdowsi, la scène la plus expressive d'une « expiation » par le feu est sans doute celle de « l'ordalie » de Siyâvoush[158]. Si le jeune prince sort indemne de l'épreuve, c'est que la divinité lui a octroyé le feu « bénéfique ».

Conclusion partielle

Dans ce chapitre, nous avons essayé, dans la mesure du possible, de mettre en évidence la complexité de la figure du forgeron, en général, et du forgeron mythique en particulier. Les citations qui ont servi à illustrer notre propos renvoient surtout aux religions polythéistes de l'Antiquité, mais nous avons pu observer une certaine continuité, jusque dans les croyances monothéistes récentes, des traits attribués à l'ouvrier du métal.

Dans le cas du *Shâhnâmeh* « zoroastrien », « habillé », pour l'essentiel, « à la mode sassanide »[159], et en vertu de la « réforme » apportée au mazdéisme par l'auteur des Gâthâs, nous aurons à compter avec le « déterminisme moral » qui a marqué les derniers « Livres des rois ». Dans cette atmosphère, le roi légitime est aussi celui qui asservit le Chaos et rétablit l'Ordre de la Nature. Le sens des rites de l'ancienne religion iranienne s'en trouve déformé et l'intrigue suit désormais le cours de la nouvelle doctrine. C'est sur l'axe de ce déterminisme que s'effectuera notre recherche, tout en prenant soin de ne pas perdre de vue le sens primitif du mythe. Dans une telle approche, la mythologie comparée s'avère utile pour retrouver les structures premières des rapports entre divers personnages mythiques ou bien pour reconstituer des « scénarios » rituels dans leur intégrité.

Dans le domaine ethnologique, nous avons constaté l'importance du forgeron comme « véhicule culturel ». Il est « le principal agent de diffusion des mythologies, des rites et des mystères métallurgiques »[160]. Ce qui, en raison de la valeur exceptionnelle accordée à la magie et au travail du métal, le place parfois à la tête de la hiérarchie sociale et politique.

Ce qui apparaît des déductions précédentes, c'est « cet ensemble de solidarités : maîtres du feu, chamans, forgerons, héros, rois mythiques (fondateurs de dynastie) »[161] qui fait du métallurge une des ramifications

---

157 Le Pèlerinage, 22, 20-22.
158 *Sh.*, Siyâvoush, (*Bertel's* III) / (*Mohl* II).
159 De Fouchécour, art. « Firdousi » in *EU*[7], p. 19c.
160 Eliade, *Forgerons*, p. 19.
161 *Ibid.*, p. 71.

d'un tronc commun dont la caractéristique principale est la « création » et la « maîtrise de la Matière » dans toute sa complexité et ses ambivalences.

L'aspect le plus original de l'histoire du métallurge mythique réside sans doute dans le rôle qu'il est amené à jouer dans les conflits cosmiques. Cette fonction serait à insérer dans le cadre d'une évolution chronologique déterminée, où il trouverait sa « pleine valorisation ». L'image du « forgeron auxiliaire » s'inscrit dans un type de « société articulé économiquement », témoin d'une civilisation supérieure »[162].

> « Il est possible de déchiffrer ici certaines traces d'une mythologie de l'*homo faber*, de deviner l'aura magique de l'outil fabriqué, le prestige exceptionnel de l'artisan et de l'ouvrier, et, surtout, à l'âge des métaux, du forgeron. [...] Il est significatif, en tout cas, que, à la différence des mythologies pré-agricoles et pré-métallurgiques, où le Dieu céleste possède à titre de prérogative naturelle la foudre et toutes les autres épiphanies météorologiques, dans les mythologies des peuples historiques (Égypte, Proche-Orient, Indo-Européens), le Dieu de l'ouragan reçoit les armes – l'éclair et la foudre – de la part d'un forgeron divin. On ne peut pas s'empêcher de voir ici la victoire mythologisée de *l'homo faber*, victoire qui annonce déjà sa suprématie des âges industriels à venir. Ce qui ressort de tous ces mythes des Forgerons qui aident les Dieux « suprêmes » à assurer leur suprématie, c'est l'importance extraordinaire accordée à la « fabrication d'un outil ». Bien entendu, une telle fabrication conserve très longtemps un caractère magique ou divin [...]. Il faut mentionner enfin un dernier aspect de cette mythologie de l'artisan des outils : l'ouvrier s'efforce d'imiter les modèles divins. Le Forgeron des dieux forge des armes assimilées à la foudre et à l'éclair (« armes » que les Dieux célestes des mythologies pré-métallurgiques possédaient naturellement) ; à leur tour les forgerons humains imitent le travail de leurs patrons surhumains. Mais il faut souligner que, sur le plan mythologique, l'action d'imiter les modèles divins se voit évincée au profit d'un thème nouveau : l'importance du travail de fabrication, les capacités démiurgiques de l'ouvrier. En fin de compte, l'apothéose du *faber*, de celui qui « crée des objets » »[163]

Cette « apothéose » est sans doute à situer, dans le *Shâhnâmeh*, à l'époque de la chute de Zahhâk et de l'avènement de Faridoun. Là où des rois mythiques primitifs, les Pishdâdiyân, avaient la mainmise sur divers métiers, vient, désormais, s'insérer la figure d'un forgeron « parmi les hommes », dans une société ayant déjà pris une forme et une structure complexe. Cette même société « articulée économiquement » et de type agricole et métallurgique dont il vient d'être question. Kâveh, qui est « le » forgeron du *Shâhnâmeh*, incarne bien la situation décrite par Eliade : compris entre le héros mythique et le dragon symbolisant le Chaos, et la

---

162 Xella, *Kothar*, p. 113.
163 Eliade, *Forgerons*, p. 85.

stérilité de la Terre, il illustre l'intervention terrestre de l'ouvrier du fer qui imprime sa volonté dans le cours des choses.

Nous achevons ici cette première partie de notre étude, qui fournira l'assise théorique de ce qui suit. Il nous a semblé judicieux d'aborder, au préalable, la question de la polyvalence de la figure mythique du forgeron afin d'en dégager certains aspects ne relevant pas du domaine de la littérature. Quelque fastidieuse – essentielle néanmoins – que pourrait paraître cette section de notre travail, nous avons préféré établir ces préliminaires avant d'aborder le texte même du livre de Ferdowsi.

Les métallurges dans le *Shâhnâmeh*

Nous avons passé en revue, dans le chapitre précédent, les « aspects » de la figure du forgeron, dans différentes disciplines, et essayé de fournir des éléments pour un développement de ce qu'il est convenu de nommer le « complexe mythico-rituel » du forgeron.

Le présent chapitre est consacré à l'étude des « métallurges » du *Shâhnâmeh*, et l'avant-dernière section de cette partie comprendra, d'une manière plus spécifique, les figures de forgerons.

Nous réservons une part importante de notre travail, comportant l'analyse du mythe de Kâveh, au troisième chapitre, ce qui nous conduit à contourner ici les épisodes des règnes de Dhjamshid, Zahhâk et Faridoun, qui seront traités ultérieurement.

Nous ne reviendrons plus sur la question, d'ordre général, de l'intervention de l'artisan dans l'œuvre cosmogonique. Il nous faut considérer, en cette occurrence, la tradition mythologique iranienne à l'époque même de la rédaction des « Khvadhâynâmak » sassanides. Il nous a paru indispensable d'établir la valeur accordée au travail du métal dans l'histoire des premiers temps de la Création, relatée par ces chroniques, pour définir, par la suite, le rôle joué par Kâveh, figure centrale du thème qui nous intéresse, dans le processus cosmogonique, puis dans l'histoire de l'Iran ancien relatée par le poète de la cité de Tous.

Les premiers âges et les métiers

Comme dans toute tradition cosmogonique, la création du monde, dans le *Shâhnâmeh*, est inaugurée par une « maîtrise » puis une « mise en ordre » du Chaos. La genèse de l'univers, chez Ferdowsi, est assimilée à celle de l'Iran, « la distinction n'(étant) pas toujours évidente »[1].

Cette mythologie qui prend sa source dans les temps les plus reculés de l'histoire aryenne est l'aboutissement de métamorphoses dues, en partie, à la réforme zoroastrienne, qui en a fait une production de caractère moral :

> « L'ancienne religion des Aryens était fondée sur l'adoration des forces de la nature, des éléments et des corps célestes. De bonne heure, cependant, les principales divinités de la nature font ressortir des caractères sociaux et moraux.[2] »

Dans cette logique, la vocation des « premiers rois », qui se rattache à la « conception traditionnelle du Roi divin, et *kosmokrator*, médiateur entre les hommes et les dieux »[3], sera de pourvoir à l'Ordre et à la Prospérité du Monde :

> « Par rapport à l'ancienne religion indienne, celle de l'Iran apparaît transformée par une idéologie spécifique qui lui confère son orientation. Les mêmes oppositions et les mêmes antagonismes y sont présents, mais l'idéologie de base n'est pas la même, ni leur rapports mutuels.
> L'idée de base du bon système est l'exaltation de la vie sous toutes ses formes, condamnation sans appel de la destruction, protection de la fécondité, valorisation favorable de la richesse. L'idée n'est pas absente de la religion védique, tant s'en faut, mais elle n'y est qu'un élément parmi tant d'autres. En Iran, au contraire, c'est elle qui est la clef de voûte ; tout est jugé d'après son attitude envers la vie et sa protection.
> [...] Semer du blé, travailler la terre, l'irriguer, est la bonne action par excellence ; en étendant la surface cultivée on augmente le domaine du bien, en semant du blé on sème la justice. Les montagnes dénudées et désertes, la terre non irriguée, les lacs salés appartiennent aux démons. [...]
> L'image idéale de la royauté est sensiblement différente de celle que présente la tradition indienne [...]. Le roi est uniquement bienveillant, les traits sombres qui caractérisent [...] le roi védique appartiennent en propre au tyran. Seul, le tyran sème la mort ; le roi, lui, donne la vie, et ne donne qu'elle.[4] »

Christensen a défini le « roi modèle » iranien comme celui qui sait allier, à la fois, dans son action en faveur de l'humanité, les tâches temporelles à une démarche spirituelle :

> « Le roi modèle iranien est le plus souvent un initiateur, un souverain qui introduit une nouvelle époque dans l'histoire, que ce soit en qualité de fondateur d'une dynastie ou en qualité de régénérateur du peuple et du pays après une période de désorganisation politique et sociale. Son action est double : il est le vainqueur qui a mis fin à un mauvais règne, et il est l'organisateur d'un

---

1 *Le livre des rois*, G. Lazard éd., préf., p. 11.
2 Christensen, *Ir. Sassanides*, p. 30.
3 Eliade, *HCIR*[2], p. 296.
4 Molé, *L'Iran ancien*, pp. 46-47.

nouveau temps, le créateur d'institutions sociales et administratives, le fondateur de villes ; il a fait construire des canaux, des ponts, des caravansérails, fait naître la civilisation et la prospérité universelle.
Mais le roi modèle a encore une troisième fonction. Il est le guide spirituel de son peuple. Dans la tradition iranienne, chaque personnage éminent, et à plus forte raison le roi modèle, tend à assumer le rôle de sage.[5] »

De souverain en souverain, d'innovations en innovations, la société parvient à une structure complexe au sein de laquelle le forgeron devient capable d'assumer son rôle dans toutes ses potentialités. Rien d'étonnant, dès lors, qu'après Djamshid, « le plus glorieux des Pishdâdiyân », entre en scène le véritable forgeron « humain » du *Shâhnâmeh*.

Nous établirons, ci-dessous, une « version classique » des premiers âges du monde dans la tradition iranienne, dans leur rapport avec l'apparition des métiers, avant de procéder à l'étude des âges correspondants dans le *Shâhnâmeh*. Ceci nous permettra de déterminer le sens initial de l'intrigue mythologique et, si nécessaire, de faire apparaître certaines divergences entre les deux versions.

Ordre classique

Nous diviserons cette section en deux parties, l'une concernant « l'état » de la création à ses origines, basé sur le concept du temps et sur celui du mouvement ; l'autre, lui faisant suite, ayant trait à la succession des premiers rois civilisateurs.

Les deux mondes

Dans la tradition iranienne, la Création est un phénomène lié à la lutte de deux entités antagonistes représentant le Bien et le Mal : Ormazd et Ahraman. Nous transcrivons ici un résumé de l'histoire de la création d'après l'*Avesta* :

« Les Gâthâs, la partie la plus ancienne de l'Avesta, semblent contenir une allusion à l'origine commune des deux antagonistes ; mais les livres pehlevis condamnent cette option comme hérétique. Depuis l'éternité, Ormazd existe dans la lumière, Ahraman au milieu des ténèbres. Ormazd sait qu'un jour Ahraman viendra le combattre et prépare des armes en vue de cet événement. Il crée le monde à l'état *mênôk* (céleste, spirituel et embryonnaire). Trois mille ans plus tard, Ahraman aperçoit par hasard un rayon de lumière et découvre ainsi l'existence de son adversaire et de sa création. Il veut s'en emparer. Ormazd crée alors le temps et l'espace illimités ; en récitant la formule sacrée de l'*Ahouvar*, il détermine l'issue de la lutte. Tout à l'heure, le démon a menacé de devenir maître absolu de la création au bout de neuf mille ans ; par la récitation de l'*Ahouvar*, il apprend que c'est lui qui sera alors vaincu. Il se

---
5 Christensen, *Les Gestes des rois dans les traditions de l'Iran antique*, p. 75.

trouve, en même temps, enfermé à l'intérieur du ciel et ne peut plus retourner chez lui, au fond des ténèbres, ni en recevoir des renforts. Il doit lutter jusqu'à l'épuisement. Se rendant compte de cela, Ahraman tombe paralysé pour trois mille ans. Cependant Ormazd continue sa création et la développe à l'état *gêtê* (terrestre et matériel). S'étant relevé de sa torpeur, Ahraman attaque. Il tue le bovin primordial et, trente ans plus tard, le premier homme, *Gayômart*. Il souille la création. La lutte continuera pendant six mille ans encore ; au milieu de cette période, apparaîtra *Zoroastre*, qui enseignera aux hommes la religion correcte, et surtout cette vérité première, sans laquelle il n'y a pas de salut : que le Créateur est autre que le Destructeur, que le Bien a une autre source que le Mal.[6] »

Dans ce qui suivra, nous nous tiendrons à ces données sur le thème de la Création.

Les « premiers créés »

Le *Bundahishn*, parmi les textes pehlevis, « contient la relation la plus ample sur le commencement du monde humain »[7]. Il rapporte à peu près, dans les mêmes termes que nous venons d'exposer, le récit des premiers temps de la création.

Pendant la période de paralysie d'Ahriman, Ohrmazd procède à la partie matérielle de son œuvre :

« Ohrmazd fit cependant la création matérielle : le ciel, Vohuman, la lumière matérielle avec la religion mazdéenne, puis les compagnons de Vohuman, les autres Amahrspands. Après le ciel, il créa l'eau, la terre, les arbres, le bétail et enfin le genre humain, tandis qu'Ahriman fit sa contre création. L'histoire du bœuf et de Gajomard est racontée dans le 3e chapitre du Bundahishn.[8] »

Voici la relation du Bundahishn sur l'histoire de l'homme, après que Ahriman eut abattu Gajomard :

« 15. – 1. Sur la nature des hommes, il a été dit dans la religion : Gajomard, en trépassant, fit tomber son sperme. Ce sperme fut purifié par la rotation de la lumière du soleil ; et Nerjosang en prit en garde deux tiers, et Spendarmat en reçut un tiers. 2. Et en quarante ans, sous la forme d'une plante de rivas, ayant une seule tige [...] Masjagh et Masjanagh poussèrent de la terre [...]. 5. Puis tous les deux furent changés de la forme de plante en forme d'homme. Ce souffle qui est l'âme entra spirituellement en eux. [...] 6. Ohrmazd dit à Masjagh et Masjanagh : « Vous êtes hommes, vous êtes les ancêtres du monde, vous avez été créés par moi comme les meilleurs quant à la raison fondamentale. Ayez de bonnes pensées, dites de bonnes paroles et faites de bonnes œuvres, et n'adorez pas les démons. » [...] 15. [...] ils se couvrirent d'habits de peaux, puis à ce qu'on dit, ils se firent des habits tissés au moyen de drap tissé dans le désert. 16. Ils creusèrent une fosse dans la terre et trouvèrent du fer, et ils le battirent avec

---

6   Molé, « La Naissance du monde dans l'Iran préislamique », p. 302.
7   Christensen, *Premier homme*, I, p. 15.
8   *Ibid.*

une pierre. Sans forge ils le travaillèrent pour en faire un tranchant, avec lequel ils coupèrent du bois, et ils préparèrent un abri, fait de bois, contre le soleil.[9] »

Dans la version du *Grand Bundahishn*, il est spécifié que les métaux naquirent du corps même de Gajomard :

> « Comme le corps de Gajomard était fait de métaux, les sept espèces de métaux parurent de son corps. La semence pénétra dans la terre, et au bout de quarante ans, Masjagh et Masjanagh poussèrent, de qui vint le progrès du monde, l'anéantissement des devs et des actions nuisibles du mauvais esprit. Ce fut la première lutte de Gajomard contre le mauvais esprit.[10] »

Gajomard, dont le nom « dénote une abstraction personnifiée »[11], est le type du premier homme et, partant, du « premier mortel » :

> « Avant le commencement du monde humain, l'univers a existé pendant un âge de trois mille ans, âge dont la dernière période est marquée par la création et la mort de *Gaya martan*, figure cosmogonique dont le nom signifie « la vie mortelle ». Gaya martan est le prototype de l'humanité. Nous avons là une transformation zoroastrienne du mythe du géant primordial, du corps de qui la terre a été créée.[12] »

En fait, Gayomart est un « substitut zoroastrien » de Yima, le « premier roi », « instituteur du sacrifice bovin » dans la religion iranienne. Le *Bundahishn* le décrit « aussi large que haut » (chap. I, 13), « c'est-à-dire probablement sphérique ». Cette « sphéricité de l'Homme imite pour ainsi dire celle du monde [...] et ressortit donc à l'idée de l'homme-microcosme »[13]. Cette conception anthropomorphique de la naissance des métaux se retrouve aussi dans la religion indienne :

> « Dans le mythe du « démembrement » d'Indra, il nous est dit qu'enivré par un excès de *soma*, le corps du dieu commença à « s'écouler », donnant naissance à toute sorte de créatures, de plantes et de métaux. « De son nombril, sa vie-souffle s'écoula et devint plomb, non pas de fer, non pas argent ; de sa semence, sa forme s'écoula et devint or » (*Çatapatha Brâhmana*, XII, 7, I, 7).[14] »

Nous donnons ici le résumé de M. Molé sur la succession et les œuvres des premiers hommes et des premiers souverains :

> « La tâche qui incombe à Mashi et à Mashani, leur fonction propre (*xveshka-rih*), fut tout d'abord de s'unir pour assurer la permanence du genre humain. Ils n'y parvinrent qu'au bout de quarante ans, car, à la suite de divers péchés,

---

9   *Ibid.*, pp. 18-19.
10 Christensen, *Ibid.*, p. 22.
11 *Ibid.*, p. 41.
12 *Id.*, *Gestes*, p. 25.
13 Duchesne-Guillemin, *Rel, Ir. A.*, pp. 208-210.
14 Eliade, *Forgerons*, pp. 57-58.

> ingratitude et désobéissance, la puissance des démons sur eux était devenue grande et ils en étaient incapables. [...]
> Ils inventèrent, par ailleurs, les métiers de base, les arts du forgeron et du charpentier, la couture et la métallurgie. Ohrmazd leur apprit la culture du blé, et les bases de la différenciation sociale des hommes furent ainsi jetées. Leurs descendants se répandirent sur les sept continents et développèrent ces rudiments. Vient alors le temps des héros fonctionnels.[15] »

Avant de poursuivre cette citation, nous retiendrons que, dans la vieille tradition iranienne, l'apparition des métaux est liée au « sacrifice » de Gayomart, rituel indispensable dans le processus de la création : le « sacrifice (n'étant) pas ici une offrande faite à la divinité, mais un acte autonome, ayant une fonction cosmogonique et cosmologique propre.[16] »

D'autre part, c'est au « couple primordial », né de « l'Ancêtre mythique » et de la « Terre Mère (Spandarmat) »[17] que revient, pour la première fois, le travail du métal. La descendance du premier couple se répartit comme suit :

> « Les premiers d'entre eux règnent sur les sept continents. Hoshang i Peshdat institue la royauté, son frère Vaikart l'agriculture. Après Hoshang, règne Taxmorap qui dompte le Mauvais Esprit, le transforme en cheval et le monte pendant trente ans. Suite le règne de Yamshet, un âge pendant lequel les hommes restent immortels pendant neuf siècles. Yamshet est également censé avoir fondé les trois (ou quatre) classes sociales : les prêtres, les guerriers, les agriculteurs (et les artisans), et avoir formulé la doctrine de base du dualisme. Mais la présomption de se croire Dieu finit par l'emporter en lui ; déchu, il est tué par Dahak, homme-dragon, en qui la tradition verra le prototype du tyran, l'ancêtre des Juifs et des Arabes, l'inventeur de la Mauvaise Religion, c'est-à-dire du Judaïsme et, à travers lui, de l'Islam.
> De Hoshang à Dahak, les trois règnent sur les *dev* comme sur les hommes. Le vainqueur de Dahak, Freton, affrontera pour la dernière fois les démons : tout comme Hoshang, il combattra les *dev* du Mazandaran, autrement dit les Géants. Mais, la guerre des Géants une fois terminée, tout est ramené à des proportions plus humaines. Freton ne règne plus que sur le continent central, le Xvaniras ; encore finit-il par le partager entre ses trois fils : Eradj – ancêtre des Aryens -, Tur, celui des Touriens, identifiés sur le tard avec les Turcs et Salm en qui la tradition pehlevie verra le souvenir des Romains.[18] »

Avec les héros fonctionnels apparaissent de nouvelles techniques, ainsi que la répartition des classes sociales. On remarquera que les inventions destinées à dispenser l'ordre et la prospérité se perpétuent en même temps que l'asservissement des démons. Ces derniers, les *div*, que nous avons

---

15 Molé, *Ir. A.*, p. 107.
16 Molé, *Naissance Ir.*, p. 301.
17 Eliade, *HCIR*², p. 305.
18 Molé, *Ir. A.*, pp. 107- 108.

assimilés précédemment aux *djin* de la tradition musulmane[19], sont originaires de la région du Mâzandarân dont nous rapportons ici l'étymologie, commentée par J. Kellens :

> « On s'accorde à considérer que l'adjectif *mazainiia-* [...], dérivé de *mazana-* exprime une appartenance géographique et (désigne) une ethnie connue pour adorer les « daeuuas ». Depuis au moins Christensen (Vd. 47 sq.), on n'a plus douté que *mazana-* représente le Mazenderan, analysé en *mazan-daran* « portes du Mazana » par Nôldeke (Grdr. II 178) »[20].

L'équivalent iranien du « monstre » est *mzn*, Mazan. [...] dont la respiration est responsable du flux et du reflux. Nommé également en moyen persan *Mzn'y -(z) rhyg* [...]. La langue Pehlevi donne *mazan, mazanig* [...]. L'avestique *mazainya-* et le vocable *mazan-* (« grandeur »). Ce dernier connaît un glissement vers le sens de « monstre » ou « gigantesque », ou « monstrueux »[21].

La victoire des premiers rois sur les « monstres » s'inscrit dans la logique de la cosmogonie. Il faut que les géants issus de la Terre soient soumis, pour que le monde prenne forme et produise :

> « La lutte contre Dahâk et les Mazaniens correspond [...] bien à la guerre de Zeus contre Cronos, les Titans et les Géants. La victoire des Olympiens dans la Gigantomachie établissait définitivement le kosmos »[22].

Nous reviendrons plus tard sur le rôle joué par Faridoun, dans le combat qui l'oppose à Zahhâk, dans le cycle de la création.

La répartition des métiers et des classes sociales indique à chaque homme la fonction qu'il lui faudra assumer en tant que mission « religieuse ». Nous sommes conduit à envisager cet aspect inhérent au thème de la création dans la tradition iranienne :

> « Cette conception est essentielle pour le mazdéisme. Le devoir religieux de tout homme consiste à accomplir aussi bien que possible le travail que lui imposent sa fonction sociale et son rang : le prêtre doit offrir des sacrifices, célébrer le rituel et enseigner, le roi tenir en respect les ennemis du peuple aryen, l'agriculteur travailler la terre et l'irriguer, le guerrier mener la guerre, etc. Toutes ces actions ont une valeur religieuse propre et constituent des parties de la religion mazdéenne. Leur accomplissement consciencieux contribue à la rénovation qui ne pourra être réalisée que lorsque toutes les tâches incombant aux différents états de la société auront été réalisées d'une façon parfaite.[23] »

---

19   *Supra*, p. 23.
20   Kellens, « Caractères différentiels du Mihr Yasht », p. 266.
21   Henning, « The Book of the Giants », p. 54.
22   Molé, *Sutkar*, p. 304.
23   *Id., Ir. A.*, p. 106.

Dans cette perspective, il leur est accordé le *xvarnah* qui est, pour reprendre les termes de M. Molé, un « charisme qui habilite tout homme à accomplir sa mission »[24] :

> « Pour cela, tout homme reçoit le *xvarnah* (pehl. *xvarrah*, pers. *farr* ou *xurrah*) qui l'aide à exécuter les actions correspondant à son état : les rois possèdent leur *xvarrah*, les prêtres le leur, Zoroastre le sien, les Aryens en ont un dont les non-Aryens ne peuvent pas s'emparer, etc. Contrairement à ce qu'on pense souvent, le *xvarrah* n'est pas un apanage des rois légitimes de l'Iran ; ce n'est exact que pour le *xvarrah* « kavien », non pour le *xvarrah* tout court.[25] »

Cette notion correspond donc à l'aura permettant aux rois civilisateurs de mener leur action à terme.

Après avoir mentionné les étapes « classiques » des premiers temps de la création dans le système cosmogonique iranien, nous nous référons à présent, pour établir le lien avec le *Shâhnâmeh*, au *Zamyâd Yasht* (Yt. 19) qui, dans l'*Avesta*, relate le mieux, à travers le récit de la transmission du *Hvareno* « Gloire royale », la généalogie épique des rois de l'Iran. Cette dernière se trouve être la plus proche de l'ordre adopté par Ferdowsi dans son épopée. Nous suivrons cette chaîne jusqu'à l'avènement de la dynastie des Kavis, par laquelle commencent les temps héroïques :

> « Le *Zamyâd Yasht*, en faisant l'histoire de la transmission du *Hvareno* ou de la « gloire royale » depuis Ahura jusqu'à Saoshyant, nous donne une succession des dynasties qui est exactement celle de Firdausi. Elle est partiellement moins complète, car elle omet Manushcithra, l'héritier de Thraêtaona, et Uzava, le successeur de Manushcithra ; mais elle est sur d'autres points plus complète et plus archaïque : elle connaît un interrègne divin de Mithra, qui, entre les règnes légitimes de Yima et de Thraêtaona, recueille la Gloire royale durant l'usurpation d'Azhi Dahâka. Elle connaît un autre interrègne divin, celui d'Atar ou Apam Napât, durant l'anarchie qui suit le règne de Keresâspa et que remplissent les invasions d'Afrâsyâb. La période, si écourtée et si incohérente dans Firdausi, qui suit le règne de Mînûcihr, était donc, dans l'Avesta, traitée d'une façon définie et systématique. Non seulement les successions sont les mêmes, mais il n'est point jusqu'aux durées de règnes qui ne semblent déjà fixées. Takhma Urupa règne déjà trente ans comme dans la chronologie postérieure. Les débris épiques de l'Avesta appartiennent donc à un tout systématique, déjà élaboré dans tous ses détails et arrêté dans son ensemble. Chaque figure héroïque est déjà tout ce qu'elle sera et elle vient déjà en son temps et à son heure. Voici les grandes lignes de cette histoire d'après le *Zamyâd Yasht* :
> Une première dynastie, celle des *Paradhâta*[26] ou *Peshdadiens*, c'est-à-dire des premiers législateurs, des fondateurs de la civilisation : comprenant Haoshyanha, qui extermine les deux tiers des démons du Mâzana ; Takhma Urupa, qui chevauche Ahriman : Yima Khshaeta, qui fait régner sur terre la

---

24 *Ibid.*, p. 31.
25 *Ibid.*, p. 106.
26 Christensen, *Gestes*, p. 20 : « *Paradhâta* : le « pré-créé », le « premier-créé ».

félicité des immortels, mais qui, à la fin, se perd par l'orgueil. Vient l'usurpation du Serpent à trois têtes, Azhi Dahâka, qui renverse Yima, le fait scier en deux, et durant mille ans dépeuple la terre. Puis interrègne mystique de Mithra. Thraêtaona, avec le secours de Haoma, renverse et enchaîne Dahâka, qui, à la fin des temps, sera tué par Keresâspa.

Règne de Thraêtaona - Meurtre d'Airya par ses frères – Règne de Manushcithra – Règne d'Uzava – Règne de Keresâspa – Interrègne d'Apâm Napât. Dynastie des Kavis ou Kéanides.[27] »

Après avoir exposé ces données permettant de situer l'apparition des métaux au cours des premiers âges, puis des métiers sous les premiers rois civilisateurs de l'Iran, nous renvoyons, avant de considérer la chronologie de l'histoire légendaire du *Shâhnâmeh*, au chapitre consacré par Christensen à « La légende de Gajomard, de Masjagh et Masjanagh dans le *Xvadhainamagh* et dans la littérature islamique »[28], où l'auteur fait le point sur la question du « Livre royal » pehlevi et de sa version arabe d'Ibn el-Muqaffa', disparus tous les deux, puis sur les œuvres traitant de l'histoire des Iraniens, composées par les chroniqueurs islamiques et par Ferdowsi. Ce dernier, « dans son *Shâhnâmäh* (aurait) suivi une version persane en prose du Xvadhâinâmagh faite en 957 / 958 par quatre zoroastriens »[29]. Ces éléments permettent d'établir les divergences entre la chronologie légendaire préislamique et celle de l'époque de Ferdowsi.

Ordre du Shâhnâmeh

Dans les lignes qui suivent, les références au texte du *Shâhnâmeh* se présenteront dans le même ordre que nous avons adopté précédemment, c'est-à-dire que nous ferons suivre la référence à l'édition soviétique par celle de Mohl. Les traductions en français, entre guillemets, seront celles de ce dernier dans l'édition bilingue que nous avons consultée.

Comme nous avons déjà eu l'occasion de le constater, la mythologie de l'Iran ancien se perpétue, avec plus ou moins de modifications, jusqu'aux derniers siècles précédant la période islamique, tout en conservant des traits communs avec la tradition indienne. Ainsi en est-il de la répartition des âges du monde conçus dans leur rapport avec la répartition des fonctions sociales :

> « Dans certaines représentations, le mythe indien des quatre Âges du Monde [...] a été disposé sur la structure des trois fonctions, plus précisément même des trois varna, complétés à quatre par les sudra : chacun des Âges est alors caractérisé par l'apparition, ou l'ascension, ou la prédominance d'un des varna

---

27 *ZA*², pp. XXVIII-XXX.
28 Christensen, *Premier homme*, I, pp. 64 sq.
29 *Ibid.*, p. 65.

dans l'ordre décroissant, brahmanes d'abord, puis ksatriya, puis vaisya, puis, dernière déchéance, sudra.
Plus d'une histoire nationale a utilisé la même formule. M. Stig Wikander a montré par exemple qu'elle préside à l'ensemble de la construction historique de l'Iran, telle que la développe Firdousi[30] : les trois rois mythiques Peshdadiens, grands adversaires des démons, ressortissent à la première fonction, la dynastie guerrière des Kayanides à la deuxième, et la troisième anime les quatre derniers souverains de l'histoire légendaire. Les deux premiers de ceux-ci, Luhrasp et Gushtasp, par leurs noms terminés en –*asp* et leur étroite solidarité rappellent les Asvin indiens ; par leurs rapports avec la déesse Anahita ou avec la déesse Nahid, ils rappellent les « Dioscures au service d'une déesse », et tous deux fondent des variétés du « feu Tiers État », par opposition à celui des prêtres et à celui des guerriers.[31] »

La généalogie des temps primitifs, dans le *Shâhnâmeh*, suit donc l'ordre ainsi établi : L'« introduction »[32], comprenant « la création de l'homme », qui prélude à la « période de l'état mixte (*gumezishn*) », durant laquelle « les hommes prennent part au combat des deux Royaumes en se rangeant, par leur conduite, du côté du Bon ou du Mauvais Esprit »[33] :

tcho z-in bogzari mardom âmad *padid*
shod in band-hâ râ sarâsar kelid[34]

« Après cela apparut l'homme, qui fut la clef de toutes ces choses enchaînées. »

Le premier homme est anonyme et le premier couple, Mashyagh et Mashyanagh, ne figure pas dans la création selon le *Shâhnâmeh*. Nous apprenons, d'autre part, que le premier-créé sera la « clef » et la solution du mystère de l'existence, car « personne ni des (êtres) visibles, ni des (êtres) cachés, ne sait quelle sera la fin de l'existence du monde »[35].

La deuxième grande période qui fait suite à l'« Introduction » est celle des « rois du monde »[36], dont le premier, Kayoumars, remplace le Gaya Martan de la tradition initiale, promu ici au rang de roi civilisateur. L'appartenance à la fonction sacerdotale, donc spirituelle, de cette génération semble justifier une domination du monde entier, hommes et bêtes compris :

kayoumars shod bar djahân kadkhodây
nokhostin be kouh andaroun sâkht djây
sar-e bakht-o takht-ash bar-âmad be kouh
palanguineh poushid khod bâ gorouh
az-ou andar-âmad hami parvaresh

---

30 « Sur le fonds commun indo-iranien des épopées de la Perse et de l'Inde », pp. 310-329.
31 Dumézil, *ME¹*, p. 263.
32 Cf. *in Sh.*, *Âghâz* (*Bertel's I*, pp. 12-27) / (*Mohl I*, pp. 4-26).
33 Christensen, *Ir. Sassanides*, p. 147.
34 *Sh.*, *loc. cit.*, v. 60 (*Bertel's I*, p. 16) / v. 61 (*Mohl I*, p. 10).
35 Vers précédents in « Création du monde ».
36 *Sh.* (*Bertel's I*, pp. 28 sq) / (*Mohl I*, pp. 28 sq).

> *ke poushidani now bod-o now khoresh*
> *[...]*
> *be guiti naboudash kasi doshmanâ*
> *magar bad-konesh riman âharmanâ*
> *be rashk andar âharman-e badsegâl*
> *hami rây zad tâ bebâlid bâl*[37]
>
> « Kayoumars devint le maître du monde. Au commencement, il établit sa demeure dans les montagnes ; son trône et sa puissance s'élevèrent de la montagne, et il se vêtit, lui et son peuple, avec des peaux de tigre. De lui vint toute civilisation, car l'art de se vêtir et de se nourrir était nouveau. [...] Il n'avait aucun ennemi sur la terre, excepté Ahriman le méchant, qui en secret lui portait envie et mauvaise volonté, et méditait d'étendre la main sur lui. »

Nous ne nous arrêterons pas à envisager la manière dont Ferdowsi a transposé, dans les personnages de Kayoumars et de ses descendants immédiats, les attributs du premier homme et du premier couple de la chronologie primitive. Ce qui importe, c'est de constater qu'Ahriman s'oppose, poussé par la convoitise et la malveillance, à la « bonne création » dont Kayoumars n'est que le premier dépositaire dans la série des rois chargés de veiller à l'œuvre d'Ormazd :

> « Ahriman (anciennement Ahra Mainyu) « l'Esprit destructeur », adversaire de Spenta Mainyu « l'Esprit Bénéfique » [...] est, dans la conception de Zarathushtra, le chef des daevas (divs), le prince des ténèbres, de la mort, du mensonge ou tromperie, *druj*. Toute l'histoire du monde est celle du conflit d'Ahriman et d'Ormazd. Ormazd a créé le monde pour lutter contre cet adversaire ; à cette création bonne, Ahriman a répondu par une création mauvaise. Tous les êtres malfaisants sont sous ses ordres. À la fin du monde, Ormazd triomphera d'Ahriman.[38] »

Ahriman envisage de « corrompre » la création et, dans cette voie, son rejeton, le Div noir, met à mort Siyâmak, le fils de Kayoumars[39].

Siyâmak trouve un vengeur en la personne de son fils Houshang, qui tue le Div noir puis répand la Justice :

> « Haoshyanha, Hôshang, est le Peshdadien par excellence, car c'est lui qui créa l'institution de la royauté, *dahyupatîh*, « pour la protection et le gouvernement des hommes » (Dinkart, VIII, 13, 5).[40] »

Le *Shâhnâmeh*, lui attribue aussi la découverte de l'agriculture qui, à l'origine, revenait à son frère Vaikart :

> « Son frère Vaikart, le Peshdadien, institua l'autre force de la société, l'agriculture, le *Dihânkânîh*, destiné à l'entretien du monde.[41] »

---

37 *Sh.*, Kayoumars, v. 9 sq. (*Bertel's* I, pp. 28 sq.) / v. 9 sq. (*Mohl* I, pp. 28 sq.).
38 Duchesne-Guillemin, « La religion iranienne », pp. 115.
39 *Sh.*, Kayoumars, v. 35 sq. (*Bertel's* I, p. 30) / v. 36 (*Mohl* I, p. 30).
40 ZA2, p. 371, in Abân Yasht, Yt. 5.
41 *Ibid.*

C'est au cours d'un de ces conflits qui opposent les premiers souverains aux monstres telluriques que Houshang découvre le feu :

> « Un jour, le roi de la terre parcourait la montagne avec quelques hommes de son peuple. Ils virent de loin quelque chose de long et d'obscur, un corps noir qui se mouvait avec rapidité. Sur sa tête brillaient deux yeux, comme deux fontaines de sang ; le monde devint noir par la fumée de sa gueule. Houshang le regarda avec prudence et attention, il prit une pierre et s'avança pour le combattre. Il lança (la pierre) de sa force de héros, et le serpent qui brûlait le monde s'enfuit devant le roi, qui cherchait la possession de la terre. La petite pierre frappa sur une grande, l'une et l'autre furent brisées, mais une étincelle jaillit du choc, et son éclat rougit le cœur de la pierre. Le serpent ne fut pas tué, mais le feu était sorti de la pierre où il était caché.[42] »

Ce qui introduit le thème de la « magie »[43] (*afsoun*) dans la découverte des éléments qui seront mis au service de l'homme :

> *Basi randj bord andar* ân *rouzegâr*
> *Be afsoun-o andishe-ye bi-shômâr*[44]
>
> « Il avait achevé beaucoup de travaux dans sa vie à l'aide d'enchantements et de pensées sans nombre. »

Ici le feu provient, de surcroît, d'une « étincelle donnée de Dieu » qu'il convient d'adorer. Cette découverte est à l'origine de la fête de Sadeh. Ce don permet au deuxième roi de la généalogie du *Shâhnâmeh* de séparer le fer de la pierre :

> *Nokhostin yeki gowhar âmad be-tchang*
> *Be âtash ze âhan djodâ kard sang*
> *Sar-e mâyeh kard âhan-e âb-goun*
> *Kaz-ân sang-e khârâ kashidash boroun*[45]
>
> « D'abord il découvrit un minéral, et sut par son art séparer le fer de la pierre ; il se procura pour matière le fer brillant, qu'il tira ainsi de la pierre dure ».

Houshang devient ainsi le premier « fondeur » et par conséquent le premier métallurge ». L'édition de Bertel's emploie, pour désigner le moyen par lequel s'effectue cette opération, le terme âtash « feu », tandis que celle de Mohl utilise *dânesh* « art » ; ce qui vient à propos pour restituer l'équation, déjà implicite dans notre section consacrée à la « Science » et à la « Sagesse » métallurgiques : âtash « feu » = *dânesh* « art », « science » = *afsoun* « magie ».

En l'occurrence, il s'agit, dans ce cas, d'une « magie blanche » par opposition à la « magie noire » des divs. La première est au service de

---

42 *Sh.*, Houshang, v. 9 sq. (*Bertel's I*, pp. 33-34) / v. 19 sq. (*Mohl I*, p. 38).
43 Massé, *Firdousi*, p. 103.
44 *Sh.*, Houshang, v. 35 (*Bertel's I*, p. 35) / v. 43 (*Mohl I*, p. 58).
45 *Ibid.*, Houshang, v. 7 - 8 (*Bertel's I*, p. 33) / v. 7 - 8 (*Mohl I*, p. 36).

la civilisation tandis que la seconde veut maintenir les hommes dans l'ignorance.

Mais le premier fondeur est aussi le premier « forgeron » (*âhan-gar*) :

> tcho beshnâkht âhan-gari pisheh kard
> az âhan-gari arre-vo tishe kard[46]
>
> « et lorsqu'il eut connu (ce métal), il inventa l'art du forgeron pour fabriquer des haches, des scies et des houes. »

Notons que l'édition Mohl ajoute *tabar* « scie » aux instruments destinés à maîtriser la Matière.

Houshang est le type du « héros civilisateur ». Avec les outils, il transmet les techniques de l'agriculture :

> « Ensuite il s'occupa de distribuer les eaux, il les amena des rivières, et en fertilisa les plaines ; il ouvrit aux eaux des courants et des canaux, et acheva en peu de temps ce travail par sa puissance royale. Lorsque les hommes eurent acquis de nouvelles connaissances, celles de semer, de planter et de moissonner, alors chacun prépara son pain, sema son champ et en marqua les limites. Avant que ces travaux fussent entrepris, on n'avait que les fruits pour se nourrir.[47] »

À cet effet, il est inspiré par le « *farr* des Kayanides »[48] qui lui permet de réussir son œuvre :

> be-dâd izedi djâh-o farr-e kiyân [...][49]

Selon Christensen, le « Livre royal » pehlvi, duquel se serait inspiré Ferdowsi, mettait surtout en valeur l'action civilisatrice de Houshang, tandis que la tradition religieuse voyait plutôt en lui un vainqueur des démons :

> « La relation du règne de Hoshang donnée dans le Xvadhainamagh différait assez de celle de la légende théologique. [...] la lutte de Hoshang avec les démons, telle qu'elle est racontée dans les parties encore existantes de l'*Avesta*, était toujours, dans les livres pehlvis, le trait principal de la légende, bien que l'idée de l'action civilisatrice de ce roi y fût déjà connue. Dans le Xvadhainamagh, le combat avec les démons n'était qu'un épisode d'un règne plein de réformes pacifiques. Hoshang y était avant tout le premier roi, qui établit les fondements de toute civilisation humaine, et il avait même assumé le rôle de fondateur de l'agriculture, rôle que la tradition théologique avait attribué à son frère Veyerd. Le Xvadhainamagh attribuait à Hoshang la découverte du feu et du fer et l'introduction de la coutume de manger la chair des animaux. D'après la tradition théologique, ces découvertes et ces innovations avaient été déjà faites par Masjagh et Masjanagh.[50] »

---

46 *Ibid.*, Houshang, v. 24 (*Bertel's I*, p. 33) / v. 9 (*Mohl I*, p. 36).
47 *Ibid.*, Houshang, v. 25 sq. (*Bertel's I*, pp. 34 sq.) / v. 10 sq. (*Mohl I*, p. 36).
48 Cf. *Supra*, p. 50.
49 *Sh.*, Houshang, v. 29 (*Bertel's I*, p. 35) / (...).
50 Chrinstensen, *Premier homme*, I, p. 159.

Les traits reconnus au Pishdadi, qui font de lui un roi à la fois guerrier et pacifiste, se retrouvent chez Tahmouras, fils et successeur de Houshang, présenté comme *div band* « enchaîneur de div ». L'enchaînement des démons va de pair avec la libération de ce qui peut être bénéfique à l'homme ; il « délie » de la terre toute chose utile :

> *pesar bod mar ou-râ yeki houshmand*
> *gerân-mâyeh tahmouras-e div-band*
> *biyâmad be takht-e pedar bar-neshast*
> *be shahi kamar bar miyân bar-bebast*
> *[...]*
> *tchenin goft*
> *[...]*
> *djahân az badi-hâ beshouyam be rây*
> *[...]*
> *ze har djây koutah konam dast-e div*
> *ke man boud khâham djahân râ khadiv*
> *har-ân tchiz k-andar djahân soud-mand*
> *konam âshkârâ goshâyam ze band*[51]

« Houshang avait un fils plein de sagesse, Tahmouras l'illustre, le vainqueur des divs. Tahmouras vint et monta sur le trône de son père, et ceignit la ceinture de la royauté. [...] disant : [...] « Par ma prudence je délivrerai le monde du mal [...]. Je détruirai partout le pouvoir des divs, car je veux être le maître du monde ; et toute chose sur la terre qui peut être utile, je la mettrai en lumière, je briserai ses liens. »

Usant du « pouvoir royal des liens », Tahmouras parvient à brider Ahriman au moyen d'attaches magiques, et non plus des chaînes matérielles des forgerons « au service » d'une divinité suprême :

> *beraft ahraman râ be afsoun bebast*
> *tcho bar tiz-row bâregui bar-neshast*
> *zamân tâ zamân zinash bar-sâkhti*
> *hami guerd-e guiti-sh bar-tâkhti*
> *tcho divân bedidand kerdâr-e ou*
> *kashidand gardan ze goftâr-e ou*
> *shodand andjoman div-e besiyâr mar*
> *ke pardakhteh mânand az-ou tâdj o farr*
> *tcho tahmouras âgah shod az kâr-eshân*
> *bar-âshoft-o beshkast bâzâr-eshân*
> *be farr-e djahân-dâr bast-ash miyân*
> *be gardan bar-âvard gorz-e guerân*
> *hame narr-e divân-o afsoun-garân*
> *beraftand djâdou sepâh-i guerân*
> *[...]*

---

51   *Sh.*, Tahmouras, v. 1 sq. (*Bertel's I*, p. 36) / v. 1 sq. (*Mohl I*, p. 42).

> *djahân-dâr tahmouras-e bâ-farin*
> *biyâmad kamar baste-ye djang-o kin*
> *[...]*
> *az ishân do bahreh be afsoun bebast*
> *degar-shân be gorz-e guerân kard past*
> *kashidand-eshân khasteh-vo basteh khâr*
> *be-djân khâstand ân zamân zinhâr*[52]
>
> « (Tahmouras) alla et enchaîna Ahriman par ses enchantements, et le monta comme un coursier rapide. Il lui imposa la selle sans relâche, et faisait ainsi le tour du monde sur lui. Les divs voyant cela, s'affranchirent de ses liens et s'assemblèrent en grand nombre, car il avait laissé vide le trône d'or (ici : *Bertel's* : « le trône et le farr »). Lorsque Tahmouras eut nouvelle de cela, il revint en hâte pour s'opposer aux entreprises des divs. Il était ceint de la majesté du maître du monde, il appuyait sur son épaule une lourde massue. Les divs courageux et les enchanteurs accoururent tous formant une armée immense de magiciens. [...] Tahmouras, le maître du monde, le glorieux, s'avança les reins ceints pour le combat et la vengeance. [...] Il en enchaîna les deux tiers par la magie, il terrassa les autres avec sa lourde massue, et on les amena blessés et honteusement liés ; ils demandaient grâce pour leur vie ».

Le pouvoir que détient Tahmouras rappelle Salomon, le « prince des djins » de la légende islamique, qui « chevauchait » le vent par la grâce de Dieu[53], et pour qui coulait la « Source d'Airain »[54].

Le règne de Djamshid, fils de Tahmouras, recouvre une part importante du texte du *Shâhnâmeh* relatant l'histoire de la dynastie des Pishdâdiyân. Nous n'en retiendrons, à cette étape de notre travail, que les vers susceptibles de participer d'une manière générale à la logique métallurgique. Une autre partie de ce chapitre sera étudiée en même temps que celle consacrée au forgeron Kâveh.

Djamshid poursuit la mission de Tahmouras, et, comme lui, « orné de l'éclat de Dieu », il entreprend de « guider les esprits vers la lumière ». Sous son règne, le monde connaît un âge d'or :

> « Alors que, selon le Veda, Yama est le premier mortel et, partant, comme premier défunt, celui qui ouvre la voie aux morts – de sorte que l'Inde fera de lui le roi des enfers –, l'Iran connaît Yima comme premier roi et premier sacrificateur et voit dans son règne un âge d'or. Il est qualifié de « splendide », *khshaeta*, épithète qu'il partage avec le soleil (*khvar* = « soleil », « brillant » ; *farr, khvarena* = « gloire »). Yima survit dans la légende iranienne sous le nom de Jemshîd, c'est-à-dire « Yima le splendide »[55].

---

52 *Ibid.*, Tahmouras, v. 27 sq. (*Bertel's I*, pp. 37-38) / v. 27 sq. (*Mohl I*, p. 44).
53 « Les Sabâ », 34, 11-12.
54 *Ibid.*
55 Duchesne-Guillemin, *Rel. Ir.*, pp. 118-119.

Ainsi, trois cents ans s'écoulèrent « pendant lesquels la mort était inconnue (parmi les hommes) ». Sous Djamshid, « le monde était calme et sans discorde, et les divs, les oiseaux et les péris lui obéirent ».

Il enseigna divers métiers, sépara, « par son art magique », les « minéraux précieux des autres pierres » et institua les castes.

Alors que, dans la tradition coranique, Dieu avait « amolli le fer » pour David[56], Djamshid assouplit le fer grâce au « farr des Kayanides ». À la forge des outils par Houshang succède la forge des armes par son descendant :

> *nokhost âlat-e djang râ dast bord*
> *dar-e nâm djostan be gordân sepord*
> *be farr-e keï narm kard âhan-â*
> *tcho khoud-o zereh kard-o tchon djowshan-â*
> *tcho kheftân-o tigh-o tcho bar-gostovân*
> *hame kard peydâ be rowshan ravân*[57]
>
> « D'abord il s'occupa des armes de guerre pour ouvrir aux braves la route de la gloire. Il amollit le fer par sa puissance royale, et lui donna la forme de casques, de cuirasses, de cottes de maille (ici : « d'épées »), et d'armures [...]. Il acheva tout cela par les lumières de son esprit. »

Dans son essai sur la démonologie iranienne, Christensen a relevé les points communs entre la légende de Djamshid et celle de Salomon, que nous avons déjà identifiés, dans une certaine mesure, avec Tahmouras :

> « Dans la légende juive de Salomon, qui est probablement d'origine iranienne, la maîtrise des démons est un sujet favori. [...] La ressemblance entre la légende de Djamshid et celle de Salomon a frappé souvent les auteurs islamiques. Ainsi Mutahhar ibn Tahir el-Maqdisi fait la remarque suivante : « Les Musulmans et les Gens du Livre n'attribuent aucun miracle à Salomon, ni le pouvoir de réduire à l'obéissance les Jinns, les hommes et les démons, la connaissance du langage des oiseaux et des bêtes, la faculté d'être porté par le vent, et d'extraire de la terre la pâte épilatoire, le plâtre et les minéraux, la construction des bains et d'autres choses encore, sans que les Perse n'attribuent la même chose au roi Jamshad[58]. La conformité des deux légendes paraît en effet frappante, si l'on compare au récit de Tabari sur Jamshid [...]. Quelques détails de l'histoire de Salomon racontés par Qazwini : il fit enchaîner les *marids* et les divisa en groupes pour les métiers différents comme les travaux de fer et de bronze, l'extraction des pierres et de blocs de roche [...].[59] »

Puis Djamshid se laisse emporter par l'orgueil et la Gloire royale l'abandonne. Il s'enfuit devant Zahhâk qui s'empare du trône et de la couronne,

---

56 *Supra*, p. 8.
57 *Sh.*, Djamshid, v. 8 - 10. (*Bertel's I*, p. 39) / v. 8 - 10 (*Mohl I*, p. 48).
58 *Livre de la Création et de l'Histoire*, publ. Par Cl. Huart, III (Paris 1903), p. 106, trad.p. 109.
59 Christensen, *Démonologie*, pp. 74-75.

et finit par être retrouvé par ce dernier qui le fait scier en deux. Cet épisode a été relaté par l'*Avesta* où il est question de la « duplicité originelle » de Yima. Djamshid scié en deux rappelle le processus de la naissance des métaux issus du cors de Gaya Martan[60].

Avec la forge des armes, entre un nouvel élément dans la lutte contre les forces du Mal ; tandis qu'auparavant les rois usaient surtout, pour ce faire, du pouvoir de la magie. Comme nous le verrons plus loin, c'est un recours fondamental dans le conflit avec Zahhâk, créature d'Ahriman, puis dans les combats qui, avec la « Geste des princes du Sistân », opposent l'Iran aux pays ennemis.

Les métaux « dont on fait les armes » sont « patronnés » par *Khshathra*, « entité de la fonction guerrière »[61] qui relève de la deuxième des fonctions citées plus haut :

> « *Khshathra Vairya* (Phl. *Khshatarvar* ou *Shatrôvêr*, P. *Shahrêvar*) litt. « la royauté qui fait son désir » (ou peut-être « qui fait le désir (de Dieu) »), est le « génie du bon gouvernement » [...]. Dans l'ordre matériel, il règne sur les métaux (emblèmes et instruments de la royauté guerrière).[62] »

Les temps « héroïques » qui suivent le règne des Pishdâdiyân sont placés, en effet, sous le signe de cette deuxième fonction et la forge des armes y trouve sa pleine valorisation.

Après mille ans de tyrannie sous Zahhâk, Faridoun, descendant de Tahmouras, libère le monde de l'injustice, puis, après avoir récupéré la royauté usurpée, il éprouve ses trois fils. Il partage le monde entre eux, d'après les mérites dont ils ont fait montre : « l'Occident à Salm, l'aîné, le Tourân à Tour, l'Iran à Iradj, le benjamin ».

Il se trouve que la génération issue de Tur ressortit à la deuxième fonction. Nous nous référons à M. Molé[63] et à G. Dumézil qui ont commenté le partage du monde par Faridoun entre ses fils. Nous citerons ici le point de vue de Dumézil qui reprend l'analyse du précédent :

> « La plupart des écrits pehlevis comme le *Denkart* ou le *Bundahishn* ne mentionnent le fait que brièvement et sans trop de détails. Il en est autrement de *l'Ayatkakr i Djamaspik* dont nous possédons maintenant le texte pehlevi reconstitué, à partir de la transcription parsie, par Messina. Voici le passage relatif aux trois fils de Feridun :

---

60 *Supra*, p. 48.
61 Duchesne-Guillemin, *Rel. Ir. A.*, p. 202.
62 *ZA¹*, p. 24.
63 Molé, « Le partage du monde dans la tradition iranienne », *Journal Asiatique*, CCXL, 1952, pp. 455-463, avec une « Note complémentaire », *Ibid.*, CCXLI, 1953, pp. 271-273.

> « De Freton naquirent trois fils : Salm, Tôz et Eritch étaient leurs noms. Il les convoqua tous les trois pour dire à chacun d'eux : « Je vais partager le monde entier entre vous, que chacun de vous me dise ce qui lui semble bon, pour que je le lui donne : « Salm demanda de grandes richesses (*vas-herih*), Tôz la vaillance (*takikih*), et Eritch sur qui était la gloire kavienne (*xvarreh kayan*), la loi et la religion (*dat u den*). Freton dit : « Qu'à chacun de vous advienne ce qu'il a demandé. » Il donna la terre de Rome (*zamik i Hrom*) jusqu'au bord de la mer à Salm ; et le Turkestan et le désert, jusqu'au bord de la mer, il les donna à Toz ; et l'*Eranshthr* (l'empire d'Iran) et l'Inde, jusqu'au bord de la mer, échuirent à Eritch. À un moment (inopportun ?), Freton enleva de sa tête la couronne et la posa sur la tête d'Eritch en disant : « Ma Gloire est assise sur la tête d'Eritch, jusqu'au matin de la Rénovation de tout le monde vivant ; ô toi, que la royauté et la souveraineté sur les enfants de Toz et de Salm appartiennent à tes enfants ! ».
> On ne saurait exprimer la répartition fonctionnelle d'une manière plus claire. Sam incarne la richesse, Toz est guerrier, Eritch choisit la loi et la religion. Il sera roi et ses descendants règneront sur les descendants de Toz et de Salm. En tant que souverain, il est le possesseur de la Gloire de son père.[64] »

Puis il ajoute, dans les lignes qui suivent, que selon Molé cette répartition correspondait, sous les Sassanides, à la situation géographique des « deux ennemis principaux de l'Empire » : à l'ouest les « Byzantins » (« Roméens ») et à l'est les « Hephtalites », remplacés bientôt par les Turcs. Il y aurait « des raisons de penser que *Tura*, adjectif indo-iranien qui paraît signifier « fort », a été une désignation de classe (les forts, les guerriers ») avant de recevoir une valeur ethnique »[65].

Dans le *Shâhnâmeh*, le partage est motivé différemment : Faridoun apparaît à ses fils sous la forme d'un dragon, et leur réaction déterminera son choix :

> « (Feridoun) leur donne des noms en accord avec l'attribut qu'ils avaient adopté. L'aîné qui s'était sauvé reçoit le nom de « Salm » ; le second, ardant et vaillant, celui de « Tur » [...]. Mais c'est au plus jeune, hardi et prudent, que va toute la gloire : « Iradj » est un nom digne de lui.
> Voilà le premier acte, où la différentiation fonctionnelle des trois frères est acquise. Au second, la répartition ethnique s'y superpose. Feridun partage le monde en trois parties. Salm reçoit Rome et l'Occident, Tur le Turkestan et la Chine, Iradj l'Iran et « la plaine des chevaliers » (l'Arabie). Ici encore la distinction fonctionnelle n'est pas oubliée. Salm est appelé simplement « seigneur de l'Occident », *baxtar xuday*. Tur, de son côté, est nommé « commandant des Turcs et des Chinois », *salar i turkan u tchin*. Mais Iradj n'est pas seulement « seigneur de l'Iran », *iran xuday*. C'est lui qui reçoit le trône et la couronne, ainsi que tous les insignes royaux.[66] »

---

64   Dumézil, *ME¹*, p. 587.
65   *Ibid.*
66   Résumé donné par M. Molé, in Dumézil, *op. cit.*, p. 588.

La répartition hiérarchique des fonctions relatives aux dynasties se voit donc doublée d'une nouvelle répartition, géographique celle-ci, situant en Iran l'autorité relevant de la première fonction, et de part et d'autre de ce territoire, les représentants des fonctions subalternes.

Nous avons évoqué la fonction guerrière dans son rapport avec la forge des armes et l'entité qui s'y rattachait. Les Touraniens aussi, d'après les apparences, participaient de cette même logique.

Ainsi, la tribu des Touraniens constituait un peuple établi à l'est de l'Iran, occupant une place importante dans la lutte pour la suprématie militaire en Asie Centrale. Certains historiens identifient les Touraniens avec les Scythes qui, selon Hérodote, disposaient de métal ferreux en abondance. Les Touraniens pourraient avoir été les ancêtres des « Tartares » ayant peuplé le sud de la Russie.[67]

Il n'y a malheureusement aucune allusion évidente, à cet égard, dans le livre de Ferdowsi, et il ne nous semble pas que le *Shâhnâmeh* fournisse, dans le domaine scythe ou touranien, la matière pour une étude sur la question de la métallurgie en Asie Centrale.

De cette section nous retiendrons le thème de l'apparition des métiers et essentiellement ceux ayant trait à la métallurgie, dont les aspects symboliques et le « complexe mythico-rituel » qui s'y rattache ont été abordés dans notre premier chapitre.

La découverte du feu, élément mystérieux et magique, permet la séparation des métaux de la terre. Le forgeron travaille le métal et produit les instruments de construction, d'agriculture, puis de guerre.

C'est au cours de ces premiers temps de l'histoire de l'humanité que les professions sont établies une fois pour toutes, parallèlement à la répartition fonctionnelle de la société.

Nous n'avons rencontré que très peu de termes techniques dans le texte et les procédés utilisés par les Pishdadiens pour apporter la civilisation trouvent leur sens dans « l'art royal de la magie ».

Pour ce qui est du « pouvoir des liens », il s'exerce ici par des moyens invisibles, contrastant avec les moyens matériels, les chaînes en particulier, employés par les forgerons que nous verrons à l'œuvre dans les pages ultérieures.

Tout laisse supposer, jusqu'ici, que les premiers souverains réunissent les traits propres au « héros civilisateur » et les techniques nombreuses qui l'accompagnent. Il est possible cependant de constater que, tout au long du texte du *Shâhnâmeh*, le forgeron partage avec d'autres artisans le don de

---

67   Wulff, *Crafts P.*, p. 48b.

la « création » dans toute la complexité que ce terme comporte. Ainsi, les pouvoirs du *faber* tendront, de plus en plus, à se substituer à ce qui était à l'origine l'apanage des premiers rois.

Étude sémantique

En addition aux passages que nous venons de signaler dans les premières pages du *Shâhnâmeh*, nous proposons ici un lexique ayant trait, dans le texte, au travail de la forge et, plus généralement, à la fonction du forgeron.

Cet exposé sommaire comprendra des substantifs employés, avant tout, dans les citations de la section suivante, puis, d'une manière récurrente, dans la totalité du *Shâhnâmeh*.

Lexique

« LE LOCAL » – Le terme correspondant, employé lors de la rencontre de Goshtâsp et Bourâb au pays de Roum est *dokkân*, que Mohl traduit par « atelier ». En fait, il s'agirait d'une sorte de « magasin » donnant accès à la ruelle que Goshtâsp aurait remarquée lors de sa quête d'un métier qui lui permettrait de subsister.

« L'ARTISAN » – Les substantifs *kâr-i-gar* et *pishe-kâr* sont employés indifféremment pour exprimer la condition de « l'ouvrier » ou de « l'artisan », la composante *kâr* étant présente dans les deux cas. Par contre *âhan-gar* est le terme générique pour désigner l'ouvrier du métal, le « métallurge ».

Mohl traduit, systématiquement, par le terme « forgeron » qui correspond au travail du fer[68]. Voici les définitions qu'en donnent Vullers et Dehkhodâ :

- *âhan-gar* (suff. *gar*) faber ferrarius (*haddad*)[69].
- Ibid., *pishâ-var-i ke âhan dar koure tâfteh va koubad va âlâte âhanin sâzad*[70].

C'est sous cette dénomination qu'apparaît Bourâb, le maître de l'atelier, chargé de la confection des fers à cheval pour le roi de Roum ; alors qu'il se pourrait que sa fonction se limite à celle du « maréchal-ferrant » (*na'l band, na'l-gar, na'l-tchi*)[71].

....
68 Cf. Wulff, *Crafts. P.*, pp. 48a sq., les pages consacrées au forgeron : *Blacksmith*.
69 *Lex. Pers.-lat.*, s. v. « *âhan-gar* », p. 61b.
70 Dehkhodâ, *LN*, s. v. « *âhan-gar* », pp. 323 a-b.
71 Wulff, *op. cit.*, p. 53b.

Les Parthes, ces cousins orientaux des Perses, fameux cavaliers, auraient été à l'origine du développement de l'industrie du fer à cheval en Iran[72].

Il n'existe donc pas, dans le *Shâhnâmeh*, à notre connaissance, de terme qui pourrait conclure à une spécialisation du sens du travail du métal, en dehors du crédit assez large accordé au substantif *âhan-gar* « forgeron ».

« LE MATÉRIEL » – Le « fourneau », situé au cœur de la forge[73], n'est pas mentionné explicitement. On trouve *âtash* « feu » au lieu de ce qui aurait été le substantif correspondant à *koureh* « fourneau » contemporain. Ici, ce qui permet de déduire l'existence du matériel de forge est la relation du contenu au contenant.

Le « combustible » employé par les forgerons est désigné par *angesht* ou *hizom* que Mohl traduit, respectivement, « charbon » puis « bois ». Dans les deux cas, il s'agit de combustibles utilisés à l'air libre par opposition à l'espace de la forge.

Le « marteau » compte sans doute parmi les outils les plus significatifs employés par l'ouvrier du métal. Dans le texte on trouve *potk* et *khâyesk* pour traduire ce terme. Mohl emploie uniquement « marteau » et ne nuance pas entre le marteau proprement dit et la « masse », instrument plus massif qui a entraîné le rapport analogique *potk* « masse » - *gorz* « massue, masse d'armes ».

Chez Shafagh, le terme est rendu par *potk, tchakkosh, koubeh*[74].

Dans le *Shâhnâmeh* la nuance est pratiquement inexistante entre les substantifs que nous venons d'énoncer. Des deux termes rencontrés dans le texte, *potk* est celui qui apparaît le plus souvent, lié au rapport analogique « masse – massue », tandis que *khâyesk* ne comporte pas plus de trois occurrences. Leur sens correspond à *tchakkosh-e bozorg* « grand marteau ».

La « lime » est l'instrument employé quand il s'agit de « défaire » les liens imposés par le forgeron lui-même. Le persan *sowhân* lui correspond dans le texte.

« L'enclume » est traduite par *sendân*. Dans le texte, elle est souvent placée en opposition à l'image de *potk* « masse ». L'enclume (*sendân*) dispose d'une terminaison fichée dans le sol pour des travaux légers (*sendân-e kheshti*). Pour les travaux plus lourds, elle est supportée par une solide base en bois (*kondeh, zir-e sendân*). La surface de l'enclume,

---

72 *Ibid.* ; cf. aussi Ghirshman, *Iran, Parthes et Sassanides*, pp. 187-285
73 Wulff, *op. cit.*, p. 50b.
74 R.-Z. Shafagh, *Farhang-e Shâhnâmeh, s. v.* « potk ».

nommée *safheh* ou *safheh-ye sendân*, dispose d'un « bec » pour travailler les arrondis des objets (*shâkh*, « corne »)[75].

Le « soufflet » est le substantif par lequel Mohl traduit *dam*, dont le sens premier correspond à « souffle » (*nafas*). Les artisans utilisent des soufflets en peau de chèvre (*dam-e poust-e boz*) qui correspondraient aux plus anciens soufflets de forge utilisés durant l'Antiquité[76].

« LES MATÉRIAUX » – Le « minerai », dans la traduction de Mohl, remplace *gowhar*. Par contre, il traduit *sang-e khârâ* par « pierre dure » alors que ce dernier pourrait signifier « granit ». Mohl a sans doute opté pour l'adjonction du qualificatif « dure » au substantif « pierre » afin de rendre compte de la performance du Pishdâdi lors de la séparation du métal de sa gangue, ce qui semble bien s'inscrire dans la logique des premiers chapitres de l'épopée.

Le terme *âhan* est traduit par « fer ». Pour Vullers : âhan *s.* âyan [...] *ferrum*[77]. A partir de ce terme nous avons, dans le *Shâhnâmeh*, *âhan-e âb-goun* (litt. « le fer pareil à l'eau ») que Mohl traduit par « fer brillant ». Puis les dérivés *âhanin* « en fer, de fer », *âhan-gar* « forgeron », *âhan-gari* « le travail de la forge ». Concernant les autres métaux « cuivre » correspond à *mes*, « bronze » correspond à *rouy*, d'où les dérivés mentionnés par Shafagh :

> rouhani, rouhini = âhani yâ foulâdin-e djowhar-dâr (nâtchâr az rishe-ye rouy ast). / rouyin, rouyine = az djans-e rouy ; nâme pesar-e pirân-e tourâni.[78]

Pour Wulff, le terme correspond à *safidray, mafragh*[79].

Le terme « acier » a pour équivalents *poulâd* ou *foulâd* que Shafagh décline sous la forme de *âhan-e âb-dâdeh*[80] (« fer trempé »). Pour Wulff, le forgeron fait une distinction entre le fer (*âhan*) et l'acier (*foulâd, poulâd*). Lorsque l'acier est trempé il se nomme *foulâd-e khoshkeh* ou *foulâd-e âbdâr*.[81]

« Argent » correspond à *noghreh*, d'où, dans le texte, l'exemple suivant placé dans le contexte de la construction du fameux trône du *tâgh-dis* (trône de l'empereur sassanide Khosrow Parviz) :

> hame noghreh-ya khâm bod mikh b-esh
> yeki sad be mesghâl bâ shast-o-shesh

---

75 Wulff, *op. cit.*, p. 51 a.
76 *Ibid.*, p. 50 b.
77 *Lex. Pers.-lat.*, *s. v.* « âhan », p. 60 a.
78 Shafagh, *F. Sh.*, *s. v.* « rouhani », « rouyin ».
79 Wulff, *Crafts P.*, p. 18 a.
80 Shafagh, *op. cit.*, *s. v.* « foulâd ».
81 Wulff, *op. cit.*, p. 52 a.

« Tous les clous et les crampons (ici : « les clous qui y étaient enfoncés ») étaient d'argent pur (massif), chacun pesant soixante-six *miskals*. » (un miskal = 4,25 grammes).

« LA TECHNIQUE » – Le substantif *dam* qui désignait l'instrument « soufflet » a évolué vers l'emploi verbal *dam-âvardan* « souffler, actionner le soufflet » (litt. « apporter du souffle »).

Le terme pour exprimer l'action de chauffer le métal dans le fourneau, appliqué lors de la rencontre entre Goshtâsp (roi de Perse) et Bourâb (forgeron chargé de fabriquer des fers pour les chevaux de l'empereur romain), est *tâftan* « chauffer » (au rouge ?).

Le verbe correspondant à « fondre » est *godâkhtan*. L'illustration de cette technique se trouve dans l'épisode de la construction du rempart d'Alexandre :

gohar-hâ yek andar degar sâkhtand
v-az ân âtash-e tiz bo-gdâkhtand

« (Les forgerons) brassaient ensemble toutes ces matières et les faisaient fondre ensemble. »

Les termes contemporains pour nommer ces techniques sont : *zob kardan, godâkhtan, âb kardan*[82].

Mohl emploie le verbe « limer » pour *soudan*. Les autres verbes correspondants en persan, parmi les plus répandus dans le texte sont : *sâyidan – sâbidan – sâvidan* (« frotter deux choses l'une contre l'autre »). Le mot *softan* comporte aussi le sens de « percer ». « Amollir » correspond à *narm kardan*.

La « soudure », chez Ferdowsi, est désignée encore une fois par un terme générique, *doukhtan*, impliquant aussi « coudre » et « attacher ». Dans l'hémistiche suivant :

be-mikh-o be mes darz-hâ doukhtand

« ils rattachèrent les jointures avec des clous et (de la soudure) de cuivre. »

Mohl ajoute à la traduction du persan le terme exprimant la technique en question, absent du texte lui-même. Bien que le *Shâhnâmeh* n'en transmette pas la dénomination spécifique, la « soudure de cuivre » est attestée dans l'artisanat ayant trait au travail du métal. Le forgeron iranien est un maître dans l'art de la soudure (*djush-e atesh, djush dadan, tan-kar*) et dans le brasage (*djush-e mes, djush-e berendj*), employant le cuivre ou le laiton.[83] »

---

82   *Ibid.*, pp. 16 b, 19 b.
83   *Ibid.*, p. 52 a.

« LES PRODUITS » – Lors de la rencontre de Gohshtâsp avec Bourâb, le maître de forge propose au fugitif de frapper une « masse de fer » chauffée dans le fourneau avec un maillet, afin d'éprouver ses dispositions au travail dans l'atelier. Le substantif persan pour cette masse est *gouy*, lequel suppose toujours une forme sphérique et pourrait être traduit par « boule ».

Afin de tester un sage entré à son service, Alexandre élabore une énigme sous la forme d'un « disque » commandé à des forgerons. Le terme correspondant au disque est *mohreh*.

En ce qui concerne la production proprement dite du forgeron, on peut établir, pour une part importante de cette production, deux catégories : les outils et l'attirail guerrier.

- Les outils

Nous avons constaté que l'invention des premiers outils datait de l'ère des Pishdadiens. Le *Shâhnâmeh* énumère notamment *tabar*, la « hache » et *arre*, la « scie ». Par contre Mohl traduit par « houe » le substantif *tisheh*. Il semble qu'il s'agisse ici d'un outil trouvant son emploi dans les techniques de l'agriculture dont Houshang est le novateur. Il serait aussi loisible d'envisager la création d'un instrument dont l'usage serait destiné non plus au travail de la terre, mais à la « construction » en général. Le *tisheh* auquel nous faisons allusion présente le même aspect que la houe mais ses proportions sont plus réduites. De la taille d'un marteau, ayant une lame assez large, plate et tranchante, il est utilisé dans les travaux de menuiserie, de maçonnerie et pour l'équarrissage des pierres. Cette dernière pratique retient notre attention en vertu de l'importance particulière accordée, dans la légende iranienne, au travail de l'artisan qui parvient à soumettre la pierre à sa volonté et à accomplir ainsi une œuvre surhumaine. Cette réalisation témoigne des capacités démiurgiques de l'ouvrier. C'est avec des instruments tels que le pic et la pioche que Farhâd[84] finit par avoir raison de la falaise de pierre et à lui imposer la forme qu'il désire. Il es représenté dans les miniatures assisté de forgerons qui façonnent et entretiennent ses outils.

- Les armes et l'armure

L'« attirail guerrier » correspond à *âlât-e djang*. Il est un aure terme dans le texte, *selih*, qui comporte le même sens mais que Mohl traduit par « armure » :

ferestâd kas nazd-e âhan-garân
har-ân kas ke ostâd boud andar-ân

....
84 Surnommé « *kouh-kan* » « qui cave les montagnes ».

beraftand-o tchandi zereh khâstand
selih-ash yekâ-yek bepirâstand
« il envoya chercher tous les forgerons qui étaient maîtres dans leur art ; ils arrivèrent, lui firent des mailles, et réparèrent son armure entière. »

Il nous semble que le dernier hémistiche relate le « réajustement » et le « polissage » des armes d'Esfandiyâr en voie de détérioration à cause de la détention prolongée de ce dernier. L'hémistiche pourrait se traduire ainsi :
« (les forgerons) ajustèrent et polirent (= *bepirâstand*) ses armes une par une. »

Le substantif *tigh* est traduit « épée », extension métonymique de sons sens premier « lame ». Dans le texte, l'emploi analogique *tigh-e almâs-goun* « épée brillante comme le diamant » exprime la pureté du métal qui a servi à la forge de l'arme. L'autre terme correspondant à « l'épée » est *shamshir*. L'« épée indienne » *shamshir-e hendi* est réputée pour la qualité de sa lame.

Mohl traduit indifféremment *gorz* et *amoud* par « massue ». Un autre substantif leur correspondant est *koupâl*.

Dans la série des armes à hampe, nous avons relevé *neyzeh* « lance » et *khesht* « javelot ». Nous réservons l'étude du terme *derafsh* « lance », « drapeau », etc. pour la section consacrée à l'étude du personnage de Kâveh.

« Flèche » est la traduction de *tir*, tandis que son synonyme *peykân* pourrait comporter un sens plus spécifique et signifier « fer de lance » ou « fer de flèche ». Le substantif *senân* se traduit essentiellement par « fer de lance ». Le terme *khadang* désigne à la fois une matière composant l'arme et l'arme elle-même, en fonction d'un apport de métonymie. Il s'agit du bois faisant office d'hampe, au bout duquel est fixé le fer de la lance ou de la flèche.

Parmi les éléments de l'armure, nous citerons *khoud* « casque », puis *meghfar* employé dans le même sens, mais désignant plus précisément la protection de mailles qui se portait sous le casque proprement dit.

La « cote de mailles » traduit indifféremment *zereh, djowshan, der'*.

Mohl traduit *kheftân* (= *khaftân – khadân*) par « cuirasse ». Il s'agirait, à l'origine, d'une tenue de guerre faite de soie brute renforcée.

- Les instruments ayant trait à la fonction corrective

Nous avons remarqué que les outils et les instruments employés par les forgerons ayant pour tâche d'assurer la « fonction corrective » dans le *Shâhnâmeh* constituaient à eux seuls un ensemble qui méritait d'être mentionné en raison de la fréquence de leur usage.

Le terme générique pour désigner « lien » est *band*, d'où les dérivés *basteh* « attaché » et *pây-band* litt. « lien (au) pied », parmi d'autres. Il peut aussi signifier « chaîne » qui est la traduction exacte de *zandjir*.

Le substantif *gholl* est au cou et aux mains ce que *pây-band* est aux pieds ; il est traduit par « collier », « menotte », mais aussi par « chaîne ».

Pour accentuer l'effet dramatique de la « captivité », le *Shâhnâmeh* procède par adjonction du qualificatif *gerân* « pesant » aux éléments signalés. Ainsi nous lisons :

> *be-pish âvaridand âhan-garân*
> *gholl-o band-o zandjirhâ-ye gerân*
>
> « On appela les forgerons, qui vinrent avec des menottes, des colliers et de lourdes chaînes. »

Les termes *mikh* et *mesmâr* sont traduits, sans distinction, par « clous ». Nous mentionnerons enfin *sowhân* « lime » dont nous venons de commenter l'usage.

Le bref corpus que nous avons dégagé du texte du *Shâhnâmeh* provient seulement des pages évoquant l'activité du métallurge, au sens propre ou sous forme d'emploi métaphorique. Nous n'avons pas jugé nécessaire de fournir des références aux citations extraites des éditions Bertel's et Mohl, car elles réapparaissent dans la section suivante avec les références correspondantes.

De ce qui précède, nous sommes tentés de déduire que Ferdowsi n'utilise que très peu la terminologie technique de la forge à laquelle il semble emprunter les éléments d'un ensemble fixe et immuable, où il puise ce qui lui perme de traduire les expériences des « bâtisseurs », des « forgerons lieurs et délieurs » et « l'analogie de la dynamique » que l'on relève dans l'interaction du « marteau » et de « l'enclume », thèmes restant à développer.

Le radical *kan

Avant de procéder à l'étude de ces thèmes, nous souhaiterions développer brièvement un aspect du travail du métallurge auquel nous avons fait allusion au début de cette recherche[85]. Nous y avons évoqué les rapports qu'entretenait l'activité métallurgique avec la poésie et la création artistique, mais aussi avec la magie de la parole et du chant. Eliade signale un substantif qui aurait servi à exprimer ce concept dans le domaine indo-européen :

> « Les Indo-Européens avaient élaboré une mythologie et une théologie spécifiques. Ils pratiquaient des sacrifices et connaissaient la valeur magico-religieuse de la parole et du chant (*KAN).[86] »

---

85 (Attention à la conformité) >> Supra, 1.4.2.2. « L'expression et le Pouvoir », pp. 21 sq.
86 Cf. Notre section « L'Expression et le pouvoir ».

Ceci nous conduit à examiner les différents termes correspondant à cette notion. Ainsi, Darmesteter, dans son commentaire du « Vendidâd », propose une étymologie rattachée à la « musique » :

> « (« musicien » =) *vaêso, vês*. Le sens de ménestrel est établi : 1° d'après la première épithète, *hvandrakara*, « *khvanâk-kar* », « qui fait chanson » (cf. *khonyâ-gar*, chanteur ; de *hvan*, P. *khvândan*) ; 2° d'après la tradition postérieure qui traduit *moghani*. Peut-être ce mot de *vês* nous est-il resté dans *gosân*, nom pehlvi des musiciens que Bahrâme Gôr fit venir de l'Inde (« *gosân be zabân-e pahlavi khonyâ-gar khânand* » ; « Mujmil ut-têvârikh », *Journal asiatique*, 1841, II, 534) : ce sont les « Louris » de Firdousi et des modernes. « Les Louris errent dans le monde, cherchant leur vie, compagnons de gîte et de route des chiens et des loups et toujours sur les chemins pour voler jour et nuit. »[87] »

Le substantif *mognani* (= Ar. *motreb*), dérivé de l'arabe, correspond donc au persan *khonyâ-gar* (= *khânandeh* = *âvâz-khân*) « chanteur », mais aussi à *navâzandeh* « musicien »[88].

Wulff, citant E. Herzfeld et A. Keith[89], rappelle que les « Koulis » (= « Bohémiens ») persans appartiennent à la même catégorie que ceux qui furent, sur la bordure de la Caspienne, les « premiers métallurges de l'histoire ». Selon la même source, les Caspians, habitants du nord-est de la Perse, furent les premiers travailleurs du métal de l'histoire. Les Persans « Kouli » furent souvent nommés des « gitans forgerons ». Ils erraient à travers le plateau iranien en petits groupes tribaux.[90]

Après avoir établi les rapports entre la musique et le chant liés au travail du métal et les clans pratiquant le métier de forgeron, nous citerons des extraits d'articles consultés dans *l'Encyclopédie de l'Islam* afin d'étendre cet argument au domaine islamique en général.

Nous nous référons surtout au radical arabe *k-y-n* qui désigne généralement « l'artisan » :

> « KAYN » du radical arabe *k-y-n* qui comporte l'idée d'orner, embellir, désigne, par extension, l'artisan (*sani'*), bien que l'usage courant le réserve surtout au forgeron [...]. Le Coran l'ignore ; en revanche, on le rencontre dans plusieurs « hadiths » où il est généralement pris dans son acception particulière d'ouvrier travaillant le fer ; mais comme les hommes qui gagnaient ainsi leur vie appartenaient généralement à la catégorie la plus humble de la population, *kayn* est devenu un terme de mépris s'appliquant à l'esclave [...].

---

87 ZA², « Vendidad, Fargard 13 », p. 206, note 60. Pour la traduction française : *Sh.*, Bahrâm-e Gour, Mohl VI, pp. 77 sq.
88 Cf. Shafagh, *F. Sh.*, s. v. « khonyâ-gar ».
89 E. Herzfeld and A. Keith, « Iran as a prehistoric centre », p. 50.
90 Wulff, *Crafts P.*, p. 49 a.

> Ces préjugés défavorables au sani' ne cessent de prévaloir parmi les bédouins [...]. Ces derniers le considèrent comme un étranger, même s'il vit parmi eux, avec sa famille, depuis un temps immémorial. Il n'est jamais intégré au clan, et aucun Arabe nomade, même de basse extraction, ne voudrait établir avec lui des liens de mariage (R. Montagne, « Vie sociale et politique de l'Arabie du Nord », in *Revue des Etudes Islamiques*, 1932, 74).
>
> Les *haddadin* (pluriel de *haddad*, « forgeron ») [...] appartiennent parfois à des tribus de parias comme les *Nawar* [...] ou les *Sulaba*. Ils forment une caste à part (Ch. Doughty, Arabia Deserta, Paris 1949, 178) [...]
>
> Remarque digne d'intérêt, *kayn*, en sabéen, n'a nullement ce sens péjoratif propre à l'Arabe du Nord. Les spécialistes sont d'accord pour le traduire par « celui qui arrange », ce qui est d'ailleurs conforme à l'étymologie arabe. Il s'agirait d'un haut fonctionnaire, intendant ou ministre, dont les charges seraient en rapport avec la religion, plus précisément avec le sacré.[91] »

Nous rencontrons ici les mêmes aspects contradictoires que nous avons soulevés quant au statut du forgeron dans la communauté qu'il fréquente. L'article évoque aussi l'origine céleste du fer attestée par les auteurs musulmans :

> « L'origine céleste du métal ferreux est confirmé par plusieurs « hadiths ». Selon Ibn 'Umar, « Dieu fit descendre sur la terre quatre éléments : le fer, le feu, l'eau et le sel » (al-Tabarsi, *Madjma' al-bayan fi tafsir al-Kur'an*, Beyrouth, 1961, XXIII, 157). Plus explicite, Ibn 'Abbas dit : « Avec Adam sont descendus le maillet, l'enclume et les tenailles ». Dans une autre tradition, cinq outils sont descendus du paradis avec Adam : l'enclume, les tenailles, l'aiguille, le maillet et l'aguisoir (al-Tabari, *Djami' al-bayan*, XXVII, 122 ; Alusi, *Bulugh al 'arab*, III, 400). [...].
>
> La situation du kayn est donc ambivalente. Objet de mépris, il jouit en même temps de certains privilèges propres aux personnes sacrées. Comme dans les sociétés dites primitives, le forgeron, chez les Arabes du désert, est un être à part. Dans la croyance des Rwala, Dieu créa, avec le premier Bédouin, le premier forgeron (A. Musli, *The Manners and customs of the Rwala Bedouins*, New York 1928, 281). Les interdits qui l'entourent ne s'expliquent pas par le seul dédain des arts mécaniques. Un autre facteur doit être pris en considération : la crainte superstitieuse d'être souillé par l'impureté de l'artisan-magicien, d'entrer en contact avec cette puissance redoutable dont il détient le secret de la divinité et qui faisait du *kayn* sabéen un intermédiaire entre l'homme et le sacré.[92] »

Ce radical aurait éventuellement servi à la dénomination de certaines tribus arabes :

> « al-KAYN ou Banu l-Kayn, souvent également Bal-Kayn par contraction [...] nom d'une ou de plusieurs tribus arabes.

---

91 J. Chelhold, *s. v.* « kayn » in *EII*, pp. 852 a-b. Cf. aussi *Id.*, « Le Monde mythique arabe », in *Journal de la société des africanistes*, XXIV / I (1954), 4 sqq.
92 *Ibid.*

> Le mot kayn signifie « travailleur du fer », « forgeron », ou peut-être même « esclave » [...]. Certains auteurs comme par exemple Th. Nöldeke dans *Zeitschrift der Deutschen Morgenländischen Gesellschaft*, XLI, 181, ont émis l'hypothèse que les Bal-Kayn descendraient des Kénites de l'Ancien Testament, mais aucune preuve sérieuse ne vient appuyer cette supposition.[93] »

Nous citerons enfin Ch. Pellat qui revoit les différentes acceptions qui en dérivent :

> « KAYNA » pl. « kiyan » ou « kaynat » « esclave chanteuse ». Les lexicographes arabes ne sont pas absolument d'accord sur le sens primitif de ce terme [...] dont ils ignorent l'origine réelle ; ils ont tendance à l'appliquer en premier lieu à une esclave (*ama, djariya*) généralement chargée de besognes diverses, puis, plus spécialement, à la chanteuse de statut servile (*ama*, ou *djariya mughanniya*) ; les uns sont enclins à rattacher *kayna* à une cinquième forme *takayyana* « se parer » [...], d'autres à en faire le féminin de *kayn* « ouvrier », plus spécifiquement « forgeron », et à lui donner le sens primitif d'« ouvrière » ou de « coiffeuse » [...]. L'arabe *ghanna* (correspond à) « chanter ».[94] »

Il semble que l'on retrouve le même radical dans les écrits bibliques, là où l'hébreu servant à nommer Caïn revêt aussi le sens de « création », avant de signifier « forgeron ». Le vocable hébreu *Qayin* (Caïn) signifie « forgeron ». Conformément au récit biblique le nom de Caïn a été suggéré à sa mère par sa similarité phonétique avec le verbe *kanah (qanah)* : « obtenir » ou « créer ». Parmi les descendants de Caïn on compte Tubal-Caïn, celui « qui forge les objets en cuivre ou en acier » (4 : 22).[95] »

Susceptible d'avoir formé en latin classique *canere*, le radical aurait servi à construire *cantare* en latin vulgaire, puis *chanter* en français moderne.[96]

Pour revenir à la « relation avec le sacré » que ce radical implique, le substantif *kahin* « devin » ne serait pas sans présenter d'analogie, du point de vue morphologique et sémantique, avec les termes déjà évoqués :

> « KAHIN, terme dont l'origine est controversée (cf. T. Fahd, *Divination arabe*, 91 sqq.), et qui appartient à la fois au fond cananéen, araméen et arabe. Au plus ancien stade qui nous soit connu, il paraît avoir désigné, chez les « Sémites occidentaux », le détenteur d'une même fonction et de prérogatives identiques, à savoir l'offrande des sacrifices au nom d'une collectivité, la représentation de cette collectivité auprès de la divinité, l'interprétation des volontés de cette dernière, ainsi que la prévision et la communication des désirs. [...] le *kahin* arabe cumulait les fonctions de sacrificateur et gardien du sanctuaire [...] et

---

93 *op. cit.*, W. Montgomery Watt, *s. v.* « al-Kayn », p. 852 b.
94 *op. cit.*, Ch. Pellat, *s. v.* « kayna », p. 853.
95 N. M. Sarna, *s. v.* « Caïn » in *Encyclopaedia Judaïca*, Jérusalem, Keter Publ. House, 1971, p. 21. Cf. aussi Id., *Understanding Genesis*, 1966, pp. 29-33.
96 O. Bloch et W. v. Wartburg, *Dictionnaire étymologique de la langue française*, préf. A. Meillet, Paris, PUF, 1950, *s. v.* « chanter », p. 116b.

> de l'« augure » ; d'où la possibilité de rendre *kahin* par « prêtre », au sens d'agent du culte officiel [...] *kahin* (correspond à) « devin » (puisqu'il nous faut un vocable équivalent), avec le double sens du latin *divinus*, c'est-à-dire « inspiré » et « vaticinateur », sans exclure son rôle strictement sacerdotal là où les conditions sociales le permettaient [...] (T. Fahd, *Le Panthéon de l'Arabie centrale* à *la veille de l'Hégire*, Paris 1968). [...] (dans le) vocabulaire religieux des Sémites occidentaux [...] garde du sanctuaire, transmission de l'oracle, l'offrande des sacrifices, l'interprétation divinatoire des signes. Ce furent là les fonctions du *kohen* hébraïque avant l'époque royale, telles qu'elles sont attestées dans la Bible (cf. H. Ringgren, *La Religion d'Israël*, Paris 1966, 218 sqq.). Le *kahin* arabe est resté à ce stade jusqu'à sa disparition avec l'avènement de l'Islam ; par suite de l'inexistence, dans le régime nomade sous lequel il vivait, d'une royauté stable et durable qui aurait pu, comme dans les royaumes voisins et ailleurs, organiser le sacerdoce, ne fût-ce que pour ne pas le laisser échapper à son pouvoir. Ce manque d'organisation aboutit à faire du *kahin* le seul dépositaire de la connaissance surnaturelle, dispensée en Israël par le *kohen* et le *nabi*. Cela le conduisit à pratiquer de techniques à la fois divinatoires et extatiques. [...] le *kahin* de l'Arabie ancienne engageait le sort de sa tribu toute entière, en temps de paix comme à la guerre. [...] le *kahin* était, en Arabie centrale avant l'Islam, le guide spirituel et l'intellectuel de la tribu, rôle exercé par tous les agents du culte dans les sociétés non évoluées à toutes les époques et sous toutes les latitudes. De par la nature du milieu géographique, historique et social où il exerçait, il était plutôt un devin libre, comme son homologie grec, tout en étant attaché parfois à un oracle, qu'un fonctionnaire au service d'un État centralisateur, comme ses homologues assyro-babyloniens et romains.[97] »

« Le même substantif (*kahin*) en persan se réfère à « celui qui informe sur les événements à venir et qui prétend être au fait des secrets et de la connaissance cachée (*Ta'rifât*). Il sait interpréter le chant des animaux, il est magicien et devin (*Ghiyas*), il sait commander aux présences invisibles (*Akrab al-mawarid*), il est chargé des rituels du sacrifice chez les Chrétiens, les Juifs et les idolâtres. Et il advient que le sens du même mot fasse référence aux forces cachées (*Akrab al-mawarid*).[98] »

La dernière analogie que nous souhaiterions signaler est celle qui mettrait en rapport le substantif persan *kân* « mine » avec la série qui précède :

> « *kân, fodina* (lat. « mine ») (ar. *ma'dan*), lieu où se concentrent les substances qui existent de par l'industrie divine et bien que ce terme soit persan il est une coïncidence qui fait que le mot trouve une résonance avec l'arabe dans la mesure où il est question d'un lieu générateur de telles substances [...][99] »

---

97 *EI¹, s. v.* « kahin », pp. 438b-440a.
98 Nehkhodâ, *LN ; s. v.* « kâhen », p. 299 c.
99 *Lex. pers.-lat., s. v.* « kân », p. 784a.

Ce dernier rapprochement serait justifié, dans une certaine mesure, par la nature de la mine qui est le lieu de la « création » et de la « gestation » du métal. Nous ne reviendrons pas sur le thème de la sacralité de la Terre-Génitrice, ni sur les pouvoirs exceptionnels impartis au forgeron et au métallurge en général (accouchement, création), seuls à même d'accéder au monde souterrain.

La constellation de mots que nous venons d'établir permet de fixer, en quelque sorte, la figure mythique du forgeron et, partant, les différentes fonctions qui lui incombent.

Nous ne poursuivrons pas outre mesure cette argumentation dont le développement supposerait un matériau abondant, et qui, d'autre part, nous écarterait du but de notre étude. Nous nous limitons donc à ces quelques données qu'il serait peut-être judicieux, si elles sont fondées, d'approfondir dans le contexte d'une autre recherche, ayant pour objet de révéler par cette démarche suggérée toutes les virtualités de la figure du forgeron.

Les forgerons dans le *Shâhnâmeh*

Parvenu à cette étape de notre travail, nous envisageons à présent d'aborder le texte du *Shâhnâmeh* afin d'y souligner les figures de forgerons. Bien que l'ouvrier du métal soit cité nommément dans la plupart des cas où il intervient, et cela par le terme qui désigne sa profession (*âhan-gar*), l'absence de cette dénomination, dans certains, cas, peut être elle-même significative. En effet, la construction du trône Tâgh-dis ou l'édification du palais de Madâ'en ne sont pas concevables sans la participation du forgeron ; l'œuvre produite témoigne, en son absence, de l'activité métallurgique.

Comme nous en avions exprimé l'intention, nous réserverons l'étude du personnage de Kâveh, dont l'action s'inscrit entre les règnes de Djamshid / Zahhâk et de Faridoun, pour une phase plus avancée de notre recherche.

Nous avons constaté, à la lecture du livre de Ferdowsi, que certaines constantes se dégageaient de l'occupation de ses forgerons qui, mis à part la figure centrale de Kâveh, effectuaient plus ou moins les mêmes tâches pouvant être classées, dans leurs grandes lignes, sous les rubriques « bâtisseurs » et « lieurs et délieurs ». Précisons que ces ouvriers restent « anonymes » et opèrent en groupe, y compris Bourâb qui est un artisan parmi d'autres, même s'il demeure le seul d'entre ceux-ci à porter un nom propre. Ils sont, si l'on peut se permettre ce qualificatif, « interchangeables ».

Les rois et les princes les convoquent pour « matérialiser » leurs projets : concrétiser une invention, ériger un palais, un rempart, etc. Ailleurs, on les voit sous un aspect sombre et inquiétant. Là où les rois et leur lignée sont, de nature, inaccessibles et intouchables, ils sont soumis à la fonction corrective du forgeron ; on fait appel au forgeron pour que, par le fer, il applique au souverain ou au seigneur la peine de l'enchaînement. Puis, seul habilité à le faire aussi, il les désenchaîne. À telle occasion, il est sollicité pour découvrir un cercueil dont on a soudé le couvercle. Toujours posté là où l'individu commun n'ose s'engager, il est « le gardien du seuil », présidant symboliquement aux « passages » pour reprendre les termes d'A. van Gennep[100].

Issu de la couche la plus basse de la société, son statut, tel qu'il a été défini depuis les Pishdadiens, reste néanmoins ambigu puisque le pouvoir de dominer le métal, de le fixer comme de le défaire, le place au cœur des grandes réalisations. Il opère une transition : de par le contact qu'il établit avec la matière impure, il crée une œuvre surhumaine et prodigieuse.

Le fer est magique, et par conséquent, « force » aussi. Les vainqueurs du métal seront les forgerons, sinon les rois ou les héros de la légende : Goshtâsp brise l'enclume et Esfandiyâr brise les chaînes qui le retiennent. Cette force, qui rayonne du métal au marteau et à l'enclume, trouve son expression privilégiée à travers les faits d'arme des preux ou dans les moments forts de la guerre. La masse d'armes paraît masse de forge et le casque enclume.

Sur le champ de bataille, ce n'est plus la Sagesse métallurgique qui règne, mais on y assiste au déploiement de la force imprimée aux armes sous l'effet de la « furor » propre aux sociétés guerrières. L'ardeur du combattant trouve une résonance dans le dynamisme émanant du feu et de l'acier.

Dans le *Shâhnâmeh*, le métallurge, qu'il soit mineur, fondeur, armurier, maréchal-ferrant ou orfèvre, est nommé « forgeron ». C'est toujours de ce même ouvrier du métal qu'il est question.

La formule rituelle, quand un personnage de sang royal adresse une « commande » au groupe des forgerons, est la suivante :

« *befarmoud k-âhan-garân...* »
« *il ordonna aux forgerons...* »

....
100 A. van Gennep, *Les Rites de passage*, Etude systématique des rites de la porte et du seuil, de l'hospitalité, de l'adoption, de la grossesse et de l'accouchement..., Paris, A. et J. Picard, 1981.

Ainsi, dans l'exemple suivant, Eskandar qui décide d'éprouver les qualités intellectuelles du philosophe entré à son service commande aux métallurges un disque de métal qui constituera l'énigme que ce dernier aura à résoudre :

> « be-djâm andar afgand souzan hezar
> ferestâd bâz-ash sou-ye shahriyâr
> be-souzan negah kard shâh-e djahân
> biyâvard âhan-garân râ nahân
> befarmoud tâ gerd bogdâkhtand
> az âhan yeki mohreh'i sâkhtand »[101]

« Il versa mille aiguilles dans le beurre et le renvoya ainsi au roi. Le roi du monde considéra les aiguilles et fit venir en secret les forgerons : il leur ordonna de fondre toutes (ces aiguilles) et d'en faire un disque de fer. »

Dans ces quelques vers comme dans ceux qui suivront, le forgeron est « pluriel » ; il désigne une catégorie sociale, plus précisément, une catégorie d'artisans. Djamshid, auteur de la séparation des castes, le range en dernier, après celle des prêtres, des guerriers et des agriculteurs :

> « tchahârom ke khânand ahtoukhvashi
> hamân dast-varzân abâ sarkashi
> kodjâ kâr-eshân ham-genân pisheh boud
> ravân-shân hamisheh por-andisheh boud »[102]

« La quatrième caste est celle des Ahtoukhvashi, qui sont actifs pour le gain et plein d'arrogances ; les métiers sont leur occupation, et leur esprit est toujours en souci. »

Il existe une similitude frappante entre cette fonction et, dans les vers qui suivent immédiatement, celle exercée par les divs, bien qu'aucun propos, dans le texte, ne vienne étayer cette hypothèse :

> « befarmoud pas div-e nâ-pâk-râ
> be-âb-andar âmikhtan khâk-râ
> har-ântch az gel âmad tcho beshnâkhtand
> sabok khesht râ kâlbad sâkhtand
> be-sang-o be-gatch div divâr kard
> nokhost az bar-ash hendesi kâr kard
> tcho garmâbeh-o kâkhhâ-ye boland
> tcho ayvân ke bâshad panâh az gazand »[103]

« Puis le roi ordonna aux divs impurs de mêler de l'eau avec de la terre ; et lorsqu'ils eurent compris ce qu'on pouvait en faire, ils préparèrent des moules pour y former des briques légères. Les divs construisirent d'abord un fondement avec des pierres et du mortier, puis ils élevèrent au-dessus des ouvrages

---

101 *Sh*, Eskandar, v. 354-356 (*Bertel's* VII, p. 26) / v. 394-396 (*Mohl* V, p. 132).
102 *Sh*, Djamshid, v. 29-30 (*Bertel's* I, p. 40) / v. 29-30 (*Mohl* I, p. 50).
103 *Ibid*, v. 34-37 (*Bertel's* I, p. 41) / v. 34-37 (*Mohl* I, p. 50).

selon les règles de l'art, comme des bains et des hauts édifices, et un palais pour que l'infortune y trouvât asile. »

Les divs y font figure d'artisans ingénieux. Plus tard, ils disparaîtront de la scène du *Shâhnâmeh* pour céder la place aux artisans humains. La souillure, au contact de la matière, est comme une réminiscence de la relation entre le forgeron et le chaos. Divs et forgerons sont présentés sous les traits telluriques que l'on sait, et, encore une fois, on ne peut s'empêcher d'évoquer les créatures œuvrant pour le compte de Salomon[104]. Les deux groupes d'artisans, imaginaires ou réels, sont les auxiliaires des personnages de la première fonction : placés sous les ordres de ces derniers, ils travaillent à l'accomplissement de projets qui dépassent les aptitudes de l'homme ordinaire.

Les bâtisseurs

La première occurrence qui retient notre attention, quant à la figure du forgeron en tant que bâtisseur, est à situer dans le livre d'Eskandar. Un stratagème permet au nouveau maître de l'Iran de mettre en déroute l'armée de Four l'Indien : il fait construire par des forgerons venus de différents pays, des « répliques » du cheval de Troie décrit dans l'œuvre de Virgile[105] :

« *yeki andjoman kard ze âhan-garân*
har-ân-kas ke ostâd boud andar-ân
ze roumi-o az mesri-o pârsi
fozoun boud mard az tchehel bâr si
yeki bâregi sâkhtand âhanin
savâr-ash ze âhan ze âhan-sh zin
be-mikh-o bze-mes darz-hâ doukhtand
savâr-o tan-e bâre befroukhtand (= biyafroukhtand)
be-gardoun berândand bar pish-e shâh
daroun-ash por az naft kardeh siyâh
sekandar bedid ân pasand âmad-ash
kherad-mand-râ soud-mand âmad-ash
befarmoud tâ zân fozoun az hezâr
ze-âhan bekardand asp-o savâr
az-ân abrash-o kheng-o bour-o siyâh
ke didast shâhi ze âhan sepâh
az âhan sepâhi be gardoun berând
ke djoz bâ savârân-e djangui namând[106] »

....
104 *Supra*, p. 23.
105 Virgile, *Enéide*, 2, pp. 32 sq.
106 *Sh*, Eskandar, v. 551-559 (*Bertel's VII*, p.37) / v. 586-593, 595 (*Mohl V*, pp. 148-150).

> « (Le roi) rassembla des forgerons, tous ceux qui étaient à la tête de ces artisans, et il réunit ainsi plus de (ici : mille deux cent) hommes du pays de Roum, du Mesr et du Farsistan. Ils firent un cheval de guerre en fer, son cavalier était de fer et de fer la selle ; ils rattachèrent les jointures avec des clous et (de la soudure) de cuivre, polirent le cavalier et son cheval, et les traînèrent sur des roues devant Eskandar, après en avoir rempli et noirci tout l'intérieur avec du naphte. Eskandar vit leur invention et elle lui plut. Le roi intelligent sut en tirer parti, et ordonna que l'on fabriquât en fer plus de mille chevaux et cavaliers semblables. Qui a jamais vu une armée de fer (montée) sur des chevaux (de fer), pommelés, gris, roux et noirs ? Eskandar fit marcher sur des roues une armée de fer qui ressemblait à des cavaliers prêts pour le combat. »

Le travail des forgerons d'Alexandre relève de la « statuaire » dont Dédale fut l'inventeur mythique. On retrouve dans la « ruse » du conquérant macédonien les caractéristiques du « savoir-faire » de l'artisan grec :

> « Il (Dédale) occupe l'extrême frontière de l'art qui déborde sur la magie. C'est lui qui libère les pieds des statues, qui détache leurs mains, qui ouvre leur bouche, qui rend leurs yeux voyants et vivants.[107] »

En effet, le dernier distique que nous venons de citer exprime bien cette faculté qu'a l'artisan d'imiter des modèles vivants et d'animer l'inerte. Et on ne peut s'empêcher de voir en Alexandre un doublet du roi Ulysse de l'*Odyssée* surnommé *polumetis* « aux mille ruses »[108], dont F. Frontisi-Ducroux cite le chant où, « selon la métaphore homérique », il se fait successivement « charpentier et métallurgiste » :

> « Je tournai, comme on force une poutre pour un bateau
> À la tarière, en bas les aides manient la courroie
> Qu'ils tiennent aux deux bouts, cependant que la mèche tourne
> Ainsi, tenant dans l'œil le pieu affûté à la flamme,
> Nous tournions, et le sang coulait autour du pieu brûlant.
> Partout sur la paupière et le sourcil grillait l'ardeur,
> De la prunelle en feu ; et ses racines grésillaient.
> Comme quand le forgeron plonge une grande hache
> Ou une doloire dans l'eau froide pour la tremper,
> Le métal siffle, et là gît la force du fer
> Ainsi son œil sifflait sous l'action du pieu d'olivier.[109] »

L'occurrence suivante, s'inscrivant aussi dans le récit de la geste d'Alexandre, est remarquable par l'abondance de ses détails techniques. On y voit les forgerons élever le rempart destiné à contenir les incursions des Gog et des Magog :

> « *sekandar biyâmad negah kard kouh*
> *biyâvard z-ân filsoufân gorouh*

---

107 Delcourt, *Héphaïstos*, p. 158.
108 Frontisi-Ducroux, *Dédale*, p. 79.
109 *Ibid.*, préf., p. 14. Pour Ulysse, *Odyssée*, 9, 383-397, trad. Ph. Jacottet.

> *befarmoud k-âhan-garân âvarid*
> *mes-o rouy-o potk-e gerân âvarid*
> *gatch-o sang-o hizom fozoun az shomâr*
> *biyârid tchandân-k âyad be-kâr*
> *bi-andâzeh bordand tchizi ke khâst*
> *tcho shod sâkhteh kâr-o andisheh râst*
> *ze divâr-gar ham ze âhan-garân*
> *har-ân-kas ke ostâd boud andar-ân*
> *ze giti beh pish-e sekandar shodand*
> *be-dân kâr-e bâyesteh yâvar shodand*
> *ze har keshvari dâneshi shod gorouh*
> *do divâr kard az do pahlou-ye kouh*
> *ze bon tâ sar-e tigh bâlâ-ye ou-y*
> *tcho sad shâh-rash kardeh pahnâ-ye ou-y*
> *az-ou yek rash angesht-o âhan yeki*
> *parâgand mes dar miyân andaki*
> *hami rikht gougerd-ash andar miyân*
> *tchenin bâshad afsoun-e dânâ kiyân*
> *hami rikht har gowhari yek radeh*
> *tcho az khâk tâ tigh shod âjadeh*
> *basi naft-o rowghan bar-âmikhtand*
> *hami bar sar-e goharân rikhtand*
> *beh kharvâr angesht bar sar zadand*
> *befarmoud tâ âtash andar zadand*
> *dam âvard-o âhan-garân sad-hezâr*
> *beh farmân-e pirouz-gar shahriyâr*
> *khoroush-e damandeh bar-âmad ze kouh*
> *setâreh shod az taff-e âtash sotouh*
> *tchenin rouzgâri bar-âmad bar-ân*
> *dam-e âtash-e randj-e âhan-garân*
> *gowhar-hâ yek andar degar sâkhtand*
> *v-az ân âtash-e tiz bogdâkhtand*
> *ze yâdjoudj-o mâdjoudj giti berast*
> *zamin gasht djâ-ye kharâm-o neshast*
> *bar-ash pânsad boud-o bâlâ-ye ou*
> *tcho sisad bodi niz pahnâ-ye ou*
> *az-ân nâm-var shod eskandari*
> *djahâni berast az bad-e dâvari* »[110]

« Eskandar alla inspecter les montagnes et emmena avec lui un nombre de ses sages, puis il ordonna de réunir des forgerons et d'apporter du cuivre et du bronze, de lourds marteaux, de la chaux, des pierres, du bois en quantité immense, enfin tout ce qu'il fallait pour le travail ; et l'on apporta ce qu'il demandait en masses qui dépassaient toute mesure. Lorsque l'affaire fut prête et le plan mûri, tous les maçons et les forgerons, quiconque était maître dans ces métiers, accoururent du monde entier auprès d'Eskandar et furent ses aides

---

110 *Sh*, Eskandar, v. 1453-1472 (*Bertel's VII*, pp. 86-87) / v. 1481-1500 (*Mohl V*, pp. 224-226).

dans cette œuvre, tels qu'il les fallait. Les hommes habiles de tous les pays étaient réunis en foule, et Eskandar fit construire, des deux côtés (du défilé) de la montagne deux murs, s'élevant de la base jusqu'au sommet et larges de deux cents coudées. On mettait (toujours) une couche de charbon d'une coudée de haut, puis une de fer ; au milieu, on répandait un peu de cuivre, ensuite on versait dessus du soufre : tel est l'art (la magie) des (sages Kayanides). Il fit ainsi placer une couche de chaque substance sur celle d'une autre, et lorsque tout fut compact, du sol jusqu'au sommet, on mêla une quantité de naphte avec du beurre, on la versa avec tous ces matériaux et on plaça en haut, du charbon par charges d'âne, puis il y fit mettre le feu, que cent mille forgerons soufflèrent, sur l'ordre du roi victorieux. Un souffle bruyant sortit de la montagne, et la chaleur des flammes épouvantait les astres. Ainsi continuèrent longtemps le souffle du feu et le labeur des forgerons, qui brassaient ensemble toutes ces matières et les faisaient fondre par l'ardeur du feu. Le monde fut délivré de Yâdjoudj et de Mâdjoudj, et le pays devint un lieu où l'on put demeurer et s'établir. Sa largeur (au mur) était de cinq cents (coudées) ainsi que sa hauteur, et son épaisseur était de trois cents (coudées) ; (le mur) porta le nom d'« Eskandari », et tout un monde fut délivré du mal des querelles. »

Ferdowsi rapporte avec minutie les travaux de construction dirigés par Alexandre avec un luxe de détails et en fournissant des précisions chiffrées. Il compte une dizaine de matières employées par les ouvriers qui sont des maçons et des forgerons. Ici, dans le texte, l'allusion à la magie (*afsoun*) est explicite. Le procédé lui-même est une sorte de « vitrification » opérée sur les couches alternées de combustible et de métal. Encore une fois, il est permis de déduire que les forgerons y sont des « exécutants », au même titre que les autres artisans, et que l'initiative ne vient que de la seule personne du roi.

D'autre part, la hiérarchie des castes semble bien maintenue puisque le roi Alexandre convoque les sages (*filsoufân*), des « philosophes » appartenant à la première fonction, avant de faire appel, par l'intermédiaire de ces derniers, aux artisans, issus de la couche sociale la plus basse. Ce qui ressort aussi de cette description, c'est le pouvoir du chef politique de trancher entre le désordre, personnifié par les envahisseurs, et l'ordre où l'on peut « demeurer » et « s'établir ». Les peuples barbares mentionnés dans le Coran et dans la Bible[111] seraient identifiables, selon J. R. Coyajee, avec les hordes scythes dont le déferlement redoutable était associé, dans l'esprit des habitants, avec la fin du monde[112].

Obstacle au chaos ou à l'apocalypse, l'œuvre élaborée par le *faber* se veut un rempart entre l'ordre et le désordre, la barbarie et la civilisation. Par les ressources de son esprit, assimilées à la ruse et à la sagesse, il vient

---

111 *Supra*, p. 15.
112 Coyajee, *Cults and Legends of ancient Iran and China*, p. 264.

à bout de la force aveugle et instinctuelle. Ici, la sagesse est du ressort des Kayanides et le forgeron ne fait que fournir la main d'œuvre : l'esprit vient du roi, l'effort de l'ouvrier.

L'autre grand bâtisseur est Khosrow Parviz. Là où le génie d'Alexandre lui permettait de lutter, grâce au concours de l'artisan, contre les forces incontrôlées de la nature, incarnées dans les éléphants de Four et les hordes barbares, le roi iranien emploie les corps de métier à l'édification de monuments qui sont autant d'*imago mundi* destinées à célébrer la grandeur de son règne et à consacrer l'immortalité de son nom.

La première de ces constructions est le trône de Tâgh-dis dont l'origine remonte au temps de Zahhâk. Ferdowsi raconte comment ce trône a connu les règnes successifs de Faridoun, Iradj, Manoutchehr, Keykhosrow, Lohrâsp, Goshtâsp, la manière dont il fut complété par Djâmâsp pour la postérité, et comment Eskandar le mit en pièces. Les fragments en parvinrent à Ardashir qui les laissa à Parviz lequel entreprit de les assembler :

> « *beh râhi keh raft âfaridoun-e gord*
> *va-z-ân tâziyân nâm-e mardi bebord*
> *yeki mard bod dar damâvand kouh*
> *keh shâh-ash djodâ dâshti az grouh*
> *kodjâ djehn-e barzin bodi nâm-e ouy*
> *rasideh beh har keshvari kâm-e ouy*
> *yeki nâm-var shâh râ takht sâkht*
> *gowhar gerd bar gerd-e ou dar-neshâkht*
> *keh shâh âfaridoun beh-d-ou shâd boud*
> *keh ân takht-e por-mâyeh âzâd boud* »[113]
>
> « Quand Faridoun, le héros, fut arrivé, et quand il eut enlevé aux Arabes la gloire de la bravoure, il y eut un homme au mont Demavend que le roi distingua parmi la foule ; son nom était Djehn, fils de Barzin : c'était un homme qui avait prospéré dans tous les pays. Il fit pour le roi illustre un trône, qu'il incrusta de pierres fines tout autour. Le roi Faridoun était très content de (cette œuvre) car ce trône magnifique était (un signe de grandeur). »

Dans ce passage, la profession de l'artisan n'est pas spécifiée. Nous savons cependant que Kayoumars, le premier civilisateur, habitait la montagne[114] qui est aussi le « lieu » de Djehn, vivant près d'un volcan, allusion indirect au feu souterrain et, éventuellement, à la forge. Comme si le rapport avec la terre devenait un élément nécessaire dans le processus de la création. Quelques vers plus bas, nous assistons à la convocation,

---

113 *Sh*, Khosrow Parviz, v. 3521-3525 (*Bertel's IX*, p. 220) / v. 3637-3641 (*Mohl VII*, p. 306).
114 *Supra*, p.53.

par Khosrow Parviz, des artisans du Roum, de la Chine, du Mekran, de Baghdad et du pays d'Iran.

L'édition Bertel's précise que ce sont des « charpentiers » (*dor-gar* = *doroud-gar*) mais la variante correspondant à ce terme mentionne *zar-gar* « orfèvre »[115]. Cette dernière fonction n'est nullement incompatible avec les « productions » que l'on peut relever dans la description détaillée du trône :

> « *bar-ou bash-sh-e zarrin sad-o-tchehel-hezâr*
> *ze pirouzeh bar zarr kardeh negâr*
> *hameh noghreh-ye khâm bod mikh beh-sh*
> *yeki sad beh-mesghâl bâ shast-o shesh* »[116]
> « Sur la face du trône (étaient) cent-quarante-mille crampons en or incrustés de turquoises, tous les clous étaient d'argent pur, chacun pesant cent soixante-six miskals ».

De même, les signes du zodiaque figurés sur le trône étaient ouvragés d'or et de pierreries :

> *az-ân takht-hâ tchand zarrin bodi*
> *tche mâyeh ze zar gowhar-âgin bodi*
> *shomâresh nadânest kardan kasi*
> *agar tchand boudi-sh dânesh basi*
> *[...]*
> *basi sorkh gougerd bod k-esh bahâ*
> *nadânest kas mâyeh-o montahâ* »[117]
> « Une partie de ces constellations (= trônes) était en or, mais combien étaient incrustées de pierreries ? Personne, si savant qu'il fût, ne pouvait les compter [...]. Il y avait bien des pierreries rouges (= rouge vif, vermillon, tirant sur le jaune couleur de soufre) dont personne ne savait la valeur ».

Ainsi que les degrés et les sièges qu'ils supportaient :

> « *do takht az bar-e takht-e por-mâyeh boud*
> *ze gowhar basi mâyeh bar mâyeh boud [...]*
> *seh digar sarâsar ze pirouzeh boud*
> *beh-d-ou har-k didi-sh del-souz boud*
> *az-in tâ beh-d-ân pâyeh boudi tchahâr*
> *hameh pâyeh zarrin-o gowhar negâr* »[118]
> « Il y avait deux sièges sur les degrés du trône (royal) ; ils étaient enrichis de pierreries de haut en bas [...] le troisième était tout en turquoises et il charmait les cœurs de tous ceux qui le voyaient ; de l'un à l'autre (siège) il y avait quatre degrés tout en or et incrustés de pierres fines. »

---

115 *Sh*, Khosrow Parviz, v. 3554 (*Bertel's IX*, p. 222), note 7, var. IV.
116 *Ibid.*, v. 3566-3567 (*Bertel's IX*, p. 223) / v. 3679-3680 (*Mohl VII*, p. 310).
117 *Ibid.*, v. 3580-3581, 3584 (*Bertel's IX*, p. 224) / v. 3693-3694, 3697 (*Mohl VII*, p. 312).
118 *Ibid.*, v. 3586, 3589-3590 (*Bertel's IX*, p. 224) / v. 3699-3700, 3703 (*Mohl VII*, p. 312).

L'absence du forgeron est compensée par ces quelques indices témoignant de l'activité du métallurge à côté de celle du charpentier. Bien entendu, il n'y est pas question de l'ouvrier du fer mais d'un artisan travaillant des matières plus nobles qui, dans le cycle alchimique, se situent à des degrés supérieurs au métal ferreux.

Les sièges aménagés sur le trône sont disposés et conçus de sorte à reproduire la séparation des castes, par leur distance vis-à-vis de celui du roi et la qualité des minéraux qui les recouvrent :

« *kebin takht râ nâm bod mish-sâr*
sar-e mish boudi bar-ou-bar negâr
mehin takht râ khândi lâjvard
keh hargez naboudi bar-ou bâd-o gard
seh-digar sarâsar zeh pirouzeh boud
[...]
har-ân kas keh deh-ghân bod-o zir-dast
ve-râ mish-sar boud djâ-ye neshast
savârân-e nâ-bâk rouz-e nabard
shodandi bar-ân gonbad-e lâjevard
beh pirouzeh-bar djâ-ye dastour boud
keh az kad-kdodâyi-sh randjour boud
tcho bar takht-e pirouzeh boudi neshast
kherad-mand boudi-o mehtar-parast
tcho rafti beh dastouri-ye rahnamây
magar yâfti nazd-e parviz djây »[119]

« le siège intérieur était appelé Mish-sar (« tête de bélier »), étant tout couvert d'ornements en forme de tête de bélier. On donnai le nom de Lâjvard (« lapis-lazuli » ou « bleu de ciel ») au trône supérieur, parce que le vent et la poussière ne l'atteignaient jamais ; [...] le troisième était tout en turquoises et il charmait les cœurs de tous ceux qui le voyaient. On faisait asseoir sur le Mish-sar des dehghâns et des gens de rang inférieur ; le trône (qui représentait) la voûte bleue était destinée aux cavaliers intrépides au jour du combat, et le siège orné de turquoises était la place du dastour qui était chargé des travaux du gouvernement du roi, et, pour s'asseoir sur ce trône, il fallait être intelligent et dévoué au prince, et quand on était arrivé au poste de dastour, conseiller du roi, comment n'aurait-on pas eu sa place tout près de Parviz ? »

Sans nous arrêter au symbolisme des minerais que ce tableau semble comporter, nous constaterons qu'il a été confié à l'artisan la mission de « fixer » la structure hiérarchique de la société sur le trône de Parviz. Cette réalisation s'inscrit à son tour dans une « image » de l'univers entier traduit à l'échelle humaine, dont Ardjâsp fut le premier à exécuter l'idée :

« *tcho goshtâsp ân takht râ did goft*
keh kâr-e bozorgân râ nashâyad nahoft

---

119 *Ibid.*, v. 3587-3589, 3591-3595 (Bertel's IX, p. 224-225) / v. 3701-3708 (Mohl VII, p. 312).

> *beh djâmâsp goft ey gerân-mâyeh mard*
> *fozouni tcheh dâri beh-d-in kâr-kard*
> *yekâ-yek bebin tâ tcheh khâhi fozoud*
> *pas az marg mâ râ keh khahad sotoud*
> *tcho djâmâsp ân takht râ bengarid*
> *bedid az dar-e gandj-e danesh kalid*
> *bar-ou bar shomâr-e sepehr-e boland*
> *hami kard peydâ tcheh-o tchoun-o tchand*
> *zeh keyvân hameh naghsh-hâ tâ beh mâh*
> *bar-ân takht kard ou beh farmân-e shah* »[120]
>
> « Goshtâsp dit en voyant ce trône : « il ne faut pas cacher cette œuvre des Grands (rois). » Il dit à Djâmâsp : « Ô homme noble ! Que peux-tu ajouter à ce chef-d'œuvre ? Examine-le dans toutes ses parties pour voir comment tu voudrais le compléter, de façon qu'il me fasse honneur après ma mort. » Djâmâsp examina le trône, il découvrit la clef de la porte du savoir et figura (sur le trône) le ciel sublime, pour qu'on pût calculer la nature, l'arrivée et la durée des événements ; il y figura, par ordre du roi, toutes les constellations, depuis Saturne jusqu'à la Lune. »

Avant de poursuivre notre étude du texte, il serait nécessaire, pour les besoins de l'argumentation, de relever une confusion possible dans la traduction de Mohl qui rapporte le vers 3540/3656 de la manière suivante :

bar-ou = sur le (trône)   = *id.*
bar = pour   = à la mesure de
shomâr-e = calculer   = à la mesure de
sepehr-e = le ciel   = *id.*
boland = sublime   = élevé
hami kard peydâ = il figura   = *id.*
tche-o = la nature (des événements) = le « quoi » (= la nature) et
tchoun-o = l'arrivée (des événements) = le « comment » (= la disposition) et
tchand = la durée (des événements) = la « quantité » (de ce qui s'y trouve)

À droite apparaît la traduction littérale que nous en proposons et qui pourrait s'exprimer ainsi : « (Djâmâsp) figura sur le (trône), pour imiter le ciel élevé (= l'image), la nature, la disposition, et la quantitié (des astres). Il semblerait que Mohl se soit mépris sur le sens de bar *shomâr-e*, que nous traduirions par « dans la (même) quantité, mesure, proportion (que) », et non par « pour calculer » qu'il pourrait avoir déduit de *bahr-e shômâr-e* qui implique bien ce dernier sens. Le dessein d'Ardjâsp étant de « représenter » le cosmos sur le trône, notre

---
120 *Ibid.*, v. 3536-3541 (*Bertel's* IX, p. 221) / v. 3652-3657 (*Mohl* VII, p. 308).

traduction suivrait sa logique, d'autant plus qu'elle est soutenue par le distique suivant, lequel fait état de la « mesure » des corps célestes (= leur distance) par rapport à la terre (de Saturne, le plus lointain, à la Lune, le plus proche). Ces deux derniers vers feraient donc état de l'« imitation » de l'univers et non de l'astrologie et de l'art de la divination par les astres pratiqués plus tard sur le trône de Khosrow Parviz :

> « shomâr-e setâreh dah-o do-o haft
> hamân mâh-e tâbân be bordji ke raft
> tcheh z-ou istadeh tcheh mândeh beh djâ
> bedidi beh tchashm-e ser akhtar-garâ
> ze shab niz didi keh tchandi gozasht
> sepehr az bar-e khâk bar tchand gozasht [...]
> yeki djâmeh afkandeh bod zarr-baft
> bar-ash boud-o bâla-sh pandjâh-o-haft
> beh-gohar hameh risheh-hâ bâfteh
> zebar shousheh-ye zar bar-ou tâfteh
> beh-d-ou kardeh peydâ neshân-e sepehr
> tcho bahrâm-o keyvân-o tchon mâh-o mehr
> ze keyvân-o tir-o ze gardandeh mâh
> padidâr kardeh ze har dastgâh
> ham az haft keshvar bar-ou-bar neshân
> ze dehghân-o az razm-e gardan-keshân »[121]

> « On voyait, figurés (sur le trône), les douze (signes du Zodiaque) et les sept (planètes), et la lune brillante dans les constellations qu'elle traversait, et les astronomes y voyaient les étoiles fixes et les étoiles errantes ; ils y voyaient quelle partie de la nuit était passée et combien le ciel avait marché au-dessus de la terre. [...] On y avait tendu une étoffe de drap d'or, large et longue de cinquante-sept empans ; dans tout le tissu de la frange étaient introduites des pierreries retenues et encadrées par des fils d'or. On y voyait l'image du ciel : Mars, Saturne, la Lune, le Soleil (y étaient représentés). De Saturne, de Sirius et de la Lune mouvante, tout y était figuré. Ensuite on y avait figuré les sept Keshvars (de la terre) et les dehghâns et le combat des guerriers. »

Différentes professions participent donc de la représentation du monde sur le trône : le travail du bois, des minerais et du tissu se combinent pour créer le « microcosme » que se voulait l'empire iranien. Depuis la fixation des images de l'univers jusqu'à l'imitation de la rotation des astres, c'est le même rêve de participation aux phénomènes cosmiques que poursuivent les rois de l'Iran et que l'artisan est appelé à matérialiser.

La même intention se manifeste pour la construction du palais de Madâin, où le charpentier est remplacé par l'architecte. Nous citons, à ce propos, une partie de la traduction française du récit :

---

121 *Ibid.*, v. 3577-3579, 3596-3600 (*Bertel's IX*, pp. 223-225) / v. 3690-3692, 3709-3713 (*Mohl VII*, pp. 310-312).

« Kosrow envoya des messagers dans le Roum, dans l'Inde, en Chine et dans tous les pays riches, et [...] il arriva trois mille artisans, les hommes de tout pays les plus célèbres dans leur art. Parmi eux, on distingua les plus habiles, ceux qui se connaissaient le mieux en briques et en mortier, au nombre de cent, des hommes d'Ahvâz, d'Iran ou de Roum. On choisit entre eux les trente les plus vaillants, et parmi ces trente on en choisit de nouveaux deux, un Roumi et un Perse. Le noble Roumi, qui était géomètre, parlait mieux que le Perse, et cet homme, qui connaissait le monde, se présenta devant Khosrow et lui expliqua les plans et l'appareil de la construction. Le roi lui dit : « Accepte de moi cette commission, et fais attention à tout ce que je te dis. Je veux un palais dans lequel mes fils et ma famille puissent demeurer pendant deux cents ans, sans qu'il tombe en ruines, par l'effet de la pluie, de la foudre et du soleil ; il faut le construire dans de telles proportions que personne ne soit obligé de le remanier. Le géomètre se chargea du palais du roi, disant : « Je puis faire cela. » Il creusa les fondements jusqu'à dix empans de roi, dont chacun fait cinq empans ordinaires ; il construisit les murs avec la pierre et le mortier, comme un homme qui fait bien son œuvre.[122] »

Le travail de la « brique » et du « mortier » rappelle une des occupations des divs sous le règne de Djamchid[123], supplantés ici par des ouvriers. Alors que les exemples précédents intoduisaient à la notion de « séparation » de l'ordre et du chaos, Khosrow Paviz, en commandant au géomètre un monument dont « la cime atteindra Saturne »[124], projette d'établir sa résidence dans un espace cosmique. La « démesure », dont participait aussi le trône de Tâgh-dis, si haut qu'il « se heurtait contre le ciel »[125], devient dès lors un gage de pérennité pour que l'œuvre résiste à l'usure du temps.

Le forgeron a sa part de cette occupation, tel qu'en témoignent les ouvrages en métal entrant dans la contruction du palais :

« *yeki halgheh zarrin bodi rikhteh*
az-ân tcharkh-e kâr-andar âvikhteh
forou-heshteh z-ou sorkh zandjir-e zar
be har mohreh-i dar-neshândeh gohar
tcho rafti shahanshâh bar takht-e âdj
biyâvikhtandi ze zandjir tâdj »[126]
« Il y avait un anneau d'or fondu, auquel était accroché un cercle (ouvragé), d'où pendait une chaîne en or rouge, dont chaque chaînon était incrusté de pierreries, et, quand le roi des rois s'asseyait sur le trône d'ivoire, on suspendait sa couronne à cette chaîne. »

---

122 *Ibid.*, v. 3801-3814 (*Mohl VII*, pp. 321-323).
123 *Supra*, p. 80.
124 *Ibid.*, v. 3577-3579, 3596-3600 (*Bertel's IX*, pp. 223 –225) / v. 3690-3692, 3709-3713 (*Mohl VII*, pp. 310-312).
125 Sh, Khosrow Parviz, V. 3826 (*Mohl VII*, P. 323).
126 *Ibid.*, v. 3746-3748 (*Bertel's IX*, pp. 233 –234) / v. 3862-3864 (*Mohl VII*, pp. 324-326).

Histoire d'un mythe : le forgeron dans *Le livre des rois* de Ferdowsi

Ainsi, le métallurge intervient dans les manifestations de ce qu'il y aurait lieu de nommer le « complexe de Babel », latentes dans le trône, et explicites dans la demeure royale.

Dans les occurrences que nous venons de signaler, la « part du mythe » revient nettement aux rois, tandis que les forgerons, parmi d'autres artisans, ne sont guère plus qu'ouvriers anonymes chargés d'exécuter les projets des héros de la première fonction.

Forgerons lieurs et forgerons délieurs

Dans cette section, le forgeron apparaît également sous les traits de l'« exécutant » au service d'un prince ou d'un roi, mais il n'y est plus chargé d'œuvres de construction. Sa fonction réside dans la mise en détention des personnages reconnus par le roi comme criminels. Le liens qu'il utilise sont bien concrets et réels et non plus magiques et invisibles à l'exemple de ceux qu'employaient les Pishdadiens pour enchaîner les divs. Le cordon sacré avec lequel l'hermite Houm immobilisa Afrâsiyâb[127] est aussi un lien magique, intermédiaire entre les précédents.

Le premier cas d'enchaînement dans le texte du *Shâhnâmeh*, dont nous réservons l'étude pour les pages ultérieures, se produit aux ordres de Faridoun afin de réduire Zahhâk à l'impuissance. C'est, ensuite, dans le récit de Bijan et Manijeh que nous assistons à la capture du fils de Guiv par les Touraniens et à sa « mise aux fers » :

« *beh garsivaz ân-gâh befarmoud shâh*
keh band-e guerân sâz-o târik tchâh
do dast-ash be-zandjir-o gardan be-ghol
yeki band-e roumi beh kerdâr-e pol
beband-ash be mesmâr-e âhan-garân
zeh sar tâ beh pây-ash beband andar-ân
[...]
kashân bijan-e guiv râ pish-e dâr
bebordand basteh bar-ân tchâh-sâr
zeh sar tâ beh pây-ash beh âhan bebast
bar-o bâzouy-o gardan-opây-o dast
beh poulâd-e khâyask-e âhan-garân
forou bord mesmârhâ-ye guerân
[...]
nayâmad beh irân zeh bijan khabar
niyâ-yash nakhâhad bodan tchâreh-gar
keh tchon ou djavâni zeh goudarziyân
hami bogsalânad beh sakhti miyân

---

127 *ZA¹*, p. 111, texte et note 19.

> *besoud-ast pây-ash ze band-e guerân*
> *do dast-ash ze mesmâr-e âhan-guarân* »[128]
>
> « (Afrâsiyâb) donna son ordre à Garsivaz, et lui dit : « Prépare de lourdes chaînes et un cachot obscur, attache ses deux mains avec des chaînes et son cou avec un collier (de fer), (emploie) des liens de Roum de la force du câble d'un pont ; attache-le avec les clous des forgerons, rive-le, de la tête aux pieds avec ces (liens)
>
> [...] On (traîna) Bijan, fils de Guiv, sous le gibet ; on l'emmena lié jusqu'à ce cachot. (Garsivaz) commanda qu'on le chargea de fers, qu'on lia sa poitrine, ses bras, son cou, ses pieds et ses mains ; il fit river ses chaînes avec de gros clous par les forgerons armés de marteaux d'acier.
>
> [...] N'est-il donc arrivé dans l'Iran aucun bruit concernant Bijan ? Son aïeul ne saura-t-il trouver une solution (pour le libérer) ?Faut-il qu'un jeune homme comme lui, un rejeton de la famille de Gowdarz, périsse dans l'infortune ? Ses pieds sont meurtris par des fers pesants, et ses mains attachés avec (des liens rivés par) des clous de forgeron. »

Nous retrouvons la formule rituelle « *befarmoud k-âhan-garân* » adressée aux exécutants de la dernière fonction, ainsi que le matériel attribué au forgeron lieur : marteau d'acier, chaînes, collier de fer, clous, etc. Plus loin, c'est Goshtâsp qui ordonne que l'on mette aux fers son fils Esfandiyâr ; celui-ci, d'après les paroles mensongères du chevalier Gorazm, qui avait circonvenu le roi, aurait convoité le trône de son père. Ce crime apparaît comme une conséquence de l'*hybris* : le prince diffuseur de la « bonne religion » semble avoir cédé à la tentation de se substituer au souverain, ce qui lui vaudra le « châtiment par le fer » à rapprocher, peut-être, des « castrations symboliques » évoquées par la psychocritique :

> « *sar-e khosrovân goft band âvarid*
> *mar ou râ bebandid-o z-in magzarid*
> *beh pish âvaridand âhan-garân*
> *ghol-o band-o zandjirhâ-ye guerân*
> [...]
> *bebastand ou-râ sar-o dast-o pây*
> *beh pish-e djahân-dâr-e gayhân-khodây*
> *tchenân-ash bebastand pây ostovâr*
> *keh har ke-sh hami did begrist zâr*
> *tcho kardand zandjir dar gardan-ash*
> *befarmoud basteh beh-dar bordan-ash*
> [...]
> *por az dard bordand bar kouh-sâr*
> *sotoun âvaridand ze-âhan tchahâr*
> *bekardeh sotoun-hâ bozorg âhanin*

---

[128] *Sh*, Bijan-o M., v. 410-412, 425-427, 951-953 (*Bertel's V*, pp. 32-33, 64) / v. 449-451, 464-466, 1013-1015 (*Mohl III*, pp. 330, 378).

> *sar andar havâ-o bon andar zamin*
> *mar ou-râ bar-ândjâ bebastand sakht*
> *ze takht-ash biyafgand-o bar-gasht bakht* »[129]

« Le roi des rois ordonna d'apporter les chaînes, de les mettre à son fils (sans faute). On appela des forgerons, qui vinrent avec des menottes, des colliers et de lourdes chaînes [...], et, en présence du roi, maître du monde, lui enchaînèrent la tête, les mains et les pieds, et les lièrent si fortement que quiconque le vit versa des larmes de piitié. Quand ils eurent passé la chaîne à son cou, il ordonna qu'on l'emmena (ainsi) lié. [...] On le conduisit, plein de douleurs, à la montagne, où l'on apporta quatre colonnes de fer. C'étaient de hautes colonnes de fer, la tête (montant jusqu'au) ciel et la base (plantée) dans la terre. On l'y attacha fortement : c'est ainsi qu'il fut précipité du trône et que sa fortune périt. »

Ardjâsp profitera de la situation pour fomenter des troubles en Iran, ce que voyant Djâmâsp conjure Esfandiyâr d'intervenir :

> « *tchenin pâsokh âvard esfandiyâr*
> *keh ey az kherad dar djahân yâd-gâr*
> *kherad-mand-o kond-âvar-o sar-farâz*
> *tcherâ basteh-râ bord bâyad namâz*
> *kasi-râ keh bar dast-o pây âhan ast*
> *na mardôm-nejâd ast k-âharman ast*
> *[...]*
> *ma-râ band kardand bar bi-gonâh*
> *hamânâ gah-e razm farzand-e shâh*
> *tchenin boud pâdâsh randj-e ma-râ*
> *beh-âhan biyârâst gandj-e ma-râ*
> *konoun hamtchenin baste bâyad tan-am*
> *beh yazdân govâh-e man ast âhan-am*
> *keh bar man ze goshtâsp bidâd boud*
> *ze goft-e gorazm ahraman shâd boud* »[130]

« Esfandiyâr lui répondit : « Ô toi, héritier en ce monde de la (sagesse), homme sage, puissant et fier, comment peux-tu rendre hommage à un homme enchaîné ? Quand on a des fers aux mains et aux pieds, on n'est pas un enfant des hommes, mais un Ahriman. [...] On m'a chargé de chaînes, moi, innocent, (qui étais fils de roi le jour du combat). Voici la récompense de mes peines ! Et le trésor qu'on a apprêté pour moi, ce sont des fers ! Il fallait donc que je fusse enchaîné, mais je prends mes fers à témoin devant Dieu ; que Goshtâsp m'a fait injustice, et qu'Ahriman s'est réjoui des paroles de Gorazm. »

La détention « par les fers » est présentée comme une punition infamante, rangeant celui qui la subit parmi les créatures démoniaques. La

---

[129] *Sh*, Goshtâsp par Daghighi, v. 965-966, 968-970, 975-977 (*Bertel's VI*, p. 132) / v. 981-985, 990-991 (*Mohl IV*, pp. 440, 442).
[130] *Sh*, Goshtâsp par Ferdowsi, v. 208-210, 213-216 (*Bertel's VI*, pp. 148-149) / v. 1239-1241, 1244-1247 (*Mohl IV*, pp. 462-464).

souffrance physique de l'enchaînement est suivie d'une déchéance radicale faisant du prisonnier un être mis au ban de l'humanité.

Les arguments d'Ardjâsp finissent par convaincre Esfandiyâr qui accepte de porter secours à l'armée iranienne en difficulté :

« *befarmây k-âhan-garân âvarand*
tcho sowhân-o potk-e guerân âvarand
biyâvard djâmâsp âhan-garân
tcho sendân-o poulâd-o potk-e guerân
besoudand zandjir-o mesmâr-o ghol
hamân band-e roumi beh-kerdâr-e pol
tcho shod dir bar-soudan-e bastegui
bebod tang-del basteh az khastegui
beh âhan-garân goft k-ey shour-bakht
[...]
bebandi-y-o baste nadâni gosakht
bepitchid tan-râ-o bar pây djast
ghami shod beh pâband yâzid dast
biyâhikht pây-o be-pitchid dast
hameh band-o zandjir bar ham shekast
tcho bogsast zandjir bi-toush gasht
biyoftâd az dard-o bi-housh gasht
setâreh-shomar k-ân sheguefti bedid
bar-ân tâdj-dâr âfarin gostarid
[...]
ferestâd kas nazd-e âhan-garân
har-ân-kas keh ostâd boud andar-ân
beraftand-o tchandi zereh khâstand
selih-ash yek-â-yek bepirâstand »[131]

« (Esfandiyâr dit à Djâmâsp) : « Fais venir des forgerons (avec des limes et de lourds marteaux) ». Djâmâsp amena des forgerons avec des enclumes d'acier et de lourds marteaux ; ils limèrent les chaînes, les clous, le collier et une barre de fer du Roum, semblable à un pont ; le limage de ces liens se faisait avec lenteur, aussi (le prisonnier) devint impatient de (leur) impuissance. Il dit aux forgerons : « Ô hommes de mauvaises destinées, vous avez fait ces fers et vous ne savez pas les rompre ? » [...] il tordit son corps et se hissa sur ses pieds, et dans sa colère il porta la main aux chaînes (qui entravaient ses) pieds. Il roidit ses jambes et tordit ses mains, et brisa d'un coup tous les fers et toutes les chaînes ; mais, les chaînes tombées, il était épuisé, il s'affaissa de fatigue et perdit connaissance. L'astrologue qui fut témoin de cet exploit merveilleux, invoqua les grâces de Dieu sur ce porteur de diadème. [...] il envoya chercher tous les forgerons qui étaient maîtres dans leur art ; ils arrivèrent, lui (= Esfandiyâr) firent des mailles, et réajustèrent ses armes une à une. »

---

131 *Ibid.*, v. 253-257, 259-262, 273-274 (*Bertel's* VI, pp. 151-152) / v. 1285-1293, 1303-1304 (*Mohl* IV, pp. 466-468).

Dans ce passage, ce qui frappe avant tout, c'est la capacité du héros de « soumettre » les liens de fer par sa force, alors que les forgerons s'en trouvent eux-mêmes incapables. Ceux-ci, dans leur rôle d'exécutant, assument à la fois les occupations du lieur / délieur et de l'armurier.

Leur position sociale est clairement définie par rapport à Esfandiyâr qui, bien qu'enchaîné, adresse aux artisans le langage du maître. De son côté l'astrologue (= troisième fonction[132]) rend hommage à l'ascendance royale de l'auteur de l'exploit consistant à dominer le fer. Performance dont ce dernier ne manquera pas de se glorifier devant Rostam :

> « *biyâvard djâmâsp âhan-garân*
> *keh mâ-râ goshâyad ze band-e guerân*
> *hamân kâr-e âhan-garân dir boud*
> *ma-râ del bar âhang-e shamshir boud*
> *del-am tang shod bâng-eshân bar-zadam*
> *tan az dast-e âhan-garân bestadam*
> *bar-afrâkhtam sar ze djây-e neshast*
> *ghol-o band bar-ham shekastam beh dast* »[133]
>
> « Djâmâsp m'amena des forgerons pour me délivrer de mes liens pesants ; mais leur travail m'impatientait, mon âme se gonflait, j'ai jeté un cri de rage contre les forgerons, je les ai repoussés, je me suis soulevé de la place où j'étais assis, et j'ai brisé de ma main le collier et les chaînes. »

L'événement revêt une importance telle qu'il finit pas compter parmi les hauts faits mythiques ou légendaires au même titre que les travaux de Rostam ou d'Esfandiyâr lui-même.

Il existe ensuite une allusion très brève à l'enchaînement de Ghobâd, fils de Pirouz, après la défaite de l'armée iranienne par les Turcs.

> « *beh âhan bebastand pâ-ye ghobâd*
> *ze takht-o nejâd-ash nakardand yâd* »[134]
>
> « On attacha aux pieds de Ghobâd des chaînes de fer, sans égard pour son trône et sa naissance. »

L'ordre en est donné par le khâghân Koshnavâz, qui ne tient nul compte de l'ascendance royale du jeune prince.

Les forgerons ne sont pas mentionnés dans ce passage, mais leur intervention est probablement sous-entendue comme c'est le cas pour l'arrestation de Bendouy, oncle de Khosrow Parviz, par Bahrâm-e Tchoubine :

---

132 Dumézil, *ME¹*, à propos de la position des astrologues dans la répartition des castes à l'époque sassanide, voir p. 86, l'extrait de la *Lettre de Tansar au roi de Tabaristân* où sont décrits « les divers membres du corps social ».
133 *Sh*, Rostam va Esfandiyâr, v. 706-709 (*Bertel's VI*, p. 260) / v. 3096-3099 (*Mohl IV*, pp. 618-620).
134 *Sh*, Pirouz, v.177 (*Bertel's VIII*, p. 17) / v. 133 (*Mohl VI*, p. 102).

> « *nahâdand bar pây-e bendouy band*
> *beh bahrâm dâd-ash ze bahr-e gazand* »[135]

« On chargea de chaînes les pieds de Bendouy et (Bahrâm) le remit au fils de Siyâvosh pour le préserver de tout danger. »

Ce distique est précédé d'un vers comportant les variantes suivantes :

> « *befarmoud k-ârand band-e guerân*
> *hamân band-o mesmâr-âhan-garân* »[136]

« (Bahrâm) ordonna qu'on apporta de lourdes chaînes, ces mêmes chaînes des forgerons et leurs clous. »

> « *befarmoud k-ârand band-e guerân*
> *ze-poulâd mardân-e âhan-garân* »[137]

« (Bahrâm) ordonna qu'on apporta de lourdes chaînes, faites d'acier, par les hommes (chargés des) travaux de forge. »

Ce qui nous conduit à déduire qu'en général là où le *Shâhnâmeh* fait état de la captivité d'un personnage, ce sont des forgerons que l'on sollicite pour lui faire porter des fers.

L'épisode du deuil et des lamentations sur la mort d'Esfandiyâr introduit à une nouvelle activité des forgerons qui, cette fois, sont convoqués pour la singulière mission consistant à ôter le couvercle d'un cercueil fermé hermétiquement par du bitume :

> « *yeki naghz tâbout kard âhanin*
> *begostard farshi ze dibâ-ye tchin*
> *biyandoud yek rou-ye âhan beh ghir*
> *parâgand bar ghir moshk-e abir*
> *[...]*
> *sar-e tang-e tâbout kardand sakht*
> *shod ân bâr-var khosravâni derakht*
> *[...]*
> *zanân az pashoutan dar-âvikhtand*
> *hami khoun ze mojgân forou rikhtand*
> *keh in band-e tâbout râ bar-goshây*
> *tan-e khasteh yek bâr mâ râ namây*
> *[...]*
> *beh âhan-garân goft sowhân-e tiz*
> *biyârid k-âmad konoun rastakhiz*
> *sar-e tang-e tâbout râ bâz kard*
> *beh no/vv/i yeki mouyeh âghâz kard* »[138]

« (Rostam) fit faire un beau cercueil et étendit dessus un tapis en brocart de Chine ; il en couvrit l'intérieur avec du bitume sur lequel il répandit du musc

---

135 *Sh*, Khosrow Parviz, v. 780 (*Bertel's* IX, p. 56) / v. 807 (*Mohl* VII, p. 70).
136 *Ibid.*, v. 779 (*Bertel's* IX, p. 56), note 7, var. K.
137 *Ibid.*, var. VI.
138 *Sh*, Rostam va Esfandiyâr, v. 1528-1529, 1532, 1556-1557, 1559-1560 (*Bertel's* VI, pp. 313-315) / v. 3917-3918, 3921, 3946-3947, 3949-3950 (*Mohl* IV, pp. 688-690).

et de l'ambre gris ; [...] on riva fortement le couvercle sur le cercueil étroit, et cet arbre royal qui avait porté de si beaux fruits disparut. [...] les femmes s'attachèrent à lui, le sang ruisselant de leurs cils, (et s'écriant) : « Ôte le couvercle de ce cercueil, montre-le une (seule) fois ici : ce corps meurtri. [...] il dit aux forgerons : « Apportez une lime acérée car je suis un homme perdu. » Il fit ouvrir le couvercle de ce cercueil étroit, et recommença ses lamentations. »

Cette occurrence est à considérer en marge des rapports entre les forgerons et le détenu. Ici, les ouvriers du fer ne sont plus chargés d'immobiliser un personnage, et leur labeur se rapproche uniquement de celui du « délieur », tel qu'il apparaît dans le distique « *keh in band-e tâbout râ bar-goshây* » où l'accent est mis sur l'« ouverture » (= *bar goshây*) du « lien » (= *band*). D'autre part, le prisonnier est remplacé par un objet matériel, le cercueil.

L'idée demeure séduisante de conclure, à partir de ces derniers vers, au rôle d'intermédiaire assumé métaphoriquement par le forgeron qui, posté à la limite de ce monde et de l'autre, incarnant dans une certaine mesure Hadès et Héphaïstos, se sert de l'outil pour défaire les symboles du non-retour. Ce constat, pour être crédible, supposerait un travail sur une plus ample illustration du phénomène, ce qui ne nous semble pas disponible dans le *Shâhnâmeh*, du moins dans ses grandes lignes.

Le marteau et l'enclume : une analogie de la dynamique

Cette section de notre étude est orientée, au moins pour le fond, dans le sens d'une approche de « l'imagination des éléments » au sens bachelardien du terme[139].

Le marteau et l'enclume, dans leur relation réciproque, instaurent une dynamique dont nous répatirons la manifestation dans le texte de l'épopée sous trois catégories : la dynamique de l'« image », de la « substance, puis celle du « son ». La dynamique de la forge trouve son expression dans la « lutte » entre les tendances rivales : l'affrontement des preux, la mêlée sur le champ de bataille, etc. La pointe de la flèche, la massue, imitent la masse du forgeron de sorte que l'arme métallique s'identifie à l'outil de métal. Le fer exprime, avec la pierre, l'impression de la force mais aussi de la résistance, de la permanence dans le cours du temps.

---

139 Voir *Id.*, « Le lyrisme dynamique du forgeron » in *La Terre et les rêveries de la volonté*, Paris, J. Corti, 1948, pp. 134-182. Pour une idée d'ensemble sur l'imagination des éléments, voir M. Mansuy, *Gaston Bachelard et les éléments*, *Ibid.*, 1967, 380 p.

La dynamique de l'image

La première série de distiques que nous avons sélectionnée sous cette rubrique concerne l'emploi métaphorique du marteau et de l'enclume lié à des phénomènes cosmiques.
Dans le combat qui oppose l'armée de Keykhosrow à celle d'Afrâsiyâzb :

> « *bar-âmad yeki abr tchon sandarous*
> *zamin gasht az gard tchon âbnous*
> *sar-e sar-varân zir-e gorz-e guerân*
> *tcho sendân shod-o potk-e âhan-garân* »[140]
> « il se leva un nuage couleur de sandaraque et la terre, couverte de poussière, devint (noire) comme de l'ébène. La tête des grands, sous les lourdes massues, sembla devenir enclume (sous) le marteau des forgerons. »

Ce rapprochement est plus net dans le passage qui relate la guerre avec le Tourân lors du ralliement des troupes du Khâghân de la Chine à la cause de ce dernier :

> « *derafshidan-e tigh-e almâs-goun*
> *shodeh abr-o bârân-e ân abr-e khoun*
> *garâ'idan-e gorz-hâ-ye guerân*
> *tchenân tchon bovad potk-e âhan-garân*
> [...]
> *bekoubid goupâl-o gorz-e guerân*
> *tcho poulâd-râ potk-e âhan-garân* »[141]
> « l'éclat des épées brillantes comme le diamant ; des nuages et de la pluie (on aurait cru voir) tomber du sang. »
> « ils portèrent leurs mains aux lourdes massues ; ainsi qu'on ferait des masses des forgerons. »
> [...]
> « vous frapperez sur les masses d'armes et les lourdes massues (des Touraniens) comme le marteau du forgeron frappe sur l'acier. »

Ou bien dans le récit des « douze chevaliers » :

> « *setâreh senân boud-o khorshid tigh*
> *az âhan zamin boud a-z gorz migh* »[142]
> « les lances (brillaient) comme des étoiles, et les épées comme des soleils ; la terre était de fer et le nuage était massue. »

Puis, cette participation des phénomènes naturels se manifeste à travers l'image d'un animal puissant :

> « *bepitchid bar zin-o gorz-e guerân*
> *bar-âhikht tchon potk-e âhan-garân*

---

140 *Sh*, Kâmous-e Kâshâni, v. 155-156 (*Bertel's IV*, p. 125) / v. 167-168 (*Mohl III*, p. 18).
141 *Sh*, Khâghân-e Tchin, note II, vars. I, IV, VI du v. 519 (*Bertel's IV*, p. 242) ; *Ibid.*, v. 577 / (*Bertel's IV*, p. 246) / v. 602 (*Mohl III*, p. 190).
142 *Sh*, Davâzdah Rokh, v. 276 (*Bertel's V*, p. 101) / v. 277 (*Mohl III*, p. 434).

> *bezad bar sar-e div tchon pil-e mast*
> *sar-o maghz-ash az gorz-e ou gasht past* »[143]
>
> « (Tahamtan) tout en chancelant sur sa selle, à cause des efforts que faisait le div, leva sa lourde massue semblable au marteau du forgeron, en frappant la tête du div comme un éléphant ivre, et lui écrasa la tête et le cerveau. »

Dans ces citations, la dynamique du combat est exprimée par les images de la forge. Leur trait essentiel consiste en un mouvement de va-et-vient entre le haut et le bas : du ciel à la terre, de la massue à l'ennemi, le déplacement est le même que celui du marteau à l'enclume. L'« effet de la forge » provient ensuite des couleurs : le soleil, les étoiles, les nuages, la poussière du champ de bataille étaient des touches vives traduisant l'atmosphère qui règne autour du fourneau.

La dynamique de la substance

Nous avons regroupé sous cette rubrique les vers se référant à la matière même employée dans le travail de la forge. Leur caractéristique réside surtout dans l'association qu'ils établissent entre le thème de la lutte et les notions de « dureté » et de « consistance » du métal.

Dans l'affrontement entre Sâm et Kâkouy, les bras du héros iranien sont de fer :

> « *gomân-am tchenân bod keh sendân sar-ash*
> *keh shod doukhteh tâ meghfar-ash*
> *[...]*
> *zadam bar zamin-bar tcho pil-e jiyân*
> *be-d-in âhanin dast-o gordi-miyân* »[144]
>
> « (Sam) je croyais avoir cloué son cerveau à son casque, alors que sa tête me paraissait (dure comme une enclume) [...] je le jetai à terre, comme un éléphant furieux, avec ces bras de fer et ce corps de brave. »

Dans la guerre qui oppose l'armée de Keykâvous à celle d'Afrâsiyâb, Rostam raconte à Tous, non sans ironie, son combat singulier avec le frère du connétable touranien : la massue de Houmân aurait été faite de cire et non de fer :

> « *ze rostam beporsid por-mâyeh tous*
> *keh tcho yâft shir az yeki gour kous*
> *beh d-ou goft rostam keh gorz-e guerân*
> *tcho yâd ârad az yâl-e djang-âvarân*
> *del-e sang-o sendân namânad dorost*
> *bar-ou yâl-e koubandeh bâyad nokhost*

---

[143] *Sh*, Akvân-e div, v. 136-137 (*Bertel's IV*, p. 310) / v. 172-173 (*Mohl III*, p. 284).
[144] *Sh*, Manoutchehr, v. 924, 930 (*Bertel's I*, pp. 196-197) / v. 1069, 1075 (*Mohl I*, p. 300).

> *amoudi keh koubandeh houmân bovad*
> *to âhan makhânash keh moum ân bovad* »[145]

« Le valeureux Tous demanda à Rostam comment l'épaule du lion se ressentait du coup de l'onagre. Rostam lui répondit : « Quand la lourde massue connaît (la force du) bras des hommes de guerre, ni le rocher ni l'enclume ne lui résistent ; il faut, pour frapper ainsi, avoir avant tout une poitrine et un bras : mais quand Houmân manie sa massue, tu dirais qu'elle est de cire et non pas de fer. »

Keykhosrow qui a juré à Kâvous de venger le meurtre de Siyâvoush passe ses troupes en revue. Parmi les chefs renommés on distingue Gostahm, dont le fer des flèches « perçait les rochers et les enclumes » :

> « *pas-e posht-e goudarz gostahm boud*
> *keh farzand-e bidâr gojdahm boud*
> *yeki neyzeh boudi beh tchang-ash beh-djang*
> *kamân yâr-e ou boud-o tir-e khadang*
> *zeh bâzou-sh peykân beh zendan bodi*
> *hami dar del-e sang-o sendân bodi* »[146]

« Après Gowdarz vint Gostahm, le fils du prudent Gojdahm, qui tenait dans la bataille une lance en main, que son arc et sa flèche de bois de peuplier ne trahissaient jamais, et dont le bras (maîtrisait) des flèches qui perçaient des rochers et des enclumes. »

Le début de la campagne punitive en direction du Tourân est marqué par l'obstination malencontreuse de Tous à assiéger Kalât, forteresse abritant le fils de Siyâvoush et de la fille de Pirân. Faroud est tué et sa mère se suicide de désespoir. Ce qui donne lieu à une morale du renoncement : la Mort n'épargne rien et la matière la plus dure doit se soumettre à la dégradation :

> « *del-e sang-o sendân betarsad ze marg*
> *rahâ'i nayâbad az-ou bâr-o barg* »[147]

« La pierre et l'enclume ont à craindre la destuction, et le fruit et la feuille n'y échappent pas. »

Dans le combat de Rostam contre « Kâfour le mangeur d'hommes », l'adversaire du héros iranien est escorté de sujets dont les corps résistent aux coups les plus violents :

> « *Kamand-afgan-o zour-mandân bodand*
> *beh-razm andaroun pil-dandân bodand* »[148]

« accoutumés à jeter le lacet, forts et, au sommet de la bataille, (redoutables comme) des défenses d'éléphant. »

---

145 *Sh*, Keykâvous (Mohl seul), v. 2899-2902 (*Bertel's I*, pp. 189-190) / v. 341, 344 (*Mohl II*, p. 460).
146 *Sh*, Keykhosrow v. 312-314 (*Bertel's IV*, pp. 27-28) / v. 316-318 (*Mohl II*, p. 584).
147 *Ibid.*, v. 932 (*Bertel's IV*, p. 68) / v. 954 (*Mohl II*, p. 640).
148 *Sh*, Khâghân-e Tchin, v. 967 (*Bertel's IV*, p. 272) / v. 1010 (*Mohl III*, p. 224).

Le dernier hémistiche de cette citation comporte la variante :
> « beh razm andaroun sang-o sendân bodand »[149]
> « au moment de la bataille, ils étaient (insensibles aux coups comme) des pierres ou des enclumes. »

comprise dans l'édition de Mohl et qui vient étayer notre hypothèse. Il y a ainsi un parallélisme, au niveau de la substance, entre la dureté de la pierre ou du métal, ici le fer de l'enclume, et les corps des guerriers dont la résistance est assimilée à celle du matériel de la forge.

La dynamique du son

La troisième relation avec la thématique de la forge est déterminée par l'emploi métaphorique d'onomatopées susceptibles de restituer le climat de l'atelier du métallurge. La description du combat par le recours aux imitations phonétiques du travail du métal n'est pas sans rappeler l'art de la musique, comme nous l'avons indiqué dans les pages précédentes[150].

Dans le livre du Khâghân de la Chine, les massues des combattants retentissent en accord avec des pierres imaginaires que le ciel ferait pleuvoir sur les armées rivales.

Pour une localisation pratique des onomatopées dans la translittération du texte persan, nous les placerons entre double crochets (///) faute de ne pouvoir les reproduire dans la traduction française avec des onomatopées équivalentes :

> « //tcharanguidan//-e gorzeh-ye gâv-tchehr
> to gofti hami sang bârad sepehr »[151]
> « Les massues à tête de bœuf retentissaient comme s'il fût tombé des pierres du ciel. »

Ici, l'imitation phonétique apparaît sous la forme substantivée *tchanranguidan* « retentissement ».

Bien que cet exemple ne présente pas d'identification évidente avec l'activité du forgeron, il est néanmoins compris dans le même schéma que les passages que nous citerons par la suite. Ainsi, Djâmâsp décrit à Goshtâsp, en ces termes, la violence de la bataille que livrera l'armée de ce dernier à celle du « roi de Tork-o Tchin » :

> « va-z-ân zakhm-e ân gorzhâ-ye guerân
> tchenân potk-e poulâd-e âhan-guarân

---

149 *Ibid.*, note 3, vars. K, I, IV.
150 *Supra*, pp. 21 sq.
151 *Sh*, Khâghân-e Tchin, v. 519 (*Bertel's IV*, p. 242) / v. 541 (*Mohl III*, p. 184).

> *beh goush andar âyad // tarengâ-tareng //*
> *havâ por shodeh na're-ye bour-o kheng* »[152]

« et les coups des lourdes massues qui tombent comme les marteaux d'acier des forgerons, le son aigu des cordes des arcs percera les (oreilles) ; l'air sera rempli du hennissement des montures rousses et blanches. »

Le choc des armes est rendu d'une manière plus ou moins analogue dans l'épisode du combat entre Bahrâm-e Tchoubine et Parmoude, le Khâghân de Chine :

> « *hami tâkht bahrâm kheshti beh dast*
> *tchenân tchon bovad mardom-e nim-mast*
> *nadjastand gordân kas az dast-e ou-y*
> *beh khoun gasht yâzân sar-e shast-e ou-y*
> *bar-âmad // tchakâ-tchak //va bâng-e sarân*
> *tcho poulâd-râ potk-e âhan-garân* »[153]

« Bahrâm, un javelot en main, bondissait comme fait un homme à moitié ivre. Les guerriers ne purent échapper à sa main, et (litt. « le bout de son pouce ») sa main était insatiable de sang. On entendit le fracas des coups que donnaient les chefs (et leur clameur), comme l'acier reçoit le marteau des forgerons. »

Il arrive que les trois catégories que nous venons d'établir quant à l'expression de la dynamique de la forge dans le texte, apparaissent simultanément dans des distiques consécutifs, créant une situation où la densité de l'action est remarquable.

Ainsi, là où le *Shahnâmeh* rapporte comment les troupes de Houmân se heurtent aux hommes de Tous, l'interpénétration de ces catégories produit une scène où s'entremêlent les perceptions visuelles, sonores et tactiles, amplifiant considérablement l'impression provoquée par le récit de la bataille :

> « *az-ân // tchâk-tchâk //-e amoud-e guerân*
> *sarân-shan tcho sendân-e âhan-garân*
> *beh abr andaroun bâng-e poulâd khâst*
> *beh daryâ-ye shahd andaroun bâd khâst*
> [...]
> *kham âvard rou'in amoud-e guerân*
> *shod âhan beh kerdâr-e tchâtchi kamân*
> *to gofti keh sang ast sar zir-e targ*
> *siyah shod ze zakhm-e yalân rou-ye marg*
> *gureftand shamshir-e hendi beh tchang*
> *forou-rikht âtash ze poulâd-o sang* »[154]

---

152 *Sh*, Goshtâsp par Daghighi, v. 338-339 (*Bertel's VI*, p. 88) / v. 349-350 (*Mohl IV*, p. 388).
153 *Sh*, Hormozd, v. 1059-1061 (*Bertel's VIII*, p. 378) / v. 1081-1083 (*Mohl VI*, p. 364).
154 *Sh*, Kâmous-e Kashâni, v. 249-250, 252-254 (*Bertel's IV*, p. 131) / v. 260-264 (*Mohl III*, p. 26).

> « Leurs têtes frappées par les coups redoublés des massues, résonnaient comme l'enclume du forgeron ; le bruit du fer montait au ciel, et le vent qu'ils produisaient remuait les eaux du Shahd. [...] Les lourdes massues (d'airain) ployaient et le fer se courbait comme un arc de Djâdj ; tu aurais dit que les têtes recouvertes d'un casque étaient de pierre, et la mort elle-même fut effrayée par (les coups) de ces héros. Ils prirent en main leurs épées indiennes, et le feu sortit de l'acier et des pierres. »

La victoire sur le fer grâce à la force accordée par le Créateur est bien traduite dans la variante comprise dans le livre du Khâghân de la Chine :

> *« va-likan tcho nirou-ye yazdân bovad*
> *adjab nist gar bâb-e sendân bovad »*[155]
> « Mais, si la force du Créateur intervient, il ne faut pas s'étonner si l'enclume s'y soumet. »

Force dont Goshtâsp semble investi quand il bat le fer dans l'atelier de Bourâb :

> *« shod ân dard-hâ bar delash-bar guerân*
> *biyâmad beh bâzar-e âhan-garân*
> *yeki nâm-var boud bourâb nâm*
> *pasandideh âhan-gari shâd-kâm*
> *hami sâkhti na'l-e aspân-e shâh*
> *bar-e gheysar ou râ bodi pây-gâh*
> *ve-râ yâr-o shâguerd bod si-y-o-pandj*
> *ze potk-o ze âhan rasideh beh randj*
> *beh dok/k/kân-sh benshast goshtâsp dir*
> *shod ân pisheh-kâr az neshastan-sh sir*
> *beh-dou goft âhan-gar ey nik-khouy*
> *tcheh dâri beh dokkân-e mâ ârezouy*
> *tchenin dâd pâsokh keh ey nik-bakht*
> *napitcham sar az potk va-z kâr-e sakht*
> *ma-râ gar bedâri to yâri konam*
> *bar in potk-o sendân savâri konam*
> *tcho beshnid bourâb z-ou dâstân*
> *beh yâri/y/-ye ou gasht ham-dâstân*
> *guerân-mâyeh gouy-i beh âtash betâft*
> *tcho shod tâfteh sou-ye sendân shetâft*
> *beh goshtâsp dâdand potki guerân*
> *bar-ou andjoman gashteh âhan-garân*
> *bezad potk-o beshkast sendân-o gouy*
> *az-ou gasht bâzâr por goft-o-gouy*
> *betarsid bourâb-o goft ey djavân*
> *beh zakhm-e to âhan nadârad tavân*
> *na potk-o na âtash na sendân na dam*
> *tcho beshnid goshtâsp zân shod dojam*

....

155 *Sh*, Khâghân-e Tchin, note 16 de v.564, var. K. (*Bertel's IV*, p. 245).

biyandâkht potk-o beshod gorseneh
na rou-ye khoresh bod na djâ-ye boneh »[156]

« il se rendit au quartier des forgerons. Là, il y avait un homme notable, nommé Bourâb, un bon et joyeux forgeron, qui ferrait les chevaux du roi, et que le César estimait hautement ; il avait trente-cinq ouvriers et apprentis, qui se fatiguaient avec le marteau et le fer. Goshtâsp resta longtemps assis dans son atelier, et, à la fin, l'artisan s'ennuya de le voir là et lui dit : « Ô homme bienveillant, que désires-tu dans mon atelier ? » Goshtâsp lui répondit : « Ô homme à la fortune propice, je n'ai point peur du marteau et d'un rude travail. Si tu veux me garder, je t'aiderai et je travaillerai vaillamment avec ce marteau et cette enclume. « Quand Bourâb entendit ces paroles, il consentit à se faire aider par lui ; il chauffa une grande masse de fer dans le feu et la traîna sur l'enclume, quand elle fut chaude. On donna à Goshtâsp un lourd marteau, et les forgerons formèrent un cercle autour de lui. Il donna un coup de marteau et brisa l'enclume et la masse de fer, et tout le marché retentit d'exclamations. Bourâb fut effrayé et lui dit : « Ô jeune homme, ni le fer, ni le marteau, ni le feu, ni l'enclume, ni les soufflets ne supportent les coups ! » Goshtâsp fut désespéré à ces paroles, jeta le marteau et partit dévoré de faim, car il n'avait aucun moyen de se procurer de la nourriture et un logis. »

Cette scène singulière contient ce que l'on pourrait nommer une « matérialisation de l'analogie » : alors que les passages précédents comportaient l'emploi du vocabulaire de la forge dans le dessein de mieux restituer les faits d'armes, nous assistons ici à une « fusion » entre la force guerrière incarnée par Goshtâsp et la « réalité » même du travail du forgeron. Le prince fugitif, autre Esfandiyâr « vainqueur du fer », refait les gestes rituels du combattant mais, au marché des forgerons, la massue s'est métamorphosée en masse de forge, le casque en enclume.

Dans cette occurrence, l'emploi métaphorique de l'interaction du marteau et de l'enclume qui servait à établir un parallèle avec les exploits guerriers, dans la mesure où le marteau est « force » et l'enclume « résistance », se concrétise et la figure de style est prise à la lettre, comme pour témoigner de la capacité du héros à soumettre le métal ferreux matérialisé ici par la masse de fer et l'enclume.

Conclusion partielle

De l'analyse qui précède, nous retiendrons le clivage prononcé qui se remarque entre les classes sociales dans le texte du *Shâhnâmeh*. La caste à laquelle appartient le forgeron entretient des rapports bien définis avec les groupes sociaux qui lui sont supérieurs dans un ordre hiérarchique donné.

---

156 *Sh*, Lohrâsp, v. 181-195 (*Bertel's* VI, p. 19) / v. 186-200 (*Mohl* IV, p. 294).

L'épopée de Ferdowsi, dans cette perspective, illustre les thèses de G. Lukacs pour qui la littérature épique, dans le monde à « système clos » qu'elle propose, méconnaît la complexité de l'individu au profit d'une structure préétablie où le sens de son « évolution » va de la « matière » à la « substance » :

> « (L'épopée où) l'homme ne se tient plus solitaire, porteur unique de la substantialité, au sens d'entités réflexives [...]. En l'homme lui-même, il n'est rien non plus qui le contraigne à opérer une rupture ; souillé par la contingence de la matière, il doit se purifier par un mouvement ascendant qui l'éloigne de cette matière et le rapproche de la substance ; une longue voie s'ouvre devant lui, mais il ne porte en lui aucun abîme. Dans de telles limites, le monde ne saurait être que clos et parfait[157] »

Ce « mouvement ascendant » semble avoir pour terrain, dans le *Shâhnâmeh*, la pyramide sociale au sommet de laquelle se trouve le roi, que la *Lettre de Tansar* compare à la « tête » des « quatre membres » du corps social, en accord avec les préceptes de la « religion » :

> « Sur ce que tu écris que le *Shâhnâmeh* exige des gens la profession d'un métier quelconque et la courtoisie, sache que, d'après la Religion, les hommes sont divisés en quatre classes. La chose est consignée et expliquée en maints passages dans les livres sacrés, d'une façon qui rend inutiles toute discussion et tout commentaire, toute opposition, toute contestation.[158] »

Les métallurges du *Shâhnâmeh* qui, par leur métier, entretiennent un rapport direct avec la matière, sont placés au bas de l'échelle sociale. En effet, on les voit attachés à la terre, d'où ils puisent le matériau nécessaire à leur activité. À l'autre bout de l'échelle, prennent place les rois et leur descendance légitime, investis du « farr kavien », manifestation de la spiritualité. Il n'existe pas de transition entre ces deux extrêmes ou bien entre les divisions intermédiaires. Le rapport du forgeron aux castes qui le précèdent est celui de la servitude tel que déterminé par son statut social.

Ailleurs, nous avons eu l'occasion de constater la part que prenait « l'imagination des éléments » dans l'emploi métaphorique du vocabulaire de la forge. Cet aspect a été mis en évidence dans le chapitre consacré par Bachelard au « lyrisme dynamique du forgeron », où il décrit la manière dont se manifeste ce qu'il nomme « l'art du choc » dans différentes littératures[159]. La richesse et la complexité de cette thématique proviennent de ce que

---

157 G. Lukacs, *La Théorie du roman*, pp. 23-24.
158 Dumézil, *ME¹*, p. 86.
159 *Supra*, p. 97, note 2.

« De la massue qui tue à la masse qui forge, il y a tout le trajet des instincts à la plus grande moralité.[160] »

Pour résumer l'approche des catégories que nous venons de définir dans la troisième section de ce chapitre, touchant directement à notre sujet, nous proposons ci-dessous, en quelques traits, les déductions que nous en avons tirées :

Les forgerons, avatars des divs artisans, sont employés par les descendants des Pishdadiens dans des réalisations exceptionnelles. Les « rois bâtisseurs » élaborent des projets ingénieux et parfois grandioses dont ils sont les « exécutants ».

Les chaînes « matérielles » forgées par le métallurge lui servent à immobiliser des victimes désignées par les personnages de naissance royale. Ces chaînes constituent une sorte d'avatar des liens invisibles dont le souverain et les ressortissants de la première fonction détiennent l'exclusivité.

Encore une fois, dans ce processus, les forgerons assument le rôle d'exécutants. Ils sont chargés par les membres des castes auxquelles leur condition les subordonne de lier ou de délier les condamnés en vertu de leur pouvoir sur le métal ferreux.

La terminologie de la forge, et en particulier celle qui désigne les outils de l'ouvrier du fer, sert à exprimer la force et l'ardeur des combattants, manifestations de la « furor » propre aux sociétés guerrières. Nous signalerons à cet égard l'interpénétration imaginaire des règnes localisée au lieu même d'où surgit cet « élan » belliqueux : le choc des armes rappelle la charge des animaux (ex. « éléphant furieux »), la violence des phénomènes cosmiques (ex. « vent », « nuages », « pluie ») et la force et la résistance des minéraux (ex. « pierre », « fer »), ce dernier aspect ayant fait l'objet de notre étude.

Il nous a paru nécessaire de procéder, en un premier lieu, à une « identification » de la « figure » du forgeron dans le *Shâhnâmeh* et de déterminer le « profil » qui lui est attribué dans ce texte. Il s'agit ici, bien entendu, de l'ouvrier du fer pris dans son sens générique. Nous avons fait une distinction entre les forgerons « anonymes », relevant de la quatrième fonction, et le seul forgeron à participer véritablement de la légende dont l'étude a été reportée au chapitre suivant. Le présent chapitre constituera une toile de fond sur laquelle se détachera la figure de Kâveh, ce qui permettra de souligner les points communs et les contradictions entre le forgeron légendaire et les autres métallurges de l'épopée.

---

160 *Ibid.*, p. 134.

Le forgeron légendaire et l'étendard national

Ce chapitre constitue la partie la plus originale de notre travail qui portera désormais sur une figure exceptionnellement riche du *Shâhnâmeh*, tant en raison du rôle qu'elle joue dans l'épopée de Ferdowsi que par sa fortune littéraire rattachée à la création du fameux étendard national iranien.

En effet, le personnage de Kâveh a une « histoire » puisqu'il intervient, sans qu'il y ait transition par la hiérarchie des castes, dans l'évolution historique de l'Iran ancien. Dans le cours des événements primitifs, il affirme sa personnalité là où, plus tard, le métallurge sera plus qu'un artisan anonyme parmi d'autres.

La première section de cette partie prolongera l'étude textuelle qui a eu lieu dans le chapitre qui précède. L'interprétation des livres consacrés, en particulier, à Zahhâk et à Faridoun, se fera essentiellement au niveau mythique comme il se doit pour des épisodes datant des périodes les plus reculées de la royauté iranienne. Il conviendrait, pour cela, de se référer à des sources religieuses afin d'éclairer la part des vieilles croyances et des rituels qui les accompagnent.

En dehors du schéma précis proposé par le système mythologique duquel nous dégagerons les traits propres à la cosmogonie, nous constaterons une modification de la nature du récit de Kâveh qui « glissera » du genre mythique à celui de la légende historique. L'agent de ce remaniement est sans doute la nécessité de donner à l'événement un tour légitimiste garanti par l'existence de l'étendard antique, témoignage de fidélité nationale à l'égard de la couronne et du trône.

Une partie importante de notre recherche sera ainsi réservée à l'étude de l'emblème créé par Kâveh auquel on a voulu rattacher son nom, et dans lequel doit résider la solution même du problème de l'identification du forgeron légendaire. Ce travail portera sur l'ensemble du texte du

Shâhnâmeh où le *darafsh* entretient une certaine dynamique que nous tenterons de commenter.

Si l'on devait établir une répartition des thèmes principaux en rapport avec la figure de Kâveh, il y aurait lieu de distinguer, dans l'œuvre de Ferdowsi, d'une part le schéma cosmogonique ou le « scénario » mythique de la participation du forgeron à la régénération du monde, localisé au temps des premiers rois, d'autre part, en opposition à la structure figée de ce dernier, les péripéties se déroulant autour de l'étendard national, figure mouvante parcourant le texte entier de l'épopée, contemporaine de l'Iran antique, sombrant avec le déclin de l'empire.

Les scénarios que nous relèverons dans les livres mentionnés ne seront que des reprises de structures évoquées dans les pages précédentes : depuis la question de l'atteinte à l'ordre cosmique par les forces du Mal en passant par le pouvoir du Verbe et le combat cosmique organisé avec le concours d'un forgeron céleste jusqu'au retour à l'ordre et à la prospérité grâce à l'intervention du roi juste couronné du « farr kavien », c'est la même idéologie religieuse et politique à la fois du mazdéisme qui est manifeste dans ces passages.

Notre objectif serait de déterminer, suite à cette approche nécessaire du texte, les motifs qui ont contribué à intégrer le personnage de l'ouvrier du métal dans l'intrigue mythologique des récits royaux, héritiers de la doctrine de Zoroastre, et de relever les raisons ayant conduit à conférer un rôle prestigieux à ce « tiers », exclu a priori des hauts faits mythologiques par les impératifs des croyances zoroastriennes.

Le forgeron mythique

Cette section analyse les articulations successives, correspondant à des scénarios rituels, au cours desquels Kâveh apparaît comme un élément décisif de la libération populaire. Par la contestation et l'émeute qu'il provoque, Zahhâk est renversé et Faridoun accède au trône au titre de successeur en ligne directe des rois civilisateurs. L'ordre de la progression de l'approche textuelle est celui de la chronologie du *Shâhnâmeh*, là où nous avions interrompu l'étude du texte dans notre deuxième chapitre.

Les étapes suivantes du présent chapitre auront pour objet de développer et de mettre en lumière des aspects touchant à « l'histoire » de Kâveh dans le contexte de la « fortune » connue par ce personnage dans la littérature, la version de Ferdowsi n'en constituant que la forme « classique »[1]. De même, sera consacrée une section pour l'étymologie des noms

---

1   Christensen, « The Smith Kâve and the ancient Persian imperial banner », p.23.

du forgeron et de l'étendard national et des rapports entretenus par ces derniers.

L'ordre troublé

Le « siècle d'or » de Djamshid touche à sa fin : le « péché d'orgueil » du souverain lui vaut d'être dépossédé de la « grâce de Dieu » (= *farr-e yazdân*) et le monde alors « se remplit de discorde »[2].

C'est alors qu'intervient le personnage de Zahhâk, du « désert des cavaliers armés de lances » désignant l'Arabie. Nous apprenons qu'Iblis « détourna le cœur » de ce prince « de la bonne voie » et le poussa au meurtre de son père Mardâs. Selon Mohl, le nom du tentateur est une forme arabisée d'Ahriman :

> « Le mot *Iblis* dont Firdousi se sert dans le récit qui suit, au lieu du mot *Ahriman*, qu'il emploie habituellement, paraît indiquer que cette tradition avait déjà passé par un intermédiaire musulman avant d'arriver jusqu'à lui.[3] »

Cette identification de Zahhâk avec le démon de la tradition mazdéenne révèle un aspect de cette figure dans le cadre de la religion et de la mythologie. En vérité, l'identité de celui qui deviendra l'usurpateur sémitique du *Shâhnâmeh* est d'une extrême complexité et trouve des homologues, aussi bien dans des mythologies védiques et sémitiques que dans les croyances de l'antiquité gréco-latine.

Afin de mieux cerner la fonction de Kâveh sous le règne de Zahhâk, il devient aussi nécessaire de connaître les attributions mythiques de ce dernier. À notre connaissance, il existe deux études portant spécifiquement sur la question. J. M. Desai est l'auteur d'un article rédigé à propos de la place occupée par Zahhâk dans l'« histoire » et dans la « tradition »[4] et Sr. J. C. Coyajee, dans son *Cults and Legends of Ancient Iran and China*, consacre un chapitre au rôle qu'il détient dans l'« histoire » et dans la « légende »[5]. Ces travaux, relevant de l'école de Bombay, emploient la méthode de la mythologie comparée et permettent une appréciation du rayonnement de cette figure dans différentes traditions.

Pour ce qui est de la généalogie mythique du prince arabe, il nous faudrait, afin de la retracer entièrement, remonter jusqu'aux structures mythologiques de l'ancienne Mésopotamie, avant que celle-ci ne soit envahie par les peuplades de la péninsule arabique :

---

2 *Sh*, Djamshid, v. 70 (*Bertel's I*, p. 43) / v. 77 (*Mohl I*, p. 54).
3 *Ibid.*, note 1 de v. 99 (*Mohl I*, p. 57)
4 Desai, « Zohak in history and tradition ».
5 Coyajee, « (Azi) Dahâka in history and legend » in, *op. cit.* ; primitivement in *JASB* (*Journal of the American Oriental Society*), N.S.26 (1930), pp. 467-489.

> « À l'époque où fut rédigé l'*Avesta*, la Chaldée était habitée par les Arabes, elle était déjà l'*Irak Arabi*. En effet, la résidence d'Azhi Dahâka (*Zohâk*) est à Bawli, c'est-à-dire à Babylone (note 1 : Yt. V, 29), et il sacrifie à Vayu dans l'inaccessible Kvirinte (note 2 : Yt. XV, 19), « le Palais de la grue », qu'un passage de Hamza d'Ispahan identifie avec les ruines de Babylone (note 3 : Hamza, p. 32). Or Azhi Dahâka, quoique mythique à l'origine, est devenu, et cela dès la période avestéenne, le représentant de la race arabe. Quand Firdausi fait de lui le fils d'un roi arabe, Mardâs (note 4 : *Mardâs* est une corruption orthographique de *Krûtâsp*, in Études iraniennes, II, 212), il est absolument dans la vieille tradition : avant Firdausi, les généalogies du Bundahish font de Dahâk un petit-fils de Tâj, l'éponyme des *Tâjîks* ou Arabes : « Dahâk, fils de Krûtâsp ; fils de Zâînîgâv, fils de Virafshang, fils de Tâj (note 5 : und. XXXI, 6) ». Or, le Bundahish lui-même ne fait ici, comme souvent, que reproduire l'Avesta sassanide ; car le Nask des Généalogies, le *Citradât*, faisait remonter Dahâk jusqu'à « Tâj, frère de Hôshang et ancêtre des Tâjîks (note 6 : Dînkart, VIII, 13, 8) ». Mais l'époque la plus ancienne où la Chaldée soit tombée aux mains des Arabes, qui l'occupent encore, c'est la période arsacide.[6] »

Selon cette hypothèse, Zahhâk devrait donc son origine mythique à la tradition chaldéenne. Cette opinion est partagée par Desai qui croit déceler un lien de parenté entre lui et Nemrod :

> « The name of Nimrod's father is Cush ; the father of Azi Dahâka is spoken as *Khrutâsp* in the *Bûn-dahisn*. Now *asp* is used as a suffix in many iranian names, denoting the possession of horses[7]. If this suffix is omitted the word becomes *Khrut*. We often see that consonants and vowels change places by way of euphony in the Avestâ [...]. Hence, if we read *khrut* as *khurt*, it can be easily transmuted into *kush* in conformity with the rules of Avestan phonology (where *r + t = sh*). Now *Cush* is sometimes called *Chaos*, wich is pronounced *Khûsh* in the Chaldaean language. This proves that the father of Nimrod and of Zohâk is the same individual.[8] »

L'auteur mentionne, dans le même article, un autre nom porté par le père de Nemrod le rapprochant encore plus de la généalogie du *Shâhnâmeh* :

> « Nimrod's father is also known by the name of Merodach (note 1 : Ragozin, *Chaldea*, (Story of the Nations series), p. 160), which seems to be a corrupt forme of the Iranian Mardâs, father of Zohâk. Both are said to have committed adultery with their mothers. It is clear from all these points of similarity that Nimrod is only a Semitic form of Zohâk, and that both, Nimrod and Zohak, were one and the same personage deified under various names.[9] »

---

6   *ZA³*, p. XLIX.
7   Dans *Sh*, Djamshid, v. 85-86 (*Bertel's I*, p. 44) / v. 96-97 (*Mohl I*, p. 56), nous lisons que *Bivar-asp* « litt. dix mille chevaux » est le nom pehlevi de Zahhâk « car il possédait dix mille chevaux arabes aux brides d'or, dont le renom était grand. »
8   Desai, *Zohak*, p. 64.
9   *Ibid.*, pp. 67-68.

Dès lors, ayant reconnu les liens entre le tyran arabe de l'épopée iranienne et le fondateur de Ninive[10], on comprend qu'Ahriman ait fait de Zahhâk l'instrument par lequel il lui serait possible de semer l'injustice parmi les hommes et de « dépeupler le monde »[11]. Cette tentative trouve un écho dans la religion phénicienne où Desaï voit enBaal une figure proche de celle de Zahhâk :

> « The Phoenician sun-god Bel or Baal (literally, « the Lord ») seems to be another aspect of Zohâk. He is time and again called *Moloch* or the king (Ar. *malach*), and he was especially the king of Hades (note 1 : Ragozin, « Assyria », p. 107 et sq.). Perchance, this word « Moloch » is a corruption of the (Avesta) signifying « death », as human sacrifices were offered to him (note 2 : Exodus XXII, 29). We have ere now seen enough of Zohâk to convince us that he was death personified. Baal was also called « the confounder » (note 3 : Jeremiah 1, 2) as he was the cause of the confusion of the tongues ensuing on the demolition of the Tower of Babel in the shape of Nimrod. The epithet « confounder » can be well applied to Zohâk as he disorganized the order of the world transforming it into a living hell.[12] »

L'étude de Coyajee expose plus ou moins les mêmes arguments que Desai en fournissant néanmoins un plus grand nombre d'éléments sur la fortune historique du personnage de Zahhâk. Ainsi, nous ne nous tiendrons pour l'instant qu'aux quelques lignes où Coyajee souligne la quantité non négligeable de légendes en accord avec celle du meurtrier de Djamshid :

> « (Dahaka) unites in itself the dragon legends of the East and of the West ; as we shall show, he is identified with or bears the distinguishing features of the dragons Azi of the Avesta, Tiamat of Babylonia and Gorgons of the west. He is one of the central figures of the Apocalyptic literatures of Persia and of the ancient Armenia. Both from the point of view of mythology and history, the East and the West meet in him.[13] »

Dans un chapitre de son *Hamâse -sarâ'i*, Z. Safâ énumère les occurrences du personnage dans l'*Avesta* et dans certains Nasks sassanides. Nous les reproduisons dans le tableau qui suit :

- Yasht 5 (Abân Yt., prière à Anâhitâ) (§§ 29 - 31) : « Pour Elle (= Anâhitâ), Azhi aux trois gueules (= Zahhâk), au pays de Bavri, sacrifia cent chevaux et mille vaches et mille moutons et il lui demanda de l'aider à dominer les sept keshvars et à les dépeuples des hommes mais Aredvi Sûrâ Anâhitâ ne l'aida point. »
- *Ibid.* (§ 34) : « Thraetaona (= Faridoun) fils d'Athwya, offrit des sacrifices à Anâhitâ et lui demanda de lui donner victoire sur Azhi Dahâka aux trois

---

10 Cf. Genèse, X, 8-11.
11 *Sh*, Djamshid, v. 164 (*Bertel's I*, p. 48) / v. 187 (*Mohl I*, p. 62),
12 Desai, *Zohak*, p.75.
13 Coyajee, *Cults and Legends*, p. 237.

gueules, aux trois têtes, aux six yeux, détenteur de mille ruses, le div, druj puissant qui cause le mal aux hommes, et c'est la plus démoniaque et la plus forte druj créée par Ahriman pour dévaster la terre et le monde du bien ; et de l'aider à lui dérober ses deux épouses, Sanghvak (= Shahrnâz) et Arenavak (= Arnavâz), qui ont les meilleurs corps pour l'alliance et qui sont les plus belles femmes du monde. »

- Yasht 9 (Druvâsp yt. ou Gosh Yt. (§§ 13 – 14) = Yt. 5 (§ 34).
- Yasht 14 (Bahrâm Yasht) (§ 40) : répétition des attributs néfastes d'Azhi Dahâka et évocation de son vainqueur Faridoun.
- Yasht 15 (Râm Yasht) (§§ 19 – 21) : « Azhi Dahâka aux trois gueules, dans Kvirinta, à l'accès difficile, pria Vayu (dieu du Vent) sur un trône d'or, sur un coussin d'or, sur un tapis d'or, et lui demanda de l'aider à dépeupler des hommes les sept keshvars mais Vayu [...] n'exauça point sa prière. »
- Ibid. (§§ 23 – 24) + Yasht 17 (Ard Yasht) (§§ 33 – 34) = Yt. 5 (§ 34).
- Yasht 19 (Zamyâd Yasht ou Hôm Yasht) (§§ 46 – 51) : récit du combat entre Zahhâk et Atar pour l'appropriation du farr kavien.
- Citradât Naks : le récit de Zahhâk y est rapporté comme témoignage d'une ère où régnaient la peur et le danger, faisant suite à la royauté bonne et pacifique de Djamshid en Iran.
- Sutkar Nask (résumé in Denkart) (Fargard 4) : les cinq grands défauts attribués à Zahhâk.
- Ibid. (Fargard 20) : récit de la tristesse éprouvée par les hommes à l'annonce de la mort de Djamshid par la main de Zahhâk ; la réponse du peuple aux paroles de ce dernier.[14] »

Nous retrouvons, encore une fois, la thématique du chaos qui va de pair avec la figure du div. L'enjeu de l'invasion de Zahhâk est non seulement la conquête des sept keshvars mais aussi sa dévastation, ce qui évoque le schéma primitif de la religion iranienne où Ahriman s'engage à corrompre la création d'Ohrmazd.

Dans le même chapitre, Z. Safâ rappelle le sens étymologique de Zahhâk et suggère un processus de l'évolution de ce personnage du mythe à la légende. Nous donenrons ici une traduction sommaire du passage concerné :

« Le nom de Zahhâk paraît dans l'*Avesta* sous la forme Azhi Dahâka et ce même nom est aussi cité dans les écrits pehlevis ; *azhi*, c'est-à-dire la première composante de ce nom, signifie en avestique « serpent » et *dahâka* correspond à une « créature ahrimanienne ». Azhi Dahâka, ainsi que nous venons de le constater, est représenté partout sous la forme d'un animal diabolique et dangereux, avec trois gueules, trois têtes et six yeux, et il est considéré comme un semeur de désordre et de corruption. De là, il est possible de déduire l'origine de l'histoire de Zahhâk et des deux serpents qui avaient pris naissance de ses épaules. On constate ainsi comment, dans les récits ultérieurs, la question des trois gueules, des trois têtes et des six yeux a été réglée et

---

14   Safâ, *Hamâse*, pp. 422-424.

Azhi Dahâka personifié : les serpents surgis de ses épaules et lui-même font en tout la somme de ces éléments. Peut-être que ce personnage légendaire, en raison de sa cruauté, a été comparé, dans l'*Avesta* et dans les très anciens récits iraniens, à un serpent ou à une autre créature d'Ahriman et a pris le nom d'Azhi Dahâka. Le souvenir de ce même nom se serait manifesté dans des récits plus récents par l'apparition de deux serpents sur ses épaules. [...] Dans le *Shâhnâme*, Zahhâk est désigné plusieurs fois par le nom *Ajdahâ* ; cette dénomination, bien qu'elle puisse évoquer une contraction de Azhi Dahâka, représente de la meilleure manière les anciennes croyances des Iraniens quant à ce destructeur de la création et du monde du bien.[15] »

Selon Christensen, ce sont les « maigres données des Yasts » qui, « amplifiées et rationalisées », auraient « fourni à Firdausi les matières d'un des [...] chapitres de son épopée »[16]. Dans une note à ce commentaire, il démêle les influences superposées des traditions indo-européennes et babyloniennes dans la figure de l'homme-dragon :

« L'origine indo-européenne de la figure (divine ou démoniaque) à trois têtes est soutenue par M. W. Wüst (Germanien, Monatshefte für Germankunde, 1940, p. 212 sqq.). La transformation de la légende par laquelle deux serpents poussés des épaules ont remplacé deux des trois têtes est dûe peut-être à l'influence des traditions babyloniennes. L'iconographie babylonienne présente parfois des déités ayant des serpents sur les épaules. Du reste, on trouve des représentations analogues sur quelques monuments bouddhiques du Turkestan oriental. Voir Fr. Taeschner, Zohâk, Der Islam, VI (1915), p. 283 sqq. M. Dumézil (Mythes et dieux des Germains, p. 98, note 1) voit derrière le mythe d'Azi Dahâka aux trois têtes le rituel d'une danse de masques.[17] »

Les représentations iconographiques les plus anciennes de figures apparentées à celle de Zahhâk ne seraient pas étrangères à la fresque présentée par Ghirshman où l'on voit une divinité infernale portant des serpents sur les épaules :

« Le relief culturel (parthe) ne nous est connu que par un monument provenant du premier temple de Hatra. Il représente une divinité du monde infernal, Hadès-Nergal-Ahriman, debout, strictement de face, selon la règle parthe. Habillé à l'iranienne, d'après la mode parthe, il tient en laisse le chien Cerbère, à triple tête, gardien de l'enfer.[18] »

D'autre part, il y aurait lieu de croire que cette représentation figurative datée du 3ᵉ siècle porterait l'empreinte des récits du règne de Zahhâk à Babylone, lesquels remonteraient, selon Darmesteter, au 2ᵉ siècle à l'époque des « luttes des Arabes contre les *Mûlûk tavâif* et contre les Parthes » :

---

15 *Ibid.*, pp. 424-425.
16 Christensen, *Démonologie*, p. 22.
17 *Ibid.*, note 1.
18 Ghirshman, *PS*, p. 87.

> « Si Azhi Dahâka, roi des Arabes, règne à Bawli, c'est-à-dire à Babylone ou en Babylonie, c'est donc que les textes où il paraît avec ce caractère représentent l'état de la Mésopotamie et de la Chaldée au IIe siècle de notre ère, ou du moins à une époque où les Arabes étaient déjà dominants dans cette région.[19] »

Il suffit de consulter les articles mentionnés de Desai et de Coyajee pour y trouver un exposé sur les différents aspects qui mettent Zahhâk en rapport avec un monde infernal et chaotique : il y est assimilé à la fois, pour ne citer que les exemples les plus connus, à Méduse, Chaos et aux Gorgones. Tous ces éléments mènent à une identification succincte du personnage de Zahhâk en qui il est possible de voir un avatar du monstre ophidien tricéphale.

Les méfaits de cet agresseur depuis son envoûtement par Iblis peuvent se classer, dans l'ordre chronologique du *Shâhnâmeh*, de la manière suivante :

- Meurtre du père (= Mardas) pour sa succession.
- Consommation de la chair d'animaux. Crime attribué, à l'origine, à Yima qui comme « premier sacrificateur » sera répudié par Zarathushtra « avec le sacrifice lui-même »[20]. L'*Avesta* (Yasna 32, 1 – 3) le dénonce pour avoir répandu l'usage de se nourrir de la viande du bœuf :

> « Parmi les criminels séduits par les daivas, la strophe 8 [...] nomme spécifiquement Yama (écrit Yima), fils de Vivahvant, l'homme primitif glorifié dans la mythologie et les légendes de la religion de Mithra (cf. Christensen, *Le Premier homme*, II.), « celui qui, pour plaire aux hommes, engagea les nôtres à manger des parties du bœuf offertes en sacrifice » (d'après l'interprétation du passage proposée par M. Nyberg, *Relig.*, p. 189). C'est dire que les adhérents de la religion de Mithra attribuaient à Yama l'introduction du rite sacrificiel combattu avec tant d'acharnement par Zoroastre.[21] »

Coutume établie pour la première fois, dans la tradition sémitique, par le « chasseur » Nemrod :

> « Dans l'Asie occidentale on attribuait à Nemrod l'introduction de l'habitude de se nourrir de la chair des animaux. Voir *Chron. Pasch.* I, p. 61, ed. Dindorf. Ce n'est pas le seul trait de ressemblance qu'offrent les traditions sur Zohak et sur Nimrod.[22] »

Dépeuplement de la terre[23]. Autre aspect du cannibalisme de l'envahisseur : ses serpents, pour être apaisés, doivent se nourrir de cervelles humaines. Molé y voit une réminiscence du myhe de Cronos qui « dévore

---

19 *ZA*³, p. L.
20 Duchesne-Guillemin, *Rel. Ir.*, p. 119.
21 Christensen, *Démonologie*, p. 7.
22 Mohl, note 1, p. 61 pour *Sh*, Djamshid, v. 130 (*Bertel's* I, p. 47) / v. 150 (*Mohl* I, p. 60).
23 *Supra*, p. 112, note 6.

ses enfants », avec cette différence que là où ce dernier peut assumer le rôle de « modérateur » de la création, Zahhâk apparaît sous un jour entièrement néfaste et malfaisant :

> « Des traits sombres sont présents chez Cronos ; mais c'est en Iran, terre classique du dualisme, que l'opposition se trouve polarisée. Celui qui coupe court à la fécondité ne peut être qu'un démon. [...] Dahât sévit contre ses sujets, pour subsister il a besoin de manger de la chair humaine. [...] Dahâk est le prototype de tyran comme Yam celui du bon souverain.[24] »

- Meurtre de Djamshid. Nous ne reviendrons pas sur ce que doit cet épisode à la mise à mort de Gaya Martan, le premier homme, par Ahriman, ayant déjà abordé la question dans notre deuxième chapitre. Le *Shâhnâmeh* montre le Pishdadien fuir devant l'envahisseur jusqu'à ce qu'il soit découvert par ce dernier dans sa retraite :

> « La fortune abandonna Djamshid, et le nouveau roi le serrant de près, il s'enfuit et lui laisse le trône et la couronne, le pouvoir, la tiare, le trésor et l'armée ; il disparut, et le monde devient noir pour lui, quand il eut abandonné à Zohak son trône et son diadème.
> Durant cent ans personne dans le monde ne le vit ; il avait disparu des yeux des hommes ; mais dans la centième année, ce roi infidèle à la pure doctrine apparut un jour sur le bord de la mer de Chine. Zahhâk le saisit à l'improviste, et ne lui accorda pas un long délai ; il le fit scier en deux, et délivra le monde de lui et de la peur qu'il inspirait.[25] »

Ces événements ont été conservés dans l'*Avesta* dans Yt. XIX, 34 où Yima Khshaêta est abandonné par le Hvarenô, et dans Yt. XIX, 46, où il est « renversé du trône et scié en deux par le Serpent à trois têtes, Azhi Dahâka[26] ».

La déchéance de Djamshid provoque une rupture dans la descendance des Pishdadiens telle que nous l'avons établie à partir du Zamyâd Yasht (Yt. 19)[27], ce qui posera une double problématique : au niveau mythique, le chaos faisant suite à l'ordre parfait et à la prospérité de l'âge d'or, une nouvelle période de conflits devient nécessaire pour retrouver l'harmonie perdue ; au niveau légendaire se pose le problème de la succession du Pishdadien déchu puisque Zahhâk n'ayant pas droit au farr kavien se trouve exclu de la série des premiers souverains légitimes. Il faudra attendre l'avènement de Thraêtaona / Faridoun pour que le lien soit retrouvé.

---

24 Molé, *Sutkar*, pp. 302-303.
25 *Sh*, Djamshid, v. 177-183 (*Bertel's I*, p. 49) / v. 201-206 (*Mohl I*, p. 64).
26 ZA^2, p. 17.
27 Voir généalogie, *supra*, p. 51.

- Introduction de la magie. Le règne du meurtrier de Djamshid est décrit comme une ère de victoire des divs sur les hommes, de mépris des vertus et de pratique de la « magie noire »[28] :

> « Zahhâk s'étant emparé du trône des rois, y resta mille ans ; le monde entier se soumit à lui, et un long espace de temps se passa ainsi. Les coutumes des hommes de bien disparurent, et les désirs des méchants s'accomplirent. La vertu était méprisée, la magie était en honneur, la droiture demeurait cachée, le vice se montrait au grand jour. Les divs étaient puissants à faire le mal, et l'on n'osait parler de ce qui est bien, qu'en secret.[29] »

Nous remarquons que le pouvoir destructeur de Zahhâk puise sa force dans cette magie noire qu'il est possible d'opposer à la « magie blanche » employée par les premiers civilisateurs dont Tahmouras qui procuraient aux hommes le bien-être devenu synonyme, dans ce contexte du *Shâhnâmeh*, d'« enchaînement des démons ». Nous reviendrons sur cette question à propos des conflits qui mettront aux prises Zahhâk avec Kâveh et Faridoun.

- L'enlèvement des femmes. Le nouveau maître de l'Iran s'empare des deux filles de Djamshid, Shahrnâz et Arnavâz, et les emmène dans son palais :

> « On tira du palais de Djamshid deux innocentes femmes [...], toutes les deux filles de Djamshid. Elles étaient comme la couronne pour la tête des femmes : Shahrnâz était le nom d'une de ces femmes voilées ; l'autre s'appelait Arnavâz, et sa face était comme la face de lune. On les amena au palais de Zahhâk ; on les livra à ce (monstre) à tête de serpent, qui les éleva dans les voies de la méchanceté, et leur enseigna la perversité et la magie.[30] »

Ce scénario et le suivant seront étudiés séparément afin de mieux mettre en valeur leur symbolisme en rapport avec la question de la fécondité.

- Le meurtre du Bovin. Un vengeur apparaît dans la personne de Faridoun, descendant de Djamshid. Une nuit, Zahhâk le voit en rêve qui l'abat de sa massue et l'enchaîne au Damâvand. Au réveil, il convoque les mobads pour qu'ils interprètent le songe. Zirak s'engage à lui révéler son infortune prochaine et fait allusion à « une vache d'une grande beauté, qui servira de nourrice à (Faridoun), « futur maître du monde »[31]. Elle naîtra en même temps que l'héritier légitime du Pishdadien :

> « la gloire de Djamshid était sur le futur maître du monde ; il était semblable au soleil lumineux, nécessaire au monde comme la pluie, un ornement pour les esprits comme le savoir. Au-dessus de sa tête tournaient les sphères du ciel,

---

28 Massé, *Firdousi*, pp. 104-105.
29 *Sh*, Zahhâk, v. 1-5 (*Bertel's I*, p. 51) / v. 1-5 (*Mohl I*, p. 68).
30 *Sh*, Zahhâk, v. 6-10 (*Bertel's I*, p. 51) / v. 6-10 (*Mohl I*, p. 68).
31 *Ibid.*, v. 99 (*Bertel's I*, p. 57) / v. 107 (*Mohl I*, p. 76).

et l'amour les rendait complaisantes pour lui. En même temps parut la vache Por -mâye (« la belle »), la plus merveilleuse de toutes les vaches. Lorsqu'elle fut mise au monde par sa mère, elle ressemblait à un paon, et chacun de ses poils brillait d'une couleur différente. Les sages, les astrologues et les mobads se rassemblèrent pour la voir ; car personne dans le monde n'avait jamais vu une vache comme celle-ci, ni n'avait entendu parler de chose semblable par les vieux sages.[32] »

Comme le mobad l'avait prédit, Zahhâk finit par découvrir le refuge de Faridoun où il tua la vache nourricière[33].

Nous limitons à cette étape la classification des actes de Zahhâk, c'est-à-dire là où la figure de Kâveh doit faire son apparition. Dans les sections qui suivent, nous essaierons de faire la part de ce qui relève du culte agraire ou du rite de fécondité que la tradition historico-légendaire a rattaché à la question de la légitimité royale.

L'enlèvement des femmes

Nous avons vu que, dans la prière à Anâhitâ (Abân Yasht, Yt. 5), Thraêtaona implorait celle-ci pour qu'elle l'aide à vaincre Azhi Dahâka afin qu'il puisse délivrer et épouser les deux sœurs qu'il retient dans son harem. Le culte rendu à la déesse de la fécondité, dont le *Shâhnâmeh* propose une version légendaire, place les deux sœurs dans le contexte d'un rituel agraire. Widengren rapproche les deux personnages de la divinité elle-même :

« Quand le dragon Az dahâ eut renversé Jamsêd (Av. : Yima Xsaâta), il prit pour épouses ses deux sœurs, Arnavâz et Sahrinâz (Av. : Arnavâc et Sahavac). [...] Puis les femmes sont délivrées par Farîdûn, qui les épouse à son tour. Cet épisode existe déjà dans les textes avestiques (Yt. 5, 34 ; 9, 14 ; 17, 34), où est citée la prière de Thraêtaona (= Farîdûn). Il sacrifie à la divinité en question et demande pour lui la victoire sur le « dragon dahique » ; il dit encore :
« Et que j'enlève ses deux maîtresses,
Sahavâc et Arnavâc,
Qui ont les corps les plus beaux pour enfanter,
Et qui sont les plus admirables comme maîtresses de maison. »
[...] Il en va de même pour Vistâspa, qui, selon Yt. 13 : 99 s., dénoue les liens de Daênâ enchaînée. Il est cependant évident que Daênâ ne représente ici qu'Anâhitâ, à qui elle ressemble sur de nombreux points. À cet égard, l'étymologie est de la plus haute importance. Il faut, en effet, rapprocher ce nom du sanscrit *dhéna*, dont l'un des sens est « vache à lait ». Souvenons-nous de l'épisode du Rigvéda où Indra rencontre son adversaire, le démon Dâsá (même mot que Daha dans : Azi Dahâ-ka) et s'écrie avec mépris :
« Des femmes, Dâsá a fait ses armes. Que peuvent
Contre moi ses faibles troupes ?

---

32 *Ibid.*, v. 109-115 (*Bertel's I*, p. 57) / v. 117-123 (*Mohl I*, p. 78).
33 *Ibid.*, v. 145 (*Bertel's I*, p. 59) / v. 155 (*Mohl I*, p. 80).

Parmi eux, en effet, il avait reconnu « les deux préférées »
De l'autre. Alors il engagea le combat contre Dásyu. (Rv. V, 30,9) »[34].

Quant à Desai, il établit des concordances entre les deux sœurs et plusieurs déesses de la fécondité dont Ishtar et Isis. Selon lui, les deux femmes convoitées par Faridoun ne constituaient à l'origine qu'un seul et même personnage :

> « B. T. Anklesaria compares the two ladies with the constellations Kassiopeia and Andromeda, and concludes that they might not have had any real existence. Some attach moral significance to the words. Now let us see what comparative study teaches us.
> Semiramis, the goddess-mother of the Semites, was known and worshipped under many names. [...] Semiramis is, beyond doubt, no other than the goddess Istar, the lady of war, and queen of love and beauty. The Assyrian name of Semiramis was *Shammûrâmat*, signifying a dove.
> We have already identified Ninus with Nimrod, *i. e.*, Zohâk, and the extent of the dominion of Zohâk was almost the same as that of Ninus. Ninus extorted Semiramis from her husband : Zohâk captured Saharnâz and Arnavâz, sisters or daughters, (why not wives ?) of Jamsîd, and married them. [...] It is not improbable that Saharnâz and Arnavâz might not have been the names of two distinct ladies, but of one only and it might have been split into two, as very often happens in ancient myths. In the Avestâ these names are *Sanhavâ-cha* and *Arenavâ-cha*, in both of which *cha* is only a conjunctive particle, and may be safely elided. Then the names would read *Sanhava-Arenavâ*, which if read as one word might be easily corrupted into *Shammârâmat* or some such name. Hence, it is possible that the writer of the *Avestâ*, and after him Firdausi might have got very meagre materials of the myth, and gave to Zohâk two queens instead of one. We have seen that Semiramis was also called Istar, who was worshipped both at Nineveh and at Arbela as the goddess of war and love.
> « So marked became this division that she, so to speak, split herself into two distinct deities, and the mention of her in the invocations is generally two-fold as « Istar of Nineveh » and « Istar of Arbela ». This distinction must have been assisted by the difference of the goddess's garb and attributes in the two characters, and thus slipped into pure idolatry. (Ragozin, *Assyria*, p. 18) » We do not possess any means to ascertain wheter the « wives » of Zohâk were worshiped or not, but it is possible they were.[35] »

Ces entités qui se caractérisent partiellement par la « richesse » et la « procréation » trouvent des homologues dans les divinités de la mythologie indo-européenne où l'idéologie trifonctionnelle les range au troisième niveau de la hiérarchie des castes. Ainsi, l'entourage du Mithra iranien, qui avait étendu son influence jusqu'à la troisième fonction, comprenait « la déesse Pârendi, qui correspond parfaitement à la déesse indienne Puramdhi (note 4 : Sur elle, v. Dumézil, *Les dieux des I.-E.*, p. 66. Sur

---

34 Widengren, *Religions ir.*, p. 63.
35 Desai, *Zohak*, pp. 87-89.

l'iranienne, v. Nyberg, *Die Rel.*, p. 66) »[36]. Widengren considère que ces deux personnages présidaient à la fécondité :

> « Je crois avec (Nyberg) que, dès les origines, elle (= Puramdhi) a été la déesse de la fécondié du groupe de Mithra, donc qu'elle n'a pas été « inventée après les Gâthâs » ; cf. aussi Oldenberg, *Die Rel. D. Veda*, p. 63 : « la déesse « Plénitude » (*puramdhi*)... qui remonte aux temps indo-iraniens ». Pourtant, les deux noms signifient vraisemblablement « la Nourricière » ; cf. Bailey, TPS 1960, p. 83.[37] »

Le rapt des femmes s'inscrit ainsi dans le rapport antagoniste entre le Chaos (= stérilité) et l'Ordre (= productivité), dialectique qui apparaît sous une autre forme, mais avec les mêmes implications, dans le meurtre du bovin.

Le meutre du bovin

Le choix du substantif « bovin » au lieu de « vache », ce dernier paraissant s'imposer en raison de son identification fréquente avec les déités du culte agraire, nous a été dicté par la tournure particulière donnée à cette figure dans la mythologie mazdéenne. En effet, le « bœuf primordial », ce « prototype des animaux » créé par Ohrmazd, présente un caractère ambivalent que souligne Darmesteter dans son commentaire du Yasht 9 (Gosh Yt. ou Drvâsp Yt.) :

> « *Gôsh, Gâush*, est la personnification de la nature animale, représentée par un premier taureau, « le Taureau créé unique », *Gâush aêvodâta*. Proprement, le nom signifie le bœuf, ou plutôt la vache, car il est féminin : mais il désigne l'espèce et ainsi s'explique que malgré sa forme féminine il est le héros de mythes essentiellement mâles (Vd. XXI, note 28).[38] »

L'équivoque est conservée dans le terme *gâv* :

> « Le mot iranien (pehlevi *gâv*, rendu généralement par l'idéogramme *tora*) signifie le bœuf sans différence de sexe. Mais le plus souvent, les auteurs de livres pehlvis se le représentent comme un mâle, à l'analogie de l'homme primordial »[39].

Voici comment est relaté le processus de la création, par Ohrmazd, du premier bovin puis du premier homme dont nous avons relevé certains traits dans le Djamshid du *Shâhnâmeh* :

> « En cinquième lieu, il (= Ormazd) créa le Bovin Primordial, dans *l'Erân-vêj* (note 16 : Le territoire central de la géographie mythique), au centre du monde. Il était clair et brillant comme la lune[40] et mesurait trois *nay* en hauteur. [...]

---

36 Widengren, *Religions ir.*, p. 32.
37 *Ibid.*, note 4.
38 ZA^2, p. 431.
39 Christensen, *Premier homme*, I, p. 39.
40 Cf. la description de Por-mâye in *Sh, Supra*, p. 119.

En sixième lieu, il créa Gayômart, brillant comme le soleil. Sa hauteur était de quatre *nay*, sa largeur était pareille à sa hauteur. Il était au bord de la rivière Dâiti où se trouve le centre du monde.[41] »

Témoin de cette création, Ahriman, poussé par « l'envie », fait périr le bœuf, méfait qui se traduira dans la version légendaire par le meurtre de la vache nourricière de Faridoun aux mains de Zahhâk :

« le Taureau *Evak-dât* (*gâush Aêvôdâta*), l'ancêtre de la race animale, a été la première victime d'Ahriman, réveillé de son découragement par la Jahi (Bund. III, 3, 6, 14). (*Jahi*, la méchante femme ou démon).[42] »

Avant que le meurtre du taureau ne soit frappé d'interdiction par la tradition zoroastrienne, il aurait été considéré comme un sacrifice nécessaire à la multiplication de l'espèce : de la substance de la bête immolée devaient naître toutes sortes de créatures :

« Quand le taureau Evakdât mourut (tué par Ahriman), grâce au sperme sorti du membre du Taureau, il poussa de terre cinquante-cinq espèces de céréales et douze espèces de plantes guérissantes. La lumière et la beauté qui étaient dans le sperme du Taureau furent confiées à la Lune. Ce sperme, purifié dans la lumière de la lune de toute voie et façon, et organisé, produisit vie. De là sortit un couple, mâle et femelle ; puis toutes sortes d'espèces, à savoir deux cent quatre vingts espèces, parurent sur la terre (*Grand Bund.*, cf. *Bund.* X et *Sîrôza*, 12).[43] »

Les rapports mythiques entre le taureau et la Lune, d'une part, et entre le bovin et le personnage de Faridoun d'autre part sont évoqués par Christensen qui voit dans la coupe de Klimowa une représentation de la légende du roi Fredhon / Faridoun et du chariot lunaire :

« Le 16 Dadhv on célébrait une fête qui avait deux noms différents. La lecture des deux noms est incertaine ; l'un d'eux est probablement un nom composé dont le premier élément est *gâv* « bœuf », « taureau ». L'origine de cette fête a été rattachée à la légende de l'ancien roi Fredhon (Feridun). Au 16 Dadhv, Fredhon montait un taureau : c'était la nuit à laquelle apparut le taureau qui tire le char de la lune. « C'est un taureau fait de lumière, aux cornes d'or et aux sabots d'argent, qui est visible pendant une heure et puis disparaît. Les vœux de celui qui regarde ce taureau au moment où il est visible seront exaucés à l'instant. Dans la même nuit apparaît, dit-on, sur les plus hautes montagnes, le fantôme d'un taureau blanc qui beugle deux fois, si l'année sera fertile, et une fois (si l'année sera inféconde). « La mention du char de la lune tiré par un taureau est intéressante. Il existe au Musée de l'Hermitage à Léningrad une coupe d'argent sassanide (la coupe de Klimowa), qui montre le dieu de la Lune, « Mâh », assis sur son trône à l'intérieur d'un croissant qui forme la

---

41 Molé, *Naissance Ir.*, p. 324.
42 *ZA*², p. 282, note 4.
43 *ZA*², Vendidad, Fargard 21, p. 285, note 28. Pour le Yasht de la Lune, cf. Mâh Yasht (Yt. 7).

partie supérieure d'un char tiré par quatre taureaux (note 4 : Herzfeld, « Der Thron des Khosrô », *Jahrbuch der preussischen Kuntsammlungen*, t. 41, pp. 4 et 42 sqq. ; *Survey, IV*, pl. 207B).[44] »

Nous pouvons, à présent, faire converger les données que nous venons de recueillir vers la figure de la vache Por-mâye qui les réunit toutes à la fois : elle est d'une beauté surnaturelle, symbolise la fécondité et nourrit Faridoun. En outre, elle rejoint le personnage de Djamshid, avatar de Gaya Martan, en tant que réminiscence du premier bovin subissant elle aussi l'assaut de Zahhâk, créature ahrimanienne. L'étymologie même de son nom, que nous ne saurions traduire comme le fait Mohl par « la belle »[45], la rapproche des sœurs de Dhamshid, et, partant, des déesses de la fécondité. Nous proposons ici une interprétation faite par Desai, éclairante sur ce point, lorsqu'il met en parallèle la légende de Faridoun et un récit nordique avec lequel il présente une analogie frappante :

> « We know that Odin's original name is *Wuotan*, and as Wuotan and Thor are the same personage, it is possible that their primaeval form might have been *Thor-Wuotan*. As time went by, this compound name of the one deity might have been misunderstood for two, as often happens. Thor-Wuotan is evidently a corruption of the Avestan *Thraetaona*. Odin id supposed to be nourished by the cowud *Ahumbla* (= « the nourisher »). Farîdûn was likewise brought up on the milk of the cow *Pûrmâyah* (lit., « full of nourishment »). The characteristics which are ascribed to Farîdûn can safely be attributed to Odin with a very few exceptions.[46] »

Bien que la vache Por -mâye ne soit plus mentionnée dans l'Avesta[47], il est cependant possible d'esquisser un rapprochement entre celle-ci et, en premier lieu, les déesses iraniennes et indiennes Pârendi et Puramdhi qualifiées toutes les deux par Widengren de « nourricières » ; en second lieu les sœurs de Djamshid dont nous avons établi la correspondance avec la déesse Anâhitâ. En définitive, nombre d'indices autorisent à reconnaître, dans le livre de Zahhâk, une « interchangeabilité » possible entre la vache nourricière et les femmes procréatrices :

> « d'une part, [...] il faut mettre sur le même plan la libération des vaches par Indra (dans le mythe indien) et celle des épouses préférées du dragon par le héros divin ; d'autre part, [...] la *daênâ* avestique de Yt. 13 : 99 s. doit être la même chose que l'une de ces *dhéne*, donc une *dhéna* au sens du mime liturgique indien. À cet égard, on notera, en Iran, que al-Bîrûnî (ed. Sachau, pp. 226 : 9 ss.) dit non pas que Farîdûn ait délivré ses propres femmes, mais qu'il a chassé des vaches de leur abri (ce qui, sous l'usurpateur, avait été tenu

---

44 Christensen, *Ir. Sassanides*, p. 175.
45 *Supra*, p. 119.
46 Desai, *Zohak*, p. 60.
47 D'après Safâ, *Hamâse*, p. 435.

secret). Il mentionne en même temps le fait que l'Iran se libère des Turcs ; il est évident qu'il historicise le mythe (note 1 : Traduction chez Sachau, *Chronol.*, p. 212). Dabs cette tradition, donc, tantôt on combat un usurpateur, tantôt on délivre des vaches [...]. À noter que l'équivalence femmes-vaches apparaît même dans ce récent recueil de traditions iraniennes.

Dans ce cas, il faut sans doute supposer une ressemblance plus grande, à l'origine, avec le mythe d'Indra. Il est curieux que, dans la partie eschatologique du Bundahisn, qui décrit la rencontre de l'âme du mort et de son Moi supérieur, l'âme commence par rencontrer une vache (ch. XXX, 5, ed. Anklesaria, pp. 201, I ss.) :

« Si elle est juste, elle voit, à mi-chemin, venir à sa rencontre une chose ayant l'apparence d'une vache, grasse et pleine de lait, et de qui l'âme reçoit du bien-être et de la douceur. »

Ainsi, dans cette tradition eschatologique encore, on trouve l'équivalence entre les vaches et les femmes »[48].

Le tableau suivant permet de regrouper les rapports étudiés dans cette section quant à l'antagonisme Chaos ≠ Création. On y retrouve aussi les avatars (= avat.) connus par les entités mythiques qui réapparaissent dans le *Shâhnâmeh* sous une forme légendaire.

CHAOS	(Shâhnâmeh)		CRÉATION	(Shâhnâmeh)
			Homme primordial Gaya Martan	> (avat.) Djamshid
Ahriman > Azhi Dahâka	> (avat.) Zahhâk	≠	**Déesses fécondes** Ishtar, Anâhitâ, Pârendi, Mâh, etc.	> (avat.) Shahrnâz et Arnavâz
			Bovin primordial Evakdât	> (avat.) Por-mâyeh

Nous venons de justifier l'association des trois figures de l'Homme primordial, de la déesse féconde et du Bovin primordial telles qu'ont été transposées dans la tradition épique iranienne les trois entités représentant, en fin de compte, un motif commun qui est celui de la croissance et de la prospérité. L'orientation particulière donnée par le zoroastrisme à la religion mazdéenne aura pour effet d'exalter la vie sous toutes ses formes, alors que les cultes naturalistes de la fertilité considéraient le sacrifice comme une condition préalable à la fécondation :

---

48 Widengren, *Religions ir.*, p. 64.

> « Dans les hymnes zoroastriques, l'homme et le bœuf sont les deux êtres les plus importants du monde physique, et à travers la civilisation agricole du jeune Avesta, le bœuf conserve son rôle important dans la vie journalière comme dans le culte. Le soigner est un devoir sacré »[49].

D'où le sens moraliste imprimé par la réforme de Zoroastre au problème de la création : « Le bon souverain apporte la prospérité, la croissance et la vie. Le mauvais provoque la destruction »[50].

Dès lors, le retour à l'ordre et à la prospérité se voit doublé d'un retour à la légitimité. La vengeance dynastique, thème fréquent du Shâhnâmeh, aboutit à une récupération des agents producteurs de la richesse naturelle et ressortissant à la troisième fonction ; en même temps, elle porte au pouvoir le descendant royal de la lignée des Pishdadiens. Pour un rétablissement de l'idéal zoroastrien, Faridoun entreprendra de venger, à la fois, sa génération (= Djamshid, Âbtin), sa protectrice fabuleuse (= Por-mâyeh) et les sœurs de son ancêtre (= Shahrnâz et Arnavâz) : la logique mythico-rituelle du renouveau de l'ordre cosmique va de pair, chez Ferdowsi, avec la raison hisorico-légendaire de la succession monarchique, ce que nous tenterons d'illustrer dans la section consacrée au « retour à la légitimité ».

Entre l'ordre troublé et l'ordre retrouvé par l'enchaînement du Mal, se situe, dans les pages que nous examinons ici, la figure de Kâveh dont nous analyserons la fonction à partir de la division suivante. Le forgeron légendaire se place au nœud même de l'intrigue, pour donner un tour décisif à un scénario qui se répétera constamment tout au long du *Shâhnâmeh* : l'usurpateur est chassé par le détenteur du farr kavien. L'épisode qui nous intéresse comporte un élément exceptionnel faisant défaut aux mises en scènes analogues des livres ultérieurs ; il s'agit de l'intervention populaire, sous la bannière du métallurge, en faveur de l'héritier de droit de la couronne et du trône. Kâveh, instigateur de la révolte, est aussi l'artisan du retour à la bonne création dans la mesure où il introduit l'action de Faridoun. Artisan de l'ordre, artisan de la légitimité, le forgeron nationaliste, figure humaine du forgeron céleste des vieilles cosmogonies, assure la transition du pouvoir entre les souverains iraniens. La prochaine section est une première tentative d'élucidation du rôle de Kâveh, dans le processus insurrectionnel face au despotisme destructeur de Zahhâk.

La parole et le pouvoir populaire

Les distiques que nous allons étudier sont à mettre en rapport avec la section de notre premier chapitre portant sur la question de

---
49 Christensen, *Premier homme*, I, p. 40.
50 Molé, *Sutkar*, p. 303.

l'« Expression » et du « Pouvoir ». L'action de Kâveh, dans ces vers, apparaît comme une première contestation du règne de Zahhâk et a pour terrain, successivement, la cour du roi puis le marché, espaces où s'exerce ce que nous avons convenu de nommer le « pouvoir mythologique » ou « magique » du Verbe. La première scène que nous commenterons est susceptible de tenir du mythe tandis que la seconde relève essentiellement de la légende.

La Cour

L'histoire de Zahhâk et de Kâveh débute par la décision du tyran de faire écrire, par les grands du royaume, une déclaration attestant de sa bonne conduite dans les affaires du pays :

> « Zahâk ne cessait jour et nuit de parler de Faridoun ; la peur avait courbé sa haute stature, son cœur était en angoisse à cause de Faridoun. Il arriva qu'un jour il s'assit sur son trône d'ivoire, et mettant sur sa tête la couronne de turquoises, il appela auprès de lui les grands de tous les pays, pour en faire un appui à sa domination. Il parla ainsi aux mobads : « Ô vous, hommes vertueux, nobles et prudents ! J'ai un ennemi secret, comme tous les sages le savent. [...] Maintenant il faut que vous m'écriviez une déclaration portant que, comme roi, je n'ai semé que la semence du bien, que je n'ai prononcé que les paroles de la vérité, que je n'ai jamais voulu enfreindre la justice. » Tous les grands, de peur du roi, consentirent à sa demande, et tous, jeunes et vieux, ils certifièrent cette déclaration au gré du serpent impur.[51] »

Cette initiative est interrompue par l'irruption du forgeron dans la salle d'audience. Il est venu protester contre le meurtre de ses fils dont les cervelles ont servi de pâture aux serpents du despote. Cette contestation a pour effet de remettre en scène la cruauté de l'envahisseur arabe que nous avons déjà comparé à un Cronos n'ayant conservé que des traits funestes ; Zahhâk « dévore les hommes », comme Cronos « dévore ses enfants »[52]. Le passage que nous allons citer constitue la seule « prise de parole » importante de la part d'un artisan du *Shâhnâmeh*, rare privilège accordé aux membres des fonctions subalternes, d'autant plus que cette occurrence se détache avec une force inégalée du registre « parlant » du livre de Ferdowsi :

> *« ham-ângah yekâ-yek ze dargâh-e shâh*
> *bar-âmad khoroushidan-e dâd-khâh*
> *setam-dideh râ pish-e ou khândand*
> *bar-e nâmdârân-sh benshândand*
> *be-dou goft mehtar beh rou-ye dojam*

---

51 *Sh*, Zahhâk, v. 183-188, 196-199 (*Bertel's* I, pp. 61-62) / v. 194-199, 204-207 (*Mohl* I, pp. 85-87).
52 Molé, *Sutkar*, p. 302.

keh bar-gouy tâ az keh didi setâm
khoroushid-o zad dast bar sar ze shâh
keh shâhâ man-am kâveh-ye dâd-khâh
bedeh dâd-e man k-âmadastam davân
hami nâlam az to beh randj-e ravân
agar dâd dâdan bovad kâr-e to
biyafzâyad ey shâh meghdâr-e to
ze to bar man âmad setam bishtar
zanad har zamân bar del-am nishtar
setam gar nadâri to bar man ravâ
beh farzand-e man dast bordan tcherâ
bebakhshây bar man yeki dar-negar
keh souzân shavad har zamân-am djegar
shahâ man tcheh kardam yeki bâz-gouy
v-agar bi-gonâham bahâneh madjouy
beh hâl-e man ey tâdj-var dar-negar
mayafzây bar khishtan dard-e sar
ze gasht-e djahân tchon shavad pir mard
beh farzand bâshad bi âzâr-o dard
ma-râ rouzgâr-am tchenin kouj kard
deli por omid-o sar-i por ze dard
djavâni namând-ast farzand nist
beh guiti tcho farzand peyvand nist
setam-râ miyân-o kerâneh bovad
ham-idoun setam-râ bahâneh bovad
bahâneh tcheh dâri to bar man biyâr
keh bar man segâli bad-e rouzegâr
yeki bi ziyân mard-e âhan gar-am
ze shâh âtash âyad hami bar sar-am
to shâhi-o gar ajdahâ peykar-i
bebâyad beh d-in dâstân dâvari
keh gar haft keshvar beh shâhi to r-âst
tcherâ randj-o sakhti hame bahr-e mâst
shomâri-t bâ man bebâyad guereft
beh d-ân tâ djahân mânad andar shegueft
magar k-az shomâr-e to âyad padid
keh nowbat ze guiti beh man tchon rasid
keh mârân-t râ maghz-e farzand-e man
hami dâd bâyad beh har andjoman »[53]

« Mais tout à coup se fit entendre à la porte du roi un cri de quelqu'un qui demandait justice. On appela devant le roi l'homme qui se plaignait d'oppression, et on le plaça devant l'assemblée des grands. Le puissant roi lui dit avec un regard consterné : « Nomme celui qui t'a fait tort. » L'homme cria, frappa sa tête de ses mains en voyant le roi, et dit : « Je suis Kâveh ; ô roi, je demande justice. Rends-moi justice ; je suis venu en hâte, et c'est toi

---
53 *Sh*, Zahhâk, v. 200-203, note 13 : var. *I* de v. 203, 204-209 (*Bertel's I*, pp. 62-63) / v. 208-215, 217-229 (*Mohl I*, p. 86).

que j'accuse dans l'amertume de mon âme. Si tu voulais être juste, ô roi, tu augmenterais ta propre fortune. Il y a longtemps que tu exerces sur moi ta tyrannie, et tu m'as souvent enfoncé un poignard dans le cœur. Si tu n'as pas eu la volonté de m'opprimer, pourquoi as-tu porté la main sur mes fils ? [...] Rends-moi ce seul enfant ; pense que mon cœur brûlera de douleur toute ma vie. Ô roi, dis-moi une fois quel mal j'ai fait ; et si je suis sans faute, ne cherche pas un prétexte contre moi. Pense à mon état, ô roi, et n'accumule pas les malheurs sur ta tête. Quand l'homme vieillit suite à la rotation du monde, il vit sans contrainte et sans souci par la présence de son fils. Le temps a courbé mon dos, mon cœur est sans espoir, ma tête pleine de douleur. Je n'ai plus de jeunesse, je n'ai plus de fils, et il n'y a dans le monde aucun lien comme celui qui nous lie à nos enfants. L'injustice doit avoir un milieu et une fin, et la tyrannie même a besoin d'un prétexte ; mais dis-moi sous quel prétexte tu verses des malheurs sur moi. Je suis un homme innocent, un forgeron ; mais le roi a jeté du feu sur ma tête. Tu es roi, et tu as beau avoir la figure d'un serpent, tu me dois justice en cette occasion. Tu es le maître des sept zones (= keshvars) de la terre ; mais pourquoi tous les malheurs et toutes les misères sont-ils notre partage ? Tu me dois compter de ce que tu as fait, et le monde en sera stupéfait. Il verra, par le compte que tu me rendras quel a été mon sort sur la terre, et qu'il a fallu donner à tes serpents les cervelles de tous mes fils. »

La note insolite de ce tableau est précisément la prise de parole de l'artisan devant une assemblée composée de nobles et de mobads ; ce qui contraste avec la position du forgeron telle que nous l'avons remarqué dans les exemples précédents où il restait anonyme au profit des membres des fonctions supérieures. Le discours surprend aussi par le procès qu'il fait du règne de l'usurpateur, là où les grands de la cour restent silencieux. Le roi reste impuissant devant les accusations de Kâveh et lui restitue son dernier fils. La déclaration des grands est ensuite soumise au métallurge qui refuse de la confirmer et se dirige vers le marché où se déroulera le second des scénarios que nous avons indiqués :

« *sepahbad beh goftâr-e ou bengarid*
shegeft âmad-ash k-ân sokhan-hâ shenid
beh d-ou bâz dâdand farzand-e ou
beh khoubi bedjostand peyvand-e ou
befarmoud pas kâveh râ pâdshâ
keh bâshad bar-ân mahzar andar govâ
tcho bar-khând kâveh hameh mahzar-ash
sabok sou-ye pirân-e ân keshvar-ash
khoroushid k-ey pây-mardân-e div
borideh del az tars-e gayhân-khadiv
hameh sou-ye douzakh nahâdid rouy
sepordid del-hâ beh goftâr-e ouy
nabâsham beh d-in mahzar-andar govâh
na harguez bar-andisham az pâdeshâ
khoroushid-o bar-djast tarsân ze djây
bedarrid-o bespord mahzar beh pây

*guerân-mâyeh farzand-e ou pish-e ouy
ze ivân boroun shod khoroushân beh kouy* »⁵⁴

« Le roi le regarda en écoutant ses discours, et s'étonna de ce qu'il venait d'entendre ; on lui rendit son fils et on tâcha de le gagner par de bonnes paroles. Ensuite le roi demanda à Kâveh de confirmer la déclaration des grands ; Kâveh la lut, et se tourna rapidement vers les anciens de l'empire, en criant : « Ô complices du Div, qui avez arraché de votre cœur toute crainte du maître du ciel, vous vous êtes tournés vers l'enfer, vous avez asservi vos âmes à ses ordres. Je ne signerai pas cette déclaration, jamais je ne me mettrai en peine du roi. » Il se leva en criant et tremblant de colère, il déchira la déclaration et la jeta sous ses pieds ; puis, précédé de son noble fils, il sortit de la salle en poussant dans les rues des cris de rage. »

Face au roi et aux notables, Kâveh est présenté comme une manifestation de la « *vox populi* »⁵⁵. Outre sa capacité de « condamner » le souverain après avoir dénoncé ses crimes, ce qui n'est pas sans rappeler la fonction juridique du métallurge dans certaines sociétés, il apparaît comme détenteur de « pouvoirs magiques » tel que semble le suggérer la protestation des grands, témoins de la passivité du monarque devant les accusations du forgeron, suivie de la réponse de Zahhâk reconnaissant avoir subi le poids d'une force mystérieuse et inexplicable :

*« mehân shâh-râ khândand âfarin
keh ey nâm-var shahriyâr-e zamin
ze tcharkh-e falak bar sar-at bâd-e sard
nayârad gozashtan beh rouz-e nabard
tcherâ pish-e to kâveh-ye khâm-gouy
beh sân-e hamâlân konad sorkh-rouy
hameh mahzar-e mâ-o peymân-e to
bedarrad bepitchad zeh farmân-e to
sar-o del por az kineh kard-o beraft
to gofti keh ahd-e faridoun geraft (= guereft)
nadidim az-in kâr mâ sa'b tar
bemândim khireh beh d-in kâr dar
key-e nâm-var pâsokh âvard zoud
keh az man sheguefti bebâyad shanoud
keh tchon kâveh âmad zeh dargâh padid
do goush-e man âvâz-e ou râ shanid
miyân-e man-o ou zeh ivân dorost
to gofti yeki kouh-e âhan berost
ham-idoun tcho âvard bar sar do dast
sheguefti ma-râ dar del âmad shekast
nadânam tcheh shâyad bodan zin sepas*

---

54   *Sh*, Zahhâk, v. 210-218, (*Bertel's I*, p. 63) / v. 230-238 (*Mohl I*, p. 88).
55   Cf. préf. à *The Epic of the Kings*, R. Lévy éd., p. XXVI.

keh râz-e sepehri nadânest kas »[56]
« Les grands témoignèrent leur respect au roi, disant : « Ô roi glorieux de la terre ! aucun vent malfaisant n'ose souffler du ciel sur ta tête au jour du combat. Pourquoi, en ta présence, Kâveh à la parole grossière, devrait-il, comme un égal, s'enhardir (litt. « rougir son visage ») ? Il déchire notre déclaration, qui nous liait à toi ; il s'affranchit de l'obéissance envers toi. Il s'est retiré le cœur et la tête remplis du désir de la vengeance ; on dirait qu'il a pris le parti de Faridoun. Jamais nous n'avons vu une chose plus (rude) ; nous en sommes restés stupéfaits. » Le roi glorieux leur répondit vivement : « Vous allez entendre de moi une chose étonnante. Lorsque Kâve parut sous la porte, et lorsque mes deux oreilles ont été frappées de ses cris, vous auriez dit qu'il s'élevait dans la salle, entre lui et moi, une montagne de fer ; et lorsqu'il s'est frappé la tête de ses deux mains, chose étonnante ! mon cœur a été comme brisé. Je ne sais pas ce qui en arrivera, car personne ne peut connaître les secrets des sphères du ciel. »

Les propos de Zahhâk font état du pouvoir magique du verbe dont témoignent les prestiges chamaniques dans les sociétés primitives. On ne peut s'empêcher aussi de penser à une scène d'exorcisme, sachant que le roi arabe a été envoûté par Iblis.

Touchant à la valeur magico-religieuse de la parole et du chant, nous citerons un passage relatant la participation de Kothar, le dieu-forgeron ougaritique, au duel entre Baal et Yam. Il y proclame solennellement les noms des armes qu'il a forgées et dont se servira le « héros positif » pour abattre le dragon aquatique[57]. La parole représente ainsi une arme redoutable dans les rivalités mythologiques. La seconde réflexion de Xella quant au rôle décisif du verbe dans le combat cosmique pourrait s'appliquer au rapport antagonique Zahhâk ≠ Kâveh, qu'il serait possible de rendre selon le schéma :

Zahhâk / Dragon		Kâveh / Forgeron
= Tyran	≠	= Héros positif détenteur de la Parole
= Chaos		= Création

L'autre aspect qui se dégage du scénario de la Cour concerne le phénomène de l'« immobilisation » de l'adversaire par la force de mots ou de formules appropriées. La faculté de paralyser l'ennemi par la parole magique est comparable à celle qui permet aux Pishdadiens de subjuguer les démons par des liens invisibles.

Dans la mythologie iranienne, l'exemple notable de la soumission du Mal par le Verbe se situe dans l'épisode de la lutte entre Ohrmazd et

---

56 *Sh*, Zahhâk, v. 219-222, note 19 : var I de v. 222, 223-225, note 3 : var. *IV* de v. 225, 226 (*Bertel's I*, pp. 63-64) / v. 239-249 (*Mohl I*, p. 88).
57 Xella, *Kothar*, pp. 118-119.

Ahriman, quand ce dernier est terrassé par la récitation de l'*Ahuna vairya*, préludant, précisément, à la création matérielle :

> « Le *Yathâ ahû vairyô*, dit aussi *Ahuna vairya*, d'après les deux mots essentiels du début [...], est la prière mystique par excellence. Elle est antérieure à la création matrielle : Auhrmazd en a prononcé les vingt et une paroles au moment où Ahrîman envahissait la lumière infinie et la création spirituelle : « Quand il eut prononcé le premier tiers, Zahâk Mînôî plia le corps de terreur ; au second tiers, il tomba sur les genoux ; quand la prière fut achevée, il fut confondu et impuissant à nuire aux créatures d'Auhrmazd[58] (note 4 : Citation d'un texte zend perdu, dans le *Bundahish*, I, 22... » L'Avesta tout entier en dérive, en théorie, et chacun des vingt et un Nasks est sorti d'un des vingt et un mots de la prière (note 5 : *Dinkart*, VIII, 19).
> Le texte en lui-même n'a point de prétentions mystiques de ce genre : il n'en mérite pas moins sa fortune, car il résume quelques-uns des principes essentiels de la morale mazdéenne.
> L'*Ahuna vairya* est composé de trois phrases indépendantes :
> « Le désir du seigneur est la règle du bien. »
> « Les biens de Vohu Manô aux œuvres faites en ce monde pour Mazda ! »
> « Il fait régner Ahura, celui qui secourt le pauvre. »
> La première phrase pose dans la volonté du Seigneur la loi du bien ; la seconde promet les récompenses du Paradis à ceux qui vivent selon la loi de Dieu ; la troisième investit d'une sorte de droit divin le prince qui use du pouvoir pour soulager le pauvre.[59] »

La scène qui met aux prises Ohrmazd et Ahriman et se termine par la défaite du démon réduit à l'intertie par les paroles sacrées trouverait un écho dans le *Vendidad* où le prophète Zarathushtra résiste à l'agression d'Angra Mainyu en chantant, à son tour, l'*Ahuna vairya* : « le démon (= Bûiti, envoyé d'Ahriman) recule confondu, réduit à l'impuissance par la gloire qui émane du Prophète »[60]. Zarathushtra répond aux tentatives de séduction d'Ahriman en affirmant qu'il saura lui opposer les armes que lui a léguées Ahura, dont la parole :

> « Le rusé Ahra Mainu lui répondit : « Avec quelle parole veux-tu vaincre, avec quelle parole veux-tu écarter, avec quelle arme bien façonnée veux-tu vaincre et écarter ma création, provenant du mauvais esprit ? »
> Spitama Zarathushtra lui répondit : « Le mortier à haoma et les coupes à haoma et la parole qu'a proclamée Mazdâh et la profession de foi Vahistam sont mes

---

58   Dans le combat de Tahmouras contre les divs, nous lisons : « Il en enchaîna les deux tiers par la magie, il terrassa les autres avec sa lourde massue, et on les amena blessés et honteusement liés ; ils demandaient grâce pour leur vie. » Peut-être faut-il voir là une déformation du mythe d'origine que nous venons d'évoquer, ce qui, pour le moins, viendrait appuyer notre hypothèse sur l'identification des liens invisibles avec la parole magique capable de frapper d'impuissance.
59   *ZA¹*, Hâ 19, Baghân Yasht, I, pp. 161-162.
60   *ZA²*, Vendidad, Fargard 19 : 1-3, pp. 256 sqq.

armes ; c'est avec cette parole que je veux vaincre, avec cette parole que je veux écarter, avec cette arme bien façonnée que je veux écarter ta création, rusé Ahra Mainyu ! Spanta Mainyu l'a créée, il l'a créée dans le temps illimité ; les Amesha Spantas l'ont créée, eux qui règnent bien et agissent bien…[61]. »

La situation décrite à la cour de Zahhâk témoigne des pouvoirs virtuels reconnus au forgeron, lesquels ne sauront pas prendre forme ailleurs dans le *Shâhnâmeh* où, ainsi que nous l'avons constaté, le métallurge n'assume que le rôle que lui attribue la répartition trifonctionnelle.

Le scénario suivant apporte un élément nouveau à la contestation : le forgeron se révèle, pour reprendre les termes de Michelet, comme un « chef naturel »[62] aux yeux du peuple.

Le marché

La seconde scène au cours de laquelle Kâveh prend la parole se déroule dans l'espace du bazar où il prend pour interlocuteur le peuple qu'il exhorte à épouser la cause de Faridoun en même temps qu'il dénonce l'injustice de Zahhâk :

« *tcho kâveh boroun shod ze dargâh-e shâh*
bar-ou andjoman gasht bâzârgâh
hami bar-khoroushid-o faryâd khând
djahân râ sarâ-sar sou-ye dâd khând
az-ân tcharm k-âhangarân posht-e pây
bepoushand hengâm-e zakhm-e darây
hamân kâveh ân bar sar-e neyzeh kard
ham-ângah ze bâzâr bar-khâst gard
khoroushân hami raft neyzeh beh dast
keh ey nâmdârân-e yazdân parast
kasi kou havâ-ye faridoun konad
del az band-e zahhâk biroun konad
bepou'id k-in mehtar ahriman ast
djahân âfarin râ beh del doshman ast
beh d-ân bi bahâ nâ-sezâvâr poust
padid âmad âvâ-ye doshman ze doust
hami raft pish andaroun mard-e gord
djahâni bar-ou andjoman shod na khord
bedânest khod k-âfaridoun kodjâ-st
sar andar kashid-o hami raft râst
biyâmad beh dargâh-e sâlâr-e now
beh didan-sh az dour bar-khâst ghow »[63]

« Lorsque Kâveh fut sorti de la présence du roi, la foule s'assembla autour de lui à l'heure du marché ; il criait, demandant du secours et appelant le monde entier pour obtenir justice. Il prit le tablier avec lequel les forgerons se couvrent

---

61 Duchesne-Guillemin, *Rel. Ir.*, pp. 115-116. Voir in *ZA*[2], *loc. cit.*, Fargard 19 : 7-9.
62 Michelet, *La Bible de l'humanité*, p. 222.
63 *Sh*, Zahhâk, v. 227-237 (*Bertel's* I, p. 64) / v. 250-255, 257-261 (*Mohl* I, pp. 88-90).

> les pieds quand ils frappent avec le marteau, il le mit au bout d'une lance, et fit lever la poussière dans le bazar. Il marchait avec sa lance en criant : « Ô hommes illustres ! vous qui adorez Dieu, vous tous qui avez de l'affection pour Faridoun, qui désirez vous délivrer des liens de Zahhâk ; il dit (en marchant), « Votre maître est un Ahriman, et dans son cœur ennemi de Dieu. » Grâce à ce tablier sans valeur et sans prix, la voix de l'ennemi put se distinguer de celle de l'ami. Il s'avançait au milieu des braves, et une troupe considérable se formait autour de lui. Il apprit dans quel endroit était Faridoun ; il marcha tête baissée, allant droit vers ce lieu. Ils arrivèrent ainsi en face du palais du jeune roi ; lorsqu'ils l'aperçurent de loin, ils poussèrent un cri de tonnerre. »

Comme nous l'avons spécifié précédemment, l'événement semble relever essentiellement de la légende, l'insurrection populaire ne pouvant être comprise dans le schéma cosmogonique. D'autre part, l'action ne comporte plus, comme enjeu implicite, le rétablissement de l'ordre naturel troublé par l'usurpateur, mais paraît plutôt motivée par le retour au trône de l'héritier légitime du royaume. Autre détail, le forgeron emploie son pouvoir pour le mettre au service du prince dont le droit à la souveraineté est présenté dans le texte comme une évidence indéniable :

> « Autrefois l'usurpateur était considéré invariablement comme une créature d'Ahriman. Si la légende célébrait une révolte, celle-ci était toujours dirigée contre un usurpateur tyrannique. Le forgeron Kâvagh, qui s'insurgeait contre Dahâgh, est le vrai héros libérateur selon la conception ancienne : il ne voulait pas le trône pour lui-même, il luttait pour les droits de l'héritier légitime de la couronne.[64] »

Le discours que l'artisan adresse à la foule se démarque de celui qu'il tenait à la cour, se plaçant à un niveau historico-légendaire. Le plaidoyer en faveur de Faridoun contraste avec l'accusation au palais qui présentait, ainsi que nous avons tenté de le démontrer, un caractère incantatoire à mettre en rapport avec le processus cosmogonique et l'éloignement du Mal. Le facteur populaire se trouve à l'origine de cette contradiction, puisqu'il met en cause une évolution historique : les futurs rois de l'Iran se réclameront, à tour de rôle, de la descendance de Faridoun.

Du passage du *Shâhnâmeh* que nous venons de citer, le seul élément suceptible d'être intégré au schéma mythique réside dans l'élévation de l'étendard, ce qui constituera notre prochaine approche de cet épisode.

L'étendard de Kâveh

L'héritier légitime de la royauté, constatant le pouvoir de mobilisation de l'étendard décide de l'adopter et le nomme *derafsh-e kâviyân* ou *drafsh-e kâviyâni* que Mohl traduira systématiquement, dans le texte,

---

64 Christensen, *Gestes*, pp. 72-73.

« l'étendard de Kâveh » sans doute par référence au nom de celui qui l'a, le premier, arboré. Nous reviendrons plus tard sur la traduction de cette dénomination qui, d'après Christensen, serait « l'étendard des Kavis » ou « l'étendard kaviyen », que nous utiliserons dans la version française des passages cités :

> « tcho ân poust bar neyzeh bar did key
> beh niki yeki akhtar afgand pey
> biyârâst ân-râ beh dibâ-ye roum
> ze gowhar bar-ou peykar az zarr boum
> bezad bar sar-e khish tchon gerd-mâh
> yeki fâl-e farrokh-pey afgand shâh
> forou-hesht az-ou sorkh-o zard-o banafsh
> hami khând-ash kâviyâni derafsh
> az ân pas har ân-kas keh begreft gâh
> beh shâhi beh sar bar-nahadi kolâh
> bar ân bi-bahâ tcharm-e âhan-garân
> bar-âvikhti now be now gowharân
> ze dibâ-ye por mâyeh-o parniyân
> bar ân-gouneh shod akhtar-e kâviyân
> keh andar shab-e tireh khorshid boud
> djahân-râ az-ou del por ommid boud »[65]

« Le roi vit le tablier sur la pointe de la lance, et l'accepta comme un signe de bonheur. Il le revêtit de brocart de Roum et l'orna d'une figure de pierreries sur un fond d'or ; il le couronna d'une boule semblable à la lune, et en tira un augure favorable ; il y fit flotter des étoffes rouges, jaunes et violettes, et lui donna le nom de *kâviyâni derafsh* (notre trad. « l'étendard kaviyen »). Depuis ce temps, tous ceux qui sont montés sur le trône des rois, tous ceux qui ont mis sur leur tête la couronne impériale, ont ajouté de nouveaux et toujours nouveaux joyaux à ce vil tablier du forgeron, ils l'ont orné de riches brocarts et de soie peinte ; et c'est ainsi qu'a été formé cet étendard (des kavis) qui brillait dans la nuit sombre comme un soleil, et par qui le monde avait le cœur rempli d'espérance (note 1 : Ce drapeau resta l'étendard de l'empire persan jusqu'à la chute de la dynastie des Sassanides. On avait été obligé de l'élargir peu à peu, pour pouvoir placer les joyaux que les rois voulurent y ajouter ; de sorte qu'il avait atteint une dimension de vingt-deux pieds sur quinze, lorsqu'il tomba entre les mains des Arabes, à la bataille de Kadesia, l'an 15 de l'hégire. [...] Voyez Price, *Muhamm. History*, t. I, p. 116, et Haft Kolzum, t. IV, p. 126.). »

La note de Mohl ajoute à ces données que l'étendard national était appelé à jouer un rôle historique dans l'histoire de l'Iran jusqu'à l'effondrement du règne des Sassanides. Nous ne nous étendrons pas sur cet aspect de l'emblème qui sera traité plus avant, afin de limiter cette section à l'étude de son sens religieux et mythique.

---

65 *Sh*, Zahhâk, v. 238-245 (*Bertel's* I, pp. 64-65) / v. 262-269 (*Mohl* I, p. 90).

Un « étendard de peau de bœuf » est cité dans l'*Avesta*, ce qui semble témoigner de l'ancienneté de l'insigne, bien que le sens de la prière dans laquelle il est compris demeure énigmatique :

> Y. 10 : 14 : « Ne sois pas comme l'étendard de peau de bœuf ! Ne te sépare pas rapidement de moi ! » (note 42 : Phrase obscure. Le sens général est celui d'une prière adressée à Haoma de rester dans le corps de celui qui le boit, pour y produire ses effets fortifiants et sanctifiants. Le pehlvi dit : « De même que l'étendard de cuir ne peut rester dans un même endroit (sans doute à cause du vent qui l'agite), ainsi, à cause de ma condition de pécheur, tu ne restes pas en moi. » - *gaush drafsha* : P. *tôrâ drafsh*, N. *gopatâkiya* « étendard de bœuf », c'est-à-dire de peau de bœuf, de cuir : c'est d'un tablier de cuir que le forgeron Kâveh a fait l'étendard de la Perse.[66] »

Ainsi, il n'existe aucune allusion précise à une fonction religieuse ou autre de l'étendard de peau de bœuf dans la littérature avestique.

Nous avons néanmoins déterminé deux sens susceptibles d'être attribués à l'« élévation » de l'étendard dans l'épisode de la révolte de Kâveh : un sens « rituel » en rapport avec le culte et la religion et un sens militaire.

Le rituel

Selon Mircea Eliade, l'acte correspondant à l'« élévation » s'inscrit dans un rituel défini, par lequel on communique avec la sphère du sacré. Cette attitude aurait une origine très ancienne :

> « Montrer cérémoniellement quelque chose – un signe, un objet, un animal, un homme – c'est déclarer une présence sacrée, acclamer le miracle d'une hiérophanie [...]. Il est possible qu'avant même le langage articulé, l'ostension d'un objet ait signifié qu'on le considérait exceptionnel, singulier, mystérieux, sacré.[67] »

Nous apprenons, par le *Dictionnaire des symboles*, que « toute société organisée » dispose d'« insignes » qui sont « toujours placés à un sommet »[68]. Cette disposition de l'insigne correspondrait à un rapprochement, une initiation aux « secrets divins » : les mouvements définis par *sublevatio* et *elevatio* (de l'esprit), au sens d'« être suspendu au-dessus de la terre », effectués par celui qui « élève » la bannière, la « tend au-dessus de lui », conduisent à une « contemplation vers les biens célestes »[69].

À ce propos, un verset de la *Bible* met explicitement en rapport la sacralité avec l'insigne :

> Exode 17, 15 : « Moïse bâtit un autel, lui donna le nom de « le Seigneur, mon étendard ».

---

66 *ZA¹*, Yasna, Ha 10, *Hôm Yasht* 2, p. 105.
67 Eliade, *Initiation*, pp. 101-102.
68 *DS*, P. Prigent, *s. v.* « Étendard », t. 2, pp. 281-282.
69 *Ibid.*, M. M. Davy, *s. v.* « Bannière », t. I, p. 172.

L'élévation pouvant aussi prendre la forme d'une transgression si elle vise à porter atteinte au sacré :

> Exode 17, 16 : « Puisqu'une main s'est levée contre le trône du Seigneur, c'est la guerre entre le Seigneur et Amaleq d'âge en âge ! »

Le geste que nous avons relevé, et qui est lié à l'« ostension », permet donc d'intervenir dans le cours du destin. Il est intéressant de remarquer que ce substantif a la même origine que le mot étendard :

> *s. v. tenir* : Famille d'une racine I.-E. **ten-* « tendre, étirer »
> *s. v. étendard* : XIIe s., (famille de *tendere*, origine lat.)
> *s. v. ostentation* : XIIIe s. (base – *tent* –, origine lat.) »[70].

Ce qui nous introduit à la valeur rituelle du geste de « montrer » ou d'« élever » quelque chose ayant une valeur emblématique. Nous pensons, en cela, aux rituels d'exorcisme ou aux cérémonies de purification dont le face à face entre Kâveh et Zahhâk pourrait en constituer une illustration. Le recours, par l'ostension, à la divinité, permettrait de faire obstacle à des forces maléfiques. Tel que le laisse entendre Ph. Ackerman, les premiers drapeaux auraient été investis de ce pouvoir. Un pouvoir qualifié d'« apotropaïque ».[71]

Ce dernier terme retient notre attention car il exprime précisément l'idée de l'« éloignement » du Mal par l'exaltation de la présence divine : le terme, dérivé du grec, (*apotropaios*) implique une notion de détournement et d'éloignement de l'influence néfaste des forces sataniques. La performance résultant d'un rituel magique ou de formules incantatoires ayant pour objet de venir à bout du Mal.[72]

L'étendard peut aussi être mis en rapport avec les éléments et le cosmos, relevant du domaine du surnaturel :

> « Des étendards portant des symboles astraux et une signification religieuse sont apparus dans les cultures indienne et mésopotamienne il y a quatre millénaires.[73] »

Le drapeau de Kâveh comporte, nous le savons, des symboles représentant les astres : à son extrémité, il est pourvu d'une boule qui ressemble à la lune, et il est comparé à un soleil resplendissant en pleine nuit. D'autre part, la prière avestique évoquant l'étendard de peau de bœuf parle de son agitation au contact du vent qui, dans la mythologie indo-européenne, est personnifié par le dieu Vayû :

---

70 J. Picoche, *Nouveau Dict. etymol. du français*, Paris, Hachette, 1971.
71 Ackerman, *Standards, Banners and Badges*, p. 2766.
72 J. H. Moulton, in *Webster's Third New Int. Dict. of the english lang. unabraged*, A. Marrian-Webster, Enc. Britannnica, 1978.
73 Smith, *Les drapeaux à travers les âges…*, p. 38.

> « Nous n'aurions garde enfin de négliger le symbolisme de la bannière agitée par le vent : elle est en Inde l'attribut de Vayû, qui est le régent de l'élément air ; elle est associée à l'idée de « mobilité » et aux phases de la respiration ; sous cet aspect, le symbolisme de l'étendard se rapproche beaucoup de celui de l'éventail.[74] »

Le drapeau pourrait se concevoir, en ce sens, comme un moyen de médiation entre le ciel et la terre, s'il est considéré dans une perspective naturaliste :

> « En tant que dieu naturaliste, Vayu est le vent, ou, plus exactement, l'atmosphère en mouvement, l'espace aérien. Nous avons déjà noté qu'en cosmologie, Vayu est celui qui relie le ciel à la terre. Pour la spéculation panthéiste, il est le souffle de Dieu, donc l'âme souffle de l'univers. Il est le principe moteur du monde.[75] »

Le symbolisme de la lance, qui sert de hampe à l'étendard du forgeron, désigne, selon H. Nayyer Nouri, l'image du ciel tel que se le représentaient les civilisations anciennes. L'auteur affirme qu'au 4e siècle av. J.-C. le ciel était figuré au moyen d'un triangle ou d'une lance, pour des raisons d'analogie. Aux trois angles de ces objets correspondaient l'horizon de l'est, celui de l'ouest, puis la voûte céleste rendue par le sommet du triangle ou de la lance. Il propose à l'appui une figure peinte sur un vase en terre cuite de Suse où l'on voit un homme debout tenir deux lances plantées de part et d'autre en position de gardien d'une porte. Il cite ensuite une traduction du Yasht consacré à Vayu où le dieu s'exprime ainsi :

> « *neyzeh-ye sar tiz nâm-e man-ast*
> *neyzeh-ye sar tiz dârandeh nâm-e man-ast*
> *neyzeh-ye pahn nâm-e man-ast*
> *neyzeh-ye pahn dârandeh nâm-e man-ast*
> *neyzeh-ye âkhteh nâm-e man-ast*
> *neyzeh-ye âkhteh dârandeh nâm-e man-ast* »
> « Lance à la tête pointue est mon nom
> Mon nom est Maître de la lance pointue
> La lance large est mon nom
> Mon nom est Maître de la lance à tête large
> Lance pointée est mon nom
> Mon nom est Maître de la lance pointée. »

Ce qui, d'après l'article, témoignerait que les Iraniens voyaient dans la lance une figuration et un symbole du ciel. Les Babyloniens auraient ensuite emprunté ce signe à l'Iran occidental pour en faire l'emblème de leur dieu suprême Marduk[76].

---

74 *DS*, s. v. « Étendard ».
75 Widengren, *Religions Ir.*, pp. 33-34.
76 Nayyer Nouri, *Târikhtcheh-ye beyragh-e irân…*, pp. 2-3.

Le triangle comme symbole cosmique peut se remarquer sur une tablette portant l'empreinte d'un sceau de style proto-élamite, évoquant la fable mythologique du triomphe alterné du lion (= jour) et du taureau (= nuit). Toujours selon l'auteur, le triangle figurant le ciel exprime, dans cette scène, le passage de l'année[77].

La fonction guerrière

Entre la fonction religieuse et la fonction guerrière de l'étendard, la limite devient parfois inexistante, tout comme Vayu, « souffle » et « âme » de l'univers, peut se métamorphoser en une divinité de la guerre. Avec Verethraghna, il régit la deuxième fonction, et constitue « l'idéal du guerrier aryen »[78]. Quant à la hampe, elle est aussi « insigne de pouvoir ; elle correspond aux masses, épées et autres armes »[79]. Ce pouvoir se manifeste lors du combat d'Amaleq contre Israël dans la tradition biblique :

> « Exode » 17,
> 8, Alors, Amaleq vint se battre avec Israël à Refidûn.
> 9, Moïse dit à Josué : « Choisis-nous des hommes et sort te battre contre Amaleq ; demain, je serai debout au sommet de la colline, le bâton de Dieu en main. »
> 10, Comme Moïse le lui avait dit, Josué engagea le combat contre Amaleq, tandis que Moïse, Aaron et Hom étaient montés au sommet de la colline.
> 11, Alors, quand Moïse élevait la main, Israël était le plus fort ; quand il reposait la main (note w. Ce geste de Moïse, bâton en main, est à rapprocher de *Jos*. [...] et même de *R*² [...]. Geste rituel de malédiction des ennemis, signe et garantie d'une victoire qui n'est pas dûe aux seuls efforts des combattants), Amaleq était le plus fort.
> 12, Les mains de Moïse se faisaient lourdes, ils prirent une pierre, la placèrent sous lui et il s'assit dessus. Aaron et Hom, un de chaque côté, lui soutenaient les mains. Ainsi, ses mains tinrent-ils fermes jusqu'au coucher de soleil.
> 13, et Josué fit céder Amaleq et son peuple au tranchant de l'épée. »

La définition suivante qui considère l'étendard comme un signe de guerre investi de pouvoir magique pourrait bien s'appliquer au derafsh kavien brandi par Kâveh le jour de la révolte :

> « (l'étendard) désigne, d'une manière générale, l'enseigne de guerre : c'est à la fois le signe de « commandement », celui de ralliement et l'emblème du chef lui-même. Tel est bien le sens que lui donne l'iconographie hindoue : la bannière « victorieuse » est signe de guerre, et, par suite, d'action contre les forces maléfiques. Dans le taoïsme, les bannières sont appels (des esprits, des divinités, des éléments) et simultanément protection magique.[80] »

---

77 *Ibid.*, p. 7.
78 Widengren, *Religions ir.*, p. 33.
79 Smith, *Drapeaux*, p. 38.
80 *DS*, *s. v.* « Étendard ».

Le geste de Kâveh élevant une lance pour s'affirmer en tant que chef de la révolte peut donc comporter un sens magique. Nous retrouvons ce scénario mythique dans un autre épisode de la Bible :

> « Josué » 8,
> 18, « Le Seigneur dit à Josué : « Tends vers Aï le javelot que tu as en main. » Josué tendit vers la ville le javelot qu'il avait en main.
> 19, Dès qu'il eut tendu la main, ceux de l'embuscade surgirent en hâte de leur position, coururent, entrèrent dans la ville et s'en emparèrent ; puis ils se hatèrent d'y mettre le feu. [...]
> 26, Josué ne ramena pas la main qui tendait le javelot jusqu'à ce qu'il eut voué à l'interdit tous les habitants de Aï. »

D'après les rapprochements que nous venons d'établir entre la scène de l'émeute populaire et certains rituels ou scénarios mythiques, il devient possible de déduire que la révolte de Kâveh, avant de faire partie de la légende, relève d'une structure fixe en rapport avec le processus cosmogonique. Nous verrons, dans la section suivante, que cette logique se prolonge dans la scène du combat cosmique où le forgeron devient l'auxiliaire du héros positif, après avoir opposé les paroles incantatoires et les gestes rituels au pouvoir de celui qui incarne le Mal.

La forge de l'arme et le combat cosmique

Constatant un avenir obscur et un monde en désarroi, Faridoun décide d'engager le combat contre le tyran. Il lui faudra, pour cela, une arme qui lui permettrait de subjuguer le démon. Suivant le schéma classique que nous avons déjà exposé, le futur roi convoque les forgerons par l'intermédiaire de tierces personnes, afin que les artisans procèdent à la forge de la massue :

> « *faridoun sabok sâz-e raftan guereft*
> *sokhan râ ze har kas nehoftan guereft*
> *barâdar do boud-ash do farrokh hamâl*
> *az-ou har do âzâdeh mehtar beh sâl*
> *yeki boud az ishân keyânoush nâm*
> *degar nâm pormâyeh-ye shâdkâm*
> *faridoun bar ishân zabân bar goshâd*
> *keh khorram ze'id ey delirân-o shâd*
> *[...]*
> *biyârid dânandeh âhan-garân*
> *yeki gorz farmoud bâyad guerân*
> *tcho bogshâd lab har do beshtâftand*
> *beh bâzâr-e âhan-garân tâkhtand*
> *har ân kas kaz ân pisheh bod nâm-djouy*
> *beh sou-ye faridoun nahâdand rouy*
> *djahân-djouy pargâr begreft zoud*
> *vaz ân gorz peykar beh d-ishân namoud*

negâr-i negârid bar khâk pish
ham-idoun beh sân-e sar-e gâv-mish
bar ân dast bordand âhan-garân
tcho shod sâkhteh kâr-e gorz-e guerân
beh pish-e djahân-djouy bordand gorz
forouzân beh kerdâr-e khorshid-borz
pasand âmad-ash kâr-e poulâd-gar
bebakhshid-eshân djâmeh-o sim-o zar
basi kard-eshan niz farrokh-omid
basi dâd-eshân mehtari râ novid
keh gar ajdahâ râ konam zir-e khâk
beshouyam shomâ râ sar az gard pâk
djahân râ hameh sou-ye dâd âvaram
tcho az nâm-e dâdâr yâd âvaram »[81]

Faridoun s'apprêta aussitôt à marcher ; mais il voulut tenir son plan secret. Il avait deux frères, ses nobles compagnons, tous deux plus âgés que lui ; l'un s'appelait Keyânoush, l'autre Pormâyeh le joyeux. Faridoun s'ouvrit à eux, leur disant : « Hommes de cœur ! ayez une bonne espérance [...]. Amenez-moi des forgerons habiles pour me fabriquer une lourde massue. » Lorsqu'il leur eut dit ces paroles, ils se levèrent tous les deux, et coururent au bazar des forgerons ; et tous ceux qui désiraient acquérir un nom, se présentèrent devant Faridoun, qui prit aussitôt un compas, avec lequel il figura la forme de la massue, en traçant sur la terre un dessin qui représentait une tête de buffle. Les forgerons se mirent à l'œuvre, et lorsque la lourde massue fut achevée, ils apportèrent devant le futur roi la massue resplendissante comme le soleil dans le ciel. Il approuva le travail des forgerons ; il leur donna des habits, de l'or et de l'argent ; il leur donna des espérances brillantes, et beaucoup de promesses d'un plus bel avenir, disant : « Quand j'aurai mis sous la terre le serpent, je laverai la poussière de vos têtes, je ferai régner la justice sur toute la terre, en invoquant le nom de Dieu le très juste. »

Nous remarquons l'emploi d'un nouveau substantif, sans doute le seul dans le texte du *Shâhnâmeh*, pour désigner l'ouvrier du métal : *poulâd-gar*, faisant allusion, non plus au travail du fer, mais de l'acier. Cependant, ainsi que nous l'avons constaté dans nombre de passages, *âhan* « fer » et *poulâd* « acier » sont employés presque indifféremment par Ferdowsi, à moins qu'il ne soit question d'« opérations » relativement précises effectuées par le métallurge, comme ce fut le cas pour la construction du rempart d'Alexandre.

La forge de l'arme correspond, ainsi que Faridoun l'annonce aux artisans, à la préparation de l'instrument qui favorisera le retour du Bien et qui chassera l'injustice. Car, la règle de l'Univers le veut ainsi, comme il est dans la logique du *Shâhnâmeh* que le renouveau du monde soit aussi

---

81 *Sh*, Zahhâk, v. 254-257, 259-268, note 4 : vars. I, IV, VI de v. 268 (*Bertel's I*, pp. 65-66) / v. 278-281, 283-293 (*Mohl I*, pp. 90-92).

l'œuvre du prince de sang royal ; c'est ainsi que Faridoun révèle à ses frères que la couronne lui reviendra en vertu de cette même nécessité :

« *keh gardoun nagardad beh djoz bar behi*
beh mâ bâz gardad kolâh-e mehi »[82]
« le ciel ne tourne que pour le bien, et la couronne royale nous sera rendue. »

Nous diviserons cette section en deux parties : la première sera consacrée à l'étude du thème de la confection de l'arme de Faridoun par les forgerons, et la seconde à la lutte cosmique qui apparaît à travers le combat entre Zahhâk et le jeune prince.

La forge de l'arme

La manière dont Faridoun commande la massue aux forgerons venus du bazar rappelle les schémas précédents où l'on voit les rois réaliser des projets à l'aide des artisans : le plan et l'idée sont du seigneur, l'exécution de l'ouvrier. En effet, c'est le futur roi qui dessine la forme à donner à l'arme. Faridoun apparaît aussi comme un initié des arts à l'image de ses ancêtres pishdadiens, puisqu'il manie le compas et « ébauche » l'objet à créer. Cette opération, assez étrangement, fait partie des activités fondamentales du forgeron dont nous retiendrons la toute première étape, correspondant à l'art de « dessiner » (*kashidan*), effectuée par le descendant de Djamshid. Alors que l'intéressé laisse aux métallurges le soin d'achever le travail. La forge de l'arme se fait comme si l'« initiative » de la création d'un objet exceptionnel ne pouvait revenir, dans tous les cas, qu'à un représentant de la fonction supérieure. Ce qui expliquerait peut-être que Kâveh, ayant déjà mené la révolte populaire, se voit relégué au second plan au profit des forgerons anonymes qui, eux, ne sont plus que de simples exécutants. Selon notre propre appréciation, il se pourrait que la figure, trop présente du forgeron nationaliste, ait été écartée pour ne pas troubler la relation de castes que nous avons déterminée antérieurement. Christensen a bien souligné la forme impersonnelle conférée, par cette substitution, à la structure mythique Héros – Forgeron céleste – Dragon, tout en ajoutant que le rôle de Kâveh a été limité à la création de l'étendard. À ce propos, on constate que le forgeron rebelle disparaît dès que Faridoun se place à la tête des insurgés.[83]

La conséquence de ce « détour » réside dans l'exclusion de la figure prestigieuse de ce métallurge du combat entre le héros de race royale et le dragon :

---

82   *Ibid.*, v. 258 (Bertel's I, p. 65) / v. 282 (Mohl I, p. 92).
83   Christensen, *Kâveh*, p. 24.

> « The motive, the battle with the dragon, connected with the forging of the weapon, did not wholly disappear thereby, but while the place, which had become vacant now, that the mythical weapon-smith had undertaken another role, was filled up by smith's of the bazar, and his trait got thus a more impersonal form, it came to step somewhat into the back-ground.[84] »

Il n'est pas question non plus, dans le texte, d'une « direction » du travail de la forge par Kâveh, ce qui serait concevable si l'on sait qu'à l'instar de Bourâb il porte un nom, que comme lui il se détache de la foule du bazar, et qu'il est détenteur de la parole. Cette hypothèse conduit à le considérer comme un « maître de forge ». Sur le plan mythique, l'hypothèse est vérifiable si l'on compare la situation avec le duel cosmique de la *Théogonie* d'Hésiode dont Molé relève les points communs avec le livre de Zahhâk :

> « Devenu roi par usurpation Cronos sait que le sort de son père ne lui sera pas épargné. Ainsi il lie à nouveau ses frères et dévore ses enfants. Mais Rhéa parvient à cacher son cadet Zeus en donnant à son mari une pierre à avaler à sa place. Zeus croît en cachette dans une antre en Crète ; devenu adulte, il chassera son père. Cronos recrache ses enfants ; les Ouranides qu'il a liés sont libérés. Reconnaissants, ils forgent les armes de Zeus : la foudre, le tonnerre et l'éclair avec lesquels il domine le monde et qui lui seront bienvenus dans le combat gigantesque qu'il a à mener pendant dix ans encore contre les Titans et les Géants.[85] »

Nous ne sommes pas loin non plus du rapport selon lequel les Cyclopes aux ordres d'Héphaïstos forgent les armes qui permettront d'abattre Typhon. Quant à Molé, il ne fait plus de distinction entre le forgeron rebelle et les artisans anonymes et affirme que c'est Kâveh qui procura à Faridoun l'arme par lequel il se vengera de Zahhâk :

> « Tout comme le dieu grec, le héros iranien est caché par sa mère dans un pays lointain, à l'abri du tyran. Devenu adulte, il va combattre Dahâk en déployant le drapeau kavyen, symbole désormais des rois de l'Iran. Pas plus que les armes de Zeus, celles de Freton ne proviennent de lui-même : ce sera le forgeron Kâveh qui les lui fournira (comp. Ici le rôle des Cent-Mains de la Titanomachie).[86] »

Une situation analogue se retrouve dans la forge du marteau de Thor par les Nains de la mythologie germanique[87].

Duchesne-Guillemin considère aussi, avec Wikander, que l'épisode devrait être mis en rapport avec la légende des Ouranides :

---

84 *Ibid.*, p. 33.
85 Molé, *Sutkar*, p. 300.
86 *Ibid.*, p. 304.
87 Cf. tableau *supra*.

> « La succession Yim i set, Azdahâk, Freton a été comparée par Wikander (résumé dans *Les Cahiers du Sud*, 1952) à la légendes des Ouranides. Il y a des traits communs, il est vrai. Freton rétablit la justice par sa victoire sur le funeste Azdahâk, comme Zeus triomphe de Kronos et des Titans et fonde le règne de l'ordre, etc.[88] »

Pour ce qui touche à la valeur rituelle ou magique de l'arme elle-même, Christensen évoque les époques reculées de l'histoire où l'image était sensée posséder les vertus de l'être ou de l'objet qu'elle représentait. Nous étudierons la valeur rituelle de l'arme dans le contexte religieux à propos de la lutte entre Faridoun et Zahhâk :

> « The thought, which lies behind the use of the shape of a bull's head, is of course clear enough according to primitive psychology ; it is the idea of the magical power which lies in the image. By shaping the knob of the mace like a bull's head one gives the weapon the strength of the bull which in order to be victorious is thus concentrated in the head and its horns.[89] »

Le même auteur précise que nulle part, dans la littérature avestique ou dans les écrits religieux rédigés en pehlevi, il n'est question de Kâveh. Ce qui ne signifie pas que cette figure soit totalement absente de la tradition ancienne. Cette lacune ne nous permet donc pas de retracer une évolution précise du personnage qui irait de pair avec celle des deux antagonistes Azhi-Dahâka et Thraêtaona :

> « Now, if we examine our sources about this part of Persian legendary history, we see first of all, that while Dahâk and his adversary Thraetaona are often spoken of in the Avesta [...], Kâveh remains unknown. This need not, of course, mean, that this figure was not known to the authors of the Avesta ; thera are so many secondary figures in the legendary history, which do not occur in the existing part of the Avesta. Again he is not mentioned at all in the *résumé* of the complete Sassanian Avesta, which is given in the eighth and ninth books of the Pehlevi work *Denkard*, and what is still more important is this, that he is not mentioned in a single passage in the whole theological literature ; which gives us on the whole copious information about the oldest chapter of the legendary history. He appears first in the chroniclers from the islamic period and in Firdausi.[90] »

La question de l'origine « mythologique » de Kâveh reste donc toujours posée sans qu'il soit possible de trancher définitivement à ce sujet. Coyajee a, de son côté, cru repérer une coïncidence entre le forgeron du *Shâhnâmeh* et un personnage mythologique babylonien du nom de « Gaga ». Son argumentation paraît sujette à caution faute d'éléments concluants dans ce rapprochement. L'intérêt du paragraphe qu'il consacre à démontrer cette

---

88 Duchesne-Guillemin, *Rel. Ir. A.*, p. 336.
89 Christensen, *Kâve*, p. 32.
90 *Ibid.*, p. 24.

analogie réside en ceci qu'il signale le passage du texte d'origine pehlevi où il est question du forgeron « Gâvah d'Ispahân », passage que Christensen omet dans son article. Il n'en reste pas moins que le supposé homologue babylonien de Kâveh n'est pas présenté comme un forgeron. Nous citons ici ce paragraphe :

> « Before Marduk begins his fight with Kingu and Tiamat, the god Anshur sent his minister Gaga, to summon a council of the gods and to carry the tidings of the revolt of Tiamat. Infact it is the message of Gaga which decided the gods to declare against Tiamat. Perhaps, it is not a mere coincidence that the name of Gaga is very similar indeed to that of the hero Gaweh who interviewed and defied Dahak and the brought powerful succour to Feridoun. But in the iranien legend the hero Gaweh is a far bolder person than his Babylonian prototype, and defies the tyrant Dahak to his face. On the other hand Gaga is afraid of the tyrannical Tiamat and her crew, and only ventures to send in his message through the hands of others. Perhaps some of this abnormal courage shown by Gaweh in the Persian epic should be ascribed to Firdausi himself. That poet not only signalised himself by defying the tyrant of Ghazni, but never misses a chance of making his heroes defy kings. But in the present case, Firdausi's account of Gaweh's courage is borne out by the Sad Dar (Chapter 62, section 5 ; cf. West, *Pahlavi Texts*, part III, p. 323). Putting this aspect of the narrative aside, the roles of Gaga and Gaweh in the two episodes are similar and consist in securing assistance – in the one case divine, in the other case human – for Marduk and Feridun respectively.[91] »

Le *Sad Dar* pourrait constituer une source assez importante pour notre recherche : n'étant pas rédigé en pehlevi, il est néanmoins rangé dans la série des *Pahlavi Texts* de E. W. West :

> « As its name implies the Sad Dar is a treatise on « a hundred subjects » connected with the Zoroastrian religion. The word *dar*, literally « door » or « gate », being also applied to the « chapters » of a book, and to the « matters » or « subjects », of which it treats. This work is not a Pahlavi text, being written in Persian with an admixture of about four per cent of Arabic word ; it is, however, more quoted than any other work by the Parsi compilers of the Persian Rivâyats, or religious « traditions », in the seventeenth century.[92] »

Le chapitre 62 de ce traité expose comme sujet la « vérité » et la « justice » et Kâveh en fournit l'exemple par allusion à l'épisode de la « cour » de Zahhâk. Le passage de ce livre que nous transcrivons est à mettre en rapport avec le pouvoir de « l'Expression ». Il est à noter que le récit cosmogonique de l'« immobilisation » d'Ahriman par le verbe vient après celui de la contestation de Kâveh. Notre hypothèse quant au

---

91 Coyajee, *Cults ans Legends*, pp. 254-255.
92 SBE, West éd., *Pahlavi Texts*, III, vol. XXIV, introd. p. xxxvi.

rapprochement entre la parole du forgeron et la formule de l'« Ahouvar » s'en trouve ainsi confortée :

> « 5. It is said in revelation that one truthful man is better than a whole word [...] speaking falsehood ; and Gâvah of Ispahân (note 2 : B 29 adds « he was a blacksmith ». His revolt against Dahâk is detailed in the Shâhnâmah.) – when he kept his stand upon the truth, and was speaking words with truth until the time when Dahâk [...], who possessed the whole realm, and the whole of the demons and mankind have been afraid of him, through the truth of the words spoken – was bold with them in every spech, and became victorious over them by reason of the true words that he was speaking.
> 6. The accursed Aharman, when he perceived the spirit of truth, had fallen senseless three thousand years (note 1 : See Bd. 1, 22. The spirit of truth was his opposite, the *spentô mainyus* or « bountiful spirit » of Hôrmazd.).
> 7. From fear of truth he never managed to hold up his head, and from fear of truth he did not manage to come into this world (note 2 : See Bd. III, 1 – 5).
> [...]
> 9. And the interpretation of the Ashem-vohû is in truth, and, for that reason, they recite the Ashem-vohû frequently.[93] »

Le *Sad Dar* se réfère, en ce qui concerne l'accusation de Zahhâk par Kâveh, à un événement historico-légendaire susceptible néanmoins de se relier à un fond mythique. En effet, Zahhâk est présenté comme le maître des hommes et des démons et il est mis en rapport avec Ahriman vaincu par le pouvoir du verbe.

Ainsi que l'a commenté Christensen, la forme de la massue de Faridoun a pour effet de concentrer en elle la force de l'animal représenté. Ceci touche de près la mentalité primitive où la magie de l'image et de la voix – nous pensons à la « furor » des sociétés guerrières – procurait à l'homme des pouvoirs dont il ne disposait pas naturellement. Nous réserverons la section suivante à l'étude du rôle rituel de la massue dans le combat cosmique.

Le combat

Le combat entre Zahhâk et Faridoun constitue le lieu de rencontre de plusieurs traditions dégradées par l'emploi romanesque qui en a été fait, de sorte qu'il devient malaisé de faire la part du mythe dans l'épopée de Ferdowsi. L'éloignement de Faridoun du royaume jusqu'à l'âge de seize ans[94] et son retour en vue de l'épreuve du combat par l'entremise de Kâveh semblent correspondre à un schéma fixe dont il est posssible de trouver des correspondances dans d'autres épisodes du *Shâhnâmeh*. Nous songeons à

---

93 *Ibid.*, pp. 323-324.
94 Voir *Sh*, Zahhâk, v. 149 (*Bertel's* I, p. 59) / v. 159 (*Mohl* I, p. 82) : « tcho bogzasht az ân bâ faridoun do-hasht » (*do-hasht* litt. « deux fois huit » = 16).

Rostam envoyé quérir Key-Ghobâd sur le mont Alborz ou à Guiv envoyé par son père Gowdarz au Tourân pour en ramener le jeune Keykhosrow, ou encore à Zâl, dissimulé par Simorgh, l'oiseau mythique, jusqu'à ce que vienne l'heure de la reconnaissance. Autant de scénarios qui ne sont pas sans présenter d'analogies avec les rituels initiatiques des sociétés primitives. En un lieu inaccessible, ressemblant à la *cryptie*[95] des cérémonies d'initiation, le héros est nourri et parfois éduqué par un être surnaturel jusqu'à l'âge de l'adolescence où un émissaire viendra retrouver le dépositaire de la fonction royale. C'est aussi le moment où le jeune héritier de la couronne se pose la question de son identité et de sa vocation. Dans le livre de Zahhâk, c'est Farânak qui informera son fils sur sa génération, mais il appartiendra au forgeron Kâveh de le mener au lieu de l'affrontement avec l'usurpateur, étape décisive pour le retour de la « bonne souveraineté ». Nous avons déjà fait allusion au rôle initiatique joué par les métallurges dans certaines sociétés guerrières[96] et à leur participation dans l'organisation des *Männerbünde*. Malgré le peu d'indications fournies par le texte à ce sujet, il est néanmoins possible d'envisager un rapport entre Kâveh et Faridoun fondé sur les structures de cérémonies rituelles remontant sans doute à l'époque des sociétés aryennes.

Avant de procéder à l'étude du thème de la lutte cosmique, nous examinerons la question de l'ascendance de Faridoun afin de déterminer sa place dans la progression du processus cosmogonique.

Le fils d'Âbtin apprend de sa mère qu'il est de la lignée des Pishdadiens, ce qui implique sa désignation pour le rôle de justicier et d'organisateur du monde :

> « Sache que dans le pays d'Iran il y eut un homme nommé Abtin ; il était de race royale, prudent, sage, et un brave qui n'opprimait personne. Il descendait de Tahmouras le héros (note 1 : Faridoun était, selon la tradition, issu de la ligne aînée des anciens rois et avait comme tel des droits sur le trône de l'Iran, pendant que la ligne cadette possédait comme fief le Nimrouz (le royaume du midi), c'est-à-dire le Seïstan. Ces généalogies sont sans doute fort arbitraires et confondent des dynasties tout à fait distinctes, mais elles sont indispensables pour l'intelligence du récit[97]. »

Un autre trait généalogique attribué à la génération de Faridoun réside dans l'appartenance à la descendance mythique du bovin qui, selon M. Bahâr, relève du « totémisme animal »[98], ce qui expliquerait que le jeune prince ait été pris en charge par la vache mystérieuse :

---

95 *Cryptie* « se cacher, s'éloigner pour l'épreuve », cf. Eliade, *Initiation*, p. 236.
96 Voir *supra*, section « Sociétés métallurgiques ».
97 *Sh*, Zahhâk, v. 154-156 (*Bertel's I*, p. 60) / v. 164-166 (*Mohl I*, p. 82).
98 M. Bahâr, *Asâtir-e Irân*, pp. xxxvii sqq.

> « (Farânak) : J'arrivai dans un parc dont personne n'avait connaissance ; j'y vis une vache belle comme le printemps, de la tête aux pieds une merveille de couleur et de beauté. Son gardien, semblable lui-même à un roi, était assis devant elle dans une position respectueuse. Je te laissai à lui pendant longtemps, il t'éleva sur son sein avec tendresse, et le lait de la vache aux couleurs de paon te fit grandir comme un puissant crocodile. [...] Zahhâk vint, il tua la vache merveilleuse, ta nourrice muette et pleine de tendresse ; il fit voler la poussièr de notre palais [...]. »[99]

Plus tard, Faridoun rapportera aux sœurs de Djamshid le meurtre de la vache en lui accordant autant d'importance que pour la mise à mort d'Âbtin :

> « Je suis le fils du bienheureux Âbtin, que Zahhâk a saisi dans le pays d'Iran. Il l'a tué cruellement, et je me suis dirigé vers le trône de Zahhâk pour chercher vengeance. Il a tué de même la vache Por-mâyeh, qui fut ma nourrice, et dont le corps entier était une merveille de beauté. Comment cet homme impur pouvait-il en vouloir à la vie d'un animal muet ? Je me suis armé, déterminé à le combattre, je suis venu de l'Iran [...] »[100]

Nous proposons ici une traduction personnelle du commentaire de M. Bahâr quant à la généalogie mythique de la lignée de Faridoun :

> « Il est possible de constater, dans les mythes iraniens, des vestiges du totémisme qui est le produit de certaines sociétés primitives. En un premier lieu, selon la mythologie zoroastrienne, les hommes auraient été créés à partir d'une tige de rhubarbe (*rivâs, ribâs*), ce qui est révélateur du totémisme végétal. Ensuite, les ancêtres de Faridoun portaient tous le surnom de *gâv* « bovin », ce qui implique l'existence d'un totémisme de famille. [...] De même, dans l'ancienne mythologie indienne, nombre de divinités seraient nées d'un bovin (note 1 : Il en est ainsi d'Indra né d'une vache et lui-même représenté sous la forme d'un taureau). Dans la mythologie des peuples scandinaves, il existe une vache nommée Audhumia qui nourrit de son lait les géants et les dieux.[101]

À partir de ces éléments, nous pouvons déduire que si la vache nourricière de Faridoun a été tuée par Zahhâk cela appelle non seulement, de la part du prince, une revanche d'ordre affectif mais aussi une vengeance dynastique.

La conception selon laquelle des hommes se réclament d'une entité mythique à laquelle on prête les traits du bovin a une origine très ancienne. C'est sans doute pour cette raison que Faridoun choisit de donner à son arme la forme d'une tête de taureau, la massue qui porte des cornes étant l'instrument par excellence permettant de combattre le dragon :

---

99 *Sh*, Zahhâk, v. 163 sqq. (*Bertel's* I, p. 60) / v. 173 sqq. (*Mohl* I, p. 82).
100 *Ibid.*, v. 323 sqq. (*Bertel's* I, p. 69) / v. 377 sqq. (*Mohl* I, p. 100).
101 Bahâr, *op. cit.*, p. xxxvii.

> « les fouilles de la période néolithique [...] font foi (de ce que le bœuf était le plus important de tous les animaux domestiques), et déjà dans la période néo-paléolithique, le bœuf pose pour les premiers essais connus d'une représentation artistique de la nature. Le bœuf est l'évaluateur commun. La langue de l'ancienne Inde aryenne fournit des témoignages de l'importance centrale du bœuf dans la vie des peuples (*ga-vishti*, 1° « aspiration vers des bœufs », 2° « lutte » ; *go'pati*, 1° « possession de bœufs », 2° « maître », etc.) »[102].

Dans son article sur la mythologie de la Perse, J. de Menasce présente une applique en bronze datant probablement de la fin du IIe millénaire av. J.-C. et qui figure « une tête humaine coiffée de cornes de bœuf, thème qui va de l'époque élamite à l'époque sassanide (IIIe-VIIe s. apr. J.-C.) où les souverains sont souvent représentés ainsi sur leurs monnaies »[103].

Le culte du bovin, maintenu depuis si longtemps en Iran, explique donc que certaines familles prestigieuses se soient réclamées de la figure mythique qui s'y rattache. Peut-être aussi, « l'étendard de peau de bœuf » *gaush drafsha* de l'Avesta comptait-il parmi les instruments du culte.

Malheureusement, le texte du *Shâhnâmeh* ne comporte pas assez d'indices permttant de retracer un « parcours initiatique »[104] du jeune prince, au cours duquel le forgeron assumerait un rôle non négligeable. M.Bahâr se prononce ainsi sur les initiations des jeunes adolescents dans les sociétés d'hommes indo-européens :

> « L'accent a beaucoup été mis, dans les mythes zoroastriens, sur les jeunes de quinze ans, et partout où il a été question de force efficace, que cette force soit divine ou non, elle s'est manifestée sous les traits d'un jeune de quinze ans. Compte tenu de l'existence de traditions à mystères, dans les tribus primitives, à propos de jeunes adolescents préparés à s'intégrer aux sociétés masculines, il devient possible d'expliquer cette insistance comme étant un vestige de l'importance accordée aux adolescents dans la vie tribale. Apparemment, la découverte de masses d'arme dans les tombeaux d'hommes et d'adolescents indo-européens, datant des époques préhistoriques, permet de déduire qu'à l'âge de maturité les jeunes indo-européens se voyaient confier une massue qu'ils conservaient jusqu'à leur mort.[105] »

L'âge de Faridoun, comme l'indique le texte, est approximativement le même que celui des jeunes initiés décrits par M. Bahâr. D'autre part, certains chroniqueurs affirmaient que l'étendard de Kâveh était fait de

---

102 Christensen, *Premier Homme*, I, p. 40.
103 De Menasce, « Mythologie de la Perse » in *Mythologies, de la Méditerranée au Gange*, dir. par P. Grimal, Paris, Hallier-Larousse, 1963, p. 205.
104 Pour la terminologie relative aux « scénarions initiatiques », voir Eliade, *Initiation, passim*, et S. Vierne, *Rite, roman, initiation*, Paris, Presses Univ. Grenoble, 1973, chap. 1B.
105 Bahâr, *Asâtir-e Irân*, p. xxxviii, c'est nous qui traduisons. Cf. aussi p. xliv, note 1 sur Indra, massue : P. âzarakhsh.

peau de bœuf, mais cette hypothèse est invérifiable en raison de la divergence des témoignages. Rien ne permet d'identifier, non plus, l'étendard de peau de bœuf du livre sacré zoroastrien avec l'étendard kavyen du livre de Ferdowsi. Si ces hypothèses venaient à être confirmées, il deviendrait dès lors possible de reconstituer, dans une certaine mesure et avec plus de précision, le rituel qui sous-tend le livre de Zahhâk.

Nous examinons à présent les passages du texte relatant le combat de Faridoun et de Zahhâk. Alors que les troupes du jeune prince se dirigent du côté du Tigre, l'antithèse Bien / Magie blanche ≠ Mal / Magie noire est posée une nouvelle fois, au moment où un ange enseigne au futur souverain l'art royal de la magie :

> « Montés sur de rapides chevaux arabes, ils arrivèrent à un endroit, où ils trouvèrent des adorateurs de Dieu. Faridoun descendit dans ce lieu de saints, et leur envoya son salut. Lorsque la nuit fut profonde, un être bienveillant s'avança de ce lieu vers lui ; ses cheveux, noirs comme le musc, descendaient jusqu'à terre, sa figure ressemblait à celle des houris du paradis. C'était un ange, venu du paradis pour annoncer à Faridoun la bonne et la mauvaise fortune. Il s'approcha du roi, semblable à un Péri, et lui enseigna en secret l'art de la magie, afin qu'il possédât la clef de ce qui est fermé, afin qu'il pût découvrir par son art ce qui est caché. Faridoun comprit que cela lui venait de Dieu, que ce n'était pas l'œuvre d'Ahriman, ni celle d'un méchant.[106] »

La magie comme instrument de domination constitue le « pendant divin » de l'instrument guerrier préparé par les forgerons pour Faridoun. Il semble que cette scène représente une nouvelle étape initiatique et la proximité du temple des adorateurs de Dieu ne paraît pas une coïncidence. Il est spécifié, par ailleurs, que le don émane de Dieu et non d'Ahriman, ce qui fixe le rapport antagonique entre la bonne et la mauvaise création. Le jeune souverain devient ainsi le détenteur de la « clef des choses cachées », privilège que partageait aussi, à titre naturel, son ancêtre Djamshid, lui-même descendant du Premier Homme dont parle Ferdowsi dans son introduction :

> « tcho z-in bogzari mardom âmad padid
> shod in band-hâ râ sarâ-sar kelid »[107]
> « Après cela apparut l'homme, qui fut la clef de toutes ces choses enchaînées. »

Si dans la conception zoroastrienne le monde est un terrain de conflits entre les forces du Bien et du Mal, si la prospérité découle de la mise en ordre du Chaos incarné par les divs et autres démons, le « savoir faire » et la dextérité qui sont le lot de l'artisan ne lui confèrent pas pour autant le titre d'organisateur du monde. La scène d'investiture divine que nous

---

106 *Sh*, Zahhâk, [...] v. 300-307 (*Mohl I*, pp. 92-94).
107 Voir supra, « Ordre du Shâhnâmeh ».

venons d'évoquer montre bien que la pensée ingénieuse est présentée comme une prérogative accordée aux seuls descendants des premiers rois, ce qui les rend invulnérables face aux obstacles opposés par la nature. Pour nous, il est presque certain que « la clef de ce qui est fermé » et « l'art de découvrir les choses cachées » représentent une seule et même chose, c'est-à-dire cette même capacité de régir selon sa volonté le cours naturel des événements grâce aux secrets de la « technique » qui sont les apanages des seuls souverains. C'est par l'intermédiaire de cette donnée idéologique que Faridoun se libère d'une tutelle possible du forgeron mythique, motif qui n'est pas à écarter dans le contexte d'un scénario initiatique.

Les distiques suivants montrent la progression de l'armée iranienne en direction du palais de Zahhâk. Les quelques vers, dans l'édition de Mohl, rapportant le commandement des troupes par Kâveh sont inexistants dans l'édition de Bertel's. Cependant nous citerons le passage qui se trouve dans la première de ces éditions puisqu'elle comporte une nouvelle occurrence du personnage de Kâveh :

> « *faridoun kamar bast-o andar kashid*
> *nakard ân sokhanrâ beh d-ishân padid*
> *berând-o bod-ash kâveh pish-e sepâh*
> *bar afrâz rând ou az ân djây-gâh*
> *bar afrâshteh kâviyâni derafsh*
> *homâyoun hamân khosravâni derafsh*
> *beh arvand roud andar âvard rouy*
> *tchenân tchon bovad mard-e deyhim-djouy* »[108]
> « Faridoun prit ses armes sans rien dire et sans leur parler de ce qui s'était passé ; il s'avança, Kâveh précédant son armée ; il s'éloigna rapidement de ce lieu, déployant l'Étendard Kavyen, le noble étendard royal. Il s'avança vers la rivière d'Arvand, comme un homme qui ambitionne un diadème. »

Nous constatons ici que l'étendard du soulèvement populaire est désormais considéré comme l'étendard royal, ce qui renforce le caractère légitimiste du choix de Faridoun quand il décida d'adopter cet emblème. Nous reviendrons sur ce point dans la section consacrée à ce sujet.

Arrivé au fief de Zahhâk, Faridoun abat les divs ainsi que le fit son ancêtre Tahmouras, mais cette fois l'enjeu n'est pas la découverte de nouveaux métiers. Il détruit un talisman ainsi que tous les objets de culte des idolâtres, se posant de ce fait en champion de la bonne religion :

> « Il vit un talisman que Zahhâk avait préparé et dont la tête s'élevait jusqu'au ciel ; Faridoun le jeta du haut en bas, parce qu'il vit qu'il portait un nom autre que celui de Dieu. Il frappa de sa massue à tête de bœuf la poitrine de tous ceux qui s'offrirent à lui ; avec sa lourde massue il brisa les têtes des

---

108 *Sh*, Zahhâk, (…) v. 321-324 (*Mohl I*, p. 94).

magiciens qui se trouvaient dans le palais, et qui tous étaient des divs valeureux et renommés ; il s'assit sur le trône du roi idolâtre, il plaça son pied sur le trône de Zahhâk, il s'empara de sa couronne royale et prit place. »

L'épisode du combat lui-même est assez court si on le compare à d'autres affrontements guerriers du *Shâhnâmeh*. La figure de Kâveh en est toujours absente bien que la foule participe à l'assaut en même temps que l'armée :

« *sepâhi-o shahri beh kerdâr-e kouh*
sarâ-sar beh djang-andar âmad gorouh
az ân shahr-e rowshan yeki tireh gard
bar-âmad keh khorshid shod lâjvard
pas ân-gah zahhâk shod tchâreh-djouy
zeh lashkar sou-ye kâkh benhâd rouy
beh âhan sarâ-sar bepoushid tan
beh d-ân tâ nadânad kas-ash z-andjoman
beh tchang andaroun shast yâz-i kamand
bar-âmad bar bâm-e kâkh-e boland
bedid ân siyah nargues-e shahrnâz
por az djâdou'i bâ faridoun beh râz
do rokhsâreh rouz-o do zolf-ash tcho shab
goshâdeh beh nefrin-e zahhâk lab
bedânest k-ân kâr hast izedi
rahâ'i nayâbad ze dast-e badi
beh maghz andar-ash âtash-e rakhsh khâst
beh ivân kamand andar afgand râst
na az takht yâd-o na djân ardj-mand
foroud âmad az bâm-e kâkh-e boland
hamân tiz-khandjar kashid az niyâm
na bogshâd râz-o na bar-goft nâm
beh dast andar-ash âb-goun deshneh boud
beh khoun-e pari tchehregân teshneh boud
ze bâlâ tcho pey bar zamin bar-nahâd
biyâmad faridoun beh kerdâr-e bâd
bar-ân gorzeh-ye gâv-sar dast bord
bezad bar sar-ash targ beshkast khord »[109]

« L'armée et les habitants de la ville se présentèrent ensemble au combat, leur masse était semblable à une montagne, et de cette ville brillante s'éleva une poussière noire qui obscurcissait le soleil. À ce moment, Zahhâk se livra à une entreprise. Il quitta l'armée pour s'approcher du palais ; il se couvrit en entier d'une armure de fer pour que personne, dans la foule, ne le reconnût. Il monta (sur le toît) du palais élevé, tenant dans sa main un lacet de soixante coudées. Il vit Shahrnâz aux yeux noirs assise près de Faridoun et pleine d'enchantements et de tendresse ; ses deux joues étaient comme le jour, les deux boucles de ses

---

109 *Ibid.*, v. 418-424, note 12 : vars. I, IV, VI de v. 424, 425-426, note 13 : var.1 de v. 426, 427-429 (*Bertel's* I, p. 75) / v. 470-483 (*Mohl* I, p. 108).

cheveux étaient comme la nuit ; sa bouche était pleine de malédictions contre Zahhâk. Alors il reconnut que c'était la volonté de Dieu, et qu'il ne pouvait espérer délivrance de malheur. Son cerveau fut embrasé de jalousie, il jeta son lacet dans le palais ; et, sans penser au trône, ne mettant aucun prix à la vie, il se précipita de la terrasse du palais élevé. Il tira du fourreau un poignard acéré, il ne trahit pas son secret, il ne prononça aucun nom ; mais tenant en main son poignard d'acier, et avide du sang des belles à la face de péri, il s'élança d'en haut. Aussitôt que ses pieds eurent touché le sol, Faridoun accourut, rapide comme le vent ; il prit la massue à tête de bœuf, frappa Zahhâk sur la tête et brisa son casque. »

Parallèlement à ces vers, nous citons le passage de l'*Avesta* évoquant le combat entre Thraêtaona et Azhi Dahâka, la scène même de l'affrontement n'y étant pas décrit contrairement au conflit qui oppose le dragon avestique à Âtar qui, lui, y est bien compris :

« Yasna 9. Hom Yasht 1,
6. « Quel est le second mortel, ô Haoma, qui te prépara pour le monde des corps ? De quel bienfait fut-il payé ? Quelle faveur lui en advint ?
7. Le saint Haoma, qui éloigne la mort, me répondit :
Athwya est le second mortel qui me prépara pour le monde des corps. De ce bienfait il fut payé, cette faveur lui en advint, que lui naquit pour fils Thraetaona, d'une maison puissante ;
8. Qui tua Azhi Dahâka, aux trois gueules, aux trois têtes, aux six yeux, aux mille sens ; Druj démoniaque très forte ; méchant funeste au monde ; la Druj la plus forte qu'Angra Mainyu ait créée contre le monde des corps, pour la destruction du monde du Bien.[110] »

Le même Thraêtaona adressa une prière à Anâhitâ (Âbân Yasht, yt. 5), à Vayu (Râm Yasht, yt. 15) et à Rti (Ard Yasht, Yt. 17), ce lui valut de vaincre son adversaire démoniaque.

D'après l'interprétation que donne Darmesteter de ce passage, il est possible de déterminer le récit mythologique qui se trouve à la base de l'épisode de la lutte entre Zahhâk et Faridoun :

« Après un règne prospère de six cent seize ans et six mois, Yima se laisse aveugler par l'orgueil, et se fait adorer comme dieu : aussitôt il perd le *hvarenô*, est renversé du trône et scié en deux par le serpent à trois têtes, Azhi Dahâka (Yt. XIX, 34 sq.). Le serpent Dahâka s'empare du trône de Yima et de ses deux femmes, Savanhavâc et Erenavâc (Yt. V, 34), désole la terre pendant mille ans et est à son tour renversé par Thraêtaona, fils d'Athwya, qui l'enchaîne au mont Demâvand, où il restera prisonnier jusqu'à la fin des temps, pour être déchaîné une dernière fois et être anéanti par Keresâspa (Yt. XIII, 61).
L'histoire de Dahâka est un débris de l'ancienne mythologie naturaliste, évhémérisée au cours des temps. Le serpent aux trois têtes est le serpent de l'orage contre lequel, dans les Védas, lutte le dieu de la lumière : l'étape mythologique est encore bien claire dans la lutte entre Azhi Dahâka et le dieu du feu

---
110 *ZA¹, pp. 86-87.*

> Âtar, qui est la contrepartie des luttes védiques entre Ahi (ou Vritra) et Indra (Yt. XIX, 47 – 50).
> Une des formes védiques de ce mythe appelle le vainqueur *Trita Âptya* « Trita le fils des eaux » et le montre tuant un monstre à trois têtes et à six yeux, ou à sept rayons (x, 8, 8 ; x, 99, 6 ; noter le mot *dâsa*, dont *Dahâka* est un dérivé ; 1, 158, 4, le héros est appelé Trâitana et le monstre dâsa). Dans la légende iranienne, qui transforme le mythe en histoire, Azhi Dahâka, devenu *Zohâk*, est un tyran et un usurpateur étranger ; Thraêtaona, *Feridûn*, est le libérateur. Feridûn est fils d'*Athvin*, de la famille de Jamshid ; poursuivi par Zohâk, qui veut exterminer toute la famille royale, il est sauvé par l'ermite *Hôm* (transformation du dieu Haoma, dont Âthwya fut le prêtre). Avec le progrès de l'Évhémérisme, le serpent à trois têtes devient un mortel ordinaire, des deux épaules duquel sort un serpent qu'il faut nourrir de cervelles humaines (*Shâh Nâma*), et plus tard même ce n'est plus qu'un malheureux affligé de deux abcès à l'épaule (*Mujmil*).
> Azhi Dahâka s'est survécu à lui-même sous la forme d'*Azhdahâ*, nom du dragon dans les contes populaires. Au temps de Maçoudi, il désignait encore le *tannin*, le serpent de mer des Arabes, qui cause les trombes et les cyclones : il a sept têtes (1, 268).[111] »

Il existe donc une correspondance entre le héros Thraêtaona et le dieu du feu Âtar dans la mesure où, tous les deux, sont considérés comme des adversaires d'Azhi Dahâka, ce dernier trouvant sa contrepartie dans le « Vritra indien qui est le serpent Ahi = Azhi, enveloppant les eaux et les retenant prisonnières »[112] :

> « Les mythes d'orage, qui jouent un si grand rôle dans les Védas et mettent aux prises un dieu lumineux qui est la flamme de l'éclair et un Serpent, le Dragon de la nuée – Indra et Ahi, Indra et Vritra – mettent aux prises dans l'Avesta Atar, le Feu, avec le Serpent, Azhi Dahâka ; une des formes les plus particulières de ce mythe, la lutte de Traitana avec le Serpent à trois têtes (Azhi Dahâka) (Yasna IX, 7).[113] »

Des scénarios analogues se reproduisent, avec le même thème, c'est-à-dire une lutte entre une entité ouranienne et un démon qui retient l'écoulement des eaux, auprès du feu Vâzishta et de l'étoile Tîr combattant les démons de l'orage et de la sécheresse :

> « Offrez le sacrifice au feu Vâzishta (note 113 : *Vâzishta*, le feu de l'éclair, Yasna XVII, 66) qui tue le démon Spenjaghra (note 114 : *Spenjaghra*. C'est le démon de l'orage, puisqu'il est vaincu par *Vâzishta*, qui est le feu de l'éclair. Le Lexique Sachau (s. *Spanjarôs*, p. 845) voit en lui le démon qui effraye les enfants à leur naissance afin de leur enlever l'intelligence, mais aussi le démon qui empêche la pluie de tomber (« *keh bârân bâridan nadahad* ») : c'est un frère d'Apaosha, l'ennemi de Tishtrya (Yt. VIII, 21 sq.) : « Apaosh et

---

111 *Ibid.*, p. 86, note 20.
112 *ZA²*, p. 388, note 109.
113 *ZA³*, p. xliv.

> Aspanjarûsh, dit le Bundahish, XXVIII, 39, sont les démons qui luttent contre les producteurs de la pluie »[114].

Nous remarquons que les figures de héros, dans ces rapports antagoniques, partagent une même propriété qui est celle d'être en liaison avec le feu ou la lumière. D'autre part, il est aussi possible de les rapprocher du dieu solaire Mithra, sous les traits duquel Indra a survécu dans la mythologie iranienne, en même temps que sous la forme de Vrtraghna et Thraitauna[115]. L'arme de Mithra étant la massue qui rappelle le *vájra* « foudre » d'Indra[116], nous nous trouvons devant une série de figures où prédomine le thème du feu rattaché à la fonction guerrière tel qu'on peut le déduire du combat entre Faridoun et Zahhâk. De même, la figure du bovin semble être présente dans les combats cosmiques ; à titre d'exemple, Tîr / Sirius, « étoile de la pluie », apparaît « sous la forme d'un Taureau aux cornes d'or » :

> « Tishtrya revêt [...] trois formes, celle de l'homme, du taureau et du cheval, chacune pendant dix jours. C'est dans la seconde période qu'il importe le plus de l'adorer, afin d'obtenir qu'il triomphe enfin du démon de la sécheresse et amène la pluie (Yt. VIII, 17).[117] »

Tous ces éléments portent à croire qu'un forgeron céleste aurait bien pu exister dans l'ancienne mythologie iranienne, comportant des caractéristiques communes avec Kâveh compte tenu de ce que le métallurge du *Shâhnâmeh* semble participer des données que nous venons de réunir. Cet ancêtre mythique serait une sorte de doublet du forgeron védique Tvashtar, de qui provient l'arme d'Indra :

> « This trait (= la forge de l'arme) in the report of the Khvadhainamagh makes at all events – seen in connection with the Vedic report of Tvashtar's forging the weapon for Indra – the supposition imminent, that a story was connected with the legend of Dahaka and Thraetaona in its ancient iranian form, that some smith or other, presumably an original (indo-iranian) deity, manufactured the weapon, with which Thraetaona killed Azi Dahâka.[118] »

Ce forgeron mythique, ancêtre de Kâveh, jouerait éventuellement un rôle initiatique dans les sociétés aryennes telles que décrites par Widengren :

> « Les origines de la société d'hommes iranienne (comme de la communauté indienne correspondante, qui a trouvé sa traduction mythique dans la troupe divine des Maruts) remontent aux temps aryens. Elle est composée de jeunes

---

114 *ZA*², Vendidad, Fargard 19, p. 273.
115 Duchesne-Guillemin, *Zoroastre*, p. 93.
116 *Supra*, p. 35.
117 *ZA*², Vendidad, Fargard 19, p. 272, note 102.
118 Christensen, *Kâveh*, pp. 32-33.

guerriers ; ses membres sont des *mairya-* (sanscrit *marya* -), lit. : jeune homme (note 1 : cf. Wikander, *Männerbund*, pp. 22 – 41). Ces sociétés cultivent manifestement l'extase. Leur caractéristique est la fureur déchaînée ; en conséquence, leur mot de passe est *aesma*, qui désigne ceux que l'Inde appelle *ismin*. Les guerriers sont également appelés *vehrka* > mp. *gurg*, « loup ». Leurs adversaires parlent d'eux comme de « loups bipèdes », plus dangereux que les loups quadrupèdes.

Dans leur culte, ces hommes vénèrent un héros tueur de dragons, Thraêtaona (> Frêton > Farîdûn) ou Keresâspa (> Kasâsp > Garsâsp). Le dragon lui-même joue, dans les mythes et les rites du groupement, un rôle capital, surtout dans les rites mythologiques du Nouvel–An. Comme le héros, il porte divers noms, mais s'appelle généralement *Azi Dahâka*, tandis que le monstre (un dragon également) combattu par Keresâspa, « le dragon cornu », est nommé *Azi srvara* (> *Az i sruvar*). [...] Les éléments religieux les plus marquants sont la lutte contre le dragon et le rite de fécondité ; ils sont combinés dans la fête du Nouvel–An. Nous verrons qu'après sa victoire, le divin tueur de dragon épouse les femmes qu'il a arrachées à ses griffes. Y. 10 : 15 et Nîrangastân 53 font allusion à ces aspects phalliques de la société masculine, et, de leur point de vue zoroastrien, les condamnent sévèrement.

En Iran, c'est Mithra qui patronne ces confréries ; il joue le rôle qui revient aux Indes à Indra, nouvelle preuve de ses liens étroits avec la 2e fonction. [...] Dans l'Avesta, et en tant qu'elle est militaire, cette organisation s'appelle *haênâ* ; aux Indes, c'est *sénâ*, mot qui signifie non seulement « armée », mais aussi « troupe des membres de la société d'hommes ». Il y a en outre un mot spécial pour désigner l'assaut de cette société, l'« implosion » : *vôighnâ*.

Son insigne est un étendard, *drafsa*. Ce mot désigne le symbole culturo-militaire de la confrérie. Ce drapeau est noir et porte l'emblème du dragon, à moins qu'il n'affecte lui-même la forme d'un dragon. [...] Ce sont des traits chtoniens et inquiétants.

[...] ils portent une ceinture de cuir, mais, quant au reste, sont qualifiés de « nus », en pehlevi *brahnak*, ce qui signifie vraisemblablement qu'ils se battaient, à l'origine, nus, comme les héros, puis torse nu. Tout cela est non seulement indo-iranien, mais même indo-européen.

(Ces organisations) étaient donc centrées sur des dieux comme Vayu et Mithra qui, on le sait, représentaient tous deux en Iran, dans une certaine mesure, la seconde fonction sociale, la fonction guerrière ; d'autre part, à date relativement récente, elles étaient constituées, sinon exclusivement, du moins pour une bonne part, de militaires nobles ; tout cela donne à penser que nous avons affaire à un type de religion propre aux guerriers iraniens. Or, comme, à l'époque parthe, le même type est fortement concentré dans le nord-ouest de l'Iran et en Arménie (alors provinces centrales de l'empire parthe), il paraît vraisemblable que les Parthes ont apporté de l'est cette variété de leur religion, et que nous avons à y voir un héritage de l'est de l'Iran. Bien entendu, comme Mithra est au premier plan à la fois dans ces sociétés masculines et dans les provinces en question, il est permis de se demander si la plus grande expansion de son culte vers l'ouest n'est pas liée à l'expansion militaire de l'Iran.[119] »

....
119 Widengre, *Religions Ir.*, pp. 39-43.

D'après la reconstitution faite par Widengren du rituel indo-iranien, il est possible de déduire que le combat entre Faridoun et Zahhâk est susceptible de s'inscrire dans le rituel de fécondité qui vient d'être indiqué. Les données démontrent que le « héros parthe Frêton »[120] est bien le prince qui, dans le *Shâhnâmeh*, met à mort un dragon et épouse les femmes qu'il lui a dérobées. La description des manifestations de la *furor* chez ces groupements est identifiable à celles d'autres sociétés indo-européennes dont les Ossètes de l'épopée narte chez qui le forgeron Kurdalaegon avait pour office de préparer les corps des guerriers au combat. Nous pensons aussi, à ce propos, au rôle des forgerons dans les *Männerbunde* des anciens Germains où sa fonction s'exerçait à l'occasion de rites initiatiques. Tout semble concourir à reconnaître que l'épisode de l'affrontement relaté dans le livre de Ferdowsi est placé sous le signe de la deuxième fonction et que si la littérature pehlevie avait mentionné la participation d'un forgeron à l'épreuve de Freton / Faridoun, ce personnage disposerait d'un statut plus ou moins analogue à celui du chaman dans les confréries guerrières, pratiquant l'extase et se livrant à la fureur déchaînée. La mention du *drafsha* est révélatrice à cet égard. Qu'un métallurge en soit le détenteur correspondrait à la logique de ces confréries, puisque l'étendard renvoie aux traits chtoniens et inquiétants, attributs, ainsi que nous l'avons déjà constaté, du forgeron dans ce qu'il a de trouble en raison de ses liens avec la terre. Widengren ajoute que ces guerriers portaient une ceinture de cuir et qu'ils combattaient nus. Peut-être que Kâveh, ôtant son tablier « de cuir », et par conséquent « torse nu », arborant le derafsh, se livrant à la « furor » pour provoquer l'émeute populaire, refait les mêmes gestes rituels des sociétés masculines indo-iraniennes. Il ne faut voir dans cette supposition qu'une tentative de reconstitution imaginaire du scénario initial, car il est bien dit qu'aucun rapport, sinon fondé sur quelques analogies, ne permet cette déduction.

Widengren relève bien la corrélation entre la version légendaire du récit du duel entre Faridoun et Zahhâk et sa forme mythico-rituelle, mais la participation de Kâveh dans le processus liturgique reste méconnue :

> « Comme Keresâspa, Thraêtaona a, dans les mythes, un rôle eschatologique. Lui aussi, en effet, combat le dragon, Azi Dahâka, donc joue un rôle important dans le schéma mythico-rituel de la fête du Nouvel-An (Cf. Bund. XXXIII, ed. Anklesaria, pp. 211 : 10 s. ; Bahman Yt. III, 55). Dans la version de Firdousi, du reste, il est accompagné et aidé pour cela par le forgeron Kâvah. Ce Kâvah est en outre le créateur mythique de la bannière iranienne, *drafs i Kâvyân* dans la tradition pehlevie. L'important est que cette fête de Nouvel-An est

---

120 *Ibid.*, p. 258.

précisément le Mithrakâna (>Mihragân), qui, comme Thraêtaona (>Frêtôn > Farîdûn), prendra une place importante dans la future tradition « nationale et féodale », ce dont la littérature avestique et zoroastrienne ne nous parle guère. Cette tradition féodale a transformé en légendes la tradition primitive (cultuelle et mythique), mais le *Sitz im Leben* (« milieu culturel » ndlr) d'origine de ces légendes, qui ont manifestement joué plus tard un rôle décisif dans la tradition nationale parthe, reste pourtant toujours très sensible. L'arme dont Farîdûn ne se sépare jamais, « la massue à tête de taureau », *gurz i gâvsâr*, étant un objet liturgique primitif, rattache Thraêtaona au rituel orgiaque des vieilles sociétés masculines, dans la religion desquelles le sacrifice d'un taureau avait une place de choix.[121] »

Dès lors, il conviendrait d'ajouter un nouveau sens au rituel de mise à mort du dragon qui annonce la fête de Mehregân instituée par Faridoun dans le *Shâhnâmeh*. Ce nouvel aspect est en rapport avec le culte du bovin qui était propre à la maison d'Athwya / Âbtin :

« Dans le Yt. 10, consacré à Mithra, Verethraghna apparaît, au v. 70, comme un satellite de ce dieu. Mais Mithra lui-même (qui, en Iran, participe tellement aux fonctions guerrières repésentées par Vrtrahan – Verethraghna) présente certains traits de tueur de dragon (note 2 : le lien entre la fête de Mithra (Mihragân) et la mise à mort d'Azdahâ par Farîdûn est frappant, car il prouve sans conteste la place centrale qu'a prise Mithra dans la fête du Nouvel-An. Sur cet aspect du Mihragân, v. Dumézil, *Le problème des Centaures*, pp. 72 s.). »

Avant d'étudier la question du renouveau célébré par le Mehregân, nous attirons l'attention sur un élément du rituel zoroastrien qui n'est pas sans évoquer l'arme de Mithra. Il s'agit du mortier à Haoma qui permettra à Zoroastre d'écarter la mauvaise création d'Ahriman. Nous nous souvenons en effet de la manière dont le prophète parvint à résister à la tentation de ce dernier :

« Spitama Zarathushtra lui répondit : « Le mortier à haoma et les coupes à haoma et la parole qu'a proclamée Mazdâh et la profession de foi Vahistam sont mes armes »[122].

Darmesteter, dans son premier volume du *Zend Avesta*, a mis en évidence la fonction du pilon (*dast*) et du mortier (*hâvan*) lors des cérémonies consacrées[123]. L'emploi du mortier pour écarter les forces du mal s'inscrit dans le sens d'une forme d'exorcisme ou de rite de purification. Prise dans ce contexte, son utilisation comporte plus ou moins les mêmes traits que ceux que nous avons distingués dans le rapport dynamique instauré par l'emploi du marteau et de l'enclume. Il s'agit d'un effet de « percussion » capable d'éloigner les influences nuisibles ou de les tenir à

---

121 *Ibid.*, pp. 68-69.
122 *Supra*.
123 *ZA²*., pp. LXII-LXIII.

distance. Cette vertu du « choc » peut être constatée dans une tradition des forgerons arméniens rapportée par Coyajee (Cf. Chamich, *History of Armenia*, vol. 1, pp. 146 – 147).[124]

Les forgerons arméniens évoqués par Coyajee devaient peut-être la pratique de leur rituel à une sorte de croyance seon laquelle le martelage avait pour effet de conjurer le mauvais sort. C'est cette même croyance qui prévaut auprès des *maubads* « prêtres du feu », quand ils font tinter le pilon contre le mortier, et chez Zoroastre quand il se défend contre les séductions d'Ahriman. Nous avons déjà noté que la massue était « l'arme » par excellence, qui, façonné par l'habileté d'un forgeron aux capacités démiurgiques, concentrait en elle, par le pouvoir de l'image, des forces surnaturelles. Cet instrument est encore à l'honneur, dans les temples parsis, lors des rites initiatiques auxquels participent les jeunes gens ayant atteint l'âge de la maturité :

> « Pour passer le Nâbar, il faut être âgé de quatorze ans accomplis et connaître par cœur les cérémonies de la loi, le Yasna, le Vispered, et le Khorda Avesta. Le candidat prend d'abord deux fois la grande purification du « Barashnûm de neuf jours », une fois pour lui-même, l'autre pour son père ou son patron. Après quoi, il est conduit en cérémonie au Dari-Mihr[125] par un Dastûr et par son patron, suivi des amis et des invités ; il porte une masse d'armes qui est gardée dans le Dari-Mihr, le « *Gurzi gâvyânî* », ou massue à tête de bœuf, souvenir de celle qui, dans la main de Ferîdûn, abattit Zohâk, et symbole des armes spirituelles qui, maniées par lui, feront le même effet sur les démons.[126] »

Il s'agit, en l'occurrence, d'une préparation aux fonctions sacerdotales, impliquant l'initiation aux mystères de la foi zoroastrienne. L'arme, ici, est un symbole spirituel, le « gurz gâvyânî que le candidat Hîrbad porte sur l'épaule dans la procession au Dari-Mihr, en symbole d'écrasement du péché »[127].

L'imbrication de toutes ces données est claire ; le combat est d'essence spirituelle, bien que l'avènement de Faridoun dans le *Shâhnâmeh* annonce une nouvelle génération de monarques, plus humains, et ressortant plutôt à la fonction guerrière. Le lieu du culte est placé sous le patronage de Mithra et l'imagerie du bovin y occupe une place fondamentale, à côté de la symbolique du feu et des propriétés magiques de l'appareil cultuel du prêtre. La massue est aussi le moyen par lequel le candidat se purge

---

124 Coyajee, *Cults and Legends*, p. 263.
125 ZA[1], p. LIX : « Le lieu du culte pour les grands sacrifices est le temple du feu ou *Dari-Mihr* « Porte du Palais de Mithra ».
126 *Ibid.*, pp. LII-LIII.
127 *Ibid.*, p. LXII.

de toute corruption : « après la purification, l'initié, vêtu de blanc, coiffé du turban blanc, tient le *gurj* de la main droite tandis que la gauche tient un châle »[128]. Le combat que mène Faridoun véhicule, conjointement à ses aspects guerriers, un caractère nettement spiritualiste, puisqu'il tend à extirper le mal que Zahhâk a implanté dans le monde. Cette conception est très bien rendue dans la version de l'affrontement présentée par M. Molé dans son article sur la « guerre des géants ». Il s'agit d'une traduction effectuée à partir du *Sutkar Nask* qui est un des « commentaires gathiques résumés dans le neuvième livre du *Denkart* », où il est question de « l'histoire des trois rois prototypes et de la fondation du royaume historique : le récit de Yamset, Dahâk et Freton »[129] :

> « 2) Comment Dahâk interrogea les membres de l'assemblée sur la cause de la détresse de tous les hommes après le dépècement de Yam et l'avènement de Dahâk ; que les hommes répondirent à Dahâk : « Yam avait banni du monde le besoin, la misère, [...] le mélange des *dev* avec les hommes ». 3) [...] il satisfaisait les hommes (en vertu). 4) Mais Otak [...] rendit dignes de culte le besoin et la misère, [...] la peste qui détruit les fourrages, l'abandon de la destruction, la vieillesse puante et les sept *dev* ». [...] 7) Tu mérites la mort, ô Bevarasp, péris donc ! Car c'est une règle qu'un mauvais souverain mérite une chose aussi mauvaise. [...] 8) Que Freton vainquit Dahâk. Voulant le faire périr, il frappa de sa massue ses côtes, son cœur et son crâne ; mais ces coups faillirent de faire mourir Dahâk. 9) Qu'il le frappa ensuite de son épée une première, une deuxième, une troisième fois : à chaque fois plusieurs espèces de *xrafstr* s'échappèrent du corps de Dahâk. 10) Qu'Ohrmazd le Créateur dit alors à Freton : « Ne dépèce pas Dahâk ! Car si tu dépèces Dahâk, tu rendras cette terre pleine de serpents rampants, de scorpions, de lézards, de tortues et de crapauds. » En même temps qu'il l'enchaîna avec des chaînes terribles, il l'exposa au supplice le plus dur de l'emprisonnement. 11) Ceci également : « Lorsque Dahâk eut été enchaîné, la nouvelle en parvint dans les sept continents : « Dahâk fut tué, et c'est le grand et fort Freton i Aswyan qui le tua »[130]

On peut se demander quelle a été la part du forgeron dans ces rituels d'exorcisme et de purification. Étant donné l'importance de la symbolique du feu et du fer ou de l'acier dont participent les instruments de l'initiation, quel aurait été le rôle du métallurge dans la société zoroastrienne et peut-on, de nos jours même, considérer qu'il intervient, de près ou de loin, dans les cérémonies cultuelles des communautés parsies ? La littérature pré-islamique ne semble pas fournir de réponses sur ce point sinon qu'il occupe la place assignée par la répartiton des castes comme nous l'avons constaté dans le *Shâhnâmeh*.

---

128 Molé, Ir. A., voir légende « *gurj* » représentant l'arme de Mihr.
129 *Id.*, *Sûtkar*, pp. 282-283.
130 *Ibid.*, p. 287.

Le mal enchaîné : le retour a la légitimité

Nous avons déjà esquissé une mise en parallèle entre l'asservissement du Chaos dont l'incarnation repésentait le Mal, et le rétablissement de la légitimité monarchique. Le *Shâhnâmeh* montre bien que le retour du véritable héritier de la royauté s'inscrit dans le contexte d'une rénovation de la nature et donne lieu à la célébration du Nouvel-An. Nous baserons notre étude, dans cette section, sur un schéma établi par G. Widengren où il met en regard une série d'éléments constituant le « rite impersonnel » de la rénovation et une autre série constituée par des « éléments personnels », ces derniers revenant au roi responsable de la cosmogonie :

> « Tout donne à penser que la fête du Nouvel-An occupait une place capitale dans l'ancien culte iranien ; elle était centrée sur la mise à mort rituelle d'un dragon. Malheureusement, les traces de cette fête sont presque effacées dans les textes zoroastriens (cela a probablement été fait intentionnellement), de sorte qu'on ne peut dégager et expliquer le sens mythique de ces rites iraniens que par la comparaison avec les éléments correspondants de la fête indienne du Nouvel-An. Il y avait effectivement un schéma des rites, et des mythes correspondants, et cela dans une certaine succession chronologique. Il semble incontestable que cette fête a des origines i.-e., mais les problèmes que cela pose n'ont pas encore été étudiés au moyen d'une méthode sûre (note 4 : [...] Ce que von Schroeder, *Mysterium u. Mimus*, pp. 153 – 155, trouve à dire sur ce thème est beaucoup trop court et ne répond pas aux exigences modernes de méthode ; il est pourtant certainement sur la voie de la solution (« La lutte contre le dragon est un mystère liturgique des premies temps aryens »).).

Voici ce que l'on peut dire du schéma mythico-rituel sur lequel repose l'antique fête indienne du Nouvel-An [...].

Au point de départ, on suppose qu'un dragon est maître de la vie, et que la sécheresse règne dans le pays. Un héros divin apparaît, prend la forteresse où se retranche le dragon, et triomphe du monstre. Cela libère les eaux retenues dans la forteresse, et la captivité des femmes que le dragon avait enfermées dans son harem prend fin. Alors la pluie coule à nouveau et fertilise la terre, de même que le jeune dieu se livre à la hiérogamie avec les femmes délivrées.

Dans le plan de cette fête, il y a deux séries parallèles de rites : une série personnelle, une impersonnelle. On peut les résumer dans le tableau suivant :

Éléments impersonnels :	Éléments personnels :
1a. Sécheresse	1 b. La domination du dragon
2a. La prise de la forteresse	2 b. La victoire sur le dragon
3a. La libération des eaux	3 b. La libération des femmes
4a. Le commencement de la pluie	4 b. La hiérogamie

Or il est aisé de reporter sur la civilisation iranienne ce schéma indien. Bien connus, les faits iraniens entrent d'eux-mêmes dans ce cadre. Certes, les thèmes mythico-rituels sont éparpillés dans la littérature connue de nous, et nous sommes obligés de *reconstituer* cette antique fête, mais cette reconstitution peut être considérée comme historique pour l'essentiel.

Le dieu qui, aux Indes, tue le dragon, Indra, a pour épithète cultuelle le nom de *Vrtrahan* (celui qui frappe *Vrtra*), parce qu'il a abattu le dragon de la pluie, Vrtra, également appelé *Ahi* (le serpent). Le pendant iranien de Vrtrahan est son exact équivalent phonétique : *Verethraghna* (c.-à-d. *Vrthraghna*), « celui qui abat *Verethra* (ou *Vrthra*) » ; c'est l'une des principales divinités de l'Iran ancien. Alors que, dans les mythes conservés, Verethra n'existe plus comme personnage indépendant, le pendant d'Ahi, *Azi*, subsiste comme nom de dragon dans la tradition iranienne, dans l'expression Azi Dahâka (le serpent dahique). Nous savons que les adorateurs de Verethraghna étaient très nombreux dans les tribus iraniennes ; c'est ce que prouve la grande diversité des formes dialectales de son nom (note 2 : Cf. Benveniste, *in* : Benveniste et Renou, *Vrtra et Vrthragna*, pp. 68 – 90) »[131].

Le tableau exposé par l'auteur propose une sorte de récapitulatif de l'épisode qui nous intéresse, où Verethraghna, dieu de la victoire, est remplacé par Thraêtaona / Faridoun. L'épreuve subie par celui-ci est à l'origine du Mehregân, dont le « lieu sociologique est avant tout l'archaïque société masculine » dont il est « probablement le héros »[132].

En un premier lieu, nous essaierons de reconstituer, à partir de la série des « éléments personnels », le « scénario initiatique »[133] dans lequel s'insère la mise à l'épreuve de Faridoun afin de déterminer dans quelle mesure le forgeron est susceptible d'y apporter une contribution. Nous avons ici affaire à une initiation du second degré, au terme de laquelle le candidat finit par accéder aux sociétés d'hommes, et qui, traduite dans sa dimension cosmique, reproduit la série rituelle des éléments impersonnels :

> « les initiations des guerriers et des chamans sont individuelles, et dans leurs épreuves on peut encore déchiffrer le scénario archétypal révélé par les mythes.[134] »

En ce qui concerne l'itinéraire parcouru par le jeune prince, il conviendrait de situer son aspect liturgique dans le contexte chronologique et social que nous avons déterminé :

> « En termes modernes, on pourrait dire que l'initiation met fin à « l'homme naturel » et introduit le novice à la culture. Mais, pour les sociétés archaïques, la « culture » n'est pas œuvre humaine, elle est d'origine surnaturelle.[135] »

---

131 Widengren, *Religions Ir.*, pp. 58-59.
132 *Ibid.*, p. 67.
133 Selon M. Eliade, in *Initiation*, p. 267 : « les scénarions initiatiques-même camouflés, comme ils le sont dans les contes, sont l'expression d'un psychodrame qui répond à une nécessité profonde de l'être humain. »
134 Eliade, *Initiation*, p. 143.
135 *Ibid.*, p. 20.

Ce qui, en d'autre termes, pourrait signifier que l'initiation connue par Faridoun a pour but de le rapprocher de la divinité, ce qu'explique l'intervention de l'ange Soroush / Sraosha en sa faveur, avant qu'il ne s'engage définitivement dans l'épreuve. Cette entité est aussi en relation avec Mithra dans l'eschatologie iranienne :

> « L'eschatologie [...] réserve (à Mithra) un rôle de juge : il siège aux côtés de Sraosha « Discipline » (v. Amesha Spantas) et de Rashnu[136]. »

En tant que « religion de soldats », exaltant surtout les « vertus militaires », le mithriacisme[137] se situe à la base du schéma initiatique que nous proposons. Cette tradition est aussi à mettre en rapport avec la période chronologique correspondant à la rédaction du récit de Zahhâk que nous avons localisée à l'époque arsacide.

Suite à la phase de la *cryptie* ou « éloignement », conséquence de la « ségrégation » qui est aussi le « premier rite de l'initiation »[138], le jeune héritier de la royauté est introduit par Kâveh au « régime culturel » après avoir connu jusqu'à l'âge de la maturité, le « régime naturel » caractérisé par le bois et le troupeau. Ce « passage » au mode social va de pair avec un apprentissage de la puberté :

> « l'initiation aux sociétés secrètes ressemble [...] aux rites initiatiques de puberté. On rencontre les mêmes épreuves, les mêmes symboles de mort et de résurrection, la même révélation d'une doctrine traditionnelle et secrète, et on les rencontre parce que le scénario initiatique constitue la condition *sine qua non* d'une nouvelle et plus complète expérience du sacré.[139] »

Cette introduction est exprimée, dans le texte, sous la forme d'une reconnaissance populaire lorsque la foule se dirige vers la retraite de Faridoun, par l'initiative du forgeron :

> « (Kâveh) s'avançait parmi les braves, et une troupe considérable se formait autour de lui. Il apprit dans quel endroit était Faridoun ; il marcha tête baissée, allant tout droit vers ce lieu. Ils arrivèrent ainsi en face du palais du jeune roi ; lorsqu'ils l'aperçurent de loin, ils poussèrent un cri [...] »[140].

Cette séquence est à mettre en rapport avec d'autres passages du *Shâhnâmeh* où l'on voit des héros légendaires partir à la recherche de jeunes princes pour les introduire, comme c'est ici le cas de Kâveh, à ce mode culturel. Ainsi, Rostam découvre-t-il Key-Ghobâd sur le mont Alborz, et Guiv parvient à joindre Khosrow au bord d'une source. Dans

---

136 Duchesne-Guillemin, *Rel. Ir.*, p. 118.
137 F. Cumont, *Les Mystères de Mithra*, p.143.
138 Eliade, *Initiation*, p.100.
139 *Ibid.*, p. 156.
140 Cf. *supra*, pp. 134 sq.

les deux cas, le propos de la quête du prince est la reconnaissance de sa légitimité :

> « *Kavi Kavâta*, le premier des Kéanides. Le trône étant vide par la mort de Gershasp, dit Firdausi, Rustem va chercher sur le mont Alborz le roi Kaokobad. Il est évident que dans la légende primitive, c'était au mont Oshdâshtâr qu'il allait chercher l'héritier du trône. – « De Karsâsp, dit le Dînkart VII, le *Farr* passa à Kai-Kavât, l'ancêtre des Kéanides (*Kayân nyâk*) et par le *Farr* il gouverna l'Iran ».[141]

Il en va de même pour Guiv envoyé par Gowdarz au Tourân pour en ramener le Kayanide Kavi Husravah / Keykhosrow, autre détenteur du Hvarenô[142].

Il s'est avéré, d'autre part, que les deux émissaires ont conservé des traits qui les rattachent à la tradition arsacide, ce qui vient conforter notre hypothèse selon laquelle l'initiation est de type héroïque et guerrier, mais qu'elle relève aussi des anciennes sociétés d'hommes des premiers temps aryens :

> « Le souvenir des Séleucides a été complètement effacé, et la période des « chefs de tribu », c'est-à-dire des Arsacides, n'est qu'un vide rempli de quelques noms, dont la plupart ne sont pas historiques. Pourtant l'époque des Arsacides a laissé des traces dans la tradition sassanide, mais, fait surprenant, il faut les chercher dans l'histoire légendaire des Kayanides. De même que les grandes familles parthes, les Sûrên, les Kârên, les Mihrân, étaient devenus feudataires des Sassanides, de même les plus fameux d'entre les rois arsacides apparaissent déguisés en grands vassaux des Kayanides. Parmi les paladins de Kay Kâûs et de Kay Khusrô, nous trouvons un *Milâdh* (Mithridate), un *Fradâdh* (Phraate) et un *Gôdarz*, père de Gêv, qui est Gotarze, contemporain de l'empereur Claude, qui s'appelle dans une inscription à Bîsutûn « Gotarzes Géopothros », Gotarze, fils de Gêv. Il s'est formé, dans la relation des guerres contre les Touraniens, tout un cycle de légendes héroïques autour de Gôdarz et de ses descendants.
>
> Un autre cycle, qui fait concurrence à celui de Gôdarz, est le cycle des rois du Sîstân, vassaux du grad roi des Iraniens. Là, les figures les plus marquantes sont celles de Dastân-Zâl et de Rustam, qui est devenu pour toujours le héros national des Iraniens. On a donné à la famille princière du Sîstân une illustre origine en la faisant descendre du fameux Krsâspa – Karshâsp ; et les dernières recherches de M. Herzfeld (note 1 : *Archaeologische Mitteilungen aus Iran*, IV, p. 106 et suiv.) ont rendu probable que la personnalité de Rustam a gardé quelques traits du roi Gundafarr, d'origine parthe, qui régnait sur le royaume sace vers le milieu du premier siècle de notre ère.[143] »

Voici comment, dans son *Hamâse-sarâ'i*, Z. Safâ décrit la généalogie des héros parthes et leur place dans le livre de Ferdowsi :

---

141 ZA², Zamyâd Yasht, Yt. 19 : 71, p. 635, note 107.
142 *Ibid.*, Yt. 19 : 73-77.
143 Christensen, *Gestes*, pp. 40-41.

> « Il faut entendre, par « héros arsacides », le groupe de héros qui, à l'origine, étaient des rois et des princes de la famille arsacide, mais qui, progressivement, ont été intégrés dans la légende nationale et ont compté parmi les grands champions de l'ère des Kayanides. Les « Gowdarziyân » constituent le groupe le plus important de ces héros, parmi lesquels on retrouve : Gowdarz-e Keshvâdegân, Guiv, Bijan, Rahhâm et Bahrâm. Il existe aussi d'autres familles [...] qui, dans le *Shâhnâmeh*, avaient à leur tête ces mêmes rois arsacides, et par ailleurs nous y rencontrons des champions isolés tels que Shâpour, Zange, Palâshân et Farhâd qui pourraient bien avoir été des personnages historiques de la dynastie arsacide. Il est étonnant de constater qu'un héros comme Faroud qui, dans le *Shâhnâmeh*, est connu comme le frère de Keykhosrow, était à l'origine un souverain arsacide. [...]
> Selon le récit de Ferdowsi, l'époque des Kayanides connaissait comme famille célèbre celle de Gowdarz-e Keshvâdegân après la maison de Sâm-e Neyram. Le fondateur de cette famille parthe, « Keshvâd-e Zarrin-Kolâh », comptait parmi les champions du temps de Faridoun, et son fils Gowdarz est le héros fameux et avisé des règnes de Kâvous et de Keykhosrow, et l'aïeul de soixante-dix-huit guerriers et l'étendard kavyen était aux mains de sa famille. Le plus valeureux des membres de sa maison était Guiv, et ce Guiv qui, après Rostam, était imbattable, avait épousé « Bânou Goshasp-Savâr », fille de Rostam, de qui il eut Bijan. [...]
> Dans les textes pehlevis, le nom de Guiv paraît sous la forme de « Wêv » ou « Guêv », et il est un des Immortels.[144] »

Tous ces éléments concourent à démontrer que la charpente du schéma initiatique est bien d'origine arasacide. Si, selon Safâ, le Derafsh kavyen était conservé par la famille de Gowdarz, cela prouve qu'il pourrait exister un lien entre cette dynastie et le forgeron nationaliste. Nous savons, en effet, que certains passages du *Shâhnâmeh* montrent les Gowdarziens afronter des membres de la maison de Tous, sepahbad de l'armée, pour s'attribuer le privilège de porter le célèbre étendard.

L'étape consécutive à celle de la *cryptie* est le « passage paradoxal » dont les *symplegades* en constituent l'expression privilégiée[145]. Elles sont assimilées à des « gardiens du seuil »[146] ou à un « paradoxe qui ne peut être résolu que par un acte de l'esprit »[147] :

> « passage paradoxal entre deux meules en continuel mouvement, entre deux rocs qui se touchent à tout moment, ou sur un pont étroit comme un fil et tranchant comme la lame d'un couteau, etc. ; « passage paradoxal », parce que impossible à réaliser sur le plan de l'expérience quotidienne.[148] »

---

144 Safâ, *Hamâse*, pp. 534-535. C'est nous qui traduisons.
145 Eliade, *Initiation*, voir pp. 139 sq. : « Symbolisme initiatique des symplegades ».
146 *Ibid.*, p. 142.
147 *Ibid.*, p. 143.
148 *Ibid.*, p. 117.

Le texte de Ferdowsi traduit cette expérience lors du passage forcé du Tigre par Faridoun et ses hommes :

> « (Faridoun) s'avança vers la rivière d'Arwend, comme un homme qui ambitionne un diadème. (Si tu ne sais pas la langue pehlevie, sache que l'Arwend s'appelle en Arabe Dijleh, *le Tigre*.) Le noble roi fit sa seconde station sur les bords du Tigre, et dans la ville de Bagdad. Arrivé sur le fleuve Arwend, il envoya son salut aux gardiens du passage : « Envoyez sur-le-champ des canots et des barques de ce côté du fleuve. » Le roi victorieux fit dire encore une fois aux Arabes : « Amenez-moi des barques et transportez-moi avec mon armée, à l'autre rive ; ne laissez personne de ce côté. » Le gardien du fleuve n'envoya pas de barques, et ne vint pas comme Faridoun lui avait ordonné ; il répondit : « Le roi m'a donné en secret l'ordre de ne laisser partir aucun canot sans avoir reçu auparavant une permission scellée de son sceau. » Faridoun l'entendit avec colère ; le fleuve furieux ne lui inspira aucune crainte, il serra étroitement sa ceinture royale, s'assit sur son cheval de guerre au cœur de lion, et la tête remplie du désir de vengeance et de combat, il lança son cheval couleur de rose dans le fleuve. Tous ses compagnons serrèrent leurs ceintures, tous se précipitèrent ensemble dans le fleuve sur leurs chevaux aux pieds de vent ; ils s'enfonçaient dans l'eau jusqu'au dessus des selles, et les têtes de ces fiers guerriers furent saisies de vertige lorsque leurs chevaux plongèrent dans les flots ; du milieu du fleuve ils levèrent leurs corps et leurs bras comme des têtes de spectres dans une nuit sombre. Ils atteignirent la terre, avides de vengeance, et se dirigèrent vers Beit-ul-Mukaddes.[149] »

C'est la performance accomplie par Guiv, Khosrow et Faranguis qui, poursuivis par Pirân, traversent l'Oxus malgré le refus du nautonier de les prendre à bord.

L'« acte de l'esprit » auquel fait allusion Eliade, pourrait provenir, ici, de l'investiture divine accordée aux rois légitimes qui se concrétise par le « farr ». Nous nous souvenons, à ce propos, qu'avant de franchir le fleuve, Faridoun reçoit la visite de l'ange Soroush qui l'initie à une forme de connaissance spirituelle :

> « pour pénétrer dans l'au-delà, pour accéder à un mode d'être transcendant, il faut acquérir la condition de l'« esprit ». C'est pour cette raison que les symplegades sont solidaires d'un scénario initiatique.[150] »

La traversée du Tigre, rupture avec le mode naturel, est aussi séparation des éléments qui constituaient le lieu d'« incubation » : la forêt, la vache nourricière, le palais qui fut brûlé par Zahhâk et la mère du héros. La nouvelle impulsion qui dirige le néophyte vers le mode social est d'ordre divin :

> « c'est toujours l'Être divin qui ressuscite les néophytes, qui ne représentent plus leur vie infantile, mais participent à une existence supérieure, puisque

---

149 *Sh*, Zahhâk, v. 275 sq. (*Bertel's I*, pp. 66-68) / v. 324 sq. (*Mohl I*, p. 94-96).
150 Eliade, *Initiation*, pp. 141-142.

ouverte à la connaissance, au sacré et à la sexualité. Les rapports entre l'initiation et la maturité sexuelle sont évidents.[151] »

Les troupes de Faridoun parviennent au palais de Zahhâk qui correspond à la « forteresse » citée dans le tableau de Widengren :

« (Quand on parlait pehlevi, on l'appelait *Gangui-Dizhoukht* ; aujourd'hui, en arabe, nommez-là *la maison sainte*.) Sache que c'était le palais élevé de Zahhâk.[152] »

En fait, l'étymologie du nom de ce palais révèle qu'il est question d'un lieu « inaccessible », ce qui est à mettre au compte des exploits surnaturels que le candidat se doit de réaliser :

« Râm Yasht, Yt. 15 : 19 « A lui (= Vayu) sacrifie Dahâka, le Serpent à trois gueules, dans l'inaccessible Kvirinta (note 16 : *upa Kvirintem duzhitem* : « Dahâk, dit le Grand Bundahish, avait un palais à Babylone, nommé *Kûlâng Dushit* » [...]. Hamza d'Ispahan apelle ce palais *Kulang dîs* et dit qu'il portait ce titre parce qu'il avait la forme d'une grue (*kulang* ; éd. Gottwaldt, p. 32 texte, p. 22 trad.). On peut se demander s'il y a là une étymologie populaire ou si *Kulang* ne serait pas en effet le dérivé de Kvirinta, de sorte qu'il faudrait traduire « l'inaccessible palais de la Grue ». Ce palais était à Babel : aussi dans le passage parallèle du Yt. V, 29, c'est à Bawli qu'Azhi Dahâka adresse sa prière. – Dans Firdausi, *Kvirinta Dushita* est devenu *Gang dizh-hûkht* (éd. Macan, p. 39) : *Gang* est une corruption de *kulang* (par chute orthographique…) ; *duzhûkht* est le vieux zend *duzhûkhta* « mal parlé ». Le *dîshat* de Hamza est une autre corruption de *duzh-it* (*Études iraniennes*, II, 210 sq.). – Je traduis *duzhita* « inaccessible » d'après le sscr. *dur-ita*, « où l'on va difficilement. » - Ce palais de *Kvirinta* ou de la Grue est sans doute la ruine de Babel transformée en repaire de Dahâka.[153] »

Suit, dans le texte, la description du repaire du dragon :

« En sortant du désert, ils s'approchèrent de la ville dont ils cherchaient la possession ; de la distance d'un mille, Faridoun jeta un regard sur cette ville royale, et y vit un palais dont les murs s'élevaient plus haut que Saturne : on aurait dit qu'il était construit pour arracher les étoiles du ciel. Il brillait comme Jupiter dans la sphère céleste ; c'était un lieu de joie, de repos et de plaisir. Faridoun reconnut que c'était le palais du dragon, car c'était un lieu vaste et plein de magnificence. Il dit à ses compagnons : « Je crains celui qui a pu construire avec cette poussière obscure et faire sortir du fond de la terre un palais si élevé, je crains qu'il n'y ait un concert secret entre la fortune et lui ; mais il vaut mieux nous précipiter tout d'abord sur le lieu du combat que de perdre du temps. » Il dit, porta sa main sur sa lourde massue, et abandonna les rênes à son cheval fougueux ; tu aurais dit que c'était une flamme qui s'élançait devant les gardiens du palais. Il détacha sa lourde massue de la selle ; tu aurais dit qu'il repliait la terre sous lui. Le jeune homme sans expérience, mais plein

---

151 *Ibid.*, p. 66.
152 *Sh*, Zahhâk, v. 291-292 (*Bertel's* I, p. 68) / v. 342-343 (*Mohl* I, p. 96).
153 ZA², p. 584.

de courage, entre à cheval dans le palais immense ; aucun des gardiens n'osa rester à la porte : Faridoun en rendit grâce au Créateur du monde.[154] »

Nous ne reviendrons pas sur le thème du combat avec le dragon, l'ayant déjà étudié dans la section précédente. De même, la question de la libération des femmes suite à l'enchaînement du Mal sera abordée ultérieurement. L'étape présente du processus initiatique est en rapport avec l'épreuve de la descente aux enfers propre aux initiations héroïques telle que la décrit Éliade :

> « descendre vivant dans les Enfers, affronter les monstres et les démons infernaux, c'est subir une épreuve initiatique. Ajoutons que de semblabes descentes aux Enfers, en chair et en os, sont un élément spécifique des initiations héroïques, qui poursuivent la conquête de l'immortalité corporelle.[155] »

Un scénario analogue à celui que nous avons établi pour l'initiation de Faridoun semble se constater en ce qui concerne Khosrow : Fariborz qui « n'est pas de sang mêlé », a des prétentions sur la couronne ; « Khosrow prouve son droit en prenant la forteresse de Bahman, possession d'Ahriman ». Dans l'un et l'autre cas, la prise de la forteresse signifie la domination du mal incarné par le dragon ou la créature qui le représente. La position du forgeron dans le déroulement du rituel se situe à des moments clefs : l'« introduction » du novice au mode social et l'« investiture » de celui-ci de pouvoirs qui lui permettront de triompher dans l'épreuve, en d'autres termes, le « don » de l'arme. Il est cependant intéressant de remarquer que la « reconnaissance » du prince et son « élection » qui revenaient, à l'origine, au métallurge, deviennent, alors que ce dernier disparaît entièrement de la scène, le fait de l'ange qui, lui, assurera l'apprentissage spirituelle du néophyte. Dès lors, le rôle de « véhicule culturel » du forgeron s'estompe au profit d'une autorité qui n'est plus d'essence humaine. Ce ne sera plus Kâveh qui régira le rituel mais Soroush dont les apparitions successives indiqueront au candidat le chemin à suivre. Il n'est que de comparer ce scénario avec celui du mythe ougaritique pour relever le contraste entre l'effacement de Kâveh et la présence active de l'artisan Kothar, aux côtés de Baal : le forgeron céleste contribue, jusqu'au dernier moment, à l'écrasement de Yam, que ce soit par ses prouesses techniques ou par la magie du verbe dont il dispose. Chez Ferdowsi, la magie provient de l'ange et le Verbe d'une autre entité « immatérielle » dissimulée dans le temple du feu qui, au moment fort de la bataille, plaide en faveur du renversement du dragon :

> « Il s'éleva un cri du temple du feu : « Quand une bête féroce serait assise sur le trône royal, tous, vieux et jeunes, nous lui obéirons, nous ne nous soustrairions

---

154 *Sh*, Zahhâk, v. 293 sq. (*Bertel's I*, p. 68) / v. 344 sq. (*Mohl I*, pp. 96-98).
155 Eliade, *Initiation*, p. 134.

pas à ses ordres ; mais nous ne souffrirons pas sur le trône Zahhâk, cet impur dont les épaules portent des serpents.[156] »

Le subit évanouissement du personnage du forgeron initiateur paraîtrait énigmatique si elle ne justifiait pas la structure idéologique de la hiérarchie des castes. Le futur roi, accédant au trône par le truchement des manifestations de la divinité, ne devra son statut qu'à une raison « supérieure » à laquelle il pourra participer, du sommet de la pyramide sociale. Le schéma que nous venons d'exposer est récurrent dans la mythologie initiatique ayant trait à l'avènement au trône du roi iranien, mais cette mythologie ne présente, en général, aucune trace de la participation d'un métallurge ; le « médiateur » est surtout divinisé :

« Dans la première inscription que Darius a fait graver à Naqs-i-Rustam, près de Persépolis, Ahura Mazda est exalté en tant que « un grand dieu qui a créé ctte terre, qui a créé le ciel, qui a créé l'homme, qui a créé le bonheur de l'homme, qui a fait Darius roi, ce seul homme, roi sur beaucoup, ce seul homme, maître de beaucoup ». L'inscription insiste sur la créativité d'Ahura Mazda et, on dirait presque comme une conséquence, sur la responsabilité religieuse du Souverain. C'est pour maintenir la création d'Ahura Mazda et assurer « le bonheur de l'homme » que Darius a été fait roi.
Cette situation religieuse privilégiée est justifiée par le mythe de la fondation de la dynastie des Achéménides. Selon Hérodote (I, 107 – 117), à la suite de deux rêves, que les Mages interprétèrent comme de mauvais présages pour son trône, Astyage, le roi des Mèdes, maria sa fille à un Perse (donc, homme de rang inférieur) nommé Cambyse, et lorsqu'elle mit au monde un garçon, Cyrus, Astyage ordonna qu'on le fasse périr. Mais l'enfant fut sauvé et élevé par la femme d'un bouvier, Mithradate (note 31 : Selon Justin (1,4), le berger trouva l'enfant exposé en train d'être allaité par une chienne (trait caractéristique aux mythes des héros souverains). Or, Hérodote rapporte que la femme de Mithradate s'appelait Spako, c'est-à-dire, en langue médique, « chienne » ; cf. Widengren, « La légende royale », p. 226.). Cyrus vécut jusqu'à l'âge de l'adolescence parmi les jeunes bergers, mais son comportement princier le trahit et son identité fut découverte. En fin de compte, après maintes aventures, il triompha des Mèdes, détrôna son grand-père et fonda l'empire des Achéménides.
Le thème mythique du Héros exposé et persécuté se rencontre chez de nombreux peuples. Pour notre propos, retenons ces motifs : a) les épreuves subies par Cyrus, en commençant par son exposition, équivalent à une initiation de type guerrier ; b) symboliquement, le futur Roi est – ou devient – le fils du dieu Mithra (son père adoptif s'appelle « don de Mithra ») ; c) après sa victoire contre le Roi des Mèdes, Cyrus fonde un empire et une nouvelle dynastie ; d) ce qui revient à dire qu'il créa un nouveau monde et inaugura une nouvelle ère, en d'autres termes, il accomplit une micro-cosmogonie ; e) puisque la cosmogonie était rituellement répétée à l'occasion du Nouvel-An,

---

156 *Sh*, Zahhâk, v. 415-417 (*Bertel's I*, pp. 74-75) / v. 467-469 (*Mohl I*, p. 106).

il est permis de supposer que le scénario mythico-rituel de la fondation de la dynastie était intégré dans les cérémonies du Nawroz.[157] »

Nous remarquons ici les mêmes articulations générales dans le déroulement de l'épreuve qui doit aboutir à la royauté : la ségrégation ; la prise en charge du futur roi par un personnage de statut divin (l'ermite Hom pour Faridoun et le bouvier Mithradate pour Cyrus) ; le combat contre le souverain contesté et la naissance de la dynastie légitime parallèlement au renouveau de la nature consacré par la fête du Nouvel-An. Là où réside l'ambiguïté, c'est le constat de l'alternance de la fonction de « médiateur » qui, dans le récit initiatique de Faridoun, est assumée, à tour de rôle, par Kâveh d'une part, et d'autre part, par les représentants de la divinité (le bouvier d'allure royale, l'ermite, l'ange). Nous essaierons de proposer un schéma de cette progression par alternance après avoir analysé les dernières étapes de la prise du pouvoir par le jeune prince correspondant à l'enchaînement du Mal par les métallurges et au retour de l'Ordre.

Dorénavant, les passages du texte qui seront étudiés dans cette section suivront l'ordre de la structure mythique plutôt que celui du récit légendaire de Ferdowsi ; ainsi, notre analyse sera répartie selon la succession : Domination du Dragon / Chaos – Enchaînement du dragon par le Héros – Libération des femmes et hiérogamie – Retour à l'ordre et à la légitimité – Fête du Nouvel-An.

Rendu dans l'Hindoustan « pour y pratiquer les arts du pays de la magie », Zahhâk se livre au dépeuplement de la terre. La description qu'en donne le *Shâhnâmeh* évoque incontestablement l'activité de Cronos :

> « Il y coupera la tête à mille innocents, car il a peur de la mauvaise fortune depuis qu'un sage lui a prédit que la terre sera délivrée de lui, que quelqu'un viendrait prendre son trône et son pouvoir et faire pâlir sa fortune. Son cœur est en feu de ce présage, la vie lui est devenue amère ; il verse le sang des bêtes, des hommes et des femmes, en fait remplir une baignoire, et, espérant de rendre vaine la prédiction des astrologues, il se lave de sang la tête et le corps.[158] »

L'holocauste perpétré par Zahhâk se voit condamné par le moralisme zoroastrien pour qui tout frein posé à la fécondation est considéré comme un acte criminel :

> « Les trois personnages de Yama, Dahaka et Thraetaona, étroitement solidaires, forment la contrepartie exacte du trio Ouranos – Cronos – Zeus de la théogonie grecque ; leur histoire est analogue dans ses grands lignes. Yama xsaita, le souverain primordial, éloigne la mort et protège la fécondité. Celle-ci devient exubérante, la terre a de la peine à la supporter. Or, dans la conception

---
157 Eliade, *HCIR¹*, pp. 332-333.
158 *Sh*, Zahhâk, v. 339-344 (*Bertel's* I, p. 70) / v. 393-398 (*Mohl* I, p. 100).

mazdéenne, la fécondité ne peut jamais être un mal en soi : Yama procédera à l'élargissement de la terre pour qu'elle puisse supporter toutes les créatures. Le sens du mythe s'en trouve modifié ; la théogonie grecque jugeait impie l'activité d'Ouranos ; la terre étant devenue trop étroite, le Yama védique montre aux humains le chemin de la mort. Cela est impossible en terre iranienne où la fécondité est un bien en soi.[159] »

Mais la fin des troubles approche. Dans un rêve, l'usurpateur se voit terrassé puis enchaîné par un jeune guerrier :

> « Lorsqu'il lui restait encore quarante ans de vie, voici ce que Dieu amena sur sa tête. Il était endormi au profond de la nuit dans le palais des rois, à côté d'Arnavâz ; alors il vit, de l'arbre royal, sortir tout à coup trois hommes de guerre, deux âgés, et au milieu d'eux un plus jeune, ressemblant de taille à un cyprès, de visage à un roi ; sa ceinture et sa marche étaient telles qu'il convient à un prince ; il tenait dans la main une massue à tête de bœuf. Il venait droit vers Zahhâk pour le combattre, et le frappait de sa massue sur le front ; puis le jeune guerrier l'enroulait de la tête aux pieds avec sa courroie, il lui liait avec cette corde les deux mains à les rendre dures comme la pierre, et plaçait un joug (note 1 : *Pâlhang* est un pilori portatif, qui ressemble à la *cangue* des Chinois) sur le col de Zahhâk. Il l'accablait de honte, de tourments, de chaleur et de douleurs ; il lui versait de la terre et de la poussière sur la tête, et le portait vers le mont Damâvand, en courant, et le traînait après lui à travers la foule.[160] »

L'« immobilisation » est effectuée par le prince lui-même, et la scène est plus ou moins identique à celle où l'on voit Ahriman enchaîné puis chevauché par Tahmouras. L'emploi du « joug » est significatif à cet égard. Le mobad Zirak interprète le songe en ces termes :

> « Il y aura quelqu'un qui héritera de ton trône, et qui renversera ta fortune. Son nom sera Faridoun, et il sera pour la terre un ciel auguste. Il n'est pas encore sorti du sein de sa mère, et le temps de craindre et de soupirer n'est pas encore venu. Étant né d'une mère pleine de vertu, il croîtra comme un arbre qui doit porter fruit ; et quand il sera devenu un homme, sa tête touchera la lune, puis il demandera la ceinture et la couronne, et le trône et le diadème. Sa taille sera comme un haut cyprès, il portera sur son épaule une massue d'acier. Il te frappera de sa massue à tête de bœuf, et te traînera en chaînes hors de ton palais. » Zahhâk l'impur lui demanda : « Pourquoi me liera-t-il ? Quelle raison a-t-il de me haïr ? » Le mobad courageux lui dit : « Si tu étais sage, tu saurais qu'on ne fait pas de mal sans raison ; son père mourra de ta main, et cette douleur remplira son cœur de haine pour toi. Il se trouvera une vache d'une grande beauté, qui servira de nourrice à ce futur maître du monde. Elle aussi sera tuée de ta main, et c'est pour la venger qu'il prendra la massue à tête de bœuf. ».[161] »

Il est à noter que la version légendaire du récit qui est celle du *Shâhnâmeh* justifie la forme donnée à la massue comme une réminiscence

---

159 Molé, *Sutkar*, p. 301.
160 *Sh*, Zahhâk, v. 42-48 (*Bertel's* I, pp. 53-54) / v. 43-52 (*Mohl* I, p. 72).
161 *Ibid.*, v. 89-100 (*Bertel's* I, pp. 56-57) / v. 97-108 (*Mohl* I, p. 76).

de la figure du bovin dont le meurtre doit être vengé par le justicier, ce qui n'est pas sans rapport avec le commentaire de Christensen quant à la vertu de l'image capable de capter les pouvoirs de l'être représenté.

La seconde apparition de lange se produit à l'issue du combat, et c'est à lui que revient l'initiative de « l'enchaînement » :

> « Le bienheureux Soroush apparut en toute hâte : « Ne frappe pas, dit-il, car son temps n'est pas venu. Il est brisé, il faut le lier comme une pierre et le porter jusqu'où deux rochers se resserreront devant toi. Ce qu'il y a de mieux, c'est de l'enchaîner dans l'intérieur des rochers, où ses amis et ses vassaux ne pourront pénétrer jusqu'à lui. » Faridoun l'entendit, et, sans tarder, prépara une courroie de peau de lion et lui lia les deux mains et le milieu du corps, de sorte qu'un éléphant furieux n'aurait pu briser ses liens.[162] »

La dernière séquence relative à l'emprisonnement de Zahhâk, marquée par une nouvelle intervention de Soroush, ne comporte plus la figure du forgeron et il semble que Faridoun prend seul en charge la « fonction corrective », bien que tout semble indiquer une permutation possible entre lui et les métallurges. La suite du *Shâhnâmeh* verra, dorénavant, les forgerons assumer le travail de l'enchaînement à titre exclusif :

> « *hameh shab do dideh beh dargâh bar*
> *khoroushân bar ân rouz-e koutâh bar*
> *keh tâ ajdahâ râ boroun âvarid*
> *beh band-e kamandi tchenân tchôn sazid*
> *damâ-dam boroun raft lashkar ze shahr*
> *va z-ân shahr-e nâyâfteh hitch bahr*
> *bebordand zahhâk râ basteh khâr*
> *beh posht-e hayoun-i bar-afgandeh zâr*
> *hami rând az in gouneh tâ shirkhân*
> *djahân râ tcho in beshnavi pir khân*
> *bar ân gouneh zahhâk râ basteh sakht*
> *sou-ye shirkhân bord bidâr bakht*
> *hami rând ou râ beh kouh andaroun*
> *hami khâst k-ârad sarash râ negoun*
> *biyâmad ham-ân-gâh khodjasteh soroush*
> *beh khoubi yeki râz goft-ash beh goush*
> *keh in basteh râ tâ damâvand kouh*
> *bebar ham-tchenân tâziyân bi-grouh*
> *mabar djoz kasi râ keh nagzirad-at*
> *beh hengâm-e sakhti beh bar guirad-at*
> *biyâvard zahhâk râ tchon navand*
> *beh kouh-e damâvand kardash beh-band*
> *tcho band-i bar ân band befzoud niz*
> *namând az bad-e bakht mânideh tchiz*
> *az ou nâm-e zahhâk tchon khâk shod*

---

162 *Ibid.*, v. 430-434 (*Bertel's* I, pp. 75-76) / v. 484-488 (*Mohl* I, p. 108).

> *djahân az bad-e ou hameh pâk shod*
> *gosasteh shod az khish-o peyvand-e ou*
> *bemândeh beh kouh andaroun band-e ou*
> *beh kouh andaroun tang djâyash gozid*
> *negah kard ghâr-i bonash nâpadid*
> *biyâvard mesmârhâ-ye guerân*
> *beh djâ'i keh maghzash naboud andar ân*
> *forou bast dastash bar ân kouh bâz*
> *beh d-ân tâ bemânad beh sakhti derâz*
> *bebast-ash bar-ân gouneh âvikteh*
> *va z-ou khoun-e del bar zamin rikhteh* »[163]
>
> « (Toute la ville) la nuit durant, dirigea ses yeux vers la cour du roi, avec des clameurs contre cet homme dont la vie devait être courte, demandant qu'on fît paraître le dragon lié avec un lacet, comme il le méritait. Peu à peu l'armée sortit, et l'on emmena de cette ville, (longtemps) si malheureuse, Zahhâk lié ignominieusement et jeté avec mépris sur le dos d'un chameau. Faridoun le conduisit ainsi jusqu'à Shirkhân. Lorsque tu entends cela pense combien le monde est vieux. [...]
>
> Le roi, que protégeait la fortune, conduisit ainsi Zahhâk étroitement lié vers Shirkhân, et le fit entrer dans les montagnes où il voulait lui abattre la tête. Mais le bienheureux Soroush parut de nouveau et lui dit dans l'oreille une bonne parole : « Porte ce captif jusqu'au mont Damâvand en hâte et sans cortège ; ne prends avec toi que ceux dont tu ne pourras pas te passer et qui te seront en aide au temps du danger. » Faridoun emporta Zahhâk, rapide comme un coureur, et l'enchaîna sur le mont Damâvand ; et lorsqu'il l'eut entouré de nouvelles chaînes par-dessus ses liens, il ne resta plus aucune trace des maux de la fortune. Pour lui le nom de Zahhâk devint (vil) comme de la poussière, le monde fut purgé du mal qu'il avait fait ; Zahhâk fut séparé de sa famille et de ses alliés et demeura enchaîné sur le rocher. Faridoun choisit dans la montagne une place étroite, il y découvrit une caverne dont on ne pouvait voir le fond. Il apporta de pesants clous, (et les enfonça) en évitant de percer le crâne de Zahhâk ; il lui attacha encore les mains au rocher pour qu'il y restât dans une longue agonie. Zahhâk demeura ainsi suspendu, le sang de son cœur coulait sur la terre. »

C'est apparemment le seul passage du *Shâhnâmeh* où la personne de sang royal impose personnellement les fers au condamné, étant donné que le passage cité ne fait aucune allusion au métallurge. Pourtant, une logique implicite, sans doute dûe à l'énumération du matériel de forge et à l'emploi des phrases rituelles (ex. : *biyâvard mesmârhâ-ye guerân* qui rime avec *âhan-garân*), veut que l'iconographie courante représente la scène avec des forgerons affairés à fixer les chaînes de Zahhâk ou à le clouer contre le rocher. Quant aux termes servant à désigner les « liens », il existe une certaine confusion et l'on ne sait trancher entre *band-e kamandi*

---

[163] *Ibid.*, note 2 : var. de v. 454, 455-457, 459-464, note 13 : var. 1 de v. 464, 465-468 (*Bertel's* I, pp. 77-78) / v. 509-513, 515-527 (*Mohl* I, pp. 110-112).

« lanière de lasso » et *band* dont le sens est d'ordre générique (« courroie, corde, chaîne… ») ; l'hésitation résultant peut-être d'une certaine immatérialité à mettre en rapport avec le pouvoir magique des liens dont disposent les premiers rois du *Shâhnâmeh*.

Le livre de Ferdowsi mentionne la libération des femmes avant l'enchaînement de Zahhâk. Elle a lieu suite à la prise de la forteresse :

> « Il tira de l'appartement des femmes (deux) belles aux yeux noirs, aux visages brillants comme le soleil. Il ordonna d'abord de laver leurs corps, puis se mit à purger leurs âmes de leurs ténèbres. Il leur montra la voie du très-saint juge (du monde) et les purifia de leurs souillures, car elles avaient été élevées par les idolâtres et elles avaient l'esprit troublé, comme des gens ivres de vin.[164] »

Un « détour » emprunté par l'auteur du *Shâhnâmeh* a pour motif d'accentuer l'effet romanesque du récit : au lieu de faire suivre l'assaut de la forteresse par le combat entre le Héros et le Dragon, il retarde le moment de la lutte de sorte que ce soit la jalousie qui pousse Zahhâk à affronter son adversaire, après qu'il ait pris connaissance, par son lieutenant, de l'alliance de Faridoun avec les filles de Djamshid (= hiérogamie).

Le retour de l'Ordre se fait simultanément avec le rétablissement des structures sociales du temps de Djamshid, tel que le laisse supposer le discours de Faridoun après l'écrasement du tyran :

> « (Faridoun) s'assit sur le trône d'or de Zahhâk, il renversa les mauvais symboles de son pouvoir ; il ordonna que d'en haut de sa porte on proclamât ces paroles : « Vous tous pleins de gloire, d'éclat et de sagesse, il ne faut pas que vous vous teniez sous les armes, il ne faut pas que vous cherchiez une même gloire et une même renommée. Il ne faut pas que l'armée (*sepâhi*) et les artisans (*pisheh-var*) cherchent une distinction de la même espèce : l'un doit travailler, les autres doivent combattre. Chacun a un devoir qui lui est propre ; lorsque l'un entreprend l'œuvre de l'autre, le monde se remplit de désordre. L'impur Zahhâk est dans les chaînes, lui dont les méfaits faisaient trembler le monde. Puissiez-vous vivre longtemps et heureux ! Retournez joyeusement à votre travail. »
> Les hommes écoutèrent les paroles du roi, du puissant maître rempli de vertus. Les grands de la ville, tous ceux qui avaient de l'or et des richesses, vinrent, avec des chants joyeux et des présents, tous le cœur plein d'obéissance envers lui. Le noble Faridoun les reçut avec bonté, il leur distribua des dignités avec prudence, il donna à tous des conseils et des louanges, et leur rappela le Créateur du monde, en disant : « Le trône est à moi, et le sort veut que votre étoile brille et que votre pays soit heureux, car Dieu le pur m'a choisi parmi tous et m'a inspiré de descendre du Mont Alborz, pour que le monde fût par ma vaillance délivré du mauvais dragon. […] Je suis le maître du monde entier ;

---

164 *Ibid.*, v. 311-314 (*Bertel's* I, p. 69) / v. 364-367 (*Mohl* I, p. 98).

> s'il n'en était ainsi, je resterais ici et je passerais de longs jours avec vous. » Les grands baisèrent la terre devant lui, et le son des timbales s'éleva du palais.[165] »

L'avènement du Héros au trône est souligné par une « récupération » de la Parole au profit de la royauté ; l'ordre réinstauré, le Verbe maîtrisé quelque temps par le métallurge revient au souverain par le biais de ce qui ressemble à un discours d'investiture.

La hiérogamie se manifeste aussi par la « libération des eaux ». Nous savons que la récupération des femmes se fait sous les auspices favorables de Anâhitâ, déesse de la fécondité (Abân Hasht, Yt. 5 : 33 – 35). Par ailleurs, la tradition iranienne voulait que le souverain iranien soit « dispensateur de la pluie » :

> « L'Iran attendait de son roi qu'il fît tomber la pluie nécessaire, autrement dit, qu'il fertilisât la terre. Le Dênkart encore (DkM, pp. 109, 4 ss.) explique en détail que le *dahyupati* juste se charge de procurer la pluie bienfaisante (note 3 : Widengren, *Hochgottglaube*, p. 360, où le passage en question est publié et traduit.).
> Cette fonction particulière (en pehlevi, le roi est dit *vârân-kartâr*) a un arrière-plan mythico-rituel (en rapport avec) la fête du Nouvel An[166] ».
> Le phénomène, considéré dans l'optique de « l'arrière plan rituel des origines », est directement en rapport avec la hiérogamie et, partant, avec la « maturité sexuelle » qui, selon Eliade, impliquait une « ouverture à la connaissance et au sacré » :
> « Comme ceux d'Iran, les textes de l'Inde soulignent le rôle du roi dans la dispensation de la pluie (SB textes, 3, 311 ; Loi de Manou VII, 7 ; Jâtakas VI, p. 252). Mais ce qui est particulièrement caractéristique de l'arrière-plan rituel des origines, c'est que, dans les textes indiens, le fait de répandre l'eau est généralement étroitement lié au fait que le roi se livre à la hiérogamie ; autrement dit, pluie et fécondité ne sont que deux aspects du même acte mythico-rituel.[167] »

La dispensation de la pluie est traduite dans le texte par les distributions de richesses et la nouvelle prospérité de la nature (3ᵉ fonction) :

> « Tous les hommes instruits par l'expérience se mirent en route de tous côtés pour rendre hommage au roi, mêlant les joyaux et l'or, et les répandant sur le trône du roi. Tous les grands de tout son empire se rangèrent en cercle autour de sa porte dans ce jour de bonheur. Ils implorèrent Dieu pour qu'il bénisse le trône de Faridoun, et sa couronne, et son diadème, et son sceau ; tous levèrent la main vers le ciel, tous prononcèrent des vœux pour son bonheur en disant : « Que le roi puisse vivre éternellement ! Que son sort soit toujours heureux ! » Puis Faridoun fit le tour du monde pour voir ce qui était découvert et ce qui était caché. Partout où il vit une injustice, partout où il vit des lieux incultes, il lia par le bien les mains du mal, comme il convient à un roi. Il ordonna

---

165 *Ibid.*, v. 435 sq. (*Bertel's* I, pp. 76-77) / v. 489 sq (*Mohl* I, pp. 108-110).
166 Widengren, *Religions Ir.*, p. 75.
167 *Ibid.*, p. 65.

le monde comme un paradis, il planta des cyprès et des roses à la place des herbes sauvages. Il passa d'Amol à Temmischeh et fit construire un palais dans cette forêt célèbre, en cet endroit du monde que tu nommes *Kous*, et auquel tu ne connais aucun autre nom.[168] »

La succession de scénarios rituels que nous avons dégagée du récit conduit à une réactualisation du règne bienheureux de Djamshid. Il convient cependant de faire la différence entre les caractères spécifiques de ce dernier et de son descendant. Le premier est essentiellement « pacifiste », tandis que le vainqueur de Zahhâk présente des traits propres à la fonction guerrière ; son initiation est placée sous le patronnage de Mithra[169] :

> « Nous avons [...] relevé le caractère pacifiste du dieu solaire Yima. En fait, Yima ne peut pas se battre, d'où son infériorité devant l'usurpateur. Il en allait de même aux Indes. Yudisthira ne se bat pas lui-même, mais se contente de diriger la bataille. Ce trait caractéristique de la royauté indo-iranienne le reste pour toute l'histoire de l'Iran.[170] »

L'épreuve que connaît Faridoun, avatar du « héros des sociétés masculines », se situe donc dans le contexte bien précis des cérémonies indo-iraniennes comprenant à la fois l'apprentissage du métier des armes et le rite de fécondité. Il est possible d'affirmer que toute la partie contenant, dans le *Shâhnâmeh*, cette période intermédiaire entre les règnes des souverains légitimes, est régie par la tradition mithriaque. C'est aussi en ce moment qu'est placé l'interrègne mystique de Mithra selon le Zamyâd Yasht[171]. Il est frappant aussi de constater la présence d'un lieutenant de Zahhâk portant le nom de *Kndrv*, « en qui Dumézil a reconnu Gandharva. [...] selon la *rivâyat pehlevie*, Gandarv est le fils de Yamset et d'une parik[172]. Or il s'agit là d'un dragon, adversaire de Karshâsp :

> Abân Yasht, Yt. 5, 37. [...] *Keresâspa* (note 48 : *Garshâsp Narîmân*, le héros de la légende de Caboul (Yasna XI, II ; voir la liste de ses exploits, Yt. XIX, 38 – 44)).
> 38. *Gandarewa* aux talons d'or (note 50 : [...] Karsâsp lutta avec lui neuf jours et neuf nuits [...] et lui écrasa la tête avec sa massue. (CF. Yt. XV, 27) : *Gandarewa* (dans le *Shâh Nâma* il est mêlé à la légende de Zahhâk dont il est

---

168 *Sh*, Zahhâk, v. 37-48 (*Bertel's* I, p. 81) / v. 37-48 (*Mohl* I, pp. 116-118).
169 Molé, *Sutkar*, p. 292, note 35 : « Ce fut [...] M. Dumémzil qui, le premier, opposa Yama « héros varunien » à Thraêtaona « héros mitrien » (*Mitra-Varuna*, 110 ss.).
170 Widengren, *Religions Ir.*, p. 75.
171 Voir supra, p. 51. In *ZA²*, p. xxix, note 1 : « (Les) interrègnes divins ont peut-être été éliminés dans l'épopée post-islamique par des scrupules religieux. »
172 Molé, *op. cit.*, p. 303.

le premier ministre. Il lui était probablement allié dès l'origine, et appartient par sa naissance aux mêmes régions mythiques.)).[173] »

Tel qu'il peut se déduire de la tradition de l'Avesta, cet autre héros mène, parallèlement à Thraêtaona, une lutte contre un doublet du serpent Azhi Dahâka :

> Yasna 9, HomYasht I, 10. « Le saint Haoma, qui éloigne la mort, me répondit : Thrita, le plus bienfaisant des Sâmas (note 25 : Proche parent mythique de Thraêtaona devenu l'Esculape de l'Iran : voir l'intr. Du Vd. XX.
>
> Les Sâmas forment une autre *vis*, qui se rattache au Saistân, et à qui appartiennent, dans la forme postérieure de la Geste, telle qu'on le trouve dans Firdausi, Sâm, Sâlizer, Rustam.), est le troisième mortel qui me prépara pour le monde des corps.
>
> De ce bienfait il fut payé, cette faveur lui en advint, que lui naquirent ces deux fils, Urvâkhshaya et Keresâspâ ; l'un Justicier, ordonnateur de la loi ; l'autre (note 27 : Keresâspa, l'Hercule avestéen), héroïque jeune homme bouclé[174], porteur de massue ;
>
> II. Lequel tua le serpent cornu (note 31 : Azhi Srvara), qui dévorait les chevaux, dévorait les hommes »[175].

Le livre de Zahhâk est donc fortement imprégné des anciennes traditions indo-iraniennes quant aux rituels d'initiation héroïque propres aux sociétés masculines. On y découvre les traces de héros ayant appartenu à ces sociétés, tous porteurs de massue et tueurs de dragons. Ces personnages seraient les prototypes des membres de confréries militaires qui auraient prospéré du temps des Arsacides et des Scythes. Si le forgeron Kâveh est appelé à incarner un rôle dans un processus initiatique, c'est bien dans ce cadre qu'il conviendrait de situer son activité.

L'avènement de Faridoun au trône donne lieu aux festivités du Mehregân et la description qu'en donne Ferdowsi rappelle le siècle d'or de Djamshid :

> « Faridoun, lorsqu'il se vit le maître fortuné du monde, et qu'il ne connut plus d'autre roi que lui-même, prépara le trône et la couronne dans le palais impérial, selon l'usage des rois. Dans un jour heureux, le premier du mois de Mihr, il posa sur sa tête le diadème royal. Le monde était délivré de toute crainte du mal, tous suivaient la voie de Dieu ; ils éloignèrent de leurs cœurs toute contestation et instituèrent solennellement une fête. Les grands s'assirent joyeusement, tenant chacun une coupe de rubis. Le vin et la face du jeune roi brillaient d'un même éclat, le monde resplendissait de lumière, la lune était nouvelle. Faridoun ordonna d'allumer un feu, et tous y brûlèrent de l'ambre

---

173 *ZA*², p. 376.
174 Widengren, *Religions Ir.*, pp. 41-42 : « Les membres (des confréries guerrières) portent la chevelure tressée. Leur héros Keresâspa est *gaêsu*, ce qu'il vaut mieux traduire « porteur de tresses » que « bouclé ».
175 *ZA*¹, p. 88.

et du safran. C'est lui qui a institué la fête Mihrgan, et l'usage de s'y reposer et de s'asseoir au banquet vient de lui.[176] »

Le Mehregân comporte un sens à la fois naturaliste et politique. Selon M. Molé, il correspond aux Panathénées de la mythologie grecque :

> « Le rite saisonnier du mythe grec est également présent en Iran. Yama est lié à la fête du Nouvel An, tous les actes importants de son règne ont lieu le premier (ou le six) Fravartin. [...] la victoire de Freton a lieu le jour de Mihragan, à l'équinoxe d'automne. C'est-à-dire, à peu de choses près, au moment où les Athéniens commémorent la victoire de Zeus sur les Titans et les Géants.[177] »

Pour le mythe iranien, la tradition veut « qu'après la victoire sur Zahhâk », Freton combatte « les *dev* du Mazandaran, tout comme Zeus doit lutter [...] contre les Titans et les Géants »[178].

> Le combat mené par Zeus et ses associés et leur victoire établissent l'ordre définitif des choses. Après avoir vaincu les Titans, ils doivent combattre les Géants ; mais alors le chaos prend fin, le cosmos est définitivement établi. [...] Les Cronies sont, à Athènes, à Samos et ailleurs, la fête de la moisson. Quelques jours plus tard, « les Panathénées consacrent à la fois la victoire de la *polis* humaine sur l'*anomia* et celle du *kosmos* universel dont la stabilité est garantie par l'anéantissement des géants » (note 99 : Francis Vian, *La Guerre des Géants*, 258.). Et – faut-il le rappeler ici ? – la Gigantomachie sert de toile de fond mythique aux cérémonies des Panathénées (note 100 : Vian, c. c., 246 – 261.).[179] »

Nous avons déjà établi le parallèle entre la version grecque du mythe et sa version iranienne :

Rôle intermédiaire joué par les artisans dans les mythes grecs et iraniens

De sorte qu'il est permis de constater le rôle intermémdiaire joué par les artisans (Ouranides – Kâveh), dans le conflit qui oppose la lignée légitime aux éléments engendrant le trouble et le chaos. Une étude plus approfondie

---

176 *Sh*, Faridoun, v. 1-9 (*Bertel's I*, p. 79) / v. 1-9 (*Mohl I*, p. 114).
177 Molé, *Sutkar*, pp. 301 - 302.
178 *Ibid.*, p. 304.
179 *Ibid.*, p. 301.

conduirait peut-être à déterminer dans quelle mesure un (ou des) artisan(s) contribueraient à la victoire de Faridoun contre les habitants du Mâzandarân, ce dernier exploit demeurant à l'état d'ébauche dans nos éditions du *Shâhnâmeh*. On peut relever une contradiction entre les deux versions du mythe, bien qu'elle ne doive pas affecter la structure d'ensemble : les Ouranides forgent les armes de Zeus (la foudre, le tonnere et l'éclair) après que celui-ci les ait libérés de l'emprise de Cronos ; les forgerons préparent la massue de Faridoun avant son affrontement avec le dragon.

L'autre aspect du mythe touche à la question de la légitimité du souverain iranien : de même que les Panathénées, « fête politique », commémoraient « la victoire des Olympiens dans la Gigantomachie » en fêtant « la *polis* », la victoire de Freton, instaurateur de l'ordre nouveau, est célébrée par le Mehregân en souvenir de la période où il « jette les bases de l'empire iranien »[180].

Prise dans le contexte des éléments rituels impliqués dans le livre de Zahhâk, l'action du forgeron Kâveh devient d'une complexité inattendue. Non seulement il intervient au niveau d'un « scénario cosmique » ayant pour objet le renouveau de la nature, mais il revêt aussi les attributs d'un « initiateur » dans ce qui n'est plus qu'un avatar des rituels propres aux confréries guerrières indo-iraniennes. Le schéma suivant essaie de rétablir le processus initiatique suivi par Faridoun tout en prenant soin d'alterner, là où le texte l'impose, les interventions du métallurge et celles de personnages représentant la divinité. Nous les soulignons idifféremment dans ce tableau :

1°) Ségrégation :

Le candidat « exposé » est tenu à l'écart (*cryptie*), pendant un certain temps, en vue de sa préparation à l'épreuve, dans un milieu régi par le « mode naturel ».

Agents : La mère / Le noble bouvier / L'hermite Hom / La vache mystique.

2°) Introduction du candidat :

Un initiateur, « maître de la Parole », vient quérir le néophyte qui a atteint l'âge de l'adolescence pour l'introduire au « mode culturel ». Il porte le *derafsh*, emblème des sociétés guerrières. (En marge : élection populaire).

Agent : Le forgeron Kâveh.

3°) Passage paradoxal ou *Symplegades* :

---

180 *Ibid.*, p. 304.

La première épreuve consiste à traverser le fleuve. Un ange apparaît, enseigne au prince « l'art de la magie » et lui révèle « la clef des choses cachées » ; il s'agit d'une investiture divine (consécutive au suffrage de 2°).
Agent : L'ange.
4°) Le don de l'arme :
Les forgerons anonymes (avatars du forgeron céleste ?) présentent au candidat la massue à tête de bœuf, arme rituelle des confréries militaires.
Agents : Les forgerons.
5°) Prise de la forteresse :
Le prince parvient au palais du Dragon. Il renverse les talismans et abat les divs sans rencontrer de résistance. Il « en rend grâce au Créateur du monde ».
Agent implicite : La divinité.
6°) Combat avec le Dragon et libération des femmes :
Le Héros libère les épouses du Dragon et se livre à la hiérogamie (= initiation à la sexualité). L'usurpateur reconnaît que c'est la « volonté de Dieu ». Il est écrasé par la massue à tête de bœuf (à mettre en rapport avec les exploits propres à la 2e fonction).
Agent implicite : La divinité.
7°) Prise de la Parole :
Le prince prononce un discours d'investiture, par lequel il engage le peuple à respecter l'ordre social et la hiérarchie qu'il impose. C'est « Dieu le pur » qui l'a « choisi parmi tous » et l'a « inspiré ».
Agent implicite : La divinité.
8°) Enchaînement du Dragon :
L'ange conseille le prince d'enchaîner l'usurpateur à une montagne mythique. L'identification de « l'exécutant » est malaisée : on hésite entre le personnage divin et les forgerons.
Agent : Le prince.
Agents virtuels : L'ange / Les forgerons.
9°) Fête de Nouvel An :
L'amplification de l'exploit de l'initié lui donne une dimension cosmique. Il est identifié au Soleil / Mithra et on lui attribue la dispensations de la pluie qui apporte la prospérité. Sa légitimité est double : divine et politique.
On constate avant tout, dans l'évolution du processus initiatique, une alternance entre la figure du métallurge et celle du représentant de la divinité, mais l'agent « forgeron » s'efface progressivement au profit de l'agent « divin » jusqu'au point où il est écarté de la phase de « l'enchaînement » dont il est généralement le protagoniste. Il s'agit là d'une « divinisation » graduelle de l'initiateur. La raison en est claire : le prince qui finit par assumer un statut semi-divin s'écarte de plus en plus du « dernier

niveau hiérarchisé »[181] (le forgeron rebelle, le peuple révolté) pour s'élever à la fonction suprême. Cependant, ce qui nous intéresse est de savoir que aurait été le rôle du forgeron dans le rituel d'initiation puisqu'il y est directement impliqué et que son action est déterminante pour son aboutissement : il détient l'instrument cultuel qu'est le *derafsh* et il forge l'arme, assimilée à la foudre, qui permettra au Héros de vaincre le représentant du Monstre aquatique.

L'intervention du forgeron Kâveh est sans doute un événement exceptionnel dans la littérature initiatique de la geste royale préislamique en Iran, tandis que « l'intermédiaire », dans le combat cosmique, est généralement la divinité incarnant le feu :

> « Le roi sassanide Pêrôz invoque le dieu du feu pour combattre la sécheresse. Ce feu n'est autre que la foudre ; or l'éclair fend les nuages à pluie. Le feu ne fait aucun tort au prince, il peut même le prendre dans ses bras sans y perdre fût-ce un poil de barbe. Le mythe qui explique cela est que le roi, grâce à sa nature divine, donc ignée, peut faire tomber l'éclair et fendre le nuage qui retient la pluie fertilisante. La foudre est très exactement son élément (note 2 : Le texte où la chose est racontée se trouve chez al-Bîrûnî, *The Chronology of ancient Nations*, ed. Sachau, p. 215 ; texte : p. 228 : 9 ss. ; cf. Widengren, *Hochgottglaube*, p. 359.).[182] »

Le sens de la place particulière accordée au forgeron Kâveh dans l'histoire mythique, puis nationale, de l'Iran est peut-être à chercher dans les plus anciens rituels mithriaques et non pas à l'époque même de la rédaction du livre de Zahhâk dans les *Shâhnâmeh*, c'est-à-dire celle de l'avènement des Arsacides, où la hiérarchisation des castes aurait eu pour conséquence d'estomper le personnage du métallurge « initiateur » afin de maintenir l'exclusivité de la participation au sacré dans la sphère royale.

> « *Frêdhôn* (Thraitauna), descendant de Yamshêd à la dixième génération, met fin à la tyrannie du monstre. Il partage le monde entre ses fils Sarm ou Salm, Tûr et Eradj. À Sarm il donne l'Ouest, à Tûr le Nord et à Eradj la partie centrale, l'Iran. Ces trois princes sont les éponymes de trois nations qui sont mentionnées déjà dans le Yasht 13, les Sarima (Sarmates ?), les Tûra et les Aryens ; mais la légende de la tripartition reflète la situation politique du temps des Arsacides, car Sarm est le maître du monde gréco-romain et Tûr représente les peuples ennemis « touraniens » qui se succèdent à la frontière septentrionale de l'Iran. Eradj est tué traîtreusement par ses deux frères ; il est vengé longtemps après par *Manushtchihr* (Manushtchithra), dont on a fait un descendant de Frêdhôn. Lui et ses successeurs ne sont plus des rois du monde entier, mais seulement de l'Iran ; c'est avec Manushtchihr que commence l'histoire nationale.[183] »

---

181 Cf. Dumézil, *ME¹*, pp. 85 sq., sur les « membres du corps social ».
182 Widengren, *Religions Ir.*, p. 61.
183 Christensen, *Gestes*, p. 29.

Il y aurait lieu de voir si le forgeron, à l'instar du chaman, aurait eu, parmi les sociétés archaïques d'origine indo-iranienne, un statut analogue à celui des métallurges participant pleinement de l'organisation des *Männerbunde* germains.

L'« historicisation du mythe » a sans doute fortement contribué à écarter la figure du forgeron nationaliste iranien du processus initiatique suivi par le souverain. Nous avons illustré cet aspect en nous fondant sur le livre de Ferdowsi.

La forme originale du mythe veut que le métallurge soit avant tout un créateur. Il façonne les objets en leur donnant vie par la vertu de l'image. C'est celui qui transmet la force de l'animal archétypique à la massue, dans les sociétés d'hommes aryens, mais aussi dans les communautés parsis contemporaines. Le récit cosmogonique le voit créer la foudre et le tonnerre par lesquels le héros céleste soumet le dragon aquatique. Il est détenteur de la parole, du verbe poétique et magique à la fois. Il préside aux cérémonies en tant que devin et augure, ce qui le place parfois à la tête de la hiérarchie sociale. Toutes ces données tendent à lui conférer le statut d'un « démiurge ».

Dans le *Shâhnâmeh*, le rôle du forgeron est déterminé, d'une manière rigoureuse, par la répartition sociale que nous avons maintes fois évoquée. La figure de Kâveh, qui semblait faire exception à la règle, en raison de son initiative individuelle, est bien vite ramenée aux dimensions des autres artisans anonymes du texte. Elle ne subsistera plus, dans la tradition de la « geste royale », que comme un souvenir du suffrage populaire en faveur du souverain légitime et un symbole de loyauté à la cause monarchique. Le Verbe dont il a disposé quelque temps pour contester le pouvoir de l'usurpateur retourne à la royauté ; la divination demeure le privilège des prêtres de la cour ; les armes sont récupérées par les membres de la deuxième fonction. Ainsi, le mythe, après avoir rempli son rôle selon l'économie du rituel primitif (cosmogonie, rite de puberté, initiation guerrière), réintègre sa condition définie par l'idéologie royale : l'artisan mythique se métamorphose en ouvrier exécutant ; s'il garde ses dons surnaturels, il est alors assimilé aux divs, ces autres ouvriers qui doivent être subjugués pour que leur « connaissance des choses cachées », soumise à l'initiative du « roi justicier », procure le bien-être et la prospérité, sans quoi, livrés à eux-mêmes, ils ne peuvent que servir la cause de la « mauvaise création » et engendrer la ruine et le chaos.

Étymologie

Nous consacrerons cette section de notre étude à l'approche des substantifs servant à désigner le forgeron légendaire du *Shâhnâmeh* et l'étendard national. Pour cela, nous nous baserons, en un premier lieu, sur l'article consacré par Christensen au « forgeron Kâveh » et à « l'ancienne bannière impériale de la Perse ».[184] C'est le même auteur qui rectifie, pour la première fois, le malentendu selon lequel Kâveh aurait transmis son nom au fameux « derafsh », de là l'appellation « derafsh-e kâvyân » que l'on a traduit par erreur « l'Étendard de Kâveh », tel que nous l'avons constaté dans la version française du *Shâhnâmeh* de Mohl :

> « L'histoire de Kâvagh le forgeron est une légende étiologique, qui s'est développée pendant la période sassanide par une interprétation fausse du nom de l'étendard impérial des Sassanides, *drafsh î kâvyân*. En réalité, *drafsh î kâvyân* est la « bannière kavyenne », le drapeau royal.[185] »

Ainsi, le récit légendaire n'aurait été qu'un prétexte pour justifier le nom de l'étendard de Faridoun :

> « Thus we can follow the course of the development in the remodelling of the legend, which is connected with the smith Kâveh, the man, who is said to have given the famous Sassanian banner his name, but who has lent in reality his name to the Persian imperial banner.[186] »

Cetee méprise a sans doute été à l'origine de l'introduction du forgeron mythique dans la généalogie légendaire des Kayanides. Nous reviendrons sur ce dernier point dans la partie réservée à l'étude de la légende de Kâveh.

Le forgeron : Kâveh

Dans son article, Christensen commente le « malentendu linguistique » ayant fait croire à l'existence d'un nom « patronymique » *kâvyân* duquel l'on aurait déduit le nom propre *Kâvak* devenu plus tard le *Kâveh* d'où la bannière aurait tiré son nom :

> « Now, how has this legend arisen ? According to my supposition there lies ats its bottom a linguistic misunderstanding. We have in Avesta an ancient word *kavi*, mhich is mostly translated by « prince », and is connected with Sanskrit *kavi* « wise ». The Avesta word is first used in the Gathas, the old Zoroastrian hymns, and in imitation of the use in the Gathic dialect also sometimes in the later Avesta, for a group of bitter opponents of Zarathushtra, The Kavis are

---

184 « Smeden Kaväh og det gamle persiske Rigsbanner », paru in *Hist..-filol. Medd.*, II, 7, trad. en anglais par J. M. Unvala *JCOI*, 5 (1925).
185 Christensen, *Gestes*, p. 35-36.
186 *Id.*, Kâveh, pp. 31-32.

mentioned here side by side with the Karapans; the former are the big worldly men inimical to Zarathushtra, whereas the latter are his priestly opponents among the daeva-worshippers. The word *kavi* is also used – already in the Gathas – as a sort of title of the king Vishtaspa; who protected Zarathushtra, and this title is in the later Avesta likewise connected with some of the old legendary kings or princes, *viz.* with all members of the dynasty, which was founded by Kavi Kavata, the second big dynasty in primitive history. From the genitive plural of *kavi* – transferred to the *a* – declension according to the general rule in Middle Persian – the form *kavyan* is derived, which is used adjectively in the sense of « kingly, royal ».Side by side with *kavi* there is in the Gathas a vrddhi-form : *kâvayas-câ* « and the followers of the kavis. » If we consider Pehlevi *kavyan* as going back to this vrddhi-form, *Direfsh-i-kavyan* will simply mean « the royal banner ». The later form *kayan* (Sassanian Pehlevi and Modern Persian) is developed normally from *kayan* – similarly *kavi* becomes in Sassanian Pehlevi and Modern Persian *ke, kay* and the above-mentioned legendary dynasty comes to be called Kayanian. Only the later form *ke, kay* are known in the Pehlevi literature, but in Armenian, whose element of iranian loan-words goes back chiefly to the Arsacide period, the old form with *v* is preserved (Kav Khosrov in Sebeos = Ke Khosrav), and Manichaean Pehlevi (Turfan fragments) has the form *qav* or *gâv*. The suppression of *v* in ordinary Pehlevi (Book-Pehlevi) goes back thus to the later Parthian or early Sassanian times. In the old appellation *drafsh-i-kavyan* – such is the Pehlevi form – the *v* has been retained under the influence of the literary tradition, but as the popularly developed *kayan* was otherwise the only form used in the Sassanian times, the form *kavyan* was no longer understood, but was taken for a patronymic, which must thus presuppose the proper name *kav* (note 1 : In older modern Persian there occurs a word *kâv* (incorrectly read *gav*) with the meaning « hero ») or with the extraordinarily common use of the suffix *–ak* in Pehlevi : *Kavak* (spoken *Kavagh*), which has normally become in Modern Persian *Kaveh*. The banner has got its name from this *Kaveh*.[187] »

Le nom de l'étendard proviendrait donc du titre que portaient les souverains légendaires qui, d'après l'auteur, auraient « constitué la plus ancienne organisation monarchique chez les Aryens après leur immigration dans l'Iran oriental »[188].

Widengren apporte un nouvel éclairage au terme *kavi* en le comparant avec son correspondant dans la littérature védique :

> « Le *kavi* est visiblement non seulement prêtre, mais prince, car ce mot est le titre des membres de la dynastie légendaire fondée par Kavâta (Yt. 19 : 71 s.). Aux Indes, le *kavi* est l'inspiré qui est « en possession de la vision et du savoir mystérieux » ; « mais cette propriété est également attribuée aux chantres et aux sacrificateurs » (note 6 : Gonda, *Religions de l'Inde. Véda et Hindouisme ancien*, Payot, Paris, pp. 61 et 87.). Cette expression est également employée

---

187 *Ibid.*, Kâveh, pp. 26-27.
188 Christensen, *Gestes*, p. 21. Voir *Id.*, *Kayanides*, pp. 27 sq.

pour les dieux, en particulier Agni. On peut supposer qu'en Iran galement, le *kavi* était à l'origine le prêtre en tant qu'inspiré par le dieu.[189] »

Cette définition rappelle, bien entendu, les attributs qui se rattachaient aux fonctions des personnes désignées par le radical *q-y-n*, sans vouloir pour autant en tirer de conclusions hâtives. Nous n'excluons pas, cependant, un rapport éventuel entre le personnage légendaire de Kâveh et les membres de ces sociétés composées de chantres et de sacrificateurs. La référence au dieu du feu Agni, qui deviendra le Atar iranien, va aussi dans le sens de cette hypothèse.

Les kavis mentionnés dans les Gathas sont stigmatisés par le prophète pour leurs sacrifices impliquant le meurtre du bovin :

> « Les Gâthâs nous apprennent [...] que divers kavis, usigs et karpans se sont opposés à Zarathoustra. Ce conflit n'était pas uniquement d'ordre religieux, mais aussi d'ordre économique et social. Les bovins, sur l'élevage desquels reposait l'économie de cette antique société aryenne, étaient maltraités, et même exploités (Y. 29). L'éleveur de bétail est ruiné par les compagnons de *drug* (tromperie), comme le dit Zarathoustra pour stigmatiser ses adversaires en tant que menteurs. Or le drug ou mensonge est précisément le grand péché de la religion indo-iranienne. Il est dit (Y. 44 : 20) que le karpan et l'usig livrent le bétail à la fureur, *aêsma*, et que le kavi le fait gémir sans cesse.[190] »

Il s'agit là sans doute de sacrifices rituels en rapport avec la fécondité. L'allusion aux société guerrières pratiquant l'immolation du taureau est évidente et nous renvoie aux cultes patronnés par Mithra dont le livre de Zahhâk présentait la version « réformée » par le prophète.

> « On peut déchiffrer dans les *gathas* quelques indications concernant l'activité missionnaire de Zarathushtra. Le prophète est entouré d'un groupe d'amis et de disciples, surnommés les « pauvres » (*drigu*), les « amis » (*frya*), les « sachants » (*vidva*), les « confédérés » (*urvatha*). Il incite ses compagnons à « écarter par les armes » les ennemis, « le méchant » (Yt. 31 : 18). À cette troupe zarathustrienne s'opposent les « sociétés d'hommes » ayant la devise *aêsma*, « fureur ». On a pu montrer l'équivalent de ces sociétés secrètes iraniennes avec les groupes des jeunes guerriers indiens, les Maruts, dont le chef, Indra, est qualifié d'*adhrigu*, c'est-à-dire non-*dhrigu* (« celui qui n'est pas pauvre ») (note 4 : Stig Wikander, *Der arische Männerbund*, pp. 50 sq.). Zarathustra attaque violemment ceux qui sacrifient des bovins (Y. 32 : 12, 14 ; 44 : 20 ; 48 : 10) ; or, de tels rituels sanglants caractérisent le culte des sociétés d'hommes.[191] »

Un attribut de Mithra permet de trouver un nouveau sens à *kavi*. En effet, « Meher (<mir. Mihr) est né « géant » (c.-à-d. Kai : Kav) »[192] :

---

189 Widengren, *Religions Ir.*, p. 45.
190 *Ibid.*, p. 82.
191 Eliade, *HCIR¹*, p.319.
192 Widengren, *Religions Ir.*, p. 238.

Cumont, I, p. 3 – 4 ; II, p. 160 sq. M. Benveniste (*MO*, 1932, p. 214) et, indépendamment de lui, M. Henning (Henochbuch, p. 30) ont supposé que le mot iranien qu'on a traduit par « Géant » était *kav* (avest. *kavi -*, *kay* dans le pehlvi des livres zoroastriens, titre des rois de l'histoire légendaire). En effet, on a trouvé plus tard, dans un texte manichéen (Andreas – Henning, III, p. 858) le mot *kavân* (« les Géants ») comme titre d'un livre.[193] »

Henning a développé cette interprétation dans son article sur le *Livre des Géants* de Mani[194]. Nous n'avons pas eu l'occasion d'étudier son argumentation d'une manière détaillée, d'autant plus qu'elle porte sur des sources qui nous sont pratiquement inconnues.

Nous citons ici l'étymologie proposée dans l'article, susceptible d'apporter de nouveaux éléments pour l'intelligence du récit mythique :

> « We arre therefore left with the *Gibborim*, understood by Mani as « giants ». He probably used the equivalent Syriac word, *gabbare* (*gnbr*'), which his disciples translated as *gigantes*, *al-jababirah* in Arabic, MPers. And Parthian *k'w'n*, Sogd. *Kwyst* = *kawist* (Sing. *qwy*, *kw'y* = *kawi*) ; cf. Sb. P.A.W., 1934, 30. In Sassanian times the words derived from the Avestan *Kavi* were generally understood as « giant » ; see Benveniste, *MO.*, xxvi, 214, and Polotsky in *Mir. Man.*, iii, 901. Thus MPers. Parth. *k'w* is freely used in Manichean texts, e. g. of the Father of Light (M40), or solar deities, of leading Manichaeans (both in *Mir. Man.*, iii), also of the First Man and Ahriman with reference to the First Battle (which therefore could have been described as a *gigantomakia*). However, the word *k'w* is applied only to men and such beings are imagined anthropomorphous. Where one would translate *gigas* as *monster*, the Iranian equivalent is *mzn*, *Mazan*.[195] »

Avant de conclure sur ce dernier point, nous citons aussi la contribution de J. Kellens sur ce chapitre :

> « les épisodes relatifs aux kayanides (ne seraient) pas historiques, mais mythiques. Le terme *kauui-* désignerait d'ailleurs une variété de prêtre et non un chef temporel (note 8 : Benveniste, Polotsky et Henning ont montré que perse et parthe moyen *k'w*, sogdien *kwyst* (<*kauui* -) sont employés pour désigner le « géant » doué de courage physique et de grandeur morale.). L'emprunt lycien *kaveis* « prêtre » et le fait que les premiers rois sassanides à adopter le nom d'un kauui sont tardifs suggèrent que c'est à cette époque, et au prix d'une interprétation arbitraire, qu'on a voulu projeter le modèle monarchique sassanide dans le passé le plus lointain. [...] Dès qu'on a reconnu, avec Lommel (FS Bally) et Dumézil (*ME*² 133 sq.), dans kauui Usan le kavi Usánas védique, on ne peut qu'y voir un élément mythique remontant à la préhistoire indo-iranienne. Rien ne permet d'attribuer un quelconque pouvoir temporel aux kauuis avestiques.[196] »

---

193 Christensen, *Ir. Sassanides*, p. 198.
194 BSO/A/S, XI, 1943.
195 *Ibid.*, pp. 53-54.
196 Kellens, « Caractères différentiels du Mihr Yasht », pp. 269-270.

Nous nous posons la question de savoir si le Kâveh du livre de Ferdowsi ne serait pas un des prototypes de la famille mythique des Kavis. Serait-il possible de le ranger parmi les géants primordiaux des premiers temps de la Création, à côté de Gaya Martan ou des Pishdadiens, adversaires d'Ahriman, mais aussi de ses créatures, les habitants du Mâzandarân qui sont, eux, les géants malfaisants et monstrueux. Ce point de vue s'inscrirait dans le sens d'une reconstitution de la gigantomachie ramenée par le *Shâhnâmeh* à des dimensions légendaires. Cette hypothèse aurait eu, éventuellement, plus de poids s'il y avait recours au récit de la guerre de Faridoun contre les divs du Mâzandarân, épisode absent de l'épopée :

> « Selon la tradition religieuse, Frethon (Thraetaona des Yasts) fit la guerre aux démons du Mazenderan, épisode que la tradition nationale semble avoir passé sous silence.[197] »

La chronologie du *Shâhnâmeh* se prête à cette supposition : l'auxiliaire de Faridoun appartient à la période proprement mythique ; le monde n'est pas encore partagé et il est témoin du règne des « premiers créés ». Plus tard, le cycle des princes du Sistân verra l'apparition de personnages ramenés à des proportions plus humaines.

L'étendard : derafsh

Dans son article sur Kâveh et la bannière impériale, Christensen met le terme désignant l'insigne en rapport avec le sanscrit :

> « The use of banners as a badge goes back presumably to the Indo-Iranian times ; at all events Sanskrit has the word *drapsa-* corresponding to Avesta *drafsha-*, and the common opinion – which is though contested by Geldner (Ved. Stud. 3. 57) – is, that the Sanskrit word signifies at any rate occasionally « flag, banner » like the Avesta word. In Yasna 10, 14, which deals with the preparation and enjoyment of the Haoma-drink, it is said – while he who is addressed is the personified Haoma – : « They should not move about forwards and backwards at will like the bull-banner, when they enjoy thee ; they should at once go away from here, they who are animated by thee... »[198] »

Darmesteter considère que le sens premier du terme aurait été « lance », ce qui correspond bien à la symbolique rituelle des sociétés guerrières que nous avons évoquée précédemment :

> « *drafsha* est le persan *dirafsh*, drapeau et lance, lance étant sans doute le sens premier : le sscr. et le persan le rendent *çastra* et *snah* (= z. *snaitish*), arme. *–peretbu-drafsha*, litt. à lance large, signifie « qui a un large rang de lances »[199]. »

---

197 Christensen, *Kayanides*, p. 43.
198 *Kâveh*, P. 37.
199 ZA², Ormazd Yasht, Yt. 1, p. 337, note 31.

Justi traduit le pehlevi *drafs* par « bannière » et « étendard » (*Banner*)[200], et Bartholomae, « drapeau » et « étendard » (*fahne, banner*)[201].

Dans son *Glossar*, Wolff traduit *derafsh* par « drapeau » et « bannière » (*fahne, banner*) ; pour le verbe qui en dérive, *derafshidan*, « briller » et « rayonner, resplendir » (*leuchten, strahlen*).[202]

Nous constatons que ce substantif comporte plusieurs sens et des dérivés, plus ou moins employés dans le *Shâhnâmeh*, et parfois répondent aux besoins de l'esthétique (effet de son, rime).

Dans le dictionnaire de *Steingass* nous trouvons :

> « DIRAFSH, A cobbler 's awl ; a scalpel ; a standard, ensign, banner ; lightening ; light, splendour [...].[203] »

Dans le dictionnaire de Desmaisons :

> « *DIRAFS* de combat, 5) étendard.[204] »

Il semble que l'origine du mot soit en rapport avec celle qui a donné le substatif « drapeau », « drap », provenant du bas latin *drappus* « chiffon » (Oribase, *Vie de St Césaire*, Ve s.)[205] :

> « DRAP », du bas lat. *drappus* [...] mot gaulois / Draper 1268, « fabriquer le drap » ; 1636, « disposer une étoffe ». / drapier v. 1268. / draperie, fin XIIe s., « étoffe de drap ». / drapeau, fin XIIe s. « morceau de drap, lange, vêtement » ; XVIe s., « étoffe arrachée à une hampe », avec infl. de l'ital. *drapello*, et par ext. étendard[206]. / porte-drapeau.[207]

Le *Borhân* ajoute à ces données le terme correspondant en arménien *draush*, et les mêmes dérivés[208].

Dehkhodâ précise que *darafsh* est la forme arabisée du persan *derafsh* :

> « DERAFSH, « foute'-i ke dar rouz-e djang bar bâlâ-ye dastâr va khoud pitchand, ke be torki dolghe gouyand (Borhân).derafsh dar asl pârtche'-i boude az ghomash-e se-goush ke be zar monaghash karde bar sar-e alam va kolâh-khoud mibaste-and va be torki beyragh gouyand va ân pârtche hamishe az bâd dar djonbesh milarzide (Ânandrâdj). Pârtche-ye ghomâsh-e se-goushe ke be sar monaghash boude bar sar-e alam bandand va tchon ma'niye derafshidan larzidan ast in râ niz derafsh az ân gouyand ke az bâd milarzad (Ghiyâs). [...] neyze-hâ'i ke partcham-i bar-ân boude va bar sar-e sarân

---

200 *Ir. Nam.*, s. v. « drafs ».
201 *Air. Wb.*, s. v. « drafs ».
202 Wolff, *glossar*, s. v. « dirafs ».
203 Steingass, *PED*, s. v. « dirafsh ».
204 Desmaisons, *DPF*, p. 878 b.
205 Ernout et Meillet, *Dic. ét. De la langue lat.*⁴, Paris, Klincksieck, 1959, s. v. *drappus*.
206 C'est le terme que nous avons choisi pour désigner le *derafsh* de Kâveh.
207 Dauzat, Dubois et Mitterand, *Nouveau dic. ét. et hist.*, Paris, Larousse, 1964, s. v. « drap ».
208 *Borhân*, s. v. « derafsh ».

va bozorgân-e sepâh midâshte-and (note personnelle de l'auteur). akhtar, beyragh [...] râyat, alâmat.[209] »

L'antiquité romaine connaissait le « vexille » (lat. *vexillum*) qui était « l'étendard des armées romaines »[210], dont la description est assez proche de celle donnée par Dehkhodâ dans sa « note personnelle » : il s'agissait d'un « drapeau » (de couleur rouge) placé sur la tente du général pour donner le signal du combat » (Caesar, *De bello Gallico*, 2, 20, I ; *Id., De bello civili*, 3, 89), d'où le nom du « corps de troupes », du « détachement groupé autour d'un *vexillum* » (T. Livius, 8, 8)[211]. Nous retrouvons la même association dans l'organisation de l'armée sassanide telle que le rapporte Christensen :

> « Les grands corps de troupes étaient appelés *gund* et avaient pour chefs des *gundsalars*. Les *drafsh* étaient des divisions plus petites, et pour les subdivisions le nom était *vasht*. Chaque drafsh avait son drapeau (note 6 : Le mot *drafsh* signifie « drapeau », « bannière ».). Les bas-reliefs sassanides nous montrent quelques exemplaires des drapeaux et insignes militaires. Nous voyons un drapeau d'étoffe long et étroit, assez semblable à une banderolle, flottant à une hampe. Dans un relief de Naqsh-e-Rostam qui montre un cavalier sassanide, la lance en main, s'élançant au galop contre un ennemi dont la lance se brise dans le choc, il est représenté un porte-drapeau, tenant à la main un mât au haut duquel est attaché une traverse de bois, surmontée de trois boules, une à chaque extrêmité. *Persici dracones* sont mentionnés parmi les dépuilles faites par Aurélien après le triomphe sur Zénobie (note 1 : La Vita Aureliani de Flavius Vopiscus, ch. 28). Quand on allait commencer l'attaque, on hissait un drapeau couleur de feu (note 2 : Ammien, XX, 6, 3). Dans les parties du Shahnameh de Firdausi qui traitent des temps légendaires des Kayanides, le poète décrit souvent les bannières des anciens héros, et comme ces descriptions remontent à des sources sassanides, ce sont sans doute des drapeaux sassanides qui en ont fourni les modèles.[212] »

Widengren, dans ses « Recherches sur le féodalisme iranien », ajoute les détails suivants :

> « La compagnie était composée de 100 hommes, Cyrop. II, 1, 25, et ainsi, formée de deux cinquantaines. Dans les papyrus d'Éléphantine se trouve le terme technique pour la compagnie, qui est « drapeau », « enseigne », [...]. Ce mot araméen [...] correspond au mot iranien *drafsa*, qui s'est encore maintenu sous les Sassanides comme désignation d'un détachement militaire, en moyen-persan, *drafs*. En Arménie, nous trouvons aussi le terme correspondant *draws*, qui pourrait déjà être un terme parthe, tout particulièrement si l'on tient compte des tendances conservatrices dans la terminologie militaire. Cowley, le dernier éditeur d'une part des papyrus d'Éléphantine n'a

---

209 Dehkhodâ, *LN, s. v.* « *derafsh* ».
210 Dubois, *Lexis*, Paris, Larousse, 1975, s. v. « *vexille* ».
211 *Dict. lat.-fr. Gaffiot*, Paris, Hachette, 1934, s. v. *vexillum*.
212 Christensen, *Ir. Sassanides*, pp. 210-211.

pas essayé de déterminer le nombre de soldats qui forment une compagnie, [...]. Cependant, il existe dans ces textes, un autre terme, [...], centurie, qui évidemment, correspond à la compagnie, [...] = *drafsa*.²¹³ »

Il semble que le derafsh ait bien été, à l'époque sassanide, et probablement à l'époque parthe, un enseigne de guerre. La description correspond apparemment à celle fournie par Dehkhodâ : un drapeau suspendu au bout d'une lance et que l'on portait au-dessus de la tête des généraux au moment de la bataille. L'étendard de Kâveh, bien qu'improvisé, comporte les mêmes caractéristiques essentielles : la lance soutenant le drapeau. Il est possible que ces éléments constituaient les enseignes des sociétés guerrières parthes, à l'origine, avant d'être adoptés par les Sassanides qui auraient hérité de leurs structures militaires. À ce propos, Widengren suppose que « *drafsa*, bannière utilisée comme symbole liturgique », pourrait être d'origine parthe ; il s'agit bien entendu du même mot qui servait à désigner le « symbole cultuel utilisé par les sociétés masculines »²¹⁴. Peut-être que cette enseigne assumait, avant d'être utilisée en tant que signal de ralliement militaire, une double fonction, c'est-à-dire rituelle au sens religieux du terme puis guerrier.

Dans son *Firdousi et l'épopée nationale*, Massé emploie, pour désigner l'étendard de Kâveh, le mot « palladium »²¹⁵ qui, bien que n'ayant pas de parenté avec le derafsh du *Shâhnâmeh*, paraît à même d'exprimer l'idée de sauvegarde et de conservation d'une ville ou d'un état par un objet symbolique.

L'équivalent de l'étendard, en arabe, est le terme *alam* :

> « 'ALAM », plur. 'alam, « poteau indicateur », « drapeau », s'emploie dans ce dernier sens concurremment avec l'arabe *liwa*, *raya*, le persan *band*, *dirafsh*, et le turc *bayrak* = *liwa*, *sandjak* ; cf. SANDJAK, et comp. Avec le lat. *signa*. [...] En épigraphie, une inscription de Kayt bay met en balance les mots : *sayf* et *kalam* avec *band* et *'alam*, ce qui semblerait indiquer que le premier terme correspondrait à un étendard militaire, le second à un drapeau religieux.²¹⁶ »

Pour le terme turc :

> « SANDJAK », « drapeau », « étendard », « bannière » (ar. *liwa*), surtout de grandes dimensions (plus important que le *bayrak*, ar. *raya* ou *'alam*) et pouvant être planté dans le sol ou arboré d'une façon permanente sur un monument ou un bâton. [...] (en pers.) d'après le *Burhani kati*, il signifie ou a signifié « drapeau, grande épingle en métal destinée à maintenir sur la tête une sorte de coiffe de femme ; sorte de ceinture. » En persan moderne

---

213 Widengren, *Féodalisme*, pp. 161-162.
214 Widengren, *Religions Ir.*, p. 328.
215 Massé, *Firdousi*, p. 105.
216 *EI²*, *s. v.* « 'Alam » (J. David-Weill).

> *sandjak* a simplement le sens d'« épingle », par opposition à « aiguille » (Cf. Nicolas, Dict. fr. –pers. au mot épingle »). Freytag a pris *sandjak* pour un mot persan et les Turcs encore aujourd'hui lui conservent l'orthographe qu'il a en persan (*s-n-dj-a-k*) [...]
>
> On remarquera qu'en persan *direfsh* « drapeau » signifie également « pointe » (voir Vullers) [...] Le suffixe *–ak*, avec sa tendance à désigner des noms de lieu (ce qui convenait mieux à un drapeau fixe, ou pouvant se fixer), semble avoir prévalu de très bonne heure.
>
> Les détails étymologiques qui précèdent, sans exclure l'explication de sandjak par « lance à drapeau » (c'est celle de Kalkashandi qui emploie le mot *rumh*) rendent plus probable l'explication par « drapeau à hampe pointue par en bas ».[217]

L'étendard national

Nous avons choisi de désigner la présente section par ce titre pour essayer de mettre fin à une ambiguïté qui se pose dès qu'il est question de la nature même de l'étendard kavyen. Ainsi, quand Christensen intitule son article sur Kâveh, d'après la traduction de J. M. Unvala, « The Smith Kâve and the anncient Persian Imperial banner », il présuppose que le drapeau en question est bien celui des rois de Perse, et que « étendard de Kâveh » et « étendard royal » ne font qu'un. Dans les différentes études qu'il consacre à la question, il s'applique à déterminer la forme qu'aurait dû avoir cette enseigne et, bien entendu, il s'agit là de la forme du drapeau royal sassanide décrit essentiellement par les chroniqueurs musulmans rapportant la bataille de Ghâdessiyeh, quand ce symbole de la pérennité de l'empire tombe aux mains des Arabes.

La rectification de l'équivoque pourrait être la suivante : l'étendard qui fut, d'après la tradition légendaire, nommé par Faridoun « étendard kavien », était, à l'origine, un étendard à caractère nationaliste et non pas royal comme sa désignation tardive voulait le laisser entendre (kavien = royal). Que la légende ait conféré au drapeau de Kâveh, ou de ce que ce nom « représentait » dans l'esprit national, le titre *kâvyâni* « royal », cela avait sans doute pour but d'identifier « nationalisme » et « royauté », et de tirer de cette identification une sorte de « légitimité » attribuée « ultérieurement » par le peuple à la monarchie. Le fait même que la tradition épique du Khvadhâynâmagh sassanide fasse remonter la création de l'étendard au temps du mythique Faridoun indique que cette enseigne n'appartenait pas à un roi en particulier ; il est seulement mentionné que ce qui constituait le support « originel » du drapeau (le morceau de cuir

---

217 *EI*[I], *s. v.* « Sandjak » (J. Deny).

porté au bout d'une lance) fut orné par les souverains successifs d'or, de tissu et de pierreries, de sorte qu'il avait atteint, à l'époque de l'invasion arabe, des dimensions imposantes. De même, quand l'auteur fait allusion au forgeron mythique en le considérant comme celui qui, au lieu d'avoir « donné » son nom au fameux drapeau impérial sassanide, le lui aurait, en réalité, tout simplement « prêté », pour justifier l'appellation « kavyen », il ne fait pas allusion, par contre, à « l'origine même » de ce qui devint plus tard l'étendard « légitimiste » des Sassanides. Dans le même article, il considère que « la bannière de cuir ornée de pierres précieuses tire son origine des rois parthes » et qu'elle fut récupérée par leurs vainqueurs sassanides.

> « The tradition, that the imperial banner pertained to the insignia of the great king, goes back to the Achaemenian time, but the leather-banner adorned with precious stones, direfsh-i-kavyan, originates presumably from the Parthain kings – it must have been brought from their norther land and it was afterwards taken up by the Sassanians.[218] »

Mais cet argument explique-t-il qu'un seul et même étendard ressemblant aux enseignes parthes ait été adopté par les Sassanides et transmis s'un souverain à l'autre comme gage de légitimité de leur règne ? Le texte du *Shâhnâmeh* évoque la revendication du droit de porter le derafsh kavyen par des généraux de l'armée iranienne ; ce trait se retrouve aussi dans certaines chroniques de l'Iran islamique, ce qui démontre le caractère nettement nationaliste du drapeau obéissant à une « logique populaire ». Dans son étude sur le drapeau iranien, Nayyer Nouri fait la différence, dans le *Shâhnâmeh*, entre le derafsh kavyen et le derafsh impérial :

> « Le derafsh kavyen, contrairement aux autres derafsh qui étaient de caractère personnel, était le derafsh national des Iraniens, et le derafsh impérial était toujours distinct du derafsh (ou akhtar) kavyen. [...]
>
> Quand le roi ne participait pas personnellement au combat, il arrivait que le derafsh kavyen accompagne l'armée iranienne et c'est là la meilleure preuve que le derafsh kavyen n'était pas le derafsh impérial.[219] »

Nous partageons un tel point de vue et, contrairement à l'opinion de Christensen :

> « La tradition nationale fait grand cas du forgeron Kâvagh, qui s'insurgeait contre l'usurpateur Dahagh (le Dahaka des Yasts) et il hissait son tablier de cuir sur une lance, ce qui fut l'origine du drapeau de l'empire sassanide, appelé le drafs e kavyan, « drapeau de Kâvagh ». Cette légende née d'un malentendu,

---

218 Christensen, *Kâveh*, p. 39.
219 Nayyer-Nouri, *Beyragh*, p. 19. C'est nous qui traduisons.

la vraie signification du nom de drafs e kavyan étant « le drapeau royal », est inconnue dans la tradition religieuse.[220] »

nous pensons que la légende de la révolte de Kâveh n'est pas née seulement pour justifier l'appellation du drapeau impérial sassanide, mais qu'elle a servi de « support » au caractère nationaliste du derafsh kavyen, ce dernier point n'ayant plus rien à voir avec la lignée des derniers souverains préislamiques iraniens.

Nous avons procédé à ce développement sommaire essentiellement pour poser la distinction entre « national » et « impérial » quand il s'agit de qualifier le derash légendaire du *Shâhnâmeh*. Christensen se place tout à fait dans notre optique quand il affirme que « le premier roi sassanide a créé un vrai État national iranien, ayant pour symbole d'unité l'ancien drapeau de Kâvê. Et c'était là, peut-être, – malgré l'esprit de domination qui allait se manifester dans le clergé – la contre-balance la plus forte contre les tendances éventuelles de désorganisation »[221].

Nous allons procéder, à présent, à un relevé des différentes relations permettant une appréciation de la fortune légendaire du derafsh kavyen.

L'une des trois relations de Tabari, citée par Christensen, rapporte que Kâveh « hissa un sac en cuir (*jirab*) au bout d'un bâton qu'il avait en main, et engagea le peuple à combattre le tyran :

> « And as Kaveh became victorious, men came to look upon this banner as a sign of good omen and respected it, and it beacame with the Persian kings the greatest banner, on which they sought blessing, which they called *Dirafsh-i-Kabian* (note 1 : Tabari has the Arabicised form Kabi (comp. Arab. *Qubad*, Phl. *Kavadh*), and which they did not send out, except when they had important affairs in view.[222] »

S. Nafisi cite, du même chroniqueur

> « Muhammad b. Djarir al-Tabari, dans *Ta'rikh al-Rusul wa'l Muluk* (ed. Leyden, I, p. 2175 ; ed. Caire, 1326 H., IV, p. 67), rapporte, dans la guerre de Marwaha, en l'an 13 h, entre les Iraniens et les Arabes : « *tchon Bahman Djadhuya pish âmad,* « *Derafsh-e Kâbiyân* », *râyat-e Kasrâ bâ ou boud va ân az pousthâ-ye palang boud bâ hasht dhara' derâzâ* ».
> Ainsi le Derafsh-e Kâviyân, du moins à l'époque de Yazdgerd et dans cette bataille, aurait été fait de plusieurs peaux de panthère et aurait mesuré près de quatre mètres de largeur (1 dhera = à peu près 50 cm.) et six mètres de longueur.
> Tabari rapporte, dans la bataille de Ghâdessiyê, après la mort de Rostam Farrokhzâd : « *Dirâr b. Khattab derafsh-e kâviyân râ gereft va ân-râ be si-hezâr dâd va bahâ-ye ân hezâr hezâr o devist hezâr boud* ».

---

220 Christensen, Kay*anides*, p. 43.
221 Id., *L'Empire des Sassanides*, p. 78.
222 Id., *Kâveh*, p. 28.

Ainsi, le Derafsh aurait été vendu par Dirar b. al-Khattâb au prix de trente mille dirham (...) alors qu'il aurait valu un million et deux cent mille dirham.

Ailleurs Tabari rapporte, à propos de l'histoire de Beivar-asp et Afridoun, sur le derafsh (ed. Caire, I, p. 99) : « *in lavâ hamvâre dar khazâne-ye pâdeshâhân-e Fârs boud va tchenân-ke be mê raside-ast, az poust-e shir boud va pâdeshâhân-e Fârs ân-râ az zar-o dibâ poushânde boudand zirâ ke ânrâ shogoun* (= bonne fortune) *midânestand*.[223] »

Le traducteur persan de Tabari, Bal'ami, n'ajouterait rien de nouveau à la relation précédente sinon que le forgeron aurait hissé son tablier au bour d'une hampe, comme c'est le cas chez Ferdowsi. Il existe une autre version du récit, selon le même auteur, où c'est le turban de Kâveh qui est porté au bout d'un bâton[224]. Nous citons ici Christensen qui établit un exposé sommaire des différentes chroniques :

> « Mas'udi (died 956) touches this episode very shortly in his *Muruj-ed-dahah* (ed. Barbier de Meynard II, pp. 251 – 252), but without mentioning Kaveh ; it is only said, that the Persians rose against Dahak, took Feridun as their leader, hoisted a banner of leather, which they called *Direfsh-i-kavyan* (note 2 : In the text ; *Kawan*.) [...]. In Mas'udi's *Kitab-et-tanbih* (Bibl. Geogr. Arab. VIII, p. 86, Carra de Vaux's transl., pp. 123 – 125) Kaveh's revolt is mentioned in accordance with the statement of Tabari ; only Kaveh is made here a shoemaker, a variation, which is presumably based on this, that the Persian word *direfsh* can have besides the meaning « banner » also the meaning « shoemaker's awl ». It is only said, that Kaveh took as a signal for rally a banner of leather. [...] *Mutahhar ibn Tahir el Maqdisi* in his *Kitab el ba'da wa't-ta'rikh* (written 966 A. D. ; Le Livre de la création et de l'histoire, publié et traduit par Cl. Huart, III, Arab. Text., p. 143, transl. P. 148) put Mihrgan in connection with these events, but thus, that it was on this day that Feridun chained Dahak on Demavend after Kaveh's revolt and the hoisting of the banner.
> Tha'alibi (died 1038) mentions these events in detail in his *gurar akhbar el muluk el furs wa siyarihim* (Hist. des rois des Perses, publ. et trad. par H. Zotenberg, p. 26 seq.). His description is elegant, polished and well-rounded, in as much as the sources are partly worked out together [...]. Thus the Kaveh-episode is better founded in his work than in other contemporary sources, and naturally inserted in the description of the fight between Feridun and Dahak. [...] (Kaveh) hoisted his apron-skin on a pole and asked the masses, who were hastening to him, to overthrow the tyrant and set up Feridun in his place. [...] Thereafter Feridun presentend Kaveh and his son Karen with robes of honour, and bestowed on them tokens of honour, riches and property, and caused the leather-banner to be embroidered with gold and studded with precious stones. This victorious standard was called *Direfsh-i-Kavyan*, and the later kings vied with one another in adorning it with the best jewels, and had it carried before them in battles, and entrusted it only to

---

223 Nafisi, *Derafsh*, pp. 12b-13a.
224 Christensen, *op. cit.*, p. 29.

the commander-in-chief ; after the end of the war it was again delivered over to the treasurer, who had the order to keep watch over it.

Kaveh and the imperial banner are further mentioned by *Ibn Maskuyeh (Maskaweih)* and then by *Abul'l-Fida Yaqut, Qazwini, Hamdullah Mastawfi* and others, but these later sources repeat only the reports of their fore-runners with more or less minuteness of detail.[225] »

Nous complétons ces données par celles qui se trouvent dans l'étude de S. Nafisi[226] :

« Abu Sa'id 'Abd al-Hauy b. al-Dahhak Gardizi rapporte, dans son *Zayn al-akhbar* (Ms. Cambridge, f ° 3 b.) :

« *Kâve biroun âmad va ân pish-band-i ke âhan-garân râ bâshad andar sar-e tchoub-i kard [...] (Âfaridoun) Kâve râ gerâmi kard va ân poust-râ Derafsh-e Kâvyâni nâm kard va farmoud tâ dar-e khazine begoshâdand va mâl-e besiyâr be-d-ân ghowm dâd va zar-o djavâher-e besiyâr bar ân derafsh be kâr bord va ân derafsh râ molouk-e adjam sakht bozorg dâshtandi, ke har djây bar ân derafsh rouy nahâdandi firouz bâz âmadandi va har kas andar ân tchizi hami afzoud, az djavâher bish bahâ, tâ be rouzgâr-e* (Omar b. Khattab) (etc.)

« Sharaf al-din Fadl Allah b. 'Abd Allah Husayni Kazwini, dans *Kitab al-Mu'djam fi Athar Muluk al-'adjam* connu sous le nom de *Ta'rikh i Mu'djam* rapporte :

« *Faridoun ân poust pâre ke Kâve bar sar-e tchoub nasb karde boud befarmoud tâ dar zar gereftand va be djavâher-e nafis az yâghout români va la'le badakhshâni va zomorrod-e âs-rang va la'âli-ye motala'lâ morassa' kardand va Derafsh-e Kâve be ân nâm nahâdand va goft in râyat farr-e homâ-ye nosrat va âsâr-e pirouzi va zafar dârad... va molouk-e Fors ân râyat râ be fâl dâshtand va mohâfazat-e ân râ fakhr-i tamâm va mansab-i bozorg shomordand va entesâb-e ân-râ dar masâf-gâh mowjeb-e fath va nosrat shenâkhtand va tâ aknoun dar khazâne-ye Yazddjerd-e shahriyâr ke âkher molouk-e adjam ast mânde boud va tchon ou koshte shod va mansab-e emârat va masnad-e khelâfat be shokouh-o heshmat-e 'Umar b. Khattab b. Nafil [...] zinat gereft be ehzâr-e ân râyat mesâl dâd va tchon hâzer kardand ta'adjjob namoud az besiyâri-ye djavâher-e nafis ke dar ân ta'biye karde boudand, goft har kas nosrat az poust pâre-ye âhan-garân djouyad be âhan-i gerân koshteh shavad tchenân ke yazddjerd koshte shod.* »

Abou 'Ait Ahmad b. Muhammad Miskawaih, dans *Tadjarib al-Umam* (Gibb Memorial, I, p. 12) :

« *... tchon az in Kâbi bar do pesar-ash az ân tche raside boud zâri bar khâst, tchoubi râ bar gereft va gerdâgerd-ash khordjini tcharmin biyâvikht va gouyand ke vey âhan-gar boud va ân-tche âvikht sofre-i boud ke az âtash khod râ panâh midâd va ân derafsh gharâr dâd va mardom râ be peykâr-e Beyvar-asb khând va gorouh-e besyâr ou râ edjâbat kardand zirâ ke dar balâ va setamhâ-ye farâvân boudand va kâr-ash bâlâ gereft va nirou gereft va irâniyân in derafsh-râ be fâl-e nik migereftand va ân-râ bozorg*

....
225 *Ibid.*, pp. 29-31.
226 Nous traduisons le texte de l'auteur, les citations seront transcrites.

midâshtand va bar ân afzoudand va pas az ân djavâher-neshân kardand tâ ândjâ ke pâdeshâhân-e Irân ân-râ derafsh-e bozorg-e khod sakhtand va ân-râ shogoun migereftand va « Derafsh-e Gabyân » minâmidand va ân-râ djoz dar kârhâ-ye bozorg be kâr nemibordand. »

Husayn b. Muhammad b. Hasan Diyabikri, dans *Ta'rikh al-khimis* (ed. Caire, 1238 H., I, p. 75) reprend à peu près les mêmes propos que Miskawaih et lui aussi a enregistré le nom de Kâve sous la forme de Kâbi et le derafsh sous la forme Derafsh-e Kâbyân.

Le chroniqueur Abu l-Fidâ' (ed. Caire, 1286 H, I, p. 42) reprend aussi, sans aucune modification, le rapport de Abu 'Ait Miskawaih et emploie les termes « Gâbi » et « Derafsh-e Gâbyân ».[227] »

L'auteur reprend la relation de Bal'ami, telle que l'a citée Christensen, et il est encore question de la bonne fortune que le drapeau attirait aux rois lors des campagnes, et de sa fin entre les mains de Omar b. Khattâb qui préleva les pierres précieuses qui l'ornaient et fit brûler la peau en cuir. Dans les *Prairies d'or* de Mas'udi (ed. Paris, III, p. 251 ; ed. Caire, 1346 H, I, pp. 307 – 308), il cite un commentaire étymologique quant au mot *derafsh* :

« *derafsh* signifie, en perse pelevi qui est le perse ancien, *râya, mitrad* et *'alam*. En langue arabe, *mitrad* signifie à la fois « lance » et « javelot » et *râya* et *'alam* signifient tous les deux *derafsh* ou *bayrak*.[228] »

Pour les autres chroniqueurs :

« Abu 'Abd Allah Muhammad b. Ahmad b. Yusuf Khwarazmi al Katib, dans *Mafatih al-'ulum* (ed. Leyden, 1895, p. 115) :
« *derafsh-e mo'arrab, derafsh-e kâbyân ast va derafsh 'alam ast va nâme mard-i ke bar Dahhak biroun âmad tâ in-ke Afridoun ou râ kosht Kâbi boud va 'alam-e Kâbi az poust-e khers boud va niz gouyand az poust-e shir va pâdeshâhân-e Irân be-d-ân shogoun dâshtand va ân-râ az zar poushânde va az goharhâ-ye gerân-bahâ goharâgin karde boudand.* »

Dans *Al Bida' wa'l Ta'rikh* (ed. Paris, I, p. 132), Mutahhar b.Tahir Makdisi fait aussi une description du derafsh kavyen et affirme qu'il était fait, à l'origine, de peau de veau ou de lion et que par la suite les Iraniens le firent d'or et de tissu à fil d'or.

Abu al-Rayhan al-Biruni, dans *Athar al Bakiya* (ed. Leipzig, 1923, p. 222), à propos de la fête du Mehregân :

« *mipendârand in-ke in-rouz râ makhsousan bozorg midârand az ân ast ke dar in rouz mojde dâdand be mard-i ke khabar-e biroun âmadan-e Âfridoun râ shenidand pas az ân-ke Kâbi bar Zahhak-e Beyvar-asf tchire shod va ou-râ rand va Âfridoun-râ khând va Kâbi ân kas-i-st ke pâdeshâhân-e Irân 'alam va râyat-e ou-râ shogoun mindâshtand va ân az poust-et khers boud va niz*

---

227 Nafisi, *Derafsh*, pp. 9b-12b.
228 *Ibid.*, p. 150.

> *gouyand az poust-e shir va ân-râ Derafsh-e Kâbyân minâmand va sepas ân-râ be gohar va zar gohar-neshân karde-boudand* ».[229] »

L'auteur cite ensuite Tha'alibi qui n'apporte rien de nouveau aux données précédents, puis Mas'udi dans son *Kitab al-Tanbih wa'l Ishraf* (ed. Leyden, 1894, p. 86 et ed. Caire, 1357 / 1938, pp. 75 – 76), qui emploie, pour désigner le derafsh kavyen, « le derafsh de cordonnier »[230].

C'est avec Ibn Khaldun, dans son *Mukaddima* (chap. 'Ulum al-Sihr wa'l Tilismat), qu'un nouvel élément apparaît : le derafsh aurait comporté une « table magique » composée de « cent cases à chiffre tissées d'or sur la position des arstres », ce qui aurait conféré à l'armée la victoire dans les guerres :

> « *târikh-nevisân âvarde-and ke Derafsh-e Kâvân ke râyat-e Kasrâ boud bar ân djadval-e sehri sad khâne-ye adadi boud ke bâ zar bâfte boudand dar ozâ'e âsmâni va ân-râ barâ-ye in djadval rasad karde boudand va rouz-e koshte shodan-e Rostam dar Ghâdessiye bar zamin oftâde yâftand ba'd az ân-ke mardom-e Irân shekast khorde boudand va parâkande shode boudand va ân tchenân ke ahl-e telesmât va djadval-hâ mipendârand makhsous-e firouzmandi dar djanghâ boude-ast va ân derafsh-i ke in dar ân boude ast yâ bâ ân boude mibâyast aslan shekast nakhorad magar ân-ke be yâri-ye Khodây va imân-e peyrovân-e payâmbar [...] tchenin pish-âvarde ast va be-d-in goune har sehri ke baste boudand az miyân raft va be djâ namând va har-tche karde boudand bâtel shod.*[231] »

Dans la relation d'Ibn al-Athir (ed. Caire, 1290 H., II, p. 204), il est seulement question du prix auquel Darar ibn al-Khattab acheta le derafsh kavyen[232].

Abu 'Ait Ahmad ibn 'Umar b. Rustah, dans *Kitab A'lak al-Nafisah* (Leyden, 1892, p. 196) :

> « *nokhostin kas-i ke 'alam bar-dâsht Kâbi boud hengâm-i ke âhang-e Beyvar-asp kard va in kherghe-ye sorkhi boud ke ân-râ bar tchoub-i siyâh bast pas barâ-ye Beyvar asb bar harir-i baste shod bar sourat-e darande-i va ân-râ bar ney bar-afrâshtand va ân Derafsh-e Kâbyân ast* ».

> Le « *khirkah* » auquel Ibn Rustah fait allusion signifie, à l'origine, en langue arabe, un « lambeau de chiffon » et son sens le plus récent est un « manteau de soie » ; Ibn Rustah semble avoir voulu signifier le premier sens.[233] »

En se fondant sur la relation de Ibn-Khaldun, S. Nafisi considère que la figure talismanique qui aurait été tracée, à l'aide de motifs astrologiques, sur le drafsh kavyen, justifierait que dans certains passages du *Shâhnâmeh*,

---
229 *Ibid.*, pp. 15b-16a.
230 *Ibid.*, p. 16.
231 *Ibid.*, p. 17a.
232 *Ibid.*, p. 17.
233 *Ibid.*, p. 17b.

l'étendard soit désigné par *akhtar-e kâvyân* « astre kavyen »[234]. Il ajoute que, comme les anciens étendards de l'Iran portaient différentes figures d'animaux, les chroniqueurs auraient imaginé, à les voir, qu'elles étaient tracées sur les peaux des bêtes représentées, ce qui provoque la confusion quant à déterminer la nature du derafsh. Voici sa description du derafsh kavyen, d'après le livre de Ferdowsi :

> « On peut affirmer que le derafsh-e kâvyâni avait un fond tissé d'or et incrusté de pierres précieuses et portait au bout de sa hampe une représentation de la lune ; des étoffes rouges, jaunes et violettes en flottaient et le tissu du drapeau était de soie et portait aussi l'image du soleil.[235] »

Plus loin, il reconnaît, à partir d'une description des enseignes de différentes compagnies de l'armée iranienne, que le derafsh national portait une figure de « dragon » qui est aussi l'emblème de Rostam, d'où les qualificatifs récurrents du drapeau comportant la composante *Ajdahâ* « dragon » : *ajdahâ-paykar*, *ajdahâ-fash*, « portant la figure du dragon ». Le héros légendaire avait pour enseigne le dragon qui est aussi, comme nous l'avons vu auparavant, le symbole des sociétés guerrières aryennes. S. Nafisi pense qu'il s'agit du « dragon ailé » qu'il désigne par *ajdahâ-ye bâl-dâr* :

> « Dans le *Shâhnâmeh*, il est partout indiqué que la figure du derafsh de Rostam était le dragon ; la raison en est que cette créature avait une place privilégiée dans les légendes iraniennes. L'artisanant sassanide connaissait ce motif qu'il reproduisait indifféremment sur la vaisselle en argent, sur les tissus et sur la pierre.[236] »

À présent, nous souhaiterions effectuer quelques rapprochements entre ces données des chroniqueurs islamiques et des éléments de la tradition pré-islamique en Iran.

Avant tout, la description qui fait état de la couleur rouge renvoie probablement à la fonction guerrière :

> « Le fait de revêtir une robe céleste a également un parallèle important : aux Indes, l'âme est parée, par les Apsaras, comme Brahma lui-même ; elle reçoit donc la robe de Brahma, le manteau cosmique. En Iran, ce manteau cosmique est la tenue de Vayu ; il brille d'un éclat rouge et s'orne de pierres précieuses couleur d'or et d'argent ; c'est le vêtement de la caste guerrière.[237] »

Nous pensons à la relation d'Ibn-Rustah qui fait état d'une toile de couleur rouge hissée au bout d'une hampe noire. La couleur noire évoque les sociétés guerrières masculines, dont le drapeau est sombre et « porte

---

234 *Ibid.*, p. 19a.
235 *Ibid.*, p. 21.
236 *Ibid.*, p. 25.
237 Widengren, *Religions Ir.*, p. 56.

l'emblème du dragon, à moins qu'il n'affecte lui-même la forme d'un dragon »[238] :

> « Dans le *Fârsnâmah* (éd. Nicholson, p. 36 : 12 ss.), où il est raconté que Farîdûn a institué la fête de Mihragân le jour de l'enchaînement d'Azdahâ [...], il est dit : « son arme était la massue noire à tête de taureau ». C'est non seulement l'arme en elle-même qui rapproche Farîdûn de la société masculine, mais, plus spécialement encore, la couleur noire.[239] »

Nous avons également remarqué que l'armée sassanide arborait une sorte de vexille rouge pour donner le signal de l'attaque. L'or et les pierreries qui embellissaient le derafsh se retrouvent sur le manteau cosmique de Vayu. Il est possible que le derafsh kavyen, à l'origine, ne comportait qu'une peau de couleur sombre attachée au bout d'une lance et que les ornements ne seraient ajoutés que par la suite, d'après les normes des traditions militaires.

Le dragon est un autre élément qui mérite d'être relevé. Selon Widengren toujours, « plus tard, dans l'est de l'Iran, les guerriers porteront un heaume qui les fera ressembler à des dragons. Ce sont là des traits chtoniens et inquiétants »[240]. Nous ne savons pas, par contre, si ces dragons avaient quelque ressemblance avec le dragon ailé mentionné par S. Nafisi, cet être mythique que Godard et Ghirshman nomment dragon-paon et que le premier considère comme la « signature de l'Iran sassanide »[241]. Sarre le décrit ainsi :

> « L'une des figures favorites de l'art sassanide est ce dragon-paon à tête de carnassier, pattes de lion, ailes et queue de paon relevée, qui est sans doute une habile dérivation du classique hippocampe, le cheval de mer. Le manteau de Khusrau II en offre un échantillon dans une couronne de feuillage.[242] »

L'Avesta le nomme *senmurv* et l'associe à Verethraghna[243]. J. Orbelli, dans *Survey of Persian art*, fournit un commentaire précis de cette figure :

> « The senmurv [...] is a favourite motif of the (Sassanian) period, not only in metal ornament, but also in stucco decoration and textile design. It is a strange creature, long-nosed, lion-clawed, bird-tailed, in deference to its triple nature (described in the Avesta and the Bundahish), which combined elements from the dog, a bird, and a musk animal. This hybrid represented a cosmic concept, connected, on the one hand, with the three heavens, on the other with the agricultural function of spreading fertility by scattering the seeds of one cosmic tree ; and it was in general a beneficient force, destroying, for

---

238 *Ibid.*, p. 41.
239 *Ibid.*, note 7.
240 *Ibid.*, p. 41.
241 Godard, *L'Art de l'Iran*, p. 246.
242 Sarre, *Art P. A.*, p. 43.
243 ZA², Bahrâm Yasht, 15 : 41, p. 242.

example, evil serpents. [...]. Possibly the great popularity of the senmurv in Sasanian design was due to its association with Verethraghna, the favourite hero of the period.[244] »

Ghirshman considère cet animal comme une sorte de génie « intermédiaire entre l'homme et les puissances supérieures »[245]. Dans le bestiaire de l'emblématique de cette période, « chaque animal pouvait symboliser une divinité bienveillante ou se trouver en liaison avec le symbolisme héradique de la société sassanide »[246].

Nous pensons qu'il est fort possible que le dragon-paon ait été représenté sur le derafsh kavyen, en raison de son incarnation des vertus guerrières et de cette fonction d'intermédiaire qu'il devait assumer. Nous savons aussi, d'après le *Shâhnâmeh*, qu'il est « l'oiseau-génie, gardien de Zâl et de Rostam »[247], ce qui le met en rapport avec les sociétés d'hommes aryens et les confréries militaires. Un autre aspect qui mérite d'être retenu est l'association du derafsh avec le concept de « farr », qui se retrouve aussi chez cet être fabuleux. Le livre de Ferdowsi représente souvent l'étendard national comme « doué de farr » ; le Simorgh, initiateur de Zâl, « en quittant le jeune homme, [...] lui donne une de ses plumes ; en un moment de détresse et de danger, s'il lui arrivait d'avoir besoin du secours de l'oiseau, il n'avait qu'à brûler (une partie) de cette plume, pour voir approcher l'être splendide (« *bebini ham-andar-zamân farr-e man* ») »[248].

Selon Büchner, le *saena - murgh* « oiseau + l'équivalent en nouveau persan de *sen* Phl. *saena* Av. = *simurgh* ; « sen » et « saena » désignant probablement un « grand oiseau de proie ». Dans l'Avesta il « peut correspondre, à l'origine, à l'un de ces êtres en forme d'oiseau de la mythologie aryenne »[249]. Le derafsh kavyen matérialisant la notion de la légitimité monarchique, il allait de soi que le *Shâhnâmeh* le considère comme un « lieu » d'où rayonnerait l'aura magique qui devait envelopper les rois.

D'après les sources islamiques, le derafsh était fait de la peau d'une bête mais les chroniqueurs ne s'accordent pas sur l'animal même. Nous pensons que seule une représentation « hybride » d'un être pouvait provoquer une telle confusion, en l'occurrence le Simorgh, et nous ne croyons pas, comme

---

244 Orbelli, « Sasanian and Early islamic Metalwork » in Pope, *S. Per. A.*, pp. 737-738. Cf. aussi *EI¹*, s.v. « Simurgh » (V. F. Büchner).
245 Ghirshman, *PS.*, p. 228.
246 *Ibid.*, p. 200.
247 *EI¹*, s.v. « Simurgh », p. 445a.
248 *Ibid.*, p. 445.
249 *Ibid.*, p. 446a.

S. Nafisi, qu'elle ait été provoquée par une association de la « figure » avec la « matière » de l'enseigne.

Bien entendu, toutes ces données relèvent de l'imagerie sassanide qui aurait laissé son empreinte sur le support initial du derafsh kavyen. Il est sans doute plus aléatoire de déterminer avec précision ce qu'était l'étendard au moment où il a été créé, avant de devenir une propriété exclusivement royale.

Les autres relations rapportées par S. Nafisi sont rédigées plus ou moins dans les mêmes termes que celles que nous avons transcrites. L'auteur évoque l'article « *Akhtar-e Kâvân* » dans le *Borhân*, sous lequel on peut lire que le derafsh, que ce mot désigne, était composé d'une pièce de cuir que le forgeron Kâveh attachait à sa taille au moment du travail de la forge. Un sage, expert dans « l'art des talismans » (*ulum-i tilismat*), y avait dessiné une figure à « cent-sur-cent » (*shekl-e sad-dar-sad*) et d'autres prétendaient que cette forme était le résultat des brûlures imprimées par le feu sur le tablier ; elle avait pour vertu d'accorder la victoire dans les batailles[250]. Toujours dans le *Borhân*, sous l'article « *Kâvâni-Derafsh* », il est question d'une peau de panthère ou de bouc que Kâveh portait à la taille et qui assurait la victoire dans les combats. On rapporte qu'un sage, dans la ville d'Ispahân, (*Safahan*), y traça une « figure à cent-sur-cent dans une heure fortunée » (« *hakim-i dar Safahan, sad-dar-sad-i be sâ'at-e sa'd bar ân kashide boud* »)[251]. Dans son *Lughat-i Shahname*, 'Abd al-Kadir Baghdadi rapporte aussi ce dernier trait de la légende et mentionne la figure magique dessinée sur le drapeau[252].

L'article de H. Nayyer-Nouri n'ajoute rien de particulier à l'étude de S. Nafisi quant à la figure du derafsh. Nous ne savons si le seul recours au texte du livre de Ferdowsi permet de déterminer la forme de l'étendard, les descriptions qu'en donne le *Shânâmeh* étant surdéterminées par les critères esthétiques et idéologiques des derniers temps préislamiques en Iran. Ainsi, les bandelettes flottantes utilisées dans l'iconographie sassanide pour traduire l'idée de l'immatérialité se retrouvent dans les passages signalant le derafsh (« *biyâvikht az-ou zard-o sorkh-o banafsh* ») ou bien il y est fait état de la profusion de l'or et des pierres précieuses qui rehaussent son éclat. Ce dernier point trouve sa réplique dans les « trésors » des rois du *Shâhnâmeh*, dont le trône Tâghdis pour citer un exemple étudié dans ce travail. Il était de coutume, selon toute apparence, que les souverains

---

250 Nafisi, *Derafsh*, p. 34a.
251 *Ibid.*, p. 34.
252 *Ibid.*, p. 35a.

successifs recouvrent de tels objets, auxquels ils rattachaient la grandeur de leurs règnes, d'or et de matières précieuses, et le derafsh kavyen faisait bien partie des trésors royaux :

> « Les merveilles qu'a possédées Khusrô II est un des thèmes favoris des auteurs arabes et persans (qui) énumèrent douze merveilles de Khusrô, parmi lesquelles on trouve le palais de Ctésiphon, le drapeau de Kâvagh »[253].

> « (les souverains) le faisaient porter devant eux dans les batailles et ne le confiaient qu'au commandant en chef d'entre leurs généraux ; après la guerre heureusement terminée, ils le rendaient au trésorier chargé de le garder.[254] »

> « On peut comparer la description de Firdausi : le drafsh î kâvyân avec la couronne étaient du nombre des insignes royaux ; en temps de guerre il était placé à côté du trône du roi ; cinq môbadhs, nommés par le roi, le portaient devant l'armée en marche [...] ; et pendant le combat il était confié au meilleur champion du roi.[255] »

> « Persian poetry and music reached their highest point of development during the reign of Khusraw II Parvêz (591 – 628), Ohrmazd's son [...]. The Shâh lived in a splendid residence in Ctesiphon on the river Tigris and his court was rich in treasures and wonders of superiority. Poets celebrated his fair wife Shîrên, his black horse Shabdîz, his banner Dirafsh-i kâvayân set with gems »[256].

Il s'agit donc bien de traits propres à cette dynastie, et le livre de Ferdowsi n'est pas à même de reproduire la figure exacte du derafsh. Pour cela, il est nécessaire de la rechercher dans des périodes plus reculées de l'histoire.

Coyajee, dans son article sur Zahhâk, établit un rapprochement entre l'étendard kavyen et celui du dieu assyrien Marduk. Cette analogie est déduite de l'identification de ce dernier avec Faridoun.

> « If once experts in Iranian archaeology became convinced of the close analogy between the legends of Marduk and Feridun the way might be opened for a reconsideration of the origins of the famous « Gawiani » standard. It will be remembered that Marduk was a bull-god and that he was identified with the god Asshur (Spence, *Myths of Babylonia and Assyria*, 94). It is obvious why Asshur was symbolised and represented by a military standard consisting of a pole on which there was a disc whereon the god was depicted as an archer or strong warrior standing between two bulls (Spence, p. 208). Between the disc and the top of the pole was again a large bull's head with horns outspread. In fact the symbol had a triple representation of the bull on it and was a true « bull-banner » (Darafsh Gawiani) in every sense of the word. When we remember that the first Median King (Deiokes) imitated Assyrian architecture and court-etiquette in his country, there would be nothing surprising in Media's adopting

---

253 Christensen, *Ir. Sassanides*, p. 464.
254 *Ibid.*, pp. 503-504.
255 *Ibid.*, p. 504. Cf. aussi *Id.*, *Kâveh*, p. 36.
256 Rypka, *History of Iranian Literature*, p. 56.

> the Assyrian military symbol in at least a modified form. And, indeed, ancient tradition, as embodied in the Shahnameh does associate both the old Iranian banner (Darafsh-i-Gawiani) as well as the throne with the age of Dahak. If the banner of Asshur and Marduk corresponds in its details to the Gawiani banner of Feridun that fact might not be a merely accidental affair.[257] »

L'auteur fonde son argumentation sur le parallèle qu'il trace, tout au long de son étude, entre la figure de Zahhâk et celle du personnage historique de Deiokès, de parenté étymologique avec ce dernier. Il fait délivrer le qualificatif *kâvyâni* du mot « bœuf » (*gâv*), d'après une des lectures possibles du nom de l'étendard : *derafsh-e-gâvyâni*, ce qui évoque bien sûr le *gaush drafsha* de l'*Avesta*, mais il est supposé, cette fois, que le drapeau porte une image de bovin non sans ressemblance avec les représentations tauriques assyriennes adoptées par leurs voisins et contemporains mèdes.

A propos de la bannière « de bœuf » de l'*Avesta*, Christensen affirme que cette bannière passe pour avoir été celle de Kâveh et, dans ce cas, il aurait été fait de peau de bœuf (« bull-hide ») ; il ajoute que Bartholomae prétend, par contre (*in Air. Wb., s.v. drafsha*), que l'expression renvoie plutôt à une bannière portant une figure de taureau ou une tête de bœuf, et Christensen pense que cette hypothèse est la plus crédible[258]. Il considère aussi que ce genre d'enseigne est à rapprocher des sculptures assyriennes et décrit, à ce propos, le même étendard commenté par Coyajee sans en tirer de conclusion, bien qu'il relève un rapprochement éventuel avec la massue à tête de bœuf de Faridoun[259]. Ce qui paraît digne d'intérêt est la relation qu'il rapporte de Lucien sur les serpents comme enseignes militaires parthes et sur les bannières de dragon des rois arsacides et sassanides décrites dans la littérature gréco-romaine :

> « In *Lucian's* work « about how one ought to write history », chap. 20, it is said, that the serpent among the Parthians is the (military) banner for a great division of an army consisting of one thousand men, so far as the author remembers ; and also other passages in the Graeco-Roman literature mention the serpent or the dragon-banner of the Arsacide and Sassanian kings (note 2 : I owe the following references to Professor M. Cl. Gertz : In Flavins Vopiscus' vitu Aureliani chap. 28 Persici dracones are mentioned among booties, Aurelian brought home from his victory over Zenobia. Suida's Lexicon has three articles : INDOI, XILIOSTE and SEMEIA SKYTHIKA, wherein he mentions these dragon-banners, which he thinks of ascribing particularly to the Indian and Scythians ; it is related, that the heads of the serpents were silver, with wide open jaws and visible teeth, and the body was woven in silk and resembled in length and colour the bodies of serpents. According

---

257 Coyajee, *Cults and Legends*, pp. 253-254.
258 Christensen, *Kâveh*, p. 37.
259 *Ibid.*

to Ammianus Marcellinus XVI. 10, 7 the Romans also imported the use of these dragon-banners ; in the commentaries to this passage, this is said to have first happened in Trajan's time, and as the principle place, where the question is thoroughly treated, Justus Lipsius' writing « de militia Romana » Bk. (p. IV 267. Seq. Edit. Antwerp 1596) is mentioned. In the commentaries on Ammanus several other passages are quoted, where these Roman dracones are spoken of.).[260] »

Nous avons là une figure de dragon qui est différente du dragon-paon sassanide, aussi bien pour l'image que pour la forme. Il semble que les bannières décrites ci-dessus soient d'origine parthe ou scythe et essentiellement à caractère guerrier. Dans le livre de W. Smith, on voit une bannière de dragon correspondant plus ou moins à celles que Trajan a dû rapporter de ses campagnes. La planche illustrant cette enseigne comporte la légende suivante :

> « Exemples des innombrables emplois du dragon. Le légendaire roi Arthur le leva en l'honneur de son père, Uther Pendragon. Le *Codex Aureus* du IXe siècle en montre un spécimen utilisé en Europe Centrale.[261] »

Ainsi qu'un commentaire sur l'historique de ce symbole :

> « Il n'existe peut-être pas de drapeau de l'antiquité qui fut aussi répandu que le dragon. Avec seulement des variantes insignifiantes, de forme et d'usage, de l'antique Perse à la Bretagne, ce drapeau fut porté au combat pendant plus de mille ans.
> Construit comme une manche à air [...], en tissu léger, le dragon flottant, la gueule ouverte, se tordait et claquait à la moindre brise. Muni souvent d'un dispositif émettant dans le vent un sifflement aigu, le dragn ondulait sur les masses des cavaliers qui chargeaient, semant la terreur dans les rangs de l'ennemi et galvanisant les guerriers qui le suivaient. Importé à Rome par les légions daces, le dragon se répandit rapidement dans tout l'Empire romain.[262] »

Enfin, dans son article sur Kâveh, Christensen se pose la question sur l'existence d'une représentation « authentique » du derafsh kavyen. À cette occasion, il prend position contre l'avis unanime de Lévy, Justi et Sarre qui ont cru remarquer, sur la célèbre mosaïque de la « Bataille d'Alexandre » et sur les monnaies des princes de Perside, l'étendard national iranien du livre de Ferdowsi. Cette mise au point a été, depuis, désapprouvée et reprise par la majorité des chercheurs et on la retrouve chez Nafisi, Nayyer Nouri, dans le *Borhân* et dans d'autres ouvrages ayant traité de la question[263]. Selon Sarre (« Die altoriental ». Feldzeichen, *Klio III* (1903), p. 348.), la mosaïque de Pompéï comporte, sur l'étendard arboré

---
260 *Ibid.*
261 Smith, *Drapeaux*, p. 61.
262 *Ibid.*
263 Cf. aussi Ackerman, *Standards*.

au-dessus du roi de Perse, une étoffe de couleur rouge. La mosaïque est grandement endommagée mais il est possible de deviner sur l'étendard la tête d'un oiseau que Sarre identifie avec un coq. La bannière de la « Bataille d'Alexandre » évoque, dans une certaine mesure, l'étendard perse du vase de Duris du Musée du Louvre (Sarre, *op. cit.*, p. 352), mais aussi les bannières que l'on voit gavées sur les monnaies des princes de la Perside des époques Séleucide et Arsacide (fig. II). Ces pièces portant des inscriptions en pehlevi sont frappées par une dynastie locale qui était feudataire des Séleucides puis des Arsacides. Le revers montre, au centre, l'autel du feu au-dessus duquel plane Ohrmazd. À la gauche de l'autel, le roi se tient debout dans l'attitude de la prière. Le côté droit de la pièce montre un étendard. Il consiste en un objet carré planté au bout d'une hampe et orné d'un dessin variant légèrement entre la forme d'une croix de Saint-André et celle d'une étoile. De la partie inférieure du carré, pendent quelques franges. Certaines pièces montrent un oiseau qui, selon Sarre, est encore un coq, prêt à chanter. Levy, qui fut le premier à examiner entièrement ces monnaies, considère que la bannière est un symbole religieux (*ZDMG* 21, p. 439). Justi aurait, le premier, assimilé l'étendard au derafsh kavyen. Dans son article sur l'histoire ancienne de la Perse (*Gr. Ir. Ph.* II, pp. 486 – 487), il affirme : « ... près de l'autel, on voit la bannière de Kâve ou l'étendard impérial, le même qui se trouve sur la mosaïque de la bataille d'Issos à Pompéï... ». Cette opinion a été généralement acceptée. Sarre aussi, à partir de cette assertion, formule sa thèse en ces termes :

« Alors que l'ancien étendard royal de Perse, qui était encore utilisé du temps de Xénophon, consistait en une image d'aigle doré à ailes déployées, transportée au bout d'une lance, il semble que, plus tard, il existait une autre bannière royale telle qu'on peut la voir indistinctement sur la Mosaïque d'Alexandre : un vexille pourpre portant l'image d'un coq doré, de profil, et fixé sur une lance. Les princes de la Perside, qui se voulaient les descendants des anciens souverains perses, ont représenté sur leurs monnaies, en signe de légitimité nationale, l'ancienne bannière impériale : un étendard orné pareillement, dans ce cas, par une représentation plastique du coq, et préservé dans le temple principal de leur résidence. La légende que rapporte le *Shâhnâmeh* de Ferdowsi voit, dans cette bannière impériale, le tablier du forgeron Kâve ».

La même opinion est exprimée par O. Mann dans le premier numéro de la revue nationaliste persane *Kâve* (24 jan. 1916)[264]. Christensen se demande si ces thèses sont justifiées, et cite les passages des chroniqueurs

....
264 Nous avons résumé puis traduit : Christensen, *Kâveh*, pp. 33-35.

que nous avons mentionnés à l'instant. Nous citons ici la synthèse qu'il fait des relations des chroniques musulmanes sur le derafsh kavyen et son refus, en fonction de cette synthèse, des points de vue de Lévy, Justi et Sarre :

> « From these descriptions it follows, that the Kaveh-banner at the close of the Sassanian time was a leather-banner, eight yards broad and twelve yards long, covered with precious gold brocade and studded with precious stones, which were perhaps worked in figures, which had a certain astrological signification. There does not seem to exist any striking similarity between this banner on one side and the badge from the « Alexandre-battle » and banners on the coins of Persis on the other side. Of course the banner could have changed its appearance in the intermediate centuries, but it does not at all occur to me, that there is any conclusive reason to identify te last-named banners with the *direfsh-i-Kavyan*.[265] »

À présent, nous reproduisons les déductions personnelles de l'auteur quant à la provenance et à l'histoire du derafsh kavyen ; le chercheur y trouvera peut-être matière à une approche ultérieure plus approfondie du thème qui reste, à bien des égards, énigmatique :

> « Je considère ceci assez improbable que les Achéménides aient disposé d'une bannière impériale que l'on nommait « la bannière des Kavi ». L'empire achéménide, vu dans la perspective culturelle, a été spécialement marqué du sceau médo-babylonien ; son horizon culturel se situe à l'ouest. Malgré la reconnaissance de Ahura Mazdâh comme dieu suprême, malgré l'introduction graduelle des idées zoroastriennes, c'est apparemment toute la sphère de civilisation du nord et de l'est iranien qui trouve son expression dans l'histoire légendaire avestique, qui était étrangère aux Achéménides ; presque rien de ces légendes n'a trouvé voie dans nos sources grecques de l'histoire des temps achéménides. Si les légendes sur la dynastie des Kavi (Kavi-Kavâta, Kavi Usan, Kavi Haosrava, Kavi Aurvataspa, Kavi Vishtâspa) étaient connues à Persépolis, Ecbatan et Babylone, cette connaissance était, de toute manière, maintenue à l'intérieur d'un cercle si réduit que l'emploi du mot *Kavi* et de ses dérivés pour désigner le roi de Perse et ce qui était en rapport avec lui, n'est pas du tout concevable. Ainsi, l'enseigne de la « Bataille d'Alexandre » ne peut, en aucune manière, être le derafsh kavyen.
> La bannière des monnaies de Perside des époques Séleucide et Arsacide nous rappelle indéniablement, et de façon frappante, la bannière de la mosaïque d'Alexandre ; mais il semble peu concevable que l'ancienne bannière impériale de la grande époque achéménide, après avoir mené une modeste existence dans l'état insignifiant de la Perside, ait pu être reprise par les Parthes Arsacides, dont l'empire ne s'est certainement pas développé depuis l'état de la Perside. Et, de surcroît, l'idée me semble difficilement acceptable que le derafsh kavyen ait pu être conservé en Perside durant quatre cents ans de domination parthe,

---

265 *Ibid.*, pp. 36-37.

pour devenir la bannière impériale de Perse avec l'avènement au trône de la dynastie perse des Sassanides.

Les Arsacides, qui vinrent du nord et se taillèrent un empire, dont la patrie d'origine était le nord ou l'est iranien, avaient des liens naturels avec la sphère culturelle de ces régions, et, selon mon opinion, ce fut d'abord avec eux que le cercle de légendes du nord et de l'est iranien, connu d'après les allusions de l'*Avesta*, et à partir duquel l'histoire légendaire iranienne a été développée, fut connu partout en Iran et devint la possession nationale des Iraniens. Nous avons fondé, sur cette optique, les hypothèses quant à l'emploi du mot *Kavyan* au sens de « royal », et, partant, pour le nom de la bannière derafsh kavyen. La tradition selon laquelle la bannière impériale appartenait à l'enseigne du grand roi remonte sans doute aux temps achéménides, mais la bannière de cuir ornée de pierres précieuses, le derafsh kavyen, tire probablement son origine des rois parthes – il a dû être apporté de leur terre natale du nord – et il a été, ensuite, repris par les Sassanides[266]. »

Nous citons enfin Nayyer-Nouri qui fournit un dernier élément quant à la couleur du derafsh qui, selon lui, et tel qu'il le déduit du *Shâhnâmeh*, était de couleur violette. Houmân, le frère de Pirân, dit à propos de l'étendard iranien :

« *tchenin goft houmân keh ân akhtar ast*
keh nirou-ye irân beh d-ou andar ast
derafshe banafsh ar beh tchang âvarim
djahân bar del-e shâh tang âvarim »

ou bien, lors d'une bataille, quand Guerâmi voit le drapeau que l'ennemi vient de renverser :

« *guerâmi bedid ân derafsh-e tcho nil*
keh afgandeh boudand az posht-e pil »[267]

Dans le premier exemple, l'étendard est de couleur violette, tandis que le second le compare au Nil dont il a la couleur. C'est aussi une façon, pour Ferdowsi, de décrire ce qui est sombre. Ainsi, dans le distique :

« *v-agar khod fariborz bâ ân derafsh*
biyâyad konad rou-ye guiti banafsh »[268]

Il faut entendre que « le monde s'obscurcira » si Fariborz survient avec le derafsh et non pas qu'il « deviendra violet », ce qui serait la traduction littérale de « *konad... banafsh* ». Mohl traduit aussi « s'obscurcir » pour « devenir violet », ce qui porte à croire que le derafsh avait pour caractéristique de porter une couleur sombre, probablement le fond sur lequel apparaissaient les ornements précieux et peut-être les figures à signification astronomique ou religieuse. Cette particularité renvoie à la

---

266 Nous avons traduit littéralement, *Ibid.*, pp. 38-39.
267 Nayyer-Nouri, *Beyragh*, pp. 48-49.
268 *Ibid.*, p. 48.

couleur noire qui distinguait les membres des sociétés d'homme aryennes et il est probable que le support en cuir de l'étendard iranien portait une couleur sombre évoquée dans le texte du *Shâhnâmeh* par le mot *banafsh* ou par l'analogie que lui trouvait Ferdowsi avec les eaux du Nil.

Pour conclure, nous pensons avec Christensen que le derafsh légendaire était bien d'origine arsacide. Il convient de faire la différence entre la forme de cet étendard, tel qu'il était avant de devenir propriété royale des sassanides, et son aspect à la veille de l'invasion arabe, tel que l'on rapporté les chroniques musulmanes. Les descriptions qu'en donne le *Shâhnâmeh*, bien qu'elles tendent à l'idéaliser en lui conférant un caractère immatériel, permettent néanmoins d'y retrouver les éléments de l'emblématique sassanide, ce qui nous porte à croire que l'enseigne nationaliste de la tradition épique est le même que celui des chroniqueurs et, par conséquent, du *Khvadhâynâmagh*.

Nous aurions souhaité, dans la présente recherche, procéder à une étude systématique des occurrences du derafsh kavyen dans le *Shâhnâmeh*. Nous en avons recueilli la matière, mais, l'espace faisant défaut, et cette thématique ne relevant pas directement de notre sujet, il nous a fallu renoncer à cette approche. Une telle démarche aurait peut-être permis de reconstituer, dans une certaine mesure, la forme de l'étendard tel qu'il se présentait sous les rois sassanides. Elle aurait aussi pour résultat de révéler une « dynamique » du derafsh dans le livre de Ferdowsi, en accord avec l'idéologie qu'elle se devait de véhiculer par la consécration des « Livres royaux » : l'étendard kavyen est un de ces « lieux » auréolés par le « farr » des Kavis, l'« axe » intermédiaire entre le souverain et la divinité, en même temps qu'elle est instrument de légitimation de son règne.

Le charisme dont s'entoure cette enseigne lui vaut aussi de devenir objet de convoitise. Qu'un rebelle se l'approprie, il aura pour lui l'investiture populaire. C'est en fonction de ce motif que nous avons préféré le qualificatif « national » à celui d'« impérial ».

Conclusion partielle

Ce chapitre portait sur le cœur même de notre sujet. Nous nous sommes appliqué, en un premier lieu, à reconstituer le « rituel » dans lequel s'inscrivait le rôle du forgeron Kâveh, le scénation mythique empruntant sa structure au rite religieux. Ce scénario s'est avéré porteur des particularités d'initiations guerrières propres aux sociétés d'homme aryennes. Le forgeron du livre de Zahhâk est appelé à y assumer la fonction d'initiateur de Faridoun en qui nous avons reconnu le héros tueur de dragons de la mythologie parthe. Ensuite, nous avons déterminé dans quelle mesure

Kâveh était susceptible d'incarner le forgeron céleste des combats cosmogoniques, tout en sachant que les rituels guerriers des Aryens impliquaient aussi des cultes de fertilité. Le seul métallurge « autonome » de Ferdowsi présente les traits des « façonneurs de foudre » tels que le Tvashtri indien ou l'Héphaïstos grec. Il devient dès lors possible de le considérer comme un homologue de Atar, le Feu qui soumet Azhi Dahâke[269] dans l'*Avesta*, ou comme une entité capable de faire surgir *Vazishta*[270], « le feu renfermé dans les nuages », c'est-à-dire l'éclair. La forge de l'arme a pour objet d'assister le Héros divin dans sa lutte contre le démon qui retient les eaux. Dans les pages consacrées au combat cosmique, nous avons fait la part de la « vertu du choc » et du pouvoir du verbe », tout en relevant la correspondance entre l'affrontement mythologique et la cérémonie religieuse : la « massue à tête de bœuf » rappelle le *gurz* du Nâbar, mais aussi le pilon du prêtre du feu. À ce propos, Vullers propose comme deuxième acception du mot *gorz*, le terme *pistillum* (*daste-ye hâvan* = pilon)[271], ce qui pourrait ne pas constituer une simple coïncidence.

Le forgeron mythique exerce aussi la « fonction corrective ». Cette activité lui semble avoir été déniée dans l'épisode de l'enchaînement de Zahhâk, mais une logique implicite veut qu'au lieu du prince ce soient des forgerons anonymes qui prennent en charge l'« immobilisation » de l'usurpateur.

Le Kâveh du *Shâhnâmeh* serait-il un « prototype » des Kavis du cycle héroïque ? Ceci expliquerait que certains aient voulu voir en lui l'ancêtre de Kavi-Kavâta – Key Ghobâd, le premier Kayanide de la légende. Quant au vrai sens du mot « *kavi* » dont dérive le qualificatif « *kâvyân* », il est sans doute à chercher dans le domaine indo-iranien. Dans le passage qui suit, G. Dumézil fournit des éléments qui ne laissent presque plus de doute sur l'assimilation du Kavi à l'artisan divin, détenteur d'une « connaissance » occulte, façonneur de foudre et entité marginale qui n'est pas sans évoquer le Kurdalaegon de la mythologie des Nartes :

« Aux temps védiques, [...] un *kavi*, « fils de *kavi* », était sûrement autre chose qu'un simple prêtre.

Dans le *Journal Asiatique* de 1953, Louis Renou a donné une brève, mais substantielle esquisse (CCXLI, pp. 180 - 183). « Ouvrier du rite manuel ou oral », dit-il d'abord ; et il définit le substantif abstrait *kavya* comme le « savoir » qui préside au sacrifice : ainsi Agni, souvent appelé

---

269 In *Zohak*, p. 77, Desai identifie Âtar à Vulcain.
270 Christensen, *Ir. Sassanides*, p. 146.
271 *Lex. pers.-lat.*, *s.v.* « gorz ».

kavi comme ailleurs *hotar*, « possède tous les *kavya* (II, 5, 3) parce qu'il assure toutes les fonctions propres à réaliser le sacrifice ». Cela pourrait s'appliquer à n'importe quel prêtre sachant son métier. Mais la science du *kavi* dépasse les applications techniques ordinaires, ou du moins les commande de haut :

> On interroge le *kavi* « pour savoir », écrit Renou : en VII, 86, 3. l'auteur veut connaître pourquoi Varuna s'éloigne de l'homme, il interroge ceux qui comprennent [...] et ceux-ci, désignés nommément comme des *kavi*, lui disent unanimement... (suit la réponse).
> « Qui peut dire, s'avérant (ainsi) comme un *kavi* (demande l'auteur de I, 164, 18, hymne à rébus cosmogoniques), d'où est née la pensée divine ? » L'auteur de III, 38, I, prend à témoin de son discours les *kavi* pour les interroger et approfondir par eux les origines du cosmos. Le *Kavi* (ou *Kavya* « fils de kavi ») par excellence est Usanas (façonneur de la foudre d'Indra, I, 51, 10, rassembleur des troupeaux, I, 83, 5, etc.), qui énonce des oracles (Geldner), I, 174, 7 ; un autre est Kutsa, qui a atteint le statut de demi-dieu. Bref, le *kavi* est celui qu'on interroge de par sa qualité même de *kavi*, toute spécification étant inutile [...].
> Mais ce n'est pas un hasard si, dans le peu de passages où il le nomme, le Rg Veda désigne son action par le verbe *taks* -, « fabriquer », qui caractérise par ailleurs les artisans divins, Tvastar ou les Rbhu : son « savoir » lui permet, en dehors du jeu régulier du sacrifice, de « créer ». L'activité du *kavi*, dit encore Renou, n'est souvent pas si différente de la *maya*, de la force qui « modifie » et « altère » l'aspect rationnel des choses.
> Dans le Rg Veda, on l'a vu, Kavya Usanas est en bons rapports avec les dieux, mais il n'est pas leur chapelain, il ne vit pas parmi eux : Indra vient en visite chez lui « de loin », pour se faire donner les moyens d'un exploit. Il représente en somme, mythiquement, en marge des dieux et des démons, un troisième type d'être puissant, dont l'appui est sollicité des uns et des autres, accordé aux uns et aux autres, mais révocable, et sans qu'il soit vraiment engagé, de cœur ou par nécessité, dans le parti qu'il soutient. Dès la littérature védique en prose, c'est au service des démons qu'on le trouve, mais il garde avec les dieux des rapports qui, s'il était moins essentiellement libre, seraient pure trahison à l'égard de ses employeurs [...]. On conçoit [...] que, au niveau humain, un tel type d'homme sacré [...] ait pu s'assurer d'ailleurs, dans l'Iran oriental, un pouvoir politique.[272] »

Selon nous c'est « ce » Kavi qui aurait dû figurer dans l'*Avesta*, comme auxiliaire d'un Thraêtaona, dans le combat cosmique qui oppose ce dernier au dragon Azhi Dahâka, surtout si l'on se réfère aux traits communs existant entre le Héros iranien et Indra. Les autres acceptions du terme sont postérieures, et nous pensons que le Kâveh du *Shâhnâmeh* pourrait fort bien incarner un avatar du Kavi décrit par G. Dumézil.
À titre de comparaison, nous citons ici un récapitulatif de ces acceptions :

---
272 Dumézil, *ME*², pp. 174-175.

> « On admet en général deux acceptions, du moins deux éclairages, pour le titre iranien *kavi* : 1° dans les gatha, il désigne une classe de chefs dont Zoroastre parle durement parce qu'ils pratiquent les cultes contre lesquels est dirigée sa réforme ; 2° il est ensuite le nom d'une dynastie dont les Zoroastriens parlent favorablement parce que Vistaspa, un des derniers détenteurs du titre, adopta la bonne religion. On a proposé diverses manières de rapprocher ces valeurs, du moins la première, de la valeur védique : princes, mais « princes sorciers » [...]. H. Gershevitch, *The Avestan Hymn to Mithra*, 1959, p. 185, est allé plus loin : 1° Les *kavi* des gatha, dit-il, sont mentionnés sur le même plan que les *karapan-* et les *usig-*, qui sont généralement compris comme deux classes de prêtres ; on peut donc aussi bien rconnaître en eux la contrepartie iranienne des *kavi* védiques, « compositeurs d'hymnes à divers dieux, assumant peut-être en supplément certaines fonctions sacerdotales » ; cette variété de prêtres aurait encouru l'hostilité de Zoroastre à cause de sa fidélité aux rites indo-iraniens traditionnels ; une famille particulière de *kavi*, originaire du Séistan, aurait acquis le pouvoir temporel et aurait régné sur tout ou partie de la Chorasmie et cette famille aurait gardé comme surnom dynastique personnel son étiquette professionnelle *kavi* ; « Zoroastre, s'adressant à son protecteur, par son surnom dynastique, en tant que « *kavi Vistaspa* » ne pensait pas plus aux *kavi* ordinaires que nous ne pensons aux « parsons » (prêtres) quand nous prononçons le nom de « Mr John Parson ». Cette reconstitution, au départ, dépouille le *kavi* védique de sa valeur essentielle de « magicien libre » pour le réduire à un type de prêtre (in *RV*, III, 2, 4) : Agni est à la fois prêtre, voyant, sorcier) ; dans son premier temps, elle ne tient pas compte de l'équivalence des *kavi* gâthiques et des [...] « mauvais maîtres des pays », dans la gatha *Yasna*, 48, 10 ; dans son deuxième temps, elle suppose une laïcisation des faits et titres religieux peu admissible dans de telles sociétés. Dans la littérature manichéenne, *kavan* est employé au sens de « Géants », A. Christensen, *L'Iran sous les Sassanides*, 1936, p. 193 et n. 4.[273] »

Dès lors, il devient concevable que les Kavis Iraniens puissent être identifiés, dans leur esprit dynastique, avec les Kavis indiens dont le pouvoir de « création », propre à l'artisan, s'alliait à la détention de connaissances surnaturelles leur permettant de présider aux cérémonies rituelles en rapport avec la sphère du sacré :

> « Les kavi iraniens forment une « dynastie » constituée par la solidarité des générations, l'héritage de père en fils ; les kavi indiens, et sans doute déjà indo-iraniens, forment une « corporation » dont les membres sont solidaires et où le savoir se transmet de maître à disciple. Pour que la bonne royauté maintienne l'Iran, pour que la « Gloire des Kayanides » continue sa carrière de tête en tête, il faut qu'elles se transmettent régulièrement, chaque terme de la généalogie étant, à son rang, aussi important que les autres ; de même, dans la corporation des sorciers, pour que la *vidya*, le *kavya*, le savoir surnaturel

---

[273] *Ibid.*, p. 175, note 2.

qui est son bien commun et sa justification se prolonge, le disciple n'est pas moins important que le maître »[274].

Le fogeron mythique, dont Kâveh serait l'avatar légendaire, participerait de cette dimension dans le panthéon indo-iranien.

Dans la dernière section de ce chapitre, nous avons tenu à spécifier le caractère « nationaliste » de l'étendard kavyen qui fut assimilé ultérieurement à l'enseigne royale des Sassanides. Une démarche ayant pour objet de déterminer la forme authentique du derafsh kavyen supposerait le recours à l'abondante littérature des chroniques de la période islamique, mais aussi aux recherches effectuées dans le domaine de la vexillologie en général, puis sur le patrimoine iranien ; le tout serait confronté avec les données du livre de Ferdowsi et avec d'autres productions de la tradition épique. Nous n'avons fait ici qu'établir un sommaire des travaux ayant déjà traité de la question.

---

274 *Ibid.*, p. 208.

Kâveh, mythe ou réalité historique ?

Alors que le chapitre précédent a abouti à reconnaître dans la figure du Kâveh du *Shâhnâmeh* un avatar du Kavi mythique indo-iranien, artisan ingénieux, façonneur de foudre et détenteur d'un savoir occulte, il conviendrait de s'interroger sur l'origine de la légende du forgeron nationaliste à qui revient la création de l'étendard kavyen.

En effet, nous ne saurions nous contenter du point de vue de Christensen pour qui le récit légendaire a été imaginé pour justifier l'appellation du derafsh kavyen :

> « As the origin of the imperial banner was later connected with Feridun's rising, and the misunderstanding of the Middle Persian *drafsh-i-kavyan* led to the remodelling of the name Kavagh, Kaveh, the old mythical smith, who had prepared for the royal hero his weapon, bacame the legendary maker of the standard, around which the people rallied for battle. As a remembrance of the origin of the legend Kaveh keeps up his profession of a smith, and as smiths wear apron-skin, and the Sassanian imperial banner was, as it seems, of leather, the development of the legend was just at hand, that Kaveh had improvised his standard by hoisting his apron-skin on a pole : still this last trait has possibly first come from the Islamic time, as it is found only in a minority of the Arabo-Persian sources, who base their report on the Khvadhainamagh.[1] »

Nous pensons qu'une contestation populaire d'une domination tyrannique ou d'un certain pouvoir a bien eu lieu durant les derniers siècles de l'Empire iranien, avant l'invasion arabe, et que cette contestation a trouvé son expression au moyen de ce qui devint plus tard le derafsh kavyen des Sassanides. Ce qui expliquerait que le fameux étendard soit devenu l'objet de convoitise de tout insurgé qui voulait s'attirer le suffrage populaire ou

---
1 Christensen, *Kaveh*, p. 33.

que les souverains l'aient conservé jalousement comme garantie de légitimité de leur règne.

Il est cependant nécessaire de faire la distinction entre un Kâvagh, l'accusateur de Zahhâk venu d'Ispahan, et le Kâveh derrière qui se profile l'éventuel organisateur de la révolte populaire. Le premier est bien celui que mentionne le *Sad Dar*, le Kâvagh qui sut renir le langage de la vérité face au despote (LXII, 5). L'identité du second reste une énigme. L'auteur se réfère à une relation de Tabari pour commenter la confusion entre les deux :

> « The third report of Tabari deals with Kaveh's bold accusation against the tyrant. According to Tabari's version Dahak performed only once a praiseworthy deed, and it was in the following manner : As the people were sighing under the wickedness of Dahak, the chieftains were of opinion that they should let Kaveh come frome Ispahan and appear before him and accuse him of tyranny. They got the audience, and Kaveh came forward and remained before the king for some time without greeting him ; but at last Kaveh said : « O king, with which greeting should I greet thee, with the greeting, which is appropriate for him who rules over all climates, or with that, which is appropriate for him who rules over this one climate, *viz*. Babylon ? » Dahak answered : « Of course, with the greeting, which is apprpriate for him, who rules over all climates ; I am surely the lord of the whole wold. » Thereupon the man from Ispahan said : « When thou hast power in all climates, and thy hand commands everything, what is then our position ? Thou hast imposed upon us alone the providing (the serpents) with food, and has placed the burden of thy sins on us rather than on the people of the other climates. Why hast thou not divided thy order for this and that thing between us and (the people of the other) climates ? » And so saying he laid before him his complaint, and that made such an impression on Dahak, that he aknowledged his sins and promised penitence and improvement and the people went away from there pacified. [...] Some days afterwards he gave an audience to the people of the adjoining districts, and made them reparation and tried to lessen their difficulties with clemency. This episode is not brought in Tabari (nor in Firdausi) into connection with the revolt, and this is presumably the original situation. From the very beginning it was not at all Kaveh, who was the hero in the scene, but the event was gradually connected with his popular name, and afterwards it changed a little in order to serve as a motive for the revolt.[2] »

La combinaison des deux motifs, l'accusation et la révolte, aurait donc fourni la matière à l'élaboration de la légende de Kâveh, le forgeron d'Ispahan qui sut contester la légitimité du tyran et qui souleva le peuple sous sa bannière. Le motif de « l'accusation » correspond à la scène que nous avons étudiée dans la section « La Cour » et celui de la « révolte » a été abordé dans la section « Le marché ». Les pages qui suivent auront

---

2 *Ibid.*, pp. 28-29.

pour objet d'observer de plus près la légende de Kâveh dans les différentes versions que nous avons pu en consulter, le mot « légende » impliquant, pour nous, le sens le plus courant qui lui est reconnu : « un récit traditionnel dont les événements fabuleux ont pu avoir une base historique réelle, mais qui ont été transormés par l'imagination populaire »[3].

Le récit de la révolte du forgeron d'Ispahan n'a pas cessé d'alimenter l'imagination de l'auteur littéraire, et, à ce propos, Monsieur A. M. Piemontese vient d'attirer notre attention sur une pièce en cinq actes du poète contemporain A. Lâhouti, intitulée *Manzoumeh-ye Kâveh-ye âhangar-opera dar pandj pardeh*. « Le poème de Kâveh le forgeron - Opéra en cinq actes ».

L'Hardi accusateur d'ispahan

Les relations de l'épisode de la révolte de Kâveh sont unanimes sur un point : Ispahan est la ville du forgeron et c'est de là que prit naissance la contestation. C'est aussi le fief qui lui fut accordé par Faridoun en reconnaissance de ses services.

S. Nafisi rapporte, à partir d'un exemplaire de la chronique de Tabari traduit par Bal'ami[4] :

> « Kâveh vint à Esfahân et y mourut et Afridhun procura beaucoup de biens à sa descendance et ne leur prit rien sinon cet étendard (*'alam*) qui était de Kâveh (cette peau) et, tant qu'Afridhun vécut, on le garda, puis il passa de main en main.[5] »

Une autre édition rapporte :

> « Puis, Afridoun légua Esfahân et toute sa région à Kâveh, il (Kâveh) se rendit à Esfahân et gouverna durant dix ans puis mourut, et sa descendance resta et Afridoun remit tous les biens à ses enfants excepté cet étendard qui était fortuné ; il le déposa dans la trésorerie et, dans chaque bataille, il le portait devant et devenait victorieux.[6] »

Dans la traduction de Bal'ami, par L. Dubeux (t. I, 1836, p. 111) :

> « Quand Kâveh mourut, Afridoun demanda à ses enfants le morceau de cuir que leur père avait arboré à Esfahân, le jour de la révolte, à la manière d'un étendard, et il le garda dans sa trésorerie afin d'en tirer bonne fortune.[7] »

L'auteur du *Farhang-e Djahângiri* rapporte, sous l'article « *Kâvâni - Kâvyâni-Derafsh* » :

---

3   In Dubois, *Lexis*, 1975, *s.v.* « Légende ».
4   Nous traduisons les citations en français.
5   Nafisi, *Derafsh*, p. 13a.
6   *Iibid*.
7   *Iibid.*, p. 13b.

> « Et Kâve était le nom d'un forgeron de Sefahan, et on avait tué quelques uns de ses fils, et il ne lui restait que deux fils, Kobad et Karen, et quelques temps avant que leur tour n'arrive, il perdit toute patience ; en ce moment vivait à Sefahan un sage fort instruit dans les différents talismans et Kâve l'avait en connaissance ; il (Kâve) se présenta auprès de lui et se plaignit de la mise à mort de ses enfants. Le sage lui dit : « Si tu as un peu de vaillance, j'éloignerai de toi cette injustice. » Kâve dit : « Je ne me vois pas autant de bravoure ». En ce moment, Kâve avait à la taille une peau de tigre ou de panthère dont les forgerons se ceignent pendant le travail, et ce sage la lui prit et y traça (une figure) « à cent sur cent » (*sad dar sad*) à une « heure fortunée » (*dar sâ'at-e sa'd*) et il dit à Kâve : « Il te faut, quand les hommes de Zahhâk viendront te prendre tes fils, que tu places cette peau au bout d'un bâton et que tu réclames, à cris, assistance contre l'injustice de Zahhâk ; tant de monde se réunira autour de toi que personne ne pourra te résister.[8] »

Dans son *Lukat-i Shahnama*, 'Abd al-Kadir Baghdadi rapporte le récit à peu près dans les mêmes termes, sauf que Kâveh y est présenté comme un expert dans l'art de l'astrologie et de la concordance des événements avec les astres (*nudjum, vifk, khawas*) et que la figure talismanique est tracée sur une peau de chèvre (*sakhtiyân*)[9].

Khâdjou-ye Kermani rapporte :

> « La ville de Sepâhân où se réunissait toute l'armée de l'Iran et où l'on préparait les instruments de guerre se trouvait sous son (Kâve) commandement, du temps où Zahhâk l'Arabe se leva contre Djamshid et le soumit ; sa tyrannie et son injustice en connurent plus de bornes (Zahhâk) et il s'en prit aux enfants du peuple ; les gens de Sepâhân réclamèrent l'arbitrage de Kâve, et Kâve porta au bout d'un bâton le morceau de peau dont il se ceignait et réclama justice ; une foule dense se réunit autour de lui et lui fit soumission ; en ce temps Dahhak b. Alwan, que les Iraniens (*adjam*) nommaient Mardas, se trouvait aux environs de Babel (Babylone) ; conduit par les Iraniens, Kâve retrouva Faridoun qui s'était réfugié auprès de sa mère Farânak dans une forêt de Lâridjân, où il avait été nourri de lait de vache ; il le choisit pour roi et ils se soulevèrent contre Zahhâk et le destituèrent et le « suspendirent » (*dar-âvikhtand*) dans le « puits » (*tchâh*) (le cratère ?) de Damâvand, car ce puits est une mine de soufre ; et les Iraniens trouvèrent ce derafsh fortuné (*homâyoun*) et l'ornèrent de beaucoup de pierres précieuses et le vénérèrent jusqu'à l'époque de l'Islam.[10] »

Puis sous le mot « *Gâve* », il écrit :

> « Gâve [...] est le nom d'un homme de la ville de Sepâhân - où se réunissait l'armée de l'Iran, et d'où elle était envoyée dans tous les points - où il commandait les maîtres de l'industrie des armes, et il y dirigeait l'« armurerie » (*djabâ-khâne*[11]) où l'on construit les cottes de maille, les casques et les instruments

---

8 *Iibid*. p. 31b.
9 *Iibid*. p. 35a.
10 *Iibid*. p. 39a.
11 Cf. *Lex. pers.-lat.*, s.v. « *djabâ-khâne* », t. I, p.508.

de guerre, et il était fidèle à la dynastie des Pishdadiens. Après la domination de Djamshid-e Djam par Dahhak-i 'Alwani, et la mort de Djamshid, l'injustice et la tyrannie de Dahhak exaspéra les gens de l'Iran [...] et lui, il n'était pas confiant à leur endroit, car Faridun b. Abtin naquit de Farânak, dans le Lâridjân du Mâzandarân, dans la forêt où il fut nourri de lait de vache et parvint à maturité ; et Dahhâk ne peut porter la main sur lui et ses partisans (de Faridun) attendaient son avènement. Gâve fit la connaissance d'un savant qui maîtrisait les sciences occultes (*'ulum-e gharibe*) et il traça sur un carré (*nat'*) de cuir une « figure à cent sur cent » et il le remit à Gâve et lui dit d'en faire un étendard qui lui permettrait de vaincre tout obstacle, et lui dit : « Si tu trouvais un membre de la race de Djamshid, les événements tourneraient en notre faveur ». Gâve dépêcha ses fils, Karin et Kobad, pour inciter les troupes de Sepâhân, et il engagea la lutte contre les hommes de Dahhâk et, avec l'étendard victorieux, une armée nombreuse se rendit à Rey, et prévint Faridoun ; il lui fit une massue portant la forme d'une tête de bœuf et ils s'emparèrent de Dahhâk et le jetèrent dans le puits de Damâvand. Et Faridun retrouva l'indépendance et envoya Gâve, à la tête de l'armée de l'Iran, à la conquête de Buzantiya qui fut nommé plus tard Kustantaniya ; pendant vingt ans, Gâve assura la fonction de généralissime (*sepah-sâlâri*) de Rey, et s'occupa de la conquête des régions, et le gouvernement de la ville de Sepâhân lui revint en personne.[12] »

Un peu plus loin, nous lisons du même auteur :

« Gâvyâni-Derafsh désigne le 'alam et on l'attribue à Gâve, et ce derafsh donnait toujours la victoire aux Iraniens ; jusqu'au temps du Prophète, et il n'y aut pas de conflit entre les Arabes et les Iraniens, et au temps du califat d'Umar b. Khattab, les rivalités Arabes et Iraniens s'affermirent et prirent vigueur et le général arabe Abu 'Ubayda-i Thakafi fut tué, et la nouvelle parvint à Madina ; Salman-e Fârsi [...] connaissait la vertu de l'étendard « gâvyâni » et révéla la réalité de l'événement ; on sollicita l'assistance de [...] 'Ait Ibn-'Abi Talib [...] qui traça une figure à « cent un sur cent à une heure fortunée » (*shekl-e sad o yek dar sad dar sâ'at-e sa'd*), sur l'étendard (*râyat*) des gens de l'Islam ; et en ce temps, les Iraniens avaient envoyé le Derafsh-e Gâvyâni, qui était orné de pierres précieuses, avec Rostam Farrokhzâd, dans la guerre contre les Arabes ; après trois jours de guerre suivie, l'armée arabe parvint à défaire l'armée des Iraniens [...].[13] »

Se référant à R. Ghirshman (*L'Iran des origines à l'Islam*, trad. Anglaise p. 219), Nayyer-Nouri rappelle que :

« Compte tenu de ce qu'aux époques reculées la région d'Ispahan se nommait « Gabienne », et que la ville elle-même portait le nom de « Gabat », il se peut que le « Derafsh-e Kâvyân » ou « Derafsh-e Gâbyân » doive son nom à cette appellation, car il fut transporté par Kâve depuis Ispahân.[14] »

---

12 Nafisi, *op. cit.*, pp. 38b-39a.
13 *Ibid.*, pp. 39b-40a.
14 Nayyer-Nouri, *Beyragh*, p. 42.

Dans le *Livre de Gerschâsp* (trad. H. Massé, t. II, 1951) d'Asadi de Tous nous lisons :

> « Au début de septembre, alors que le soleil passait du signe de la Vierge à la Balance, Féridoun commença son règne ; il établit, pour célébrer Mihrgân - équinoxe d'automne-une fête ; au-dessus du firmament lunaire, sa tête s'éleva de par sa royauté. Or il fit préparer un feu pour cette fête, et c'est de lui que nous est venu cet usage. En ce monde il choisit Amol pour résidence ; partout, il stimula des gens intelligents ; et pour tirer vengeance il envoya Kave vers l'Occident avec l'étendard et l'armée, pour faire exécuter ses ordres dans ses terres, pour amener le cœur de tous à son alliance.[15] »

Le *Loghat-Nâme* de Dehkhodâ rapporte tel quel le récit de l'*Andjoman-ârâ ye Nâseri*, sous l'artice « Kâve », et il y est question du forgeron d'Ispahân fidèle à la lignée des Pishdadiens et maître de l'industrie des armes de cette ville[16]. L'article « Kâvyâni-derafsh » reprend le même passage de ce livre. Sous « Zahhâk », il cite le *Fars-Nama* d'Ibn al-Balkhi où il est écrit :

> « Kâbi, un fogeron d'Esfahân, se révolta parce qu'on avait tué (pour nourrir les serpents de Zahhâk) deux de ses fils, et il porta au bout d'un bâton la peau dont se servent les forgerons, et il poussa des cris et insulta Zahhâk à haute voix et [...] les gens s'unirent à lui et il se dirigea vers la demeure de Zahhâk et Zahhâk prit la fuite [...] et tous les gens dirent à Kâbi le forgeron de s'asseoir sur le trône ; il (Kâveh) dit : « Je ne suis pas digne de la royauté, mais il faut rechercher un des fils de Djamshid et l'asseoir sur le trône » ; et Afridoun s'était enfui par peur de Zahhâk et s'était dissimulé ; les gens allèrent et le trouvèrent et le placèrent sur le trône, et il (Faridoun) prit Zahhâk et l'enchaîna et nomma Kâbi le forgeron parmi les généraux (« *Kâbi-ye âhan-gar râ az djomle-ye sepâh-sâlârân gardânid* »), et il orna ce morceau de peau (*poust-pâre*) avec des pierres précieuses, et le considéra comme fortuné, et le nomma *Derafsh-e Kâbiyân*, et c'était son enseigne dans toutes les guerres [...].[17] »

L'*Encyclopédie de l'Islam*, dans sa nouvelle édition, écrit, sous l'article « Kâwah » :

> « KÂWAH », translittération, selon les règles de l'*EI*, personnage censé avoir joué un rôle important dans l'épopée iranienne et qui est en persan *Kâveh* < *Kâvagh*, en arabe *Kâwah, Kawi, Kabi*. Il s'agit d'un forgeron qui, après avoir eu un fils mis à mort par le tyran Zohak (en arabe al-Dahhak-voir ZUHAK[18]) ameuta la population d'Isfahan contre l'usurpateur en prenant pour bannière son tablier de cuir qui, sous le nom de « *drafsh-i Kawiyan* », devint le drapeau

---

15 *Op. cit.*, p. 164.
16 Dehkhodâ, *LN*, *s.v.* « Kâve ».
17 *Ibid.*, *s.v.* « Zahhâk ».
18 L'article ne se trouve pas dans *EI¹*, et le volume correspondant n'a pas encore paru pour *EI²*.

national iranien. Ayant ainsi provoqué la chute de Zohak, il établit Feridun sur le trône et fut nommé chef des armées, puis gouverneur d'Isfahan.[19] »

Christensen, dans son article sur Kâveh, cite le *Rawdat al-Safa* de Mirkhawand où on lit :

> « Mirkhond causes Feridun to make Kaveh his general after the victory over Dahak and send him againt Rum (the Roman Empire, Byzantium), and Kaveh now marches at the head of his army for about twenty years through the civilised world and conquers all countries, which oppose him, while he unfolds in all battles the direfsh-i-kavyan. As a reward for this activity Feridun gives him the stadt-holdership of 'Iraq and the district of Ispahan, and Kaveh returns to Ispahan with countless herds and riches. Kaveh dies after having stood for ten years at the head of the government of his province, which gives occasion to great public mourning.[20] »

En ce qui concerne l'histoire de la ville d'Ispahan à laquelle la légende de Kâveh semble si étroitement liée[21], Vullers donne les mots *espahan* et *esbahan* pour les pluriels respectifs de *espah* et *esbah* qui sont les formes antérieures de *espah*, *esbah*, au sens de « armée » ; l'autre acception désigne « Canes », une ville d'Arabie ; la troisième acception porte sur la ville d'Ispahân, considérée comme la « métropole de l'Irak persique (*'Irak-i 'Adjami*) » et le lieu où siégeaient les rois, dont l'appellation antique est « *Dar al-Yihudi* ». Les autres formes du mot sont ; *sepahan*, *espahan*, *esbahan* ; les formes arabisées : *isbahan*, *isbihan*, *isfihan*[22].

De même, Dehkhodâ propose ces variantes que nous transcrivons d'après les normes de l'*EI* :

> « *Isfahan* », nom de ville, apparaît sous les formes *Gabyan, Gabya, Ispahan, Sipahan, Sifahan, Isfahan, Isbahan* ; dans les ouvrages historiques, elle a été connue sous le nom de *Gabayagi*. Dans les temps anciens on la nommait *Aspâdânâ*. [...] Elle devint un temps la capitale de l'Iran. [...] On disait que *Isfahan* veut dire « armée », cet emploi populaire du nom en fit la dénomination de la ville (in *Tardjome-ye mahâsen-e Isfahan*, p. 79).
> (in *Mudjmil al-Tawârikh wa-l Kisas*), « la ville était réputée pour la construction de différentes armes à feu et des épées... ».
> « *Isbahani* », [...] selon certaines relations, il s'agit d'un mot persan composé de *sipah (-an)* ; plur. comme les groupes de militaires sassanides (*akasarah*), les armées du Fârs, du Kermân, d'Ahvâz et du Djebâl, quand un événement ou une guerre se présentaient, se réunissaient dans cette ville.[23] »

---

19 *EI*², *s.v.* « Kâwah », p. 806.
20 Christensen, *Kaveh*, p.31.
21 H. Massé, in *Croyances et coutumes persanes*, II, 1938, p. 373, évoque une ville, « Ghayn », « ancienne cité (des environs de Birdjend) qui passe pour avoir été fondée par Kâve » ; nous n'avons pas eu l'occasion d'effectuer une recherche dans ce sens ; cf. radical *qyn*.
22 *Lex. pers.-lat.*, *s.v.* « espahan ».
23 Dehkhodâ, *LN*, *s.v.* « Isfahan », « Isbahani ».

Barbier de Meynard, dans le *Dictionnaire de la Perse* :

> « On est peu d'accord sur les origines de cette vieille capitale. Mustôfi et ses abréviateurs disent qu'elle se composait primitivement de quatre bourgades [...] et de quelques fermes ; elles doivent leur existence à Thahomurs et à Djemschid. Kei-Qobad, le premier des rois keiâniens réunit ces quatre villages, y attira une population nombreuse, et fonda ainsi la ville qui devint le siège de son empire ; [...]
>
> On sait que, sous les rois de Sassân, le droit de porter l'étendard royal était exclusivement réservé aux habitants d'Ispahân ; [...] Zohaq, que l'on nomme aussi « Ezdehak », « Biourasf », et « l'homme aux deux serpents », gouvernait la Perse avec un despotisme cruel, et il exigeait chaque jour un tribut de deux hommes qu'il faisait égorger pour nourrir de leur cervelle les deux serpents qui avaient pris naissance sur ses épaules. Telle est du moins la légende racontée en Perse. Un forgeron de la ville d'Ispahân, nommé « Kabi » (*Kâbi*), fut désigné un jour pour être sacrifié de la sorte. Il prit le tablier de cuir dont il se servait pendant son travail, le dressa sur un bâton et parcourut ainsi les rue de la ville en exhortant les habitants à renverser Zohaq. En même temps il produisit Aféridoun, l'aïeul des Sassanides, le fit agréer au peuple et détrôna Zohaq au profit de ce jeune prince, dont le règne est raconté par les Persans avec une profusion de mensonges et d'exagérations. Comme l'étendard du forgeron les avait ralliés pendant cette glorieuse insurrection, ils le conservèrent avec respect, et depuis lors les habitants d'Ispahân eurent seuls le droit de le porter.[24] »

L'Encyclopédie de l'Islam fournit à ce propos la bibliographie correspondante, permettant d'approfondir la question par le recours aux chroniques musulmanes :

> « ISFAHAN » ar. *Isbahan*, ville et province de Perse, dont le nom, selon Hamza al-Isfahani, signifie « les armées » (al-Mafarrukhi, *Kitab Mahasin Isfahan*, ed. Sayyid Djalal al-din Tihrani, Teheran s.d., 5 - 6). [...] sous les Sasanides, ce fut une province importante occupant une position centrale (cf. Christensen, *L'Iran sous les Sassanides*, Copenhague[2], 1944, 506). [...] Husayn b. Muhammad b. Abi l-Rida Avi souligne également leur intelligence et la perfection de leur artisanat (78 ; cf. également Muhammad Mihdi, 126). Al-Kazwini loue de son côté leur habileté manuelle, leur savoir en fikh, en adab, en astronomie et en médecine (*Athar al-bilad wa akhbar al-ibad*, Beyrouth 1960, 297) et al-Mafarrukhi (42) rapporte qu'Anushirawan préférait à toutes les autres troupes celles de la province d'Isfahan [...]. La ville d'Isfahan a compté de nombreux savants, théologiens et hommes de lettres (voir à ce propos Abu Nu'aym, al-Mafarrukhi, Shaykh Djabiri ya tadhkirat al-kubur, ed. Muslih al-din Mahdawi, Isfahan 2 1949 et Muslih al-din Mahdawi, *Tadhkira-i Shu'ara-yi Isfahan*, Isfahan 1966-7).[25] »

Enfin, le *Farhang-e djoghrâfiyâ'i-ye Irân*, 10, rapporte, pour le département d'Ispahân :

---

24 *Op. cit.*, s.v. « Ispahân ».
25 *EI*[2], s.v. « Isfahan » A.K.S. Lambton».

> « Située sur le versant oriental de la chaîne du Zagros. La prolongation orientale de cette chaîne est le lieu où, depuis les époques précédentes, s'est toujours effectué le passage des militaires et des commerçants. Compte tenu de la situation particulière de cette ville, se trouvant au lieu de croisement des routes principales, (on en a fait) un lieu de résidence impériale de rois achéménides et, dans les anciens livres historiques, on la nomme *Gâbâyâgi* [...] (Strabon, après avoir cité Takht-e Djamshid, affirme que les Achéménides avaient d'autres palais et des résidences d'été à *Gâbâyâgebi*, dans la région de la « Haute Perse » (*Pârs-e bâlâ*).
> À l'époque des Arsacides et sous le règne des Sassanides, la ville en question était le centre d'un vaste département mais, des vestiges de l'époque, dans les périodes qui suivirent, il n'est rien resté excepté le nom de cette ville ; les trois caractères a-s-p (*aspâhân*) que l'on peut lire sur les fragments des derniers rois de la dynastie sassanide.
> Hamdullah Mustawfi donne un commentaire exhaustif d'Ispahân, dont l'aspect géographique prime sur l'historique.
> Selon une tradition, Tahmouras, un des rois Pishdâdi, et selon d'autres, Djamshid ou Alexandre le Grand auraient fondé la ville.[26] »

Les données précédentes semblent converger sur les points suivants :

1° Le peuple souffre de l'injustice d'un tyran (un usurpateur de la royauté ? un envahisseur étranger ?).

2° Un forgeron d'Ispahân, maître de l'industrie des armes, se présente devant le tyran et lui demande réparation pour ses crimes (ou conteste son pouvoir), au nom du peuple qu'il représente.

3° Le tyran accepte de faire pénitence (ou est destitué par le peuple qui se soulève).

4° Le nom d'Ispahân demeure lié à l'acte héroïque du forgeron (et au patriotisme de ses habitants).

5° Kâveh est envoyé en Occident pour soumettre l'ennemi de l'Ouest (l'empire de Byzance ?).

Nous avons négligé volontairement tout ce qui constituait la part « surnaturelle » du récit (astronomie, divination) la laissant sur le compte de l'imagination populaire qui aurait aimé voir une intervention surhumaine dans l'initiative du forgeron. La « figure talismanique à cent sur cent » évoque pour nous une forme « carrée » ; certaines relations font état de « cent cases à chiffre » (*sad khâne-ye 'adadi*). Y a-t-il une correspondance entre cette éventuelle figure carrée et un étendard, porteur, lui aussi, de signification astronomique ?[27]

---

26 *Loc. cit.*, in *Entesharât-e dâyere-ye djoghrâfyâ'i*, 1332 H., p. 19 sq.
27 Voir le commentaire de Ph. Ackerman in *Standards*, dans le passage relatif à cete enseigne.

Après avoir étudié le lieu d'origine de Kâveh, dans la légende, nous abordons à présent la question de la généalogie qui lui a été rattachée.

L'ancêtre des goudarziens ?

La lecture du *Shânâmeh* nous apprend qu'Ispahân, « siège du pouvoir » sous Keykhosrow, fut légué par ce roi à Gowdarz, en témoignage de reconnaissance, après que le « combat des douze champions » fut remporté par les Iraniens :

> « *dahad (Keykhosrow) pâdeshâhi ke-râ dar-khor ast*
> *kas-i k-az dar-e khel'at-o afsar-ast*
> *beh gowdarz dâd ân zamân esfahân*
> *kolâh-e bozorgi-y-o takht-e mehân* »[28]
>
> « Et de nommer des royaumes à ceux qui en étaient dignes et des robes d'honneur et des diadèmes à ceux qui les avaient mérités. Il donna à Gowdarz Isfahan, la couronne du pouvoir et le trône des grands. »

Bien avant cette victoire décisive de l'Iran sur le Tourân, l'épopée raconte comment le fils de Siyâvoush fuit le royaume d'Afrâsiyâb grâce à la protection de Guiv. La première ville où ils se rendent est celle d'Ispahan. Puis, le jeune prince continue de bénéficier de l'appui des Goudarziens qui ont pris son parti contre Tous qui voit en Faramorz le seul héritier du trône de Kâvous. Un différend éclate entre Gowdarz et le chef de l'armée, ce qui donne lieu, de part et d'autre, à des « revendications généalogiques », chacun se voulant mieux désigné que l'autre, de par sa naissance, pour reconnaître le successeur légitime du roi :

> « *beh d-ou goft tous ey djahân-dideh pir*
> *sokhan gouy likan hameh dar pazir*
> *[...]*
> *v-agar to ze keshvâd dâri nejâd*
> *man-am tous-e nowzar meh-e shâh-zâd* »[29]
>
> « Tous lui dit (à Gowdarz) : « Ô vieillard plein d'expérience ! parle, mais que tes paroles soient toutes conciliantes. [...] Tu es descendant de Keshvâd, (mais) moi, je suis fils de Nowzar, grand de naissance, et né de rois. »

Dans la généalogie du *Shâhnâmeh*, Keshvâd descend de Ghâren, lui-même fils de Kâveh. Il existe, dans l'édition de Bertel's, une variante du vers exprimant cette descendance, sans que les deux distiques que cette variante comporte se trouvent dans le texte de Mohl. C'est sans doute le seul passage vraiment explicite qui fait mention, à la fois, de la ville où

---

28 *Sh*, Davâzdah Rokh, v. 2432-2433 (*Bertel's V*, pp. 228-229) / v. 3360-3361 (*Mohl III*, p. 620).
29 *Sh*, Keykâvous, (*Mohl* seul), v. 3642, 3646 (*Bertel's III*, pp. 240-241) / v. 1306-1307 (*Mohl II*, p. 544).

Kâveh exerçait sa profession, de sa révolte qui engendra le mouvement populaire, puis du lien généalogique entre Goudarz et ce dernier :

> « *pedar-t az sepâhân bod âhan-gar-i*
> *na khosrow-nejâd-i-o na v-ân sar-i*
> *tcho bâ mâ ham-âvâz-o ham-kâreh gasht*
> *az-ân galleh-dâri sepah-dâr gasht* »[30]

> « Ton père était un forgeron d'Ispahan, (et toi) tu n'es pas de la race des Khosrow, et tu ne lui es pas supérieur ; s'il fut mis au même rang que nous et qu'il devint notre égal, c'est que la conduite de ce bétail (= le peuple) lui a valu le commandement de l'armée. »

La tournure imagée employée par Tous, pour singulière qu'elle soit, traduit bien la nature des rapports entre les catégories sociales établies par la hiérarchisation des castes. Kâveh, le forgeron d'Ispahan, aurait obtenu le commandement de l'armée pour avoir provoqué le soulèvement qui mit fin au despotisme de Zahhâk ; les Goudarziens descendraient de cet artisan de modeste naissance :

> « La famille de Godarz fut rattachée, par une généalogie artificielle, à un Karen légendaire, auteur de la famille des Karen, qui était très puissant sous les Sassanides, et de ce Karen on fit le fils du forgeron légendaire Kavagh, qui s'était insurgé contre le tyran Dahagh.[31] »

Selon Christensen, ce lien généologique a été tissé en raison de la popularité de la légende de Kâveh, production de l'époque sassanide :

> « The legend of the smith Kaveh has thus arisen, if my explanation is correct, in the course of the Sassanian period, and it has rapidly become popular, so popular, that one of the seven great noble families, who were the holders of certain hereditary high offices, *viz.*, the family of Karen, which had played a rôle already under the Arsacides (note 2 : A Karen is mentioned in 50 A. D., Tac. Ann. XII, 12 seq.) , and to which among others the so powerful Sokhra belonged, who lived during the reign of king Kavadh (488-496 and 498-531), had taken him for its founder. Firdausi mentions (Vullers I., p. 96, verse 238) Qaren, son of Kaveh, among the commanders-in-chief of Feridun's time (note 3 : *Qaren-i-Kavagan*, whereas on p. 110, verse 774 *Qaren-i-Kavayan*, on which P. Horn passes a remark, that we have here two totally different forms : 1) Phl. *Kavagh*, MP. *Kaveh*, 2) Av. *Kavaya*. I think, that these two forms are not so wholly different.), and according to Ta'alibi this Karen was just that son of Kaveh, who was rescued from death by the bold coming forward of his father before Dahak (note 4 : According to another geneology, which Tabari gives (De Goeje's edition p. 878 ; Nöldeke, Geschud. Perser-Araber, etc., p. 127), the family of Karen drew its descent from the mythical king

---

30 *Ibid.*, note 4 : var. IV de v. 3646 (*Bertel's III*, p. 421).
31 Christensen, *Kayanides*, p. 128.

Manushchihr. Another passage in Tabari places Karen in the time of king Vishtasp, see Nöldeke, *Ibid.*, note 2.).[32] »

Le fait de rattacher son extraction à des personnages légendaires aurait été un procédé courant parmi les familles royales ou les grandes maisons de la période sassanide. Ainsi, le même Kâveh fut placé au faîte de la généalogie aboutissant au Sassanide Kasrâ Noushin-Ravân :

> « By giving Kaveh a son named Kobad (Phl. Kavadh) the later tradition has intended to bring him in geneological connection with the most renowned of all the Sassanian kings Khusrav Anosharvan, whose father and predecessor was called Kavadh. We see this from the report of d'Herbelot, when this French orientalist (died 1695) expressly mentions in his « Bibliothèque orientale », which is based throughout on late, partly very little known sources, that Khusraw was descended in direct line from the smith from Ispahan.[33] »

Justi, sous l'article « Kâren », rapporte :

> « Karen », nom d'une dynastie parthe, dont les membres se présentent fréquemment sous ce nom plutôt que sous leur nom personnel : dans la légende, cette dénomination apparaît plus tôt. 1) Fils du forgeron Kaweh, d'où *Qaren-i Kaweh* ou *Kawegan, Kawiyan*, commandant de Minocihr [...] 2) [...] L'appellation « Le Parthique » prouve que la dynastie n'est apparue qu'à l'époque parthe ; dans la généalogie de Suxra (après la mort de Peroz, 484) apparaît Qaren, fils de Karwan, Tab. 878, I ; peut-être est désigné ici le même Qaren-i pahlawi, bien que l'arbre généalogique remonte aux temps légendaires, jusqu'à Minocihr, bien entendu avec trop peu de générations ; chez Moïse (selon Labubna) la maison remonte à Karen Pahlav, un fils de Arschavir (Phraates IV), ce qui n'est pas confirmé par d'autres sources historiques, mais cela paraît fondé dans la mesure où la famille est désignée comme « Arsacide ».[34] »

Vullers donne *Kâvakân* pour patronyme de Qaren, puis *Kâvagân* dans l'édition de Mohl.[35]

L'Encyclopédie de l'Islam, sous l'article *Karin*, traduit ce mot par « compagnon » dans son sens le plus large[36]. Sous l'article « Karinides », on lit :

> « Dynastie locale du Tabaristan (VI - IXe s.) qui règne sur une partie des régions montagneuses, depuis l'époque de Chosroès Ier (531-79 de J.-C.) jusqu'en 225 / 480. [...] Les Karinides prétendent descendre de Karin, fils de Sukhra, dont l'ancêtre n'est autre que le légendaire forgeron Kaweh.[37] »

---

32 *Id.*, Kaveh, p. 27.
33 *Ibid.*, p. 31.
34 *Ir. Nam.*, s. v. « Karen », pp. 156b-157a.
35 *Lex. pers.-lat.*, s. v. « Kâvakân », p. 785 b.
36 *EI²*. p. 670.
37 *Ibid.*, p. 670 (M. Rekaya).

Dans son *Hamâse-sarâ'i*, Z. Safâ consacre les lignes suivantes à la généalogie légendaire de Kâveh :

> « De ce Kâveh, selon une relation de Ferdowsi, il resta deux fils ; l'un d'eux, Ghâren, général des armées de Manoutchehr et de Nowzar, comptait parmi les héros renommés, l'autre, Ghobâd, fut tué, en début de vieillesse, dans une des guerres de Manoutchehr, par la main de Bâremân. [...]
>
> Un orientaliste connu du nom de Hertel a cru voir dans Kâveh un Kavi Aipivohu, fils de Keyghobâd [...]. Cette supposition n'est pas fondée, car, d'après des témoignages lexicaux, le nom de Kâveh devrait apparaître, dans les textes pehlevis, sous les formes *Kavagh* ou *Kavak*, alors que le nom du fils de Keyghobâd est enregistré dans les textes pehlevis sous la forme de *Kay Apiva* [...]. Il n'est donc pas possible de concevoir, pour une même personne, deux noms provenant de deux racines différentes et employés à la même époque, d'autant plus qu'il paraît improbable et illogique que *Kavagh* ait pu dériver de *Kavi Aipivohu*. [...]
>
> Quant à Ghâren, le fils de Kâve, il a vécu, ainsi que je l'ai mentionné précédemment, en tant que héros célèbre du *Shâhnâmeh* aux temps de Faridoun, Iradj, Manoutchehr et Nowzar, et Ferdowsi le nomme parfois *Ghâren-e Kâvakân* « Ghâren, fils de Kâvak (Kâve) » ; il était le général en chef de Manoutchehr dans la guerre contre Salm et Tour et avait gardé ce titre du temps de Nowzar ; il a vécu jusqu'à l'avènement des Kayanides et s'est distingué dans les batailles de Keyghobâd contre Afrâsiyâb.
>
> Bien que le récit de Ghâren, fils de Kâveh et commandant des armées de Faridoun, Manoutchehr et Nowzar, ne figure pas, comme celui de son père, dans les écrits avestiques, les apparences laissent supposer qu'il est aussi vieux que le récit de Rostam.
>
> Ainsi, la période arsacide a connu une grande famille du nom de Ghâren qui avait une grande influence dans les affaires de l'État et dans l'organisation militaire de la dynastie de ce nom. Cette maison aurait maintenu son pouvoir sous les Sassanides et, autant que l'on sache, elle serait restée puissante jusqu'au troisième siècle de l'Hégire, c'est-à-dire jusqu'au temps du califat de Ma'mun.
>
> Les grandes familles qui vivaient sour le règne des Sassanides essayaient, comme ces derniers, de faire remonter leur généalogie aux rois et aux héros de la légende ; et c'était là, en général, une des marques de distinction que se procurait la noblesse de l'époque. Cette coutume a subsisté pendant quelques siècles durant l'ère islamique en Iran, et on a vu des maisons telles que les Sâmânyân, les Âl-e Bouye, les Âl-e Ziyâr, et des seigneurs comme Abou-Mansour et Ahmad b. Sahl, modifier leur généalogie dans un but analogue. Il fallait donc que la famille de Ghâren, qui se voulait l'égale des Sassanides et des Arsacides, procède à une telle contrefaçon et c'est de là que vient leur généalogie légendaire : en falsifiant le nom du héros Karen et l'histoire qui s'y rattache, et en faisant de lui le descendant de Kâveh - à qui l'on attribue le derafsh kavyen - et par conséquent une des grandes personnalités que l'histoire ancienne rangeait tout de suite après le roi. C'est de là que provient l'histoire de Karen que les textes islamiques désignent sous la forme de Ghâren.

Selon la tradition de Ferdowsi, Kâveh avait un autre fils du nom de Ghobâd. Ce nom, au cas où il se trouverait dans les textes pehlevis, devrait être enregistré sous la forme de Kavat.[38] »

Ainsi, selon l'auteur, les Karinides du Tabaristan relièrent leur généalogie au Karen légendaire du *Shânâmeh*, ce dernier ayant été, à son tour, présenté comme un descendant du forgeron mythique. Faut-il voir, dans la relation rapportée par Nayyer-Nouri, une production historico-légendaire issue de ce procédé ?

« Et, de même, personne sinon les gens d'Ispahan (*isfahanyan*) n'ont pouvoir de veiller sur le *Derafsh-e Kâvyân* qui est renommé dans le monde entier. Dans les temps anciens, celui qui le créa et l'éleva était un homme du bourg de Koudelye du nom de *Gabi* ; il s'insurgea contre le roi Beyvarasf, et avant lui, personne ne connaissait les noms de drapeau et étendard (*râyat, 'alam*) ; et Kasra, fils de Ghobad, fit testament qu'il ne fallait pas retirer le *Derafsh-e Gâbiyân* de la famille des Goudarziens (*Al-i Gudarz*) car il est, parmi eux, ce qu'est la royauté parmi nous ; après cela, Kesrâ Abarviz, avec toute sa splendeur et sa puissance et la grandeur de ses desseins, au temps où il eut quelque répit de la guerre de Bahrâm, voulut le (le derafsh kavyen) retirer des gens d'Ispahan et le remettre à ceux de l'Azarbâ'idjân (*Âzarbâyegânyân*), pour s'acquitter de la dette dont il leur était redevable, à l'encontre de services rendus par ces derniers ; et ce derafsh était sous la protection de quatre hommes. Il envoya un homme d'Âzarbâyegân pour qu'il le retire des mains des gens d'Ispahân ; un d'entre ces quatre (gardiens), connu sous le nom d'Âl-e Faridani, s'opposa à la décision de Kasrâ ; de sorte que cela conduisit à un conflit, et il tua un certain nombre d'entre eux (des émissaires) et l'affaire de l'affrontement et de la violence ayant pris de l'ampleur, tous les gens d'Ispahan vinrent au secours. En ce moment, la nouvelle parvint à Parviz ; pour apaiser l'animosité de la discorde et pour rétablir la paix et s'enquérir de la situation, il expédia quelques proches et convoqua Âl-e Faridani et (lui) dit : « Ô homme de mauvaise nature ! Ingrat ! Tu massacres nos serviteurs chargés de nos consignes ? » Âl-e Faridani répondit : « Que les étendards du royaume de Kesrâ Abarviz soient toujours arborés pour la victoire comme le victorieux Derafsh-e Gâbyân ; celui qui aspire à la voie injuste et s'engage sur un chemin futile est digne d'une semblable peine. Nous tenons ce derafsh en héritage de nos pères et de nos ancêtres comme vous votre royauté. Si votre esprit consent à ce que l'on vous retire la souveraineté, nous, de même, consentons à la perte du derafsh » (*Tardjome-ye Mahâsen-e Esfahân*, p. 86).[39] »

La mention « Âl-e Goudarz » indique bien, dans le passage que nous venons de transcrire, que la légende du forgeron créateur du derafsh kavyen a été rattachée à l'histoire de la famille parthe se réclamant de la maison légendaire des « Goudarziens ». Nous avons retrouvé, dans ce

---

38 Safâ, *Hamâse*, pp. 530, 533-534.
39 Nayyer-Nouri, *Beyragh*, p. 43. C'est nous qui traduisons.

chapitre, les éléments constants relevés plus haut[40] à partir des chroniques musulmanes. Il semble, encore une fois, que le nom d'Ispahân soit lié au récit de la révolte populaire et qu'il ait bien existé un derafsh ayant suscité la convoitise des ambitieux qui souhaitaient, en s'appropriant le derafsh, s'attirer la popularité dont ce drapeau était porteur.

Avant de tirer de ces données les déductions qui s'imposent, nous envisagerons la légende dans le cadre de la littérature des corporations.

La figure de « l'artisan-chevalier »

L'hypothèse selon laquelle un événement historique aurait procuré la substance de la légende du forgeron nationaliste nous a conduit à étudier cet aspect sous l'angle de la production littéraire inspirée des corporations de métier.

Au fil de nos lectures, nous avons pris connaissance d'une définition du terme 'ayyâri, sorte de chevalerie en rapport avec les sociétés artisanales ; nous citons ici le passage correspondant :

> « Bahar (1880-1951) [...] édita un manuscrit ancien, *Tarix é Sistan*, « Histoire du Sistan » [...] qu'il dota d'une excellente préface où il donna une définition remarquable de cette chevalerie persane :
> « ... Courageux et vifs, intelligents et prompts à flairer les bourrasques et les ouragans dangereux pour la paix de leur pays, les 'ayâr furent des preux. Sous le Califat abbasside (762-1258), une confrérie se constitua, à Bagdag même, capitale de la puissance arabe, et gagna le Sistan, le Khorassan [...] où l'un de ces chevaliers, Yaqoub Leys, réussit à fonder une dynastie iranienne au Xe siècle. L'ayâri prit selon les époques des visages variés dont le premier nous est attesté par *Le livre des Rois*. Peut-être les épisodes de ce geste sont-ils des fresques de l'imaginaire ou des transpositions exaltées d'incidents locaux, mais leur importance est cautionnées par l'éternelle popularité des héros mis en scène, par la place qu'ils n'ont cessé d'occuper et qu'ils détiennent toujours dans la mémoire populaire. 'Ayâr, pour le poète, furent Rostam – partant seul à la quête de son fils en terre ennemie –, Guiv, autre héros allant dans le repaire de l'adversaire au Touran pour y trouver la trace d'un persan enlevé. Ces croisades solitaires ponctuées d'actes héroïques sont typiques de la chevalerie telle que l'envisageait Ferdowsi.[41] »

Nous lisons plus loin qu'« avec l'installation des Arabes en Iran, toute forme de patriotisme fut muselée mais peu à peu l'*ayâry* se réorganisa en mouvement politique et retrouva les règles qu'elle avait promulguées dès sa fondation sous les Parthes (250-224) »[42]. Le même ouvrage cite une

---

40 *Supra*, p. 223.
41 In T. Battesti et K. Kazemaini, *Le Zour Xaneh, gymnase traditionnel persan*, extr. de *Objets et Mondes*, t. VIII, fasc. 3, 1968, pp. 20-21.
42 *Ibid.*, p. 21.

autre chronique, le *Qabous Nameh*, rédigée au Xe siècle, où l'on trouve ce commentaire :

> « ... Est reconnu *'ayâr* celui qui possède les qualités nécessaires, courage et virilité, effacement des intérêts personnels au profit de ceux de la communauté, sens de l'amitié et de la fraternité, pureté et miséricorde, pensée juste et parler droit, reconnaissance envers l'hôte [...]. L'*ayâr* n'est pas désarçonné par les coups du sort. L'analyse approfondie du cours du monde doit lui prodiguer un enseignement fructueux.[43] »

À côté de ce terme, figurent, dans la tradition de chevalerie de l'époque, les mots *pahlevân*, proche de ce dernier, puis *shâter* « messager » :

> « Les écoles de *shâter*, les courriers, Mercures ou Hermès des Rois des Rois de l'Iran, inspirent [...] les principes de l'*ayâry* ou du *pahlevân*. De tout temps, la profession de *shâter*, messager, fut entourée de la considération générale. La configuration physique du pays, les passages souvent trop étroits entre les massifs escarpés faisaient préférer « les talons ailés » aux coursiers équestres. Les adolescents qui avaient les talents requis pour devenir *shâter*, étaient entraînés par des maîtres-messagers chevronnés qui appartenaient également aux associations d'*ayâr* et faisaient de leurs élèves des preux aguerris.[44] »

Dans l'introduction de H. Massé au *Samak-e Ayyar* de Faramarz fils de Khodadad, le terme *'ayyâr* correspond à « paladin ». L'auteur de l'intoduction écrit que « les paladins (*ayyâr*) avaient influence et pouvoir en Sîstân [...] ; l'émir Yaqûb-i Laith lui-même était un des leurs et avait conquis le pouvoir grâce à leur aide ». Puis, il cite, parmi les principes de cette « chevalerie iranienne » : la « fidélité à la foi jurée, le culte de la pureté, la générosité, la franchise, le désintéressement et un vif sentiment de l'honneur »[45]. Voici le portrait de l'*ayyâr* tel que décrit par le texte :

> « Khorchid châh demanda à Saad : « Qui sont ce cavalier et ces hommes ? Je n'en ai jamais vu de semblables ? » Le drapier lui répondit : « Cet homme âgé s'appelle Choqâl Pil Zour ; c'est le chef des chevaliers de cette ville, et ce jeune homme au vêtement de feutre, armé de deux poignards de gauche et de droite, est le chef des Ayyârs et on l'appelle Samak Ayyâr, fils adoptif de Choqâl Pil Zour. Les autres sont leurs compagnons. Ils ont les pleins pouvoirs sur l'empire de Faqfour, et sont aussi les chefs militaires de la ville. » [...] Le prince, une fois en train, se tourna vers Choqâl et dit : « Ô preux, quelles sont les vertus requises pour devenir compagnon ? » Choqâl répondit : « Elles sont innombrables. On peut en compter essentiellement soixante-douze, dont deux sont les plus importantes, à savoir : la générosité, le respect d'autrui »[46].

Dans un article intitulé « *Raveshhâ-ye 'ayyâri va nofouz-e kâr-e 'ayyârân dar Shâhnâme* » (« Les règles de la chevalerie et l'influence des

---

43 *Ibid.*, p. 23.
44 *Ibid.*, p. 28.
45 *Op. cit.*, p. 9.
46 *Ibid.*, p. 44.

faits des chevaliers dans le Shâhnâmeh »), M. Dj. Mahdjoub écrit que le terme *'ayyâr* apparaît dans le texte dans le récit du ver Haftvâd[47]. Il y est rapporté que le fils du maître de la forteresse assiégée par Ardashir s'appelle Shâhouy ; Ferdowsi, évoquant la mauvaise nature de ce fils, le nomme « l'*ayyâr* de Haftvâd » :

> « *sou-ye lashkar-e kerm bar-gasht bâd*
> *guereftâr shod dar miyân haftvâd*
> *hamân niz shâhouy 'ayyâr-e ouy*
> *keh mehtar pesar boud-o sâlâr-e ouy* » (*Sh.* 7, p. 145)
> « Le vent se retourna contre l'armée de Kerm, et Haftvâd fut cerné de toute part ; il en fut ainsi de Shâhouy, son « chevalier ? », qui était le fils du seigneur et maître de la forteresse. »

L'auteur de l'article ajoute :

> « Il est regrettable que Ferdowsi n'ait fourni aucun détail sur les activités de ce fils, ce qui aurait permis une appréciation des règles de l'*ayyari* de l'époque. Il est seulement possible d'affirmer que ce terme, au temps de Ferdowsi, ne comportait pas un sens élogieux, et que le mot *'ayyar*, de même que le mot *rend*, sont du nombre des dénominations qui, à la longue, ont trouvé un sens différent, de sorte que de haïssables qu'elles étaient, elles devinrent estimées et, au cours des siècles qui suivirent, les Iraniens ne virent plus que d'un œil admiratif les faits et les exploits des *'ayyars*.[48] »

L'article « Futuwwa », dans l'*Encyclopédie de l'Islam*, indique que les chroniques anciennes rapportent le terme avec la même connotation péjorative indiquée par M. Dj. Mahdjoub, son aspect « louable » impliquant le même sens revêtu par le mot « arabe » :

> « dans l'aristocratie persane [...] où l'on traduisait *futuwwa* par *djuwanmardi*, la vie des *fityan* (litt. « jeunes hommes ») apparaissait à un prince tel que l'auteur du *Kabusnama* (Vᵉ/XIᵉ siècle) comme une vocation convenable, voire un idéal.
> Mais, en face de ces images paisibles, les chroniques anciennes nous en montrent beaucoup d'autres qui le sont, elles, bien moins. À vrai dire, le nom de *fityan* n'y est pas celui qui revient le plus ; comme il s'agit de fauteurs de désordre, les écrivains, qui appartiennent au milieu des gens en place, leur donnent des noms évoquant la racaille, les va-nu-pieds ; le plus fréquent, que les intéressés ont relevé avec autant de fierté qu'en France révolutionnaire d'autres gens du peuple celui de sans-culotte, est *'ayyar(un)* « errant, hors-la-loi » ; assez courants aussi les termes de *awbash* « pègre », *shatir*, plur. *shuttar* « dégourdi » et, à partir des Saldjukides, *rind*, pl. *runud* « coquin »[49].

---

47 In *Sh*, Ashkânyân (*Bertel's VII*, pp. 113 sq.) (*Mohl V*, pp. 266 sq.). Voir le récit in Bertel's, *loc. cit.*, v. 499-777. La citation de M. Dj. Mahdjoub se trouve dans cette dernière éd.
48 *Op. cit.*, p. 13.
49 *EI²*, p. 983 b.

Il y a donc un point qui mérite d'être pris en considération, à savoir la « position » du chroniqueur : du point de vue du pouvoir établi, l'ayyâr ne peut qu'être un « fauteur de trouble », c'est ainsi qu'il est présenté dans le *Shâhnâmeh* qui est une chronique royale. Par contre, le point de vue populaire et celui du scribe qui côtoie l'homme de la rue s'inscrivent dans un sens tout à fait opposé à celui de la représentation « officielle » des faits : pour eux, le « hors-la-loi » est susceptible de traduire leurs aspirations en contestant le pouvoir. D'autre part, si, durant les siècles qui suivirent l'invasion arabe en Iran, des mots tels que 'ayyar finirent par s'imposer comme revêtant un sens valorisant, c'est qu'il n'existait plus en Iran un état centralisé et puissant comme celui des Sassanides, ayant intérêt à réprimer systématiquement tout mouvement marginal et à discréditer l'image populaire de l'« errant », gravement préjudiciable à la structure sociale établie par les souverains iraniens d'avant l'Islam.

Nous reprenons l'article de l'encyclopédie :

> « *FUTUWWA* », nom créé vers le IIe/VIIe siècle comme pendant à *muruwwa*, vertu de l'homme mûr, pour signifier celle qu'on considère comme caractéristique du *fata*, plur. *fityan*, littéralement « jeune homme », et sous lequel on a pris l'habitude de désigner des mouvements et organisations répandus jusqu'au début des temps modernes à travers toutes les sociétés urbaines de l'Orient musulman. [...] Hammer-Purgstall [...] voyait dans la *futuwwa* une forme de chevalerie, et on trouve cette interprétation répétée jusqu'à nos jours ; mais, depuis un demi-siècle, on a surtout remarqué dans la *futuwwa* les liens qu'elle a eu à basse époque d'une part avec le sufisme, d'autre part avec les groupements professionnels ; cependant, même dans ce dernier cas, la nature des traités qui lui ont été spécifiquement consacrés a fait qu'on l'a plus abordée sous l'angle de la doctrine ou de la psychologie qu'intégrée dans la réalité sociale, à laquelle elle appartient cependant comme un élément important.[50] »

Quant à l'image populaire de l'*ayyâr*, nous lisons :

> « Auprès de la masse, les vrais 'ayyarun ont la popularité des voleurs qui s'en prennent aux riches, forme élémentaire de récupération de classe à laquelle aucune réprobation morale n'est attachée. Leurs chefs réclament la reconnaissance officielle du titre de *ka'id* qu'ils se donnent, et qui, en dehors des questions d'amour-propre, les introduirait stablement dans la hiérarchie sociale.[51] »

L'auteur précise que le rapport entre les *fityân* et les *'ayyârun* est établi par les textes, de sorte que « bien des *fityân* de la première sorte se qualifient ou sont qualifiés de *'ayyârun* ou de noms équivalents, bien des *'ayyârun* réciproquement, de *fityân* ou adeptes de la futuwwa[52]. Concernant notre étude, nous retiendrons, entre autres, que le phénomène

---

50 *Ibid.*, p. 983a.
51 *Ibid.*, p. 984a.
52 *Ibid.*, p. 984b.

de l'*ayyâri* ou de la *futuwwa* est d'ordre essentiellement « urbain ». Pour l'aspect spirituel de la tradition :

> « Une certaine pénétration mutuelle se fit de l'esprit combattif des *fityan* et de l'idéal spirituel des sufis. Une manifestation en est, pour la *futuwwa*, l'adoption d'*isnads* (documents) inspirés de modèles sufis, par lesquels chaque groupe prétend se rattacher aux ancêtres vrais ou supposés dont le patronage moralement lui importe : en général, en fin de compte, à 'Ali, en raison de l'ambivalence du mot *fata* (l'homme incarnant l'idéal chevaleresque), et très souvent après lui à Salman, le patron des artisans irano-mésopotamiens.[53] »

Sur ce sujet, nous proposons quelques éléments de bibliographie à la fin de ce travail ; citons, parmi d'autres études, *La futuwwa ou pacte d'honneur artisanal entre les travailleurs musulmans au Moyen Âge* de L. Massignon et, de Cl. Cahen, *Les débuts de la futuwwa d'al-Nasir* puis *Mouvements populaires et autonomisme urbain dans l'Asie Musulmane du Moyen Âge.*[54] »

La société turque-anatolienne connut, elle, le développement de la *futuwwa* sous la forme des *akhis*, confrérie placée sous le patronage du calife al-Nasir (577-620 / 1181-1223), auteur de la réforme dont « la préoccupation dominante était d'essayer de regrouper sous l'égide du califat toutes les familles spirituelles, toutes les organisations se réclamant de l'Islam »[55].

Dans un livre intitulé « *Abu Muslim, le porte-hache du Khorassan* », Madame I. Mélikoff étudie un roman épique, disponible à la Bibliothèque Nationale[56], attribué à Abu Tahir de Tus. Le « Roman d'Abu Muslim » dont le culte fut propagé par les Akhis, puis pénétra dans le répertoire littéraire des corporations sous la forme particulière des *Futuvvetname* « traité de chevalerie »[57]. Abu Muslim y est présenté comme le héros des artisans et des gens de métier, ayant réussi à rallier à la cause des Abbassides tous les éléments de mécontentement, par la sympathie qu'il a su gagner auprès des masses populaires :

> « Par son double rôle de Champions du Peuple et de Défenseur de la Religion, Abu Muslim était l'incarnation par excellence de l'idéal chevaleresque dans les milieux artisanaux. Ayant fait triompher la cause des Abbassides avec l'appui des classes de la population urbaine qui avaient le plus à souffrir de l'oppression sociale et fiscale de l'envahisseur : des gens de métier, parmi lesquels figuraient également ceux qui exerçaient des métiers considérés comme impurs, tels les bouchers, les rôtisseurs, les tanneurs, etc. Abu Muslim

---

53 *Ibid.*, p. 986b.
54 Voir la bibliographie détaillée en fin d'article de l'*EI*.
55 *Ibid.*, p. 986a.
56 Voir les cotes correspondantes à la fin du livre indiqué.
57 *Op. cit.*, p. 82.

était le héros tout indiqué des corporations. Par eux, son roman fut véhiculé d'Iran au Caucase et en Anatolie, où il connut un grand développement »[58].

Cette ébauche de la situation connue par les classes populaires du temps d'Abu Muslim serait-elle un reflet de la situation sociale sous les derniers souverains de l'Iran préislamique ? La figure de Kâveh tire-t-elle son origine de « milieux artisanaux », dont il serait devenu le champion, ou de « compagnonnages groupant des gens de métier considérés comme humbles ou impurs et ayant, de ce fait, à souffrir de l'opposition sociale des classes d'élite ? »[59].

Comme dans toute corporation de métier, celle des Akhis de Merv a un forgeron qui, de surcroît, en est le chef :

> « Dans une rencontre extra-terrestre, un rêve en l'occurrence, le Prophète, secondé par l'Archange Gabriel de qui il avait lui-même reçu les emblèmes de la « Futuvvet », revêtit Abu Muslim de ces emblèmes : le diadème, la chemise et la ceinture. C'est par l'intermédiaire des trois premiers patrons de la corporation, Gabriel, Muhammed et 'Ali, qu'il reçoit la hache qui sera son signe distinctif et enfin, il reçoit l'accolade et l'épée du quatrième patron des Ahis, Selman-i Farsi. Ses compagnons les plus proches sont les quarante Ahis de Merv avec leur chef, Ahi Hurdek le Forgeron.[60] »

C'est ce Ahi Hurdek qui forgea la hache d'Abu Muslim ; l'épisode est raconté ainsi :

> « Abu muslim se réveilla. La vision avait disparu [...] et dans sa main il tenait un papier où était dessinée la hache vue en rêve. Il courut dans la chambre de sa mère [...]. En voyant le dessin de la hache, elle dit à son fils :
> « Il y a à Merv un maître forgeron nommé Hubkar-i Derbendi[61], c'est un Musulman Sunnite et un ami de ton père. C'est lui qui forgera ta hache. »
> Abu Mulsim [...] chargea de bois son âne et se rendit au bazar de Merv. Il demanda la boutique du forgeron, Maître Hubkar. Mais celui-ci était mort depuis quelques temps et son fils, Hurdek, avait repris son commerce. Abu Muslim partit à la recherche de Hurdek.
> Abu Muslim entra dans la boutique du forgeron et vit un jeune homme à barbe noire. Hurdek dit aux artisans de laisser le travail, car ils avaient un hôte et il emmena Abu Muslim chez lui. Hurdek était le Ahi de la ville. [...] Après avoir mangé, il (Abu Muslim) expliqua au Ahi l'objet de sa visite et lui montra le dessin de la hache. Ahi Hurdek hocha la tête : « Il faut beaucoup de fer pour fabriquer cette arme » dit-il. « Oui, répondit Abu Muslim, il faut quarante *batman rumi* de fer. » [...] « Je forgerai ta hache, dit Ahi Hurdek, viens vendredi prochain. » [...]

---

58 *Ibid.*, pp. 63-64.
59 *Ibid.*
60 *Ibid.*, p. 64.
61 *Houbkâr, Khoubkâr* « travailleur habile » ; comparer avec les surnoms des forgerons mythiques, ex. *Kothar wa Hasis* « habile et ingénieux », pour le dieu ougaritique.

(Abu Muslim) continuait à venir à Merv sous tous les déguisements : tantôt il prenait l'apparence d'un Sufi, tantôt celle d'un mendiant, tantôt celle d'un paysan et allait sans cesse demander sa hache à Ahi Hurdek, mais elle n'était toujours pas prête. La vérité était que le forgeron n'avait pas le fer nécessaire pour forger la hache.

On raconte que, pendant la nuit du *Mi'rac*, le Prophète regarda du haut des airs, sur la terre, et vit une plaine remplie de sang. Le sang se soulevait, semblable aux vagues de la mer. Le Prophète de Dieu demanda à Gabriel : « Ô Ahi ! Que veut dire ceci ? »

Le seigneur Gabriel lui dit alors : « Ô Ahi Muhammed ! C'est la plaine de Kerbela ! Après toi, ton peuple rebelle fera venir Huseyn avec sa tribu et ses enfants, et les massacrera après les avoir assoiffés. Ce que tu vois là, c'est le sang des martyrs ! ».

Alors, le prophète poussa un soupir et, par ordre de Dieu le Très Haut, les vents saisirent le soupir du Prophète et Dieu en fit un morceau de fer. Puis il ordonna aux anges d'emporter ce morceau de fer et de le jeter dans la mer d'Oman, car il devait servir à forger la hache d'Abu Muslim.

Alors, le Prophète versa deux larmes : la larme de l'œil droit tomba sur la terre et devint une fleur ; la larme de l'œil gauche tomba dans la plaine de Kerbela et devint un arbre. Cet arbre grandit et eut pour sève le sang de l'Imam Huseyn : son bois devait servir à faire le manche de la hache d'Abu Muslim. Quant à la fleur qui germa de la larme tombée de l'œil droit du Prophète, on raconte qu'elle fut mangée par un mouton dont la chair servit de nourriture au jeune Abu Muslim (note 1 : Il y a plusieurs traditions concernant le morceau de fer qui servit à forger la hache d'Abu Muslim [...] ; le morceau de fer retiré du fond de la mer d'Oman et qui servit à forger la hache (aurait été) un morceau de Zu'l-Fikar.)

Or, Ahi Hurdek avait en sa possession le morceau de fer qui avait été formé à partir du soupir du Prophète, et que son aïeul avait sorti de la mer d'Oman.

Un soir, il se coucha après avoir prié Dieu de lui venir en aide et, dans son rêve, il vit son aïeul qui lui dit que le jeune homme pour qui il devait forger la hache était le Chef de la Propagande et que, par elle, il délivrerait le monde de la tyrannie des Hérétiques. Pour la forger, il devait prendre un morceau de fer dont il lui indiqua la cachette et qui était destiné à Abu Muslim. Ahi Hurdek se réveilla au milieu de la nuit, trouva aussitôt le fer et le mit au four pour le ramollir. Mais, quand il ouvrit le four pour reprendre le métal, il trouva une hache resplendissante, identique à celle dont il avait vu le dessin. Il la porta à Abu 'Ali le Tourneur qui fit le manche avec le bois provenant de l'arbre qui ne se dessèche pas. Jusqu'au jour du Jugement Dernier, il ne se desséchera pas ! Puis, Ahi Hurdek porta la hache à d'autres artisans pour la brunir, pour lui faire un fourreau et pour la damasquiner.

Lorsque, le vendredi suivant, Abu Muslim vint chercher sa hache, tout vêtu de noir, comme un paysan, il trouva tous les Ahis rassemblés chez Hurdek le Forgeron. Ils étaient quarante Musulmans sunnites, tous amis du Calife 'Ait Murtaza. Ahu Hurdek leur donna Abu Muslim pour chef et ils le saluèrent du nom de « Père des Musulmans ». Hurdek présenta à Abu Muslim ses nouveaux compagnons : d'abord lui-même, le chef des Ahis, Hurdek le Forgeron, puis Ahi Abu Tahir le Brunisseur, Ahi Abu 'Ait le Tourneur, Abu Sehl-i Mah-Ru, Abu Nasr-i Seb-Rev, Ishak-i Kunde-Siken, Bad-i Yelda, Ahu Pay-i Razi, Ahi

'Aït le Cuisinier, Abu Leys le Vétérinaire, 'Abdurrahman le Sufi, Ya'kub aux Sept Doigts, et beaucoup d'autres.
À part ces quarante Ahis, dit Hurdek le Forgeron, nous avons encore sept cents compagnons. »[62].

À l'époque médiévale, en Europe, des bannières spécifiques représentaient les corporations de métier. Ainsi dans l'ouvrage de W. Smith, la légende d'une figure indique :

> « Les habitants des villes du Moyen Âge formaient des guildes pour régler non seulement leurs intérêts économiques et professionnels, mais aussi les affaires politiques et militaires. Souvent les guildes possédaient des bannières particulières (comme celle de Bâle) [...]. Le groupe humain que représentaient ces bannières n'avait pas droit aux armes, c'est pourquoi la forme de ces bannières n'était généralement pas héraldique.[63] »

Pour revenir sur la forge de l'arme d'Abu Muslim, nous constatons que le métallurge assume cette dernière fonction en même temps que celle d'« initiateur ». Le rituel présente des points communs avec celui que nous avons constaté à propos de l'initiation de Faridoun : le jeune héros est séparé de la mère après une période d'incubation le préparant à sa mission exceptionnelle (nous retrouvons le thème de la « nourriture sacrée ») ; il est « introduit » par l'artisan qui le fait pénétrer dans le milieu « culturel » et lui révèle sa mission, lui fait « don » de l'arme dotée de pouvoirs surnaturels et le prépare à l'épreuve qui consistera à abattre l'incarnation du Mal. Le « contexte » de l'initiation, par contre, est radicalement différent : contrairement à Faridoun, Abu Muslim côtoie la « base » de la pyramide sociale ; ce ne sont pas les membres d'une « classe guerrière » qui lui viennent en aide, mais les représentants d'une certaine élite populaire ; son but n'est pas de réinstaurer une hiérachie sociale quelconque, mais la vengeance qu'il se doit de réaliser se propose de réhabiliter les basses couches opprimées par le pouvoir ; d'autre part, bien que l'inspiration qui le mène soit d'origine divine, il ne s'identifie pas lui-même à la divinité, comme un Faridoun présenté en tant qu'agent de régénération de la terre, dispensateur de pluie, etc.

Notre dernière source est un article de S. M. Stern, qui nous a permis de connaître la constante disponibilité de M. Piemontese ; il s'agit d'une étude que nous avons consultée dans le mémorial consacré à V. Minorsky, et s'intitulant « Ya'qub the Coppersmith and Persian National Sentiment ».

L'article porte sur la question du développement du sentiment national persan sous l'Islam et, en particulier, de l'influence du mouvement

---

62 I. Melikoff, *op. cit.*, pp. 97-101.
63 Smith, *Drapeaux*, p. 49.

littéraire *Shu'ubiyya* sur le retour aux sources authentiquement iraniennes durant cette période. L'auteur y commente un poème qui, selon lui, fournit un exemple instructif de la manière dont un aventurier iranien a employé les notions de la littérature shu'ubite pour se procurer une idéologie sur laquelle il fonderait son autorité ; l'importance du poème résiderait dans le lien qu'il établit entre ce courant littéraire et la résurgence de dynasties indépendantes en Iran[64]. Nous citons le passage où Stern établit une récapitulation des faits rattachés à l'histoire de Ya'qub, pour qui le poème fut composé, et où il fournit les caractéristiques de ce poème :

> « For the convenience of the reader, I begin by recapitulating the main facts about Ya'qub, son of Layth, surnamed al-Saffar, the Coppersmith (note 8 : See Th. Nöldeke, « Jakub, der Kupferschmied und seine Dynastie », *Orientalische Skizzen* (Berlin 1982) 185-217 ; w. Barthold, « Zur Geschichte der Saffariden », Festschrift Th. Nöldeke zum Jo. Geburtstage gewifmet (Glessen 1906) I, 177-91 ; B. Spuler, Iran in früh-islamischer Zeit, 69 ff.). Arriving at Zaranj, capital of Sijistan, from the countryside, he began as a coppersmith, joined the *'ayyarun* (gangs of young men), and gradually assumed a leading position in that milieu, until he was proclamed in 247 / 861 amir of the province and was recognized as such by the Tahirid government of Khurasan and by the caliph. [...] in 255 / 869 he invaded the province of Fars, but was persuaded by the caliph to evacuate it and to turn instead to the eastern marches of Khurasan [...]. Yaqub occupied Fars and marched through Khuzistan to 'Iraq, aiming at Baghdad itself. The regent al-Muwaffaq, brother of the caliph al-Mu'tamid, defeated him, however, near Dayr al-'Aqui, on 2 Rajab 262 / 1 April 876. Ya'qub was wounded and retreated to Jundishapur in Khuzistan. He succeded in reoccupying Fars, but died in Jundishapur on 9 Shawwal 265 / 4 June 879.
>
> The poem discussed in the present article is by Abu Ishaq Ibrahim b. Mamshadh, a native of Isfahan. As such he figured in the famous *History of Isfahan* by Hamza al-Isfahani, an author of the fourth / tenth century ; his book is lost, but it was used copiously by Yaqut in his *Dictionary of Learned Men*. The article on Ibrahim b. Mamshadh in Yaqut's *Dictionary* is also taken from Hamza's work.[65] »

Le poème fut écrit par Ibrahim à l'intention de Ya'qub qui était censé le réciter. La violente attaque qu'il contient à l'encontre du calife 'abbaside, suggère qu'il fut composé après la dernière rupture de Ya'qub avec le califat, probablement au cours de l'invasion de l'Irak (Jumada II, 262 / mars 876)[66]. Nous transcrivons la traduction anglaise du poème rédigé en arabe[67] :

---

64 Stern, *op. cit.*, p. 538.
65 *Ibid.*, pp. 539-540.
66 *Ibid.*, p. 140.
67 Pour l'original : *Irshad al-arib*, ed. Margoliouth (Londres 1923-6) I, 322-3.

> « I am the son of the noble descendants of Jam, and the inheritance of the kings of Persia has fallen to my lot.
> I am reviving their glory which has been lost and effaced by the length of time.
> Before the eyes of the world, Iam seeking revenge for them-though men have closed their eyes end neglected the rights of those kings, yet I do not do so.
> Men are thinking about their pleasures, but I am busy with directing my aspirations.
> To matters of high import, of far-reaching consequence, of lofty nature.
> I hope that the Highest will grant that I may reach my goal through the best of men. With me is the banner of Kabi *('alam'l kabiyan)*, through which I hope to rule the nations.
> Say then to all sons of Hashim : « Abdicate quickly, before you will have reason to be sorry :
> We have conquered you by force, by the thrusts of our spears and the blows of our sharp swords.
> Our fathers gave you your kingdom, but you showed no gratitude for our benefactions.
> Return to your country in the Hijaz, to eat lizards and to graze your sheep ;
> For I shall mount on the throne of the kings, by the help of the edge of my sword and the point of my pen ! »[68].

L'étameur y est présenté comme le descendant des anciens rois de l'iran, et sa lignée est rattachée au mythique Djamshid. L'*Histoire du Sistân* permet une appréciation exacte de la généalogie légendaire attribuée à Ya'qub : « Ya'qub, fils de Layth, fils de al-Mu'addal ; fils de Hatim, fils de Mahan, fils de Kay Khusraw, fils de (le roi sassanide) Ardashir, fils de Qubad (connu sous le nom de Shiruya) ; fils de Khusraw (II) Aparwiz, le fameux roi sassanide, dont la généalogie remonte, bien entendu, par une longue chaîne jusqu'à Jamshid »[69]. Ce procédé a été employé par d'autres dynasties locales, avant et après les Saffarides ; l'auteur cite les Tahirides (Rostam), les Samanides (Bahram Chubin), les Ziyarides (les rois sassanides), les Daylamites Buwayhides (le sassanide Bahram Gur)[70].

Stern reconnaît que le poème n'est pas explicite, là où (v. 7) il est écrit que la bannière de Kabi est « avec Ya'qub » ; ce dernier avait-il avec lui une bannière semblable à celle du vieil empire iranien, ou bien faut-il rejeter cette intrepétation littérale et comprendre, par cette phrase, qu'il faisait revivre la gloire de l'Iran[71]? L'auteur ne parvient pas à trancher entre ces deux alternatives. Nous souhaiterions y ajouter une troisième : le Saffaride était étameur et chef de corporation ; c'est cette situation particulière qui a été à l'origine de son succès et qui l'a conduit à la tête d'une province,

---

68 Stern, *op. cit.*, pp. 541-542.
69 *Ibid.*, p. 543.
70 *Ibid.*
71 *Ibid.*, p. 544.

puis en a fait le conquérant que l'on sait. Si l'on admet qu'il existait à Ispahân un forgeron nommé Kabi, chef de corporation et détenteur d'une bannière propre aux corps de métier, le poème trouverait sa justification : l'enseigne de Ya'qub serait un emblème corporatif évoquant celui du forgeron légendaire. Nous ne pensons pas que le prince du Sistân aurait envisagé, « à priori », de se porter comme l'héritier des rois sassanides. Stern lui-même reconnaît, quelques lignes plus bas, que l'idée n'aurait pas pu venir de Ya'qub, mais qu'elle lui aurait été suggérée par des lettrés de son entourage :

> « To be sure, most likely such ideas would not come to him on his own, but would be suggested to him by his entourage – by Shu'ubite men of letters coming to this court (such as our poet) and local supporters among whom Persian traditions had remained alive.[72] »

Dès lors, il devient possible de supposer que la falsification généalogique n'était pas le fait du rebelle lui-même, mais de mouvements littéraires qui, eux, disposaient d'éléments suffisants pour effectuer de tels travestissements. Quant au poème, il aurait été composé selon l'auteur, à une étape avancée de la vie de Ya'qub, quand ce dernier avait engagé les hostilités contre les Abbassides[73]. Que le Saffaride se soit réclamé d'une origine royale, cela s'inscrirait en faux vis-à-vis de l'idéal chevaleresque de l'ayyar. Nous connaissons la fameuse réponse de « l'étameur, fils d'étameur », à l'envoyé du calife :

> « Va t'en dire à ton maître que je suis étameur et que je tiens cette pratique de mon père, lequel m'a aussi enseigné le travail du bronze et de l'airain. Je mange mon pain accompagné de poisson, avec du poireau et de l'oignon. La royauté, je me la suis appropriée, je l'ai empoignée grâce à mon esprit de chevalerie. Vaillance, endurance et dextérité m'ont ouvert les portes de la gloire. Je n'ai reçu aucun trésor en héritage, aussi ne me reposerai-je pas avant d'avoir terrassé tes maîtres et avant d'avoir accompli mes promesses. Ce sera le temps, pour moi, de savourer tranquillement la douceur de mon pain frotté d'oignon avec mon poisson au poireau »[74].

Genèse d'un mythe : essai d'interprétation

Dans son *Hamâse-sarâ'i*, Z. Safâ considère que le récit de Kâveh, ne se trouvant pas dans les œuvres anciennes, a dû être composé aux époques arsacides et sassanides. Cette légende, bien qu'elle ne rencontre aucun écho dans l'*Avesta* ni dans la littérature pehlevi, daterait du temps des

---

72 *Ibid.*, p. 545.
73 *Ibid.*
74 Battesti, *Zour Xane*, p. 24.

Sassanides, car l'histoire de Kâveh et du derafsh kavyen a été rapportée dans presque toutes les chroniques musulmanes qui, pour ce qui concerne l'Iran, ont puisé leur matériau dans les *Siyar al-Muluk* (les traductions des *Khvadhainamagh*), de sorte qu'il est probable que le récit de Kâveh rapporté par le *Shâhnâmeh* et par les chroniques se trouvait déjà sous la même forme dans le *Khvadhâinâmagh* pehlevi[75].

S. Nafisi, dans son article sur le derafsh, affirme que la légende était tout à fait répandue sous les Sassanides ; le héros se nommait « Kavagh » en pehlevi, ce nom s'étant métamorphosé, par la suite, « en Kâveh » dans sa forme persane (dari)[76].

Reste à savoir, dans le cas où la légende serait bien une production sassanide, si un événement historique n'aurait pas été à l'origine de cette production.

Comme nous l'avons constaté précédemment, les chroniques musulmanes s'accordent sur certains points : la ville d'origine du héros national (Ispahan), sa profession (forgeron), l'étendard de peau symbolisant les aspirations populaires (le derafsh), et, bien entendu, la contestation du tyran par l'artisan que nous nommerons « Kâvagh » (celui des chroniques) pour éviter toute confusion avec le « Kâveh » du mythe ou de la légende.

La première question qui se pose à nous porte sur l'identité même du forgeron. Le nom « Gabi » proviendrait-il d'une association avec celui de la ville dont l'artisan était originaire (*Gabat, Gabienne* : Ispahan) ? Dans ce cas, on trouverait dans cette dénomination l'équivalent du terme *Espahâni* (« d'Ispahan », natif de cette ville). Gabi ne serait plus un nom propre, mais impliquerait simplement une appartenance à une ville déterminée. L'autre éventualité implique que le forgeron soit désigné par un « qualificatif ». Ainsi, nombre de chroniques proosent, dans leur relation de la légende de Kâveh, l'étymologie suivante : *kâv* « courageux », « brave », « combatif ».

'Abd al-Rashid Husayn Rashidi, dans le *Farhang-e Rashidi* (ed. Calcutta, 1872, I, p. 311), rapporte, sous le mot *Kâveh* : « *kâv, kâvidan* et *kâvandan* ; signifie « brave » et « courageux », et *Kâveh* est le nom d'un forgeron qui se souleva contre Zahhâk et conduisit Faridoun au trône, et « *hâ* » (*eh* dans *Kâveh*) est employé comme qualificatif ; le poète Fakhri écrit :

> « *gar Kâveh seyt-e dowlat-e mardi-t beshnavad*
> *bar khishtan degar nanahad hitch nâm-e kâv* »[77]

---

75 Safâ, *Hamâse*, pp. 530-531.
76 Nafisi, *Derafsh*, p. 1.
77 Ibid., p. 33a.

« Si Kâveh entendait la renommée de ta fortune et de ta force,
il ne se donnerait plus jamais comme nom kâv « brave ».

L'auteur cité par al-Rashidi est Shams al-Din Muhammad Fakhri Isfahani, qui composa le *Mi'yar-i Djamali*, dédié à Djamal al-Din Abu Ishak Indju ; dans le dernier quart de cet ouvrage il écrit, sous le mot *kâv* (*Shams i Fachrîi Ispahânensis Lexicon Persicum* edidit Carolus Salemann, Casani 1887, p. 109) : « *kâv* est l'homme vaillant et brave ; *kâv, kâvidan* « creuser » une chose ou un puits ». Suit le vers que nous venons de transcrire. Nafisi précise qu'il est évident que le mot *kâv* est employé dans ce vers au sens de « brave » et « valeureux », ce qui explique que l'auteur du *Farhang-e Rashidi* en fasse dériver le mot *Kâveh*[78].

De même, Khadjou-ye Kermâni rapporte : « Le nom de Derafsh-e Kâvyân est célèbre, c'est l'enseigne ayant apparteenu à Kâve, et *Kâve* (*Gâve*) était un homme hardi et fort (*gâv-zour* litt. « de la force d'un taureau » ?, d'un « brave » ?) et puissant de la ville de Sepâhân ». Plus loin, nous lisons du même : « Il est acquis que les héros (*pahlavânân*) portaient les noms *gâv, gav, giv* et *gowdarz* en raison de leur bravoure »[79].

La même interprétation se retrouve chez M. Molé pour qui *gav* ou *yal* signifie « héro », d'où la tournure *gav-i nèv*, fréquente dans l'épopée[80].

Vullers propose, sous l'article « *gav* », « vir fortis, strenuus, magnus, illustrus ; heros, athleta (*shodja'-o delir va mobarez va pahlavan va mehtar va mohtasham va bozorg*) »[81].

Quant au *Borhân*, l'article *kâv* traduit le mot par *shodjâ'* « courageux », *delir* « brave », mais aussi par *khosh ghad-o ghâmat* « de belle allure »[82].

De ces définitions on peut déduire que le nom *Kâveh* est susceptible d'avoir désigné une personne considérée comme « héroïque » ou « brave » aux yeux du peuple. La presque totalité des chroniques font état du « hardi accusateur d'Ispahan » ; nous nous souvenons du texte du *Sad Dar* où il est question de la bravoure de « Gâvah » d'Ispahan qui sut prononcer les paroles de vérité devant le despote. Dans ce cas, par *Kâvagh*, il conviendrait d'entendre « le Brave », de sorte que le qualificatif ferait office de nom propre.

Le facteur commun, entre les deux éventualités (« Originaire d'Ispahan », « Brave »), est leur caractère d'« emprunt » : le nom *Kâvagh* aurait servi à désigner une qualité plutôt qu'une personne bien définie.

---

78 *Ibid.*, p. 33.
79 *Ibid.*, pp. 38-39.
80 Molé, *Culte, mythe et cosmologie dans l'Iran ancien*, p. 33.
81 *Lex. pers.-lat.*, s. v. « *gav* ».
82 *Bohrân*, s.v. « *kâv* ».

Cette hypothèse admise, l'écart entre un éventuel Kâvagh « historique » et le Kâveh de la légende, puis du mythe (le Kâvi, forgeron divin), est vite réduit en vertu de leur rapport homophonique.

Nous pensons qu'un personnage historique à qui l'on a attribué le nom de Kâveh a fort bien pu exister sous les Arsacides ou sous les Sassanides. L'épisode du soulèvement populaire fait foi de cette probabilité ; en effet, il compte parmi les « constantes » que nous avons relevées dans les chroniques. D'autre part, il est difficilement concevable que le nom d'Ispahan, qui est une référence spatiale inscrite dans une chronologie déterminée, puisse participer du mythe des origines. Selon Christensen, la légende de Kâveh aurait été créée pour justifier l'existence de l'étendard impérial des Sassanides qui, selon les témoignages, était fait de cuir, d'où le rapprochement avec le tablier du forgeron. La contradiction surgit là où l'on apprend que les souverains sassanides ornaient, à tour de rôle, et comme cela faisait partie de leurs coutumes, le morceau de cuir (le « vil tablier de forgeron ») qui constituait l'étendard à l'origine, d'étoffes et de pierres précieuses, de sorte que le support premier de l'enseigne (la peau) avait fini par disparaître sous cette profusion de faste. Nous avons tenté de démontrer que le derafsh kavyen était un drapeau « national » et non pas « impérial » en ce sens qu'il a dû provenir d'un milieu populaire, d'où son caractère « unique » : les souverains se transmettaient le même derafsh alors qu'ils devaient avoir leurs propres enseignes royales. Ce qui explique aussi qu'ils aient essayé de le « récupérer » à leur cause en l'ornant de matières précieuses à la manière des trésors impériaux. Un autre aspect de l'argumentation de Christensen est le suivant : il existait bien, à cette époque, une personne, un forgeron en l'occurrence, détenteur d'une certaine popularité (le Kâvagh de la chronique) ; la popularité du derafsh kavyen proviendrait de la popularité de ce Kâvagh, qui lui aurait servi de prête-nom, mais qui, en fait, n'en aurait pas été le créateur. Nous voyons difficilement le derafsh kavyen conservant « par lui-même » une certaine popularité dans la mémoire du peuple si l'on admet, avec Christensen, qu'il existait, en tant que drapeau impérial, depuis les premiers sassanides (qui en auraient hérité la conception des Arsacides). On ne s'explique pas, alors, qu'il ne soit rattaché à aucun roi ou descendant d'une lignée royale. Nous pensons que la popularité de l'étendard national est liée à un événement historique précis et que la ville d'Ispahan est susceptible d'avoir participé à cet événement ; si cet emblème était devenu objet de convoitise pour qui voulait s'attirer le suffrage populaire, cela explique qu'il n'était pas lié à une figure royale, mais plutôt à une conscience unanime par les Iraniens.

Nous sommes sceptiques, aussi, quant à l'appartenance du derafsh kavyen à un roi ou à un chef de Maison d'origine parthe ; encore une fois, l'étendard aurait été évoqué en rapport avec son nom, tout en sachant que les relations entre l'aristocratie parthe et les milieux populaires ne pouvaient qu'être régies par l'idéologie des castes.

Bien que *derafsh-e kâvyân* signifie proprement « étendard royal », on ne peut pour autant en déduire que l'enseigne avait été, à ses débuts, une propriété royale. Cette appellation aurait pour motif cette même « récupération » que nous venons d'évoquer, et la conséquence en serait l'assimilation de l'expression populaire par l'expression royale.

Dans le *Shâhnâmeh*, le livre de Zahhâk est placé sous le signe de la mythologie parthe, elle-même héritière du fond indo-européen : le derafsh arboré par Kâveh est un vestige de cultes aryens de même que l'initiation de Faridoun procède de ce même héritage. Par contre, l'épisode de la révolte populaire ne peut nullement être inséré dans ce schéma archaïque ayant trait à la cosmogonie et au renouvellement d'un cycle naturel.

À notre avis, la plus forte éventualité est que la légende de Kâveh dérive d'un événement historique qui se serait produit du temps des Sassanides. Notre hypothèse implique l'existence d'un personnage ayant acquis une certaine popularité en contestant un pouvoir en place ou une invasion étrangère ; dans ce dernier cas, l'expédition de Kâveh vers l'Occident s'en trouverait justifiée. Nous savons en effet que Rome était l'ennemi héréditaire des successeurs des Arsacides. Il est probable, aussi, que ce personnage désigné par le nom de Kâvagh ait participé à l'organisation des corporations de métier qui, selon certaines sources, dateraient de l'époque parthe. Nous croyons aussi qu'il a pu exister une bannière ayant rallié derrière elle la cause populaire : les sources musulmanes abondent trop dans ce sens pour qu'on puisse négliger cet aspect. L'enseigne en question ne serait pas sans rappeler celle des guildes du Moyen Âge comportant les symboles correspondant aux activités artisanales, ceci, bien entendu, avant qu'elle ne soit « déguisée » à la mode sassanide. L'hypothèse des corporations est envisageable compte tenu de l'importance du personnage de Kâvagh, d'après les chroniques, dans les milieux artisanaux d'Ispahan, ville ayant connu à l'époque la renommée « industrielle » que l'on sait. Dans une telle perspective, la figure de l'ayyâr s'impose avec force, d'autant plus que les inégalités sociales devaient connaître une forme exacerbée dans une société aussi structurée que celle des Sassanides. L'épisode de l'emprunt fait par Kasrâ Noushin-Ravân auprès du bottier est révélateur de ces conditions : le Sassanide, marchant sur Roum, vient à manquer d'argent pour payer ses troupes ; nous citons le passage dans la traduction de Mohl :

> « Les payeurs, les scribes et le Destour du roi du monde se rendirent au trésor et trouvèrent que, considérant le nombre des troupes du roi, il fallait trois cent mille dinars de plus qu'il n'y en avait. Le (Grand) Mobed courut chez le roi

[...] et lui dit ce qu'il y avait d'argent au trésor. Le visage du roi se rembrunit ; il fit venir Buzurdjmihr et lui dit : « Si mes caisses sont vides, à quoi me sert le titre de roi des rois ? Va et appelle le chef des chameliers ; emmène des chevaux bactriens et prends dans le trésor du Mazenderan cent charges d'or ou encore davantage. » Buzurdjmihr répondit : « Ô roi plein de justice, de raison et de bonté ! La route jusqu'au trésor de l'Iran est longue, et ta main est vide, et ton armée ne peut agir ; mais il y a dans les villes autour de nous des gens qui ont des richesses dont le centième suffirait à l'armée, et si tu veux emprunter de l'argent aux marchands et aux propriétaires de terres ils ne le refuseront pas. »
Le roi consentit à ce que lui proposait le sage de l'Iran, et Buzurdjmihr chercha un homme qu'il pourrait envoyer, intelligent, de bonne humeur et de belle mine. Il lui dit : « Pars d'ici à cheval, avec deux chevaux de rechange, et choisis parmi les marchands et les Dihkans de la ville un homme de bonne renommée, jeune et que tout le monde connaisse : demande-lui de prêter cette somme pour l'armée ; le roi la lui fera rendre avec l'argent qu'il s'empressera de faire venir de son trésor. »
Le messager [...] arriva à la tombée de la nuit dans une ville et demanda à faire un emprunt pour le roi. Une foule de gens riches se rassemblèrent autour de lui ; parmi eux un cordonnier, marchand de bottines, ouvrit ses oreilles toutes grandes aux paroles du messager et lui demanda combien il fallait d'argent. Le vaillant messager mentionna la somme [...]. Le cordonnier dit : « Je les donnerai ; je veux gagner les bonnes grâces du trésorier. » Il apporta des balances, des poids et de l'argent ; et l'on n'eut pas besoin de bordereau et de roseau à écrire. Le marchand ayant pesé l'argent, la besogne du messager était terminé ; alors le cordonnier dit : « Ô homme au beau visage ! Veux-tu prendre la peine de dire à Buzurdjmihr que j'ai dans le monde un fils dont l'avenir m'occupe beaucoup ; dis-lui donc que le roi du monde pourrait me rendre heureux dans l'âme, s'il voulait me permettre de le placer parmi les gens de loi, car il est riche et a l'intelligence qu'il faut pour cela. » Le messager répondit : « Je le ferai volontiers, car tu m'as épargné beaucoup de chemin avec ton trésor. »
Buzurdjmihr se présenta devant le roi, qui fut joyeux d'avoir obtenu l'argent et dit : « Grâces soient rendues à Dieu de ce que ma vertu et ma piété ont fait qu'il y ait dans mon pays un cordonnier tellement heureux et prospère qu'il ait pu mettre de côté tant d'argent ! À Dieu ne plaise qu'il ait jamais à souffrir une injustice de moi ! Informe toi de ce qu'il désire, car je voudrais qu'il conservât envers moi cette bonne volonté. Quand tu lui remboursera l'emprunt, donne-lui cent mille dirhems en souvenir de moi. Puissent tous mes sujets être riches et puissants et avoir des trônes et des diadèmes ! Puisse-t-il ne jamais y avoir un roi injuste, puissent les rois être glorieux et heureux ! »
Buzurdjmihr dit au maître du monde : « Ô roi à l'étoile fortunée, au beau visage ! Le marchand de bottines a un désir, si le roi veut bien écouter mes paroles. Le messager rapporte que cet homme lui a dit : Puisse la raison être la compagne du roi du monde ! J'ai un fils parvenu (à l'âge d'homme), qui cherche un guide vers le savoir. S'il plaisait au roi de faire de mon fils chéri un de ses scribes, je prierais Dieu pour la vie du roi ; puisse-t-il vivre éternellement, lui qui est digne du trône ! ». Le roi répondit : « Ô homme de sens ! comment le div t'a-t-il troublé les yeux ? Va, renvoie chez lui les chameaux. À Dieu ne plaise que je veuille de son argent et de son or. Un fils de marchand, si habile, si savant, si attentif qu'il soit, deviendrait scribe ! Quand mon fils s'assiéra sur le trône,

il lui faudra un scribe à la fortune victorieuse, et si ce bottier avait du talent, le roi ne verrait que par ses yeux, n'entendrait que par ses oreilles, et il ne resterait aux gens intelligents et de haute naissance que du chagrin et des soupirs ; les hommes qui connaissent le mieux le monde seraient traités avec mépris par ce (fils de marchand) et devraient le remercier s'il leur répondait sans les faire attendre ! On me maudirait après ma mort, si, de mon temps, une telle coutume s'introduisait. Je ne veux pas payer la solde avec ce trésor ; ne demande pas d'argent à cet homme et ne parle pas de nos difficultés. Fais à l'instant repartir les chameaux, demande de l'argent, mais pas aux cordonniers. » Le messager repartit avec l'argent, et le cœur du cordonnier en fut rempli de douleur.[83] »

Malheureusement, nous n'avons pas pu consulter des sources qui auraient permis d'étayer ce point de vue. Nous pensons aux romans populaires pehlevis « qui ont traité de sujets tirés de l'histoire des Sassanides, et dont il a existé des traductions arabes » parmi lesquels le *Mazdak-Namagh* et le *Vahram Tchoben-namagh* dont Christensen fournit les références appropriées dans son *Iran sous les Sassanides*[84]. Nous pensons aussi à des textes tels que le *Karnamak i Artaxser i Papakan* dont Widengren cite cet extrait relatant la soumission d'un homme et de ses troupes à la cause d'Ardashir, ce dernier s'étant insurgé contre son seigneur Ardavân :

> « Quand il (Ardashir) arriva à l'endroit qu'ils appellent Ramisn-Artaxser (« joie d'Artaxser »), un homme au grand esprit dont le nom était Banak, (originaire) de Spahan et qui s'était réfugié de la main d'Ardavan et avait là un camp, lui-même avec 33 fils et une grande armée de héros, vint au voisinage d'Artaxser. Mais Artaxser avait tout à fait peur de Banak (en disant) : « Peut-être qu'il me saisit et après me livre à Ardavan ! » Plus tard (cependant) Banak vint devant Artaxser et prêta serment et donna affirmation de loyauté (en disant) : « Tant que nous vivrons, moi-même et mes enfants, je serais ton (serviteur et) exécuteur de commandement ![85] »

C'est en fonction de ce manque de matériau que nous ne pouvons faire allusion à un événement plus ou moins précis de l'histoire préislamique ayant été à l'origine de la légende de Kâveh.

Dans son « (Azi) Dahaka in history and legend », Coyajee s'applique à démontrer que Deiokes, le Mède, correspond historiquement au Dahaka du mythe ; d'autres chercheurs voient, dans la figure du dragon, « un ressouvenir de quelque persécution de la nation perse par la Babylonie à l'époque où celle-ci dominait la Susiane et les montagnes du Fârs »[86]. Dans tous les cas, l'usurpateur du trône de Djamshid finit par ne plus être

---

83 *Sh*, Kasrâ-ye Noushin Ravân, vers 4157 sq. (*Bertel's VIII*, pp. 296 sq.) / v. 4283 sq. (*Mohl VI*, pp. 514 sq.).
84 Christensen, *Ir. Sassanides*, pp. 68-69.
85 Widengren, *Féodalisme*, pp. 79-80.
86 *Elam et Perse*, pp. 411-412.

considéré que comme tout despote ou envahisseur à qui l'on attribue les traits maléfiques de l'homme aux serpents. Reste à définir le correspondant historique de la domination cruelle de Zahhâk en Iran.

Pour interpréter la genèse du mythe de Kâveh dans le *Shâhnâmeh*, nous pourrions imaginer le déroulement suivant : sous les Sassanides, le peuple subit l'oppression d'un despote de l'intérieur ou d'un envahisseur étranger (= la domination tyrannique de Zahhâk) ; un homme du peuple (Kâvagh) se porte volontaire pour mettre un frein à l'injustice (= Kâveh dévoilant les méfaits de Zahhâk) ; le peuple s'allie au rebelle pour obtenir gain de cause (= la révolte dans le « marché » et la défaite de Zahhâk) ; le drapeau qui a servi de signe de ralliement demeure auprès du peuple comme un souvenir de cette victoire de la conscience des masses (= le derafsh du *Shâhnâmeh*). Jusqu'ici, le scénario que nous avons imaginé correspond à celui du livre de Ferdowsi. Les étapes suivantes de l'événement, par contre, semblent avoir été, dans l'épopée, fortement empreintes de l'idéologie royale ; Faridoun, en montant sur le trône, réinstaure, au cours de son discours d'investiture, la hiérarchisation des castes : il en va de l'ordre naturel des choses. Puis, le tablier du forgeron, qui correspond au signe de ralliement, est orné de pierres précieuses et de symboles propres à la classe royale. La leçon du livre de Zahhâk pourrait se résumer ainsi : face à l'usurpateur, le peuple s'est révolté pour lui imposer l'héritier « légitime » du trône, mais il faut que la répartition sociale subsiste pour que le monde ne soit pas plongé dans le chaos. Quant à la bannière du forgeron, il sera conservé parmi les signes de la royauté en témoignage de la fidélité du peuple à ces principes.

En faisant remonter l'événement historique aux temps mythiques, les scribes des « Livres royaux » fixaient, une fois pour toutes, l'idéologie que nous venons d'énoncer. La forge de l'arme du tueur de dragon par un fogeron céleste, par un « Kavi » indo-européen, est bien de l'ordre du mythe, comme est de nature mythique l'enchaînement du personnage incarnant le Mal. La scène de la révolte populaire sous le signe de la bannière du forgeron est une légende historique que l'on a « injectée » à la structure mythique précédente pour préserver la raison royale qui régit le *Shâhnâmeh*. En effet, trop d'éléments se prêtaient à cette imbrication pour que soit négligée l'occasion de la mythification de l'événement historique. En projetant une situation temporelle dans le cadre intemporel de la mythologie, le rédacteur du *Shâhnâmeh* établissait la question de la fidélité à la cause royale comme une nécessité plongeant ses racines dans les temps les plus reculés de l'histoire humaine.

Contribution à une iconographie du *derafsh*

Dans les représentations du derafsh par les miniaturistes des manuscrits du *Shâhnâmeh*, on remarque généralement la même identification, signalée précédemment, de la bannière nationale à la bannière royale. D'autre part, il semble que les artisans aient donné à cette dernière, à l'instar de l'architecture ou des costumes, la forme qu'elle avait à son époque. Cet habillement selon le goût du siècle avait sans doute pour objet de réactualiser les temps glorieux de l'épopée, dont pourraient participer les dédicataires de l'œuvre.

Le *Shâhnâmeh Bâysonghori* du musée du Golestân de Téhéran contient une miniature où l'on voit le Khân de Chine renversé de son éléphant par le lasso de Rostam. À l'arrière-plan, à droite, figure un drapeau sur lequel on distingue un oiseau fantastique. L'enseigne est soutenue par deux hampes et protégé par un corps de troupes. Tout près, un guerrier embouche une trompette. L'oiseau ressemble à un « simorgh » (phénix) qui, en Iran islamique, n'est plus le « senmurv » hybride des Sassanides, mais l'homologue du phénix chinois de la même époque. Plutôt que du derafsh kavyen, nous pensons qu'il s'agit là de l'étendard de Rostam qui, dans le *Shâhnâmeh*, est caractérisé par une figure de dragon, l'emblème de la maison du Sistân. Le phénix iranien est bien une production correspondant au moment où fut illustré le livre (1429-1430).

Une autre illustration de ce manuscrit représente, face à face, les armées de Keykhosrow et d'Afrâsiyâb. Il est fort probable que le somptueux drapeau de l'arrière-plan, à gauche, supporté par trois lances parallèles, soit une image du derafsh kavyen. Sa forme est figée, comme si cette immobilité était dûe au poids de l'étendard. Dans une perspective en diagonale, accusée par les rangées de lances, le drapeau s'impose à la scène sans trouver une réplique dans le camp adverse, contrairement à l'enseigne de Rostam affrontée par les deux bannières chinoises. Un dragon fabuleux s'étire vers la droite, sur le prolongement de l'étendard de Keykhosrow. Tout semble témoigner de la fortune légendaire du derafsh victorieux : le premier rang des Touraniens s'effondre déjà sous la poussée irrésistible de l'armée iraienne.

Le fond John Rylands possède un manuscrit du *Shahnâmeh* dont les illustrations semblent avoir fait la part entre le drapeau national et les enseignes rattachées aux personnes des souverains. L'ouvrage porte la cote Ryl. Pers. 932 ; une ancienne propriété Hawtrey, Turner Macan, ayant figuré dans la bibliothèque des « Rois de l'Oude » (?). Le manuscrit est daté 949 H. / 1542 A. D. ; il correspond à la période safavide et les illustrations sont exécutées dans le style caractéristique de l'école de Shiraz.

Deux planches comportent le même drapeau. Celle représentant le Khâghân capturé par le lasso de Rostam et celle où Nastahan attaque de nuit le camp des Iraniens. Ce drapeau, d'aspect impersonnel, est toujours placé au dernier plan, de sorte que le tissu flottant au bout de la hampe dépasse le cadre de la miniature. Il ne présente aucun signe particulier et se compose de deux triangles ondulant au-dessus de la scène, surmontés de la pointe de la lance qui les soutient.

Dans la scène où le Khâghân est désarçonné par Rostam, le préposé à l'étendard reste immobile et son attitude contraste avec celle des guerriers du troisième plan assistant à la bataille ; il reste impassible devant la chute du Khâghân, comme pour mieux incarner le succès souverain accordé au héros iranien par la seule présence du derafsh.

La représentation de l'attaque de nuit du camp des Iraniens par Nastahan retrouve le porte-drapeau dans la même position. Les tentes sont disposées selon une construction pyramidale au sommet de laquelle l'étendard surplombe la mêlée. Le désordre abattu sur le campement n'affecte pas ce qui paraît être, de toute évidence, l'invincible derafsh kavyen.

Par contre, les bannières des miniatures représentant « la lutte de Keykhosrow et Shidâ », « Noushin Ravân conduisant son armée à la guerre contre le César » et « Bahrâm Tchoubin se rendant auprès du roi Hormozd » sont nettement personnalisées. La planche représentant la lutte de Keykhosrow et Shidâ comporte deux drapeaux repliés et plantés dans le sol à un même niveau. Ce sont les enseignes respectives des lutteurs dont l'identité ne se révèle pas de prime abord. Chaque drapeau est surmonté d'un signe particulier, sans doute en rapport avec l'emblématique propre à l'autorité qu'il représente. Dans le mouvement de troupes se dirigeant vers le Roum, pays de César, Noushin Ravân, au premier plan, est immédiatement suivi d'un étendard flottant au vent à la manière d'une écharpe. La pointe de l'axe qui supporte le tissu est surmontée d'un objet ressemblant à une couronne. Il s'agit là, sans doute, d'un symbole propre à la maison royale du Sassanide.

La miniature de la planche dédiée à Bahrâm-e Tchoubin ne comporte plus que la seule enseigne du souverain que ce dernier s'apprête à rencontrer. Un étendard surmonté de deux têtes de dragons affrontés, mâchoires grandes ouvertes, est porté par un cavalier appartenant sans doute à l'avant-garde du roi Hormozd.

Les traits propres au drapeau « impersonnel » figurant dans la série que nous venons d'examiner se retrouvent plus ou moins dans un autre ouvrage du même fond, portant la cote Ryl. Pers. 8 (ex. Bland). Le manuscrit est dépourvu de colophon mais les illustrations sont de la période safavide et exécutées dans le style de Shiraz. Le *Shâhnâmeh* dont il est question contient une miniature représentant la capture du roi Nowzar par Afrâsiyâb. Un étendard largement déployé domine la scène depuis l'angle supérieur droit de l'œuvre. Il est surmonté de deux serpents adossés, de part et d'autre d'un disque se ramifiant en trois rayons à son sommet. Le porte-étendard demeure impassible, tandis qu'au premier plan, la charge furieuse menée par Afrâsiyâb démonte Nowzar entraîné dans sa chute par le lasso du Touranien.

S'il est toujours possible de disposer de reproductions de miniatures représentant le derafsh kavyen dans des scènes de bataille ou le figurant aux côtés de souverains de l'histoire légendaire, il est plus malaisé d'avoir accès à des illustrations comprenant la figure de Kâveh accompagnée du derafsh. Faut-il en déduire que les dédicataires royaux répugnaient à la représentation du personnage marginal du forgeron, ne voulant voir dans l'étendard fabuleux qu'une exclusivité impériale ? La seule production persane, inspirée de ce motif, qu'il nous a été donné de connaître, est une miniature d'un *Shâhnâmeh* de la collection John Rylands, portant la cote Ryl. Pers. 909 (ex. de Sacy, Castellobranco, Clarke), datant de l'époque safavide (1650) et exécutée dans le style d'Ispahan. Il s'agit du f ° 22a. intitulé « The tyrant Zahhak secured in his palace by Faridun ». Kâveh et sa bannière, selon le commentaire du catalogue, sont représentés à gauche de l'œuvre, devant les sœurs de Djamshid. (Le n° 1482 est celui attribué à cette illustration par le catalogue de John Ryland's).

Quant à l'illustration de la révolte populaire sous le signe de l'étendard, les artistes persans ont apparemment, du moins d'après les catalogues que nous avons consultés, produit peu d'œuvres de ce genre. Ce sont des miniaturistes de ce qui fut l'Iran sptentrional qui ont réalisé l'illustration, de sorte que le *Preliminary Index of Shah-Nameh illustrations* de Norgen, Davis et O. Grabar ne comporte, sous la rubrique « Kaveh Carries His Standard », que les références suivantes : « 1° Leningrad, Institute of Oriental Studies, mid. 15 th. s. 822, f. 18v. ; 2° Tashkent, Oriental Institute, 1556, 1811, f. 18v. »

Nous avons retrouvé la plus récente de ces deux miniatures dans une édition bilingue (russe et anglais) d'un ouvrage intitulé *Mawarannahr Book Painting*, de O. Galerkina et D. Plaskin, publié à Leningrad en 1980. Nous reproduisons ici, tel quel, les références de cette illustration :

> « Kava and his Followers under the Banner. Late 16th - early 17th centuries. Illuminator : Muhammad Murad Samarkandi. 4.6 x 17. Firdawsi, *Shah-nama (Book of Kings)*. 1556-57. Copyist : Kamdani. Written « for Ish-Muhammad, ruler of Khiva ». Institute for Oriental Studies, Uzbek SSR. Academy of Sciences, Tashkent. COM 1811, f. 18 b. »

La miniature représente le forgeron tenant une lance à laquelle est suspendue, probablement, le morceau de peau de la légende. Des hommes accourent dans sa direction et il semble informer les premiers venus de la tournure que viennent de prendre les événements. Quelques femmes voilées figurent en retrait, venues sans doute assister, à distance, au soulèvement qui s'annonce.

Le commentaire de l'illustration précise que le *Shâhnâmeh* de 1555 – 57 est l'un des deux célèbres manuscrits comprenant la représentation de la révolte de Kâveh le Forgeron contre le tyran Zahhâk.

Au-dessus de la scène, nous pouvons lire le titre de l'épisode, rédigé dans un harmonieux nasta'lik : « *Khoroudj-e Kâvân-e Âhan-gar beh yâri-ye Faridoun* », « L'intervention de Kâvân le Forgeron en faveur de Faridoun ».

Le commentaire décrit l'œuvre de Muhammad Murad Smarkandi comme un exemple du « trait artistique propre au style indépendant (« *non-metropolitan* ») des miniatures du Mawarannahr, et de leurs tendances démocratiques, reflétant les luttes entre les forces sociales dans l'espace urbain ». Il oppose cette tendance à celle de l'école de Bukhara qui fut le lieu de résidence des Shaybanides, ces derniers imposant de bonne heure leur propre conception des idéaux artistiques, de même que la création littéraire y fut mise au service des intérêts de la cour.

La seconde miniature, plus ancienne, se trouve dans un manuscrit du *Shâhnâmeh* du musée de l'Ermitage à Leningrad. Nous avons pu nous en procurer une reproduction à partir d'un ouvrage publié à Leningrad, en 1935, à l'occasion du Troisème Congrès International d'Art et d'Archéologie iraniens au musée de l'Ermitage : *Iranskie Miniatiury* de Giusapian et Diakonov. Ce volume est disponible à la Salle des Manuscrits Orientaux de la Bibliothèque Nationale et se trouve sous la cote 4° Impr. Or. 1916.

La miniature elle-même porte la référence : Ms. 6 (iv c. 822). Au-dessus de la scène on peut lire : « *Khoroudj-e Kâveh bâ Derafsh-e Gâvyân* », « La révolte de Kâveh avec le Derafsh-e Gâvyân ».

Nous avons reporté dans notre bibliographie les références détaillées relatives aux livres dont nous ne faisons ici que citer les titres.

Nous avons choisi de faire figurer la miniature du manuscrit de Léningrad à la fin de ce dernier chapitre, car elle nous paraît la plus fidèle à la tradition du forgeron patriote. On peut y voir Kâveh arborer, au bout d'une lance, ce qui ressemble fort à un tablier de forgeron. Il est immédiatement précédé d'un homme portant sur l'épaule un outil que l'on peut identifier sans mal à une masse de forge. L'habillement des insurgés est modeste et manque d'uniformité ; le rebelle lui-même porte une tunique que l'on croirait rapiécée par endroits. Une concertation se laisse deviner dans les attitudes des personnages marchant, de part et d'autre de l'étendard, d'un pas commun, vers le tyran qu'ils se sont jurés de renverser. Puisse cette discrète miniature témoigner du sens véritable de la légende.

L'Artisan est un démiurge

S'il était question d'attribuer à toutes les activités du forgeron mythique un dénominateur commun, ce dénominateur s'intitulerait sans doute « création ». Depuis la création de l'objet à partir de la matière informe jusqu'au mûrissement du néophyte, le forgeron assume incontestablement le statut du Démiurge. Mais ce statut, nous l'avons vu, est aussi celui de tout artisan qui « façonne » et qui, en vertu de l'« artifice », donne aux choses la vie et le pouvoir d'être animés.

Le forgeron mythique du *Shâhnâmeh*, celui qui assiste le Héros céleste, qui forge le foudre pour que ce dernier puisse vaincre le démon aquatique, a été remplacé par une figure de légende, ou de l'histoire, de l'Iran d'avant l'Islam. La mythologie comparée permet de retrouver les traces de cette divinité originale indo-européenne dans le fond mythique indien, là où le mot *Kavi* désigne à la fois l'artisan ingénieux, le sorcier, le dieu marginal, le *faber* dont l'art magique intervient dans les événements du panthéon ; là où il n'est pas encore transformé en ancêtre spirituel de la lignée des rois iraniens qui traduisent leur légitimité par les manifestations du « farr kavyen » sur leur couronne et sur leur trône. Cette figure mythique « absente » du livre de Ferdowsi est un homologue du Kurdalaegon ossète et de l'Héphaïstos grec. Kâveh, lui, présente des traits humains qui le font participer du mythe et de la légende, mais les premiers rois de la tradition épique nationale ne sont-ils pas eux-mêmes à la frontière de l'humain et du divin, assurant ainsi à leur descendance le lien entre le céleste et le terrestre, l'intemporel et le provisoire ? La figure du souverain iranien issu de cette tradition est divinisée à souhait, mais qu'advient-il du forgeron auxiliaire sans le concours duquel la soumission du Dragon est irréalisable ? Le deuxième chapitre de cette étude vient de mettre en évidence la place du métallurge dans la tradition du *Shâhnâmeh* : artisan « exécutant », il est réduit à un personnage anonyme dont la position, comme celle de tout autre artisan, est déterminée par la répartition trifonctionnelle des castes. L'ambiguïté surgit là où la forge de l'arme est effectuée par des forgerons dépourvus d'identité, de même que le rituel de l'enchaînement : l'idéologie royale a fait du forgeron mythique une expression de la fidélité du peuple à l'égard de la descendance des Pishdadiens. Le soulèvement populaire en faveur de Faridoun donne un ton insolite au récit des premiers temps, par son irruption plus qu'humaine dans le monde mythique des origines. Kâveh n'y est plus l'artisan céleste de la cosmogonie, mais le porteur de la bannière des insurgés.

Cependant, le détenteur du derafsh présente indéniablement les traits d'un « initiateur » des sociétés guerrières dans la tradition mythologique des Parthes. Dans ce dernier cas, l'idéologie a encore marqué le rituel de son empreinte, remplaçant le métallurge par les manifestations de la divinité.

La logique de « l'apothéose du *faber* » décrite par M. Eliade s'en trouve ainsi infirmée : l'avènement des âges industriels traduite, dans le *Shâhnâmeh*, par le legs des rois civilisateurs, ne change en rien la position attribuée à l'artisan depuis les temps pré-agricoles et pré-métallurgiques. Alors que le rôle qu'il est amené à jouer dans les conflits cosmiques se minimise, le prestige accordé à la fabrication d'un outil par le forgeron est réduit au profit de l'« initiative royale ». La « victoire mythologisée de l'*homo faber* » est effacée par le système de répartition des couches sociales.

Quant à la figure de kâveh, le derafsh et la légende qui s'y rattache constituent sans doute la clef de ce personnage énigmatique. À partir d'un nombre assez restreint de chroniques, nous avons émis quelques hypothèses qui restent à vérifier. Il conviendrait peut-être de recourir à la littérature des corporations pour élucider la question, mais aussi, à la production proprement littéraire et au folklore qui, dans le domaine iranien, pourraient contribuer à la recherche. Notre propos étant l'étude d'un mythe, nous ne nous sommes pas engagés dans cette voie, nos critères relevant essentiellement de la mythologie comparée et de l'histoire des religions.

Pâyandeh bâd Iran
Éternel soit l'Iran

Bibliographie*

TEXTES

Editions du Shâhnâmeh

MACAN : *The Shah Nameh : an heroic poem containing the history of Persia... Carefully collated with a number of the oldest and best manuscripts, and illustrated by a copious glossary of obsolete words and obscure idioms : with an introduction and life of the author, in English and Persian ; and an appendix... By T. Macan.* / Assisted by Hâfiz Ahmad Kabir /, 4 vols., Calcutta, 1829. / 1827 1829/.
/ Première édition complète du *Livre des rois*. Contient une préface, en anglais, dans laquelle l'éditeur rend compte de son travail et propose une biographie de Ferdowsi.
/ VULLERS : *Firdusii Liber Regum, qui inscribitur Schahname. Editionem Parisiensens diligenter recognitam et emendatam lectionibus variis et additamentis editionis Calcuttensis auxit, notis... criticis illustravit Joannes Augustus Vullers.* / Opus morte editoris interruptum ad finem perduxit Samuel Landauer. / 3 vols. Lugduni Batavorum, 1877-1884.
/ Une des éditions célèbres, fidèles et crédibles de l'œuvre de Ferdowsi ; éd. Incomplète.
/MOHL : *Le livre des rois, par Abou'lkasim Firdousi. Publié, traduit et commenté par M. Jules Mohl.* / Achevé par Barbier de Meynard /, 7 vols. Paris, 1838-1878. (Collection Orientale. Manuscrits inédits de la Bibliothèque Royale traduits et publiés par l'ordre du Roi.)
/ Publié en persan avec une traduction française en regard. Réimpression gr. in-8. Paris 1976. Magnifique ouvrage relié ; le plus beau spécimen de typographie orientale qui soit sorti des presses de l'Imprimerie royale.
BOROUKHIM : *Shâhnâme-ye Ferdowsi az rou-ye tchâp-e Vullers pas az moghâbele bâ nosokh-e khatti-ye digar va tardjome-ye havâshi-ye lâtini-ye ân be fârsi, dârâ-ye yek-sad naghsh be ghalam-e Darvish Parvarde-ye Irân.* Tehrân, 1313-1315 / 1934-1936, Boroukhim, 10 t. en 5 vols.
/ Une continuation de l'édition de Vullers basée sur les eds. Macan et Vullers, et augmentée de notes critiques par S. Nafisi. /
BERTEL'S : *Sax Name, Kriticeskij tekst. Pod. Redakciej E. E. Bertel'sa... Moskva, Izdatel'stvo Vostocnj Literatury*, 1960-68, (Akademija Nauk SSSR. Pamjatniki Literatury Narodov Vostoka. Teksty. Bol'saja Serija II).

....
* Les passages entre barres obliques (//) comprennent certaines indications supplémentaires pour les ouvrages cités.)

/ Edition critique du *Shâhnâmeh*, sous la direction de E. Bertel's ; la plus récente, basée sur des critères scientifiques et sur les manuscrits les plus anciens et les plus crédibles de cette œuvre. Parue à Moscou, dans la série des « Œuvres littéraires des Peuples d'Orient », II. En 9 tomes. /

Extraits

LEVY, R., *The Epic of the Kings*, tansl., by R. Lévy, revis. by A. Banani, London, Rothledge & Kegan Paul, 1967. (Persian Heritage Series n° 2).
LAZARD, G., *Le livre des Rois*, trad. du pers. par J. Mohl, extraits choisis et revus par G. Lazard, Paris, Sindbad, 1979, 309 p. (Bibliotheca Persica. Persian Heritage Series n° 37).

Sources

ABU L. FIDA, *Mukhtasar ta'rikh al-bashar*. / Pour l'exposé sur l'histoire des Sassanides ; une histoire universelle comprenant les périodes préislamiques et islamiques. Jusqu'en 729 / 1329 ; l'œuvre la plus ancienne basée essentiellement sur Ibn al-Athir. Le texte complet fut publié pour la première fois à Istanbul (2 vols., 1286 / 1869 70) /.
Id, *Takwim al-buldan : Géographie d'Aboul Feda, traduite de l'arabe en français et accompagnée de notes et d'éclaircissements par M. Reinaud (et M. Stanislas Guyard)...* Paris, Imp. Nationale, 1848 1883, 2 t. en 3 vols., in 4°.
/ Ouvrage de géographie descriptive achevé en 721 / 1321 ; remplaça pour une grande part tous les ouvrages géographiques antérieurs. /
ABU ISHAK NAYSHABURI, *Kisas al-Anbiya : Dâstânhâ-ye Peyghâmbarân*, H. Yaghmâ'i ed., Tehrân, 1340 / 1961, (*BTNK*, 119. Madjmou'e ye Motoun-e fârsi, 6).
ABU NU'AYM AL-ISFAHANI, *Kitab Dhikr akhbâr Isbahan*, S. Dedering ed., I II, Leide, 1931 1934.
/ Contient la biographie de personnes ayant eu des rapports avec Ispahân, principalement des savants, après une courte monographie historique et topographique de la ville. /
APOLLONIUS RHODIUS, *Opera : The Argonautics of Apollonius Rhodius*, transl. with notes and observations... by W. Preston, London, Suttaby, Evance and Fox, 1811. 4 vols.
/ L'œuvre de l'A. a été traduite par W. Preston, 1810 1813 ; autre écrivain grec (après Hérodote) qui donna d'importants détails sur l'histoire du travail de l'acier. Il est le seul à avoir mentionné les « tribus de forgerons ». /
ASADI, *Garshâspnâme : Garshâspnâme-ye Hakim Abou Nasr 'Ali b. Ahmad AsadiyeTousi, be entemâm-e Habib-e Yaghmâ'i*, Tehrân, Boroukhim, 1317 / 1938.
/ Éditioncomplète du *Livre de Gershâsp*, basée en partie sur d'autres manuscrits. /
—, *Le Livre de Gerschâsp, poème persan d'Asadî Junior de Toûs*, publ. et trad. par Cl. Huart, t. I, Paris, P. Geuthner, 1926. (Publications de l'École Nationale des Langues Orientales Vivantes, VIᵉ série, vol.II) ; tome second et dernier, trad. par H. Massé, 1951. (*Ibid.*, VIᵉ série, vol. IV).
—, *Loghat-e Fors-e Asadi-ye tousi*, Mohammad Dabir Syâghi ed., Tehrân, Tahouri, 1336 / 1957. (Zabân va Farhang-e Irân, 19).
BALADHURI, *Futuh al-buldan : The origins of the Islamic state, a transl. of Futuh al-buldan* by P. K. Hitti and F. C. Murgotten, 2 vols., New York, 1970, (repr. de 1916, 24 eds.)
/ « Histoire des conquêtes musulmanes », comprenant, entre autres, l'occupation de la Perse ; une des sources les plus précieuses pour l'histoire des conquêtes arabes, éd. par M. J. de Goeje, 1863 -66. /

Bibliographie

BAYHAKI, *Târikh-e Beyhagh* : trad. Mohammad b. 'Abd al Vahhab Kazvini, A. Bahmanyâr ed., 2ᵉ ed., Tehrân, Vezârat-e Farhang, 1317 / 1939.

La Bible de Jérusalem, La Sainte Bible trad. en français sous la direction de l'École Biblique de Jérusalem, Les Eds. du Cerf, Paris, 1973.

Ibid., Traduction Œcuménique de la Bible, Éd. intégrale, Paris, Les éd. du Cerf / Les Bergers et les Mages, 1980.

BIRUNI, *Kitab al-Athar al-Bakiya* : *The Chronology of Ancient Nations. An English Version of the Arabic Text of the Athar-ul Bakiya of Albiruni, or « Vestiges of the Past », collected and reduced to writing by the author in A. H. 390-I, A. D. 1000.* Transl. and ed., with notes and index, by C. E. Sachau... London, W. H. Allen and Co., 1879.

DINAWARI, *Kitab al-akhbar al-tiwal* : *Akhbaru't-tiwal*, Gulgass ed., Leide 1888 ; préf., vars., et index par I. Kratchkovsky, *ibid.*, 1912.

/ Source pour histoire des Sassanides. /

EUTYCHIUS, *Annales* : Pococke ed., I II, Oxors, 1658-59 (avec trad. latine) ; nouvelle ed. par Cheikho, Beyrouth 1906-1909.

/ Source pour histoire des Sassanides. /

Fârs Nâme : *The Farsnama of Ibnu'l-Balkhi*, ed. by G. le Strange et R. A. Nicholson, Londres, 1921. (*GMNS*, I).

/ Anonyme. Source pour histoire des Sassanides. /

GARDIZI, *Zayn al-akhbar* : *Kitab Zainu'l-akhbar*, M. Nazim ed., Berlin-Londres, 1928 (E. G. Brown, Mem. Series, I).

/ Contient une histoire des rois préislamiques de Perse. /

HAFIZ-I ABRU, *Madjma' al-Tawarikh* : ed. et trad. *Madjmu'a* : A.F. Tauer, « H. A. sur l'historiographie », in *Mélanges H. Massé*, Tehrân, 1963, part. pers. 10-25.

/ Chronique universelle divisée en quatre volumineux arba'. Le premier rub' traite des prophètes, des mythes iraniens anciens et de l'histoire de l'Iran. Jusqu'à la conquête arabe. /

HAMD ALLAH AL-MUSTAWFI AL-KAZWINI, *Nuzhat al-kulub* : *The Geographical Part of the Nuzhat-al-Qulub, composed by Hamd-Allah Mustawfi of Qazwin in 740 / 1340*, texte et trad. par G. le Strange, Leyde-Londres, 1915-9 (GMS, XXIII / 1-2).

/ Donne un commentaire exhaustif d'Ispahan et des alentours, dont l'aspect géographique prime sur l'aspect historique. /

—, *Ta'rikh-i Guzida* : publié en fac-similé avec paraphrase anglaise par E. G. Browne et R. A. Nicholson, Leyde-Londres, 1911-4 (*GMS XIV* / 1-2).

/ Achevé en 730 / 1330, par l'historien de la conquête arabe ; contient un chapitre sur les Sassanides. /

HAMZA AL-ISFAHANI, *Ta'rikh sini muluk al-ard wa-l-anbiya'* : *Târikh-e Payâmbarân va Shâhân*, trad. par Dj. Sho'ar, Tehrân, 1346 (*BFI*, 21).

/ La fameuse Chronologie des dynasties préislamiques et islamiques par l'A. de l'Histoire d'Ispahân dont on retrouve des vestiges dans le *Dictionnaire* de Yakut. Source pour l'histoire des Sassanides. /

HERODOTUS, *Histoires*, livres I-III, texte établi et trad. par Ph.-E. Legrand, Paris, Société d'Éd. « Les Belles Lettres », 1932 (Coll. des Universités de France).

/ Contient des renseignements sur la civilisation iranienne sous l'empire achéménide, in livre III. /

HUDUD AL-'ALAM : *The Regions of the World, A Persian Geography* (372 AH / 982 AD), trad. V. Minorsky, préf. V. V. Barthold, Londres : Luzac, 1937 (*GMNS XI*).

/ Un des ouvrages en persan sur la géographie mondiale. /

Ibn al-athir, Ta'rikh 'ilm al-kamil : Ibn-el-Athiri Chronicon quod perfectissimum inscribitur... Edidit C. J. Tornberg, 1862 1876, Lugduni Batavorum, E. J. Brill, 14 vols.
/ Annales historiques. Souce pour l'histoire des Sassanides. /
Ibn al-balkhi, *Farsnama* : *The Farsnama of Ibnu'l-Balkhi*, G. Le Strange and R. A. Nocholson ed., London, Luzac, 1921 (*GMNS I*).
/ Description de la province du Fârs en Perse, au début du 14ᵉ s. après J.-C. Source pour l'histoire des Sassanides. /
Ibn hawkal, *Kitab al-Masalik wa-l-mamâlik* : *The Oriental Geography of Ebn Haukal, an Arabian traveller of the Xth century, transl. from a manuscript in his own possession*... by Sir W. Ouseley, London, T. Cadell jun. and W. Davies, 1800.
Ibn khaldun, *Mukaddima* : *Les Prolégomènes d'Ibn Khaldun*, trad. en français et commentés par M. de Siane, Paris, impr. Impériale 1863-8.
/ Pour la figure talismanique sur le drapeau de Kâveh, cf. t. 21, p. 185. /
Ibn khurdadbih, *Kitab al-Masalik wa-l-mamalik* : *Le Livre des routes et des provinces*, par Ibn-Khordadbeh, publié, trad. et annoté par C. Barbier de Meynard, Paris, Impr. Impériale, 1865.
Ibn kutayba, *Kitab al-Ma'arif* : *Handbuch der Geschichte... Herausgegeben von F. Wüstenfeld*, Göttingen, Vandenhoek und Ruprecht, 1850.
/ Manuel d'histoire agrémenté d'appendices encyclopédiques sur des sujets très variés. Source pour l'histoire des Sassanides. /
—, *Kitab 'Uyun al-akhbar* : Ahmad Zaki al-'Adawi ed., Caire, 1343-8 / 1925-30.
/ Selon Nöldeke, Ibn Kutayba est le seul des écrivains dont l'œuvre subsiste qui ait eu devant lui la trad. d'Ibn Mukaffa'. Malheureusement l'œuvre d'bn Kutayba est de peu d'utilité justement pour l'étude de l'histoire légendaire : les extraits du *Khvadhaynamak* qu'il donne dans son *Uyun al-akhbar* ne touchent pas à cette partie de l'ancienne histoire. /
Ibn miskawaih, *Tadjarib al-Umam* : or *History of Ibn Miskawaih, reproduced in fac. simile from the ms. at Constantinople*, L. Caetani ; Leyden, E. J. Brill, 1909. (GMS VII, I)
/ Source pour histoire des Sassanides. /
Ibn rusta, *Kitab al-A'lak al-nafisa* : M. J. de Goeje ed., 1982 (BGA VII).
/ En raison de la variété des suejts traités dans l'ouvrage, on peut dire qu'il constitue « une brève encyclopédie de la connaissance en matière d'histoire et de géographie ». Cf. p. 196, pour le derafsh kavyen. /
Kazwini, *Athar al-Bilad* : *Kosmographie... herausgeben von F. Wüstenfeld*, Göttingen, Dieterich, 1848-1849, 2 vols.
/ Contient des données géographiques et historiques et aussi des données biographiques sur les personnes célèbres qui en tirent leur origine. /
al-Kur'an : *Le Coran*, trad. R. Blachère, Paris, G.-P. Maisonneuve & Larose, 1966.
Mafarrukhi, *Kitab Mahasin Isfahan* : *Tardjome-ye Mahâsen-e Esfahân-e Mâfarrokhi*, trad. Husayn b. Muh. b. Abi al-Rida' Avi, rev. par Eghbâl, Tehrân, Sherkat-e Sahâmi-ye Tchâp.
Makdisi, *Kitab al-Bada' wa-l Ta'rikh* : *Le Livre de la Création et de l'Histoire*, Cl. Huart trad., 6 vols. (Publ. de l'École des Langues Orientales Vivantes, 4ᵉ série, vols. XVIII XXIII, Paris 1899-1919).
/ Source pour histoire des Sassanides ; cf. surtout le t. III. /
Mas'udi, *Murudj al-dhahab* : *Les Prairies d'Or*, texte et trad. par C. Barbier de Meynard et Pavet de Courteille, 9 vols., Paris, 1861-1877.
/ Source pour histoire des Sassanides, voir surtout le t. 2, 2ᵉ ed., Paris, 1914. /

MIR KHAWAND, *Rawdat al-Safa : History of the early kings of Persia from Kaiomars, the first of the Peshdadian dynasty to the conquest of Iran by Alexander the Great*, Transl. from the original Persian of Mirkhond, with notes and ill. by D. Shea, London, 1932.

—, *Histoire des Sassanides*, par Mirkhond (texte persan), Paris, typ. de Firmin-Didot Frères, 1843. (A l'usage des élèves de l'École royale et spéciale des langues orientales vivantes).

MOÏSE DE KHORENE, *Chronique* : trad. en français dans la coll. des historiens de l'Arménie de Langlois II, pp. 82 sq. (*Eransahr nach der Georgaphic des Ps. Moses Xorenac'i*)

Mujmil al-Tawarikh wa'l Kisas : Mujmilu't-tawarikh, publ. et trad. par J. Mohl dans le *JA* 3ᵉ série, tt. 11, 12, 13, 14, 4ᵉ série, t. I.

/ Anonyme. Vaste compilation historique. Source pour histoire des Sassanides. /

Nihayat : *Nihayatu'l-irab fi akhbari'l-furs wa'l 'arab*, résumé et extraits par E. J. Browne dans le *JRAS*, 1900, pp. 195 sq.

/ Source pour histoire des Sassanides. /

TABARI, *Ta'rikh al-Rusul wa'l-Muluk : Annales*, Ed. de Goeje, series I, t. II ; trad. allemande par Th. Nöldeke : *Geschichte der Perser und Araber zur zeit der Sasaniden*, Leipzeg, 1879. (15 vols. Dans l'ed. Leyde, 1879-1901).

—, *Chronique*, trad. sur la version persane d'Abu 'Ait Muh. Bal'ami, par H. Zotenberg, Paris, 1867-1874, 4 vols. (rééd. Paris, 1958).

/ Source pour histoire des Sassanides ; voir surtout le t. II, Paris, 1869. /

Târikh-e Sistân, ta'lif dar hodoud-e 445 / 725, Moh. T. Bahâr éd., Tehrân, Khâvar, 1314 / 1935.

THA'ALIBI, *Ghurar Akhbâr Muluk al-Furs : Histoire des rois des Perses*, texte arabe publ. et trad. par H. Zotenberg, Paris, 1900.

/ Source pour histoire des Sassanides. /

XENOPHON, *Anabase*, Texte établi et trad. par P. Masquerey, Paris, Les Belles Lettres, 1959-1967. (Coll. Des Universités de France.)

YA'KUBI, *Ta'rikh : Ibn Wadhih qui dicitur al-Ja'qubi historiae*, Th. Houtsma ed. Leyde, 1883, 2 vols.

/ Source pour histoire des Sassanides. /

YAKUT AL-RUMI, *Mu'djam al-buldan : Dictionnaire géographique, historique et littéraire de la Perse et des contrées adjacentes, extrait du Mo'djem al-Bouldan de Yaqout et complété à l'aide de documents arabes et persans pour la plupart inédits*, Paris, Impr. Impériale, 1861.

ÉTUDES

ABDULQÂDIRI BAGDÂDENSIS, *Lexicon Sahnâmianum cui accedunt eiusdem auctoris in Lexicon Sahidianum commentariorum...* edidit C. Saleman, 1895.

ACKERMAN, Ph., « Standards Banners and Badges » in Pope, *S. Pers. A.*, 1938, vol. III, Text, chap. 67, pp. 2766-2782.

AFSHAR I., « Fotovvat-nâme-ye âhangarân » in *Farkhonde Payâm, Yad-gâr-nâme-ye Dr. Gh. Yousefi, madjmou'e-ye maghâlât-e tahghighi-'elmi*, 1360/ 1981, pp. 53 -59. (Entesharât-e Dâneshgâh-e Mashhad, n ° 74).

AUTRAN, Ch., *L'Épopée hindoue. Étude de l'arrière-fonds ethnographique et religieux*, Paris, Denoël, 1946, 411 p.

BACHELARD, G., *La Psychanalyse du feu*, Paris, Gallimard, 1949, 185 p. (coll. Idées).

—, *La Terre et les rêveries de la volonté*, Paris, J. Corti, 1948, 409 p.

BAHÂR, M., *Asâtir-e Irân*, Tehrân, 1352 (*BFI 143*, Farhang-e Irân-e Bâstân).

BALDES, « Les Forgerons au Fouta-Djallon » in *L'Éducation Africaine* 24 / 1935.
BARRACLOUGH, E. M. C., *Flags of the World*, London New-York, Frederick Warne & Co., 1971, 284 p.
BARTHOLOMAE, Ch., *Altiranisches Wörterbuch*, Strassburg, Verlag von K. J. Trübner, 1904, XXXII p., 2000 col.
BATTESTI, Th. et KAZEMAINI, K., *Le Zour Xaneh, gymnase traditionnel persan*, extr. de *Objets et Mondes*, t. VIII, fasc. 3, automne 1968.
BAUDOUIN, Ch., *Le Triomphe du Héros. Étude psychanalytique sur le mythe du héros et les grandes épopées*, Paris, Plon, 1952, xiii-263 p. (Présences).
BECKETT, P. H. T., « Tools and Crafts in South Central Persia » in *Man*, vol. 57 (oct. 1957), pp. 145-148.
BINDER, G., « Die Aussetzung des Königsknides », pp. 58 sq.
/ cf. in Eliade, *HCIR¹*, pp. 470 1 : consulter Gerhard Binder sur les relations entre les mythes indo-européens de l' « enfant exposé », le combat rituel contre les dragons, la fondation des villes et la cosmogonie. /
BINYON, L., WILKINSON, J. V. S. et GRAY, B., *Persian Miniature Painting. Including a critical and descriptive catalogue of the Miniatures exhibited at Burlington House, Jan. March, 1931*, Dover Publ., Inc., New York, 1971.
BOYCE, M., « Mihragan among the Irani Zoroastrians » in Mithraic *Studies*, pp. 106-118.
/ in Eliade, *HCIR²*, : consulter pour le sacrifice d'animaux à l'occasion du Mihragan. /
—, « Some remarks on the Transmission of the Kayanian Heroic Cycle » in *Serta Cantabrigiensia*, 1954.
Bundahishn : The Bundahisn, A. Behramgore ed., Bombay, 1908.
BURFORD, A., *Craftsmen in Greek and Roman Society*, London, 1972.
CAMPBELL, L. A., Mithraic Iconography and Ideology, Leiden, 1968.
CAHEN, Cl., « Les débuts de la futuwwa d'al-Nasir » in *Oriens*, VI, Leide, 1953, pp. 18-22.
—, « Sur les traces des premiers Akhis » in *Mélanges F. Köprütü*, Istanbul, 1953, pp. 81-91.
—, « Mouvements populaires et autonomisme urbain dans l'Asie Musulmane du Moyen Âge » in *Arabica*, 1958-9.
CERULLI, E., « Il fabbro africano, eroe culturale » in *SMSR*, Roma, Publ. Scuola di Stud. Storico-religiosi della U. di Roma, Anno 1957, vol. XXVIII, pp. 79-113.
/ Voir in pp. 105 sq. « Il fabbro e il potere politico : Fabbro capo o consigliere di capi ». /
—, « L'iniziazione al mestiere di fabbro in Africa » in *SMSR*, 27 (1956), vol. XVII, Publ. dalla Scuola di Stud. storico-religiosi della U. di Roma, N. Zanichelli, 1956.
—, « La sacralitá della fucine e degli strumenti di lavoro del fabbro in Africa » in *Annali Lateranensi*, xx, 1956.
CHARACHIDZE, G., *Le Système religieux de la Géorgie païenne. Analyse structurale d'une civilisation*, Paris, F. Maspéro, 1968, 741 p.
The Chester Library : A catalogue of the Persian Manuscripts and Miniatures, MINOVI, M., ROBINSON, B. W., WILKINSON, J. V. S. and BLOCHET, E. eds., vol. II, Dublin, 1960.
CHRISTENSEN, A., *L'Empire des Sassanides, le peuple, l'état, la cour*, København, A. F. Høst, 1907, 120 p. (*Hist.-filol. Medd.*, 7ᵉ série, section des lettres, t. I, n° 1).
—, *Essai sur la démonologie iranienne*, København, E. Munksgaard, 1941, 98 p. (*Hist.-filol. Medd.*, XXVII, I).
—, Études sur le Zoroastrisme de la Perse antique, København, A. F. Høst, 1928, 59 p. (*Hist.-filol. Medd.*, XV, 2).

—, *Les Gestes des Rois dans les traditions de l'Iran antique*, Paris, P. Geuthner, 1936, 141 p. (Université de Paris, Conférences Ratanbai Katrak, III).

—, *L'Iran sous les Sassanides*, Copenhague, deuxième ed. rev. et augm. (publ. sous les auspices de la Société Orientaliste de Copenhague), E. Munksgaard, 1944, 560 p.

—, *Les Kayanides*, København, A. F. Høst & Søn, 1932, 125 p. (*Hist.-filol. Medd. XIX*, 2).

—, *Le Premier chapitre du Vendidad et l'histoire primitive des tribus iraniennes*, København, E. Munksgaard, 1943, 92 p. (*Hist.-filol. Medd.*, XXIX, 4).

—, *Le Premier Homme et le premier Roi dans l'histoire légendaire des Iraniens*, I^e partie : « Gajomard, Masjay et Masjanay, Hoshang et Taxmoruw », 1918 ; 2e partie : « Jim », 1934, Stockholm, Leide, 219 p. (Archives d'Études Orientales publ. par J.-A. Lundell, vol. 14 : t.I, n° 17 ; t.2, n° 27).

—, *Romanen om Bahrâm Tschôbîn, Et Rekonstruktions forsøg*, København, 1967.

—, « The Smith Kaveh and the Ancient Persian Imperial Banner » in *JCOI*, 5 (1925), transl. From the Danish by J. M. Unvala, pp. 22-39.

La Civilisation iranienne (Perse, Afghanistan, Iran extérieur), ouvrage collectif publ. sous la direction de H. Massé et de R. Grousset, Paris, Payot, 1952, 346 p. (Bibliothèque Historique).

CLEMENT, P., « Les Forgerons en Afrique Noire » in *Revue de Géographie Humaine et d'Ethnologie*, 2, avril-juin 1948, Paris, pp. 55-58.

CLINE, W., « Mining and Metallurgy in Negro Africa » in *GSA*, 5, 1937, Menasha (Wisc.).

COOMARASWAMY, A. K., *Les Miniatures Orientales de la collection Gouloubew au Museum of Fine Arts de Boston*, Paris et Bruxelles, Les Eds. G. van Oest, 1929.

COX, G. W., *The Mythology of the Aryan Nations*, London, Longmans, Green and Co., 1870, 2 vols.

COYAJEE, J. C., *Cults and Legends of Ancient Iran and China*, Bombay, Jehangir B. Karani's Sons, 1936, 4-13-308-xii p.

CUMONT, F., *Les Mystères de Mithra*, troisième ed. rev. et annotée, Bruxelles, H. Lamertin, 1913, xviii-258 p.

—, *Textes et monuments figurés relatifs aux mystères de Mithra*, Bruxelles, H. Lamertin, 1896-1899.

DEHANJI BEHI FRAMJI DERBASH, Kh. S., « Derafsh-e shâhanshâhi-ye Irân-e Bâstân » (« Le derafsh impérial de l'Iran Ancien ») in *Madjalle-ye Irân Lig*, Bombay, n° 2, 9e année, jan. 1939, pp. 249-254.

DEHKHODÂ, A. A., *Loghat-Nâme*, Dictionnaire encyclopédique fondé par M. Mo'in, Tehrân, Tchâpkhâne-ye Madjles, fasc. I, 1325 / 1947.

DELCOURT, M., *Héphaïstos ou la légende du Dieu Magicien*, Paris, Les Belles Lettres, 1957, 245 p. (Bibl.de la Faculté de philosophie et lettres de l'U. de Liège, 146).

DELUZAN, J., « Métallurges » in *Encyclopaedia Universalis^{10}*, pp. 945b.-946 b.

DENY, J., « Fütüwwetname et Romans de Chevalerie Turc » in *Journal Asiatique*, XIe série, t. XVI, Paris 1920, pp. 182-3.

DEPPING, G.-B. et MICHEL, F., *Véland le forgeron*, Paris, Didot Frères, 1833.
/ Dissertation sur une tradition du Moyen Âge, avec les textes islandais, anglo-saxons, anglais, allemands et français-romans qui la concernent. /

DESAI, J. M., « Zohak in history and tradition » in *JCOI*, 34, 1940, pp. 45-92.

DESMAISONS, J.J.P., *Dictionnaire Persan Français*, par le Baron J. J. P. Desmaisons et ses neveux, Rome, Typographie polyglotte de la S.C. de Propagande, 1908-914.

DE VRIES, J., *Forschungsgeschichte der Mythologie*, Fribourg Munich, Karl Albert Verlag, 1961.

/ Exposé critique de toutes les interprétations du mythe, depuis l'antiquité jusqu'à nos jours. /
DIAKONOV, M. M. et GIUSAPIAN, P. G., *Iranskie Miniatiury* / Miniatures iraniennes /, Moscou Leningrad, Acad. des Sciences de l'U.R.S.S., 1935.
/ Les manuscrits du *Shâhnâme* dans les recueils de Léningrad. /
DICKSON, M. B. et WELCH, S. C., *The Houghton Shahnameh*, introd. and described by M. B. Dickson and S. C. Welch, Cambridge, Massachusetts, and London, England, Harvard University Press, 1981, 2 vols.
/ Le plus célèbre des *Shâhnâmeh (Shâh Tahmâsp)* voit enfin la totalité de ses illustrations paraître en fac-similé ; cote in B. N. Paris : F°IMP.OR.171. /
Dictionary of Flag Terminology, Heraldry Society Flag Section, Londres : Heraldry Society, 1969.
Dictionnaire des Mythologies, Y. Bonnefoy ed., Paris, Flammarion, 1981, 2 t.
Dictionnaire des Symboles, J. Chevalier et A. Gheerbrant eds., Paris, Seghers, 1973, 4 vols.
DIEL, P., *Le Symbolisme dans la mythologie grecque. Étude psychanalitique*, préf. de G. Bachelard, Paris, Payot, 1966, 252 p. (Petite Bibliothèque Payot, n° 87).
DIETERLIN, G., « Contribution à l'étude des forgerons en Afrique Occidentale » in *Annuaire 1965 1968*, Paris, 1965, pp. 5-28. (École Pratique des Hautes Études, 5ᵉ section, Sciences Religieuses).
DOUMBIA, P. E. N., « Étude du clan des forgerons » in *Bull. du Comité des Études Hist. et Scentifiques de l'Afrique Occ. Française*, XIX, Paris, 1936, pp. 334-380.
DUCHESNE-GUILLEMIN, J., *La Religion de l'Iran ancien*, Paris, Presses Universitaires de France, 1962, 411 p. (« Mana », intr. à l'hist. des religions, I. Les anciennes religions orientales, III).
—, « La religion iranienne » in *Les Religions de l'Orient ancien*, E. Drioton ed., Paris, A. Fayard, 1957, pp. 101-140. (Encyclopédie du Catholique du XXᵉ s., 14ᵉ partie).
—, *Zoroastre, étude critique avec une traduction commentée des Gâthâ*, Paris, G. Maisonneuve et Larose, 1953, 301 p.
/ La meilleure traduction actuelle des Gathas de Zoroastre. /
DUMEZIL, G., *Aspects de la fonction guerrière chez les Indo-Européens*, Paris, Presses Universitaires de France, 1956, 115 p. (Bibliothèque de l'École des Hautes Études. Section des Sc. Religieuses, vol. LXVIII).
— « Deux traits du monstre tricéphale indo-européen » in *Revue d'Histoire des Religions*, 120, 1939, pp. 5-20.
—, *Les Dieux des Indo-Européens*, Paris, Presses Universitaires de France, 1952, 146 p.
/ Sur les origines de la religion iranienne et la formation du système de Zarathoushtra. /
—, *Heur et Malheur du guerrier. Aspects mythiques de la fonction guerrière chez les Indo-Européens*, Paris, Presses Universitaires de France, 1969, 150 p.
—, « L'idéologie tripartie des Indo-Européens », in *Revue d'Études latines*, Bruxelles, Latomus, 1958, 122 p. (Coll. Latomus, vol. XXXI).
—, *Mythe et Épopée*, Paris, Gallimard, 1968 1973, (Coll. Bibliothèque des Sc. Humaines), t.I : « L'idéologie des trois fonctions dans les épopées des peuples indo-européens », 657 p. ; t. 2 : « Types épiques indo-européens : un héros, un sorcier, un roi », 406 p. ; t. 3 : « Histoires romaines », 366 p.
—, « Visnu et les Maruts à travers la réforme zoroastrienne » in *Journal Asiatique*, Paris, 1953, 25 pp.
DURANTE, M., « Ricerca sulla préistoria della lingua poetica greca. La Terminologia relativa alla creazione poetica » in *Atti della Accademia Nazionale dei Lincei. Rendiconti, classe di scienze morali*, serie VIII, vol. XIV, 1960, pp. 231-249.

/ Les rapports entre l'art poétique et l'art du forgeron. /
EAD, « Il fabbro africano, eroe culturale » in *SMSR*, 28 (1957), pp. 79-113.
ELIADE, M., *Aspects du Mythe*, Paris, Gallimard, 1963, 247 p. (« Idées », n° 32).
—, *Le Chamanisme et les techniques archaïques de l'extase*, Paris, Payot, 1951, 447 p. (Bibliothèque scientifique).
—, « Le dieu-lieur et le symbolisme des nœuds » in *Revue d'Histoire des Religions*, 67 (1948), pp. 4-36.
/ Repris in *id.*, *Images et Symboles*, 1952, chap. 4. /
—, *Forgerons et alchimistes*, Paris, Flammarion, 1977, 188 p. (coll. Idées et Recherches).
—, *Histoire des Croyances et des Idées religieuses*, Paris, Payot, (coll. Bibliothèque historique), 1978, t. I : « De l'âge de la pierre aux mystères d'Éleusis », 491 p. ; t. 2 : « De Gautama Bouddha au triomphe du Christianisme », 519 p.
—, *Initiation, rites, sociétés secrètes. Naissances mystiques, essai sur quelques types d'initiation*, Paris, Gallimard, 1959, 282 p. (Idées »).
—, « Metallurgy, Magic and Alchemy » in *Cahiers de Zalmoxis*, I, Paris, 1938.
—, « La Terre-Mère et les hiérogamies cosmiques » in *Eranos Jahrbuch*, vol. XXII, 1953.
—, *Traité d'histoire des religions*, préf. de G. Dumézil, Paris, Payot, 1964, 390 p. (Petite Bibliothèque Payot, n° 312).
Encyclopaedia Judaica, New York, Keter Publ. House Ltd., The Mc. Millan Co., Jerusalem, 1971.
Encyclopédie de l'Islam, première ed., par M. Th. Houtsma, R. Basset, T. W. Arnold et R. Hartman, Leyde Paris, E. J. Brill et A. Picard et Fils, Ier t. : 1913.
Ibid., nouvelle ed., H. A. R. Gibb, J. H. Kramers, E. Levi-Provençal, *et altii*, eds., Leyde Paris, E. J. Brill et G.-P. Maisonneuve, t. I : 1960.
ENO BELINGA, S.-M., *Littérature orale africaine*, Paris, Les eds. Saint-Paul, 1978, 144 p. (Les classiques africains, n° 880).
ERNOUT, A. et MEILLET, A., *Dictionnaire étymologique de la langue latine*, 4ᵉ ed., revue et augmentée d'un index, Paris, C. Klincksieck, 1959, xviii-820.
E'TEMÂD-MOGHADDAM, A., « Derafsh dar Shâhnâme. Târikhtche-ye peydâyesh-e ân » in *Honar va Mardom*, 67 68 (1347), pp. 17-34, az Entesharât-e Farhang-e 'Âmme.
FINLEY, M. I., « Metals in Ancient World » in *Journal of the Royal Society of Arts*, sept.1970, Cambridge Londres.
/ L'A. y réfute la notion de « fogeron-magicien ». Pas plus en Grèce qu'en Égypte et en Mésopotamie on ne trouve trace d'une association particulière de la magie au travail du métal. /
FLINDERS PETRIE, *Arts et métiers de l'ancienne Égypte*, trad. J. Capart, Bruxelles, 1925.
FORBES, R. J., *Man the Maker. A History of Technology and Engineering*, Londres, 1950.
—, *Metallurgy in Antiquity. A Notebook for Archeologists and Technologists*, Leyde, E. J. Brill, 1950.
/ L'A. a réuni une imposante documentation d'ordre général, fournie non seulement par les auteurs latins et grecs, et même médiévaux, mais aussi par la Bible et les littératures orientales.
FOUCHÉCOUR, C.-H. de, « Firdousi » in *EU*⁷, 1968, pp. 18b.-20a.
—, « Une lecture du Livre des rois de Ferdowsi » in *Studia Iranica*, t. 5, 1976, fasc. 2., pp. 171-202.
FRAZER, J., « Le Roi magicien dans la société primitive » in *Le Rameau d'Or*, tt. 1 et 2, trad. P. Sayn, Paris, 1935.
—, *Le Totémisme. Étude d'ethnographie comparée*, trad. A. Dirr et A. Van Gennep, Paris, Schleicher Frres, 1898, 139 p.

FRONTISI-DUCROUX, F., *Dédale : mythologie de l'artisan en Grèce ancienne*, préf. de P. Vidal-Naquet, Paris, Maspero, 1975, 225 p.
FRYE, R. N., « the role of Abu Muslim in the 'Abbasid revolt » in *The Muslim World*, 1947, pp. 28-32.
GALERKINA, O. et PLASKIN, D., *Mawarannahr Book Painting*, Leningrad, Aurora Art Publ., 1980, 32 p. + 848 pls.
GHABÂR, « Beyragh dar Afghânestân » in Âryâna, vol. I, n° 9, pp. 2-10.

GHIRSHMAN, R., *Iran ; Parthes et Sassanides*, Paris, Gallimard, 1962, 406 p. (Coll. Univers des formes).
—, *Perse* ; Proto-Iraniens, Mèdes, Achéménides, préf. de G. de Salles, Paris, Gallimard, 1963, xix 441 p. (Coll. Univers des formes).
GODARD, A., *L'Art de l'Iran*, Paris, A. Fayard, 1962, 532 p. + 179 photos.
Grundriss der Iranischen Philologie, W. Geiger et E. Kuhn ed., 2 vols., Strasbourg, 1896-1904.
HARDIN, B., *World Flag Encyclopedia*, Washington, Honor Flag Committee, 1948.
HARLEZ, C. de, *Avesta, livre sacré du Zoroastrisme, trad. du texte zend*, Paris, Maisonneuve, 1881, ccxlviii-671 p.
HENNING, W. B., « The Book of the Giants » in *Bulletin of the School of Oriental and African Studies*, XI, 1943, pp. 52-74.
HERZFELD, E. and KEITH, A., « Iran as a prehistoric center » in Pope, S. Per. A., vol. I, text, chap. 2, pp. 42-59.
HERZL, Th., *Les Plus anciens contes de l'humanité*, trad. S. M. Guillemin, préf. de M. Eliade, Paris, Payot, 1953, 207 p. (Bibliothèque Historique).
HINNELS, J. R., Persian Mythology, London, N. Y., Sydney, Toronto, ed. Hamlyn, 2ᵉ impr., 1975, 141 p.
HOOKE, S. H., « Myth and Ritual » in *Myth, Ritual and Kingship*, Oxford, 1958, pp. 1-21. / Pour les rapports entre mythes et rituels. /
HOPKINS, E. W., *Epic Mythlogy*, Strassburg, verlag von Karl J. Trübner, 1915, 277 p.
HORN, P., *Grundriss der Neupersischen Etymologie*, Strasburg, Verlag von K. J. Trübner, 1893, xxvi-386 p. (Sammlung Indogermanischen Wörterbücher. IV).
HUART, Cl. et DELAPORTE, L., *L'Iran antique. Élam et Perse et la civilisation iranienne*, avec une postface et une bibliograhie complémentaire de P. Masson-Oursel, Paris, A. Michel, 1943, 528 p. (bibliothèque de synthèse historique. L'évolution de l'Humanité, XXIV).
JACKSON, A. V. W., « The National Emblem of Persia » in *Journal of the American Society*, XX, 1899, pp. 56-7.
JUSTI, F., Iranisches Namenbuch, Gedruckt Mit unterstützung der Königlichen Akademie der Wissenchaften, Marburg / N. G. Elwert'sche Verlagsbuchhandlung, 1895.
KASRAVI, A., « Târikh-e Shir-o khorshid » in *Shargh*, 1958.
KAZEMAINI, K., Naghshe phalevân va nehzat-e 'ayyâri, (« le rôle des preux et les règles de la chevalerie ») Tehrân, Bank-e Melli, 1343 / 1964, 400 p.
KELLENS, J., « Caractères différentiels du Mihr Yast » in *Acta Iranica*, 17, Actes du Congrès, IV, Études mithriaques, Tehrân Liège, 1978, pp. 261-270.
KRUSE, H., « Raya und Liwa in Islamic Tradition » in *Proc. 27 th. Int. Congr. Or. 1967, (1971)*, pp. 283-284.
LÂHOUTI, A., « Manzoume-ye Kâve-ye âhan-gar » in *Kolliyât-e Lâhouti*, B. Moshiri ed., Tehrân, Toukâ ed., 1357 H., pp. 196-217.

LAVEDAN, P., *Dictionnaire illustré de la Mythologie et des Antiquités grecques et romaines*, 4ᵉ ed. rev. et mise à jour, Paris, Hachette, 1964.
LEXIS, *Dictionnaire de la langue française*, J. Dubois ed., Paris, Larousse, 1975.
LIMET, H., *Le Travail du métal au pays de Sumer au temps de la IIIᵉ dynastie d'Ur*, Paris, Soc. D'Ed. « Les Belles Lettres », 1960, 313 p. (Bibl. de la Fac. de Philosophie et Lettres de l'U. de Liège. Fasc. CLV).
/ « Cette période néo-sumérienne marque (...) l'apogée de la civilisation industrielle qui avait commencé vers l'an 3000 av. J.-C. Elle est très proche de l'apparition du fer, dont les premières mentions sont de peu postérieures. » /
Le Livre des Héros : Légendes sur les Nartes, trad. de l'Ossète avec une introd. et des notes par G. Dumézil, Paris, Gallimard, 1965, 264 p. (Coll. UNESCO d'Œuvres représentatives. Série des langues non russes de l'URSS).
LOMMEL, H., *Die Yäst's des Awesta*. Überselzt und Eingeleitet Göttingen, Leipzig, 1927.
LUCAS, A., *Ancient Egypt Materials and Industries*, 3ᵉ ed., Londres, 1948.
LUKACS, G., *La Théorie du roman*, trad. J. Clairevoye, Paris, Gonthier, 1975, 197 p. (Bibliothèque Médiations).
MAHDJOUB, M.-Dj., « Raveshhâ-ye 'ayyâri va nofouz-e kâr-o kerdâr-e 'ayyâr-ân dar *Shâhnâme* » in *Honar va Mardom*, nᵒˢ 177-178, année 2536 sh., pp. 2-13, 15ᵉ année, Entesharât-e Vezârat-e Farhang-o Honar.
MANN, O., « Kâve va derafsh-e Kâvyâni », in *Kâve*, I, 24 jan. 1916, pp. 3-4.
MANNHARDT, W., « Die Lettischen Sonnemythen (Der Himmelschmied) » in *Zeitschrift für Ethnologie*, 7 (1875).
/ Sur le dieu forgeron finnois Ilmarinen. /
MARTIN, F. R., *The Miniature Painting and Painters of Persia, India and Turkey, from the 8th. to the 18th. cent.*, London, Holland Press, 1968.
MARYON, « Metal Working in the Ancient World » in *American Journal of Archeology*, LIII (1949).
MASPERO, G., « Les forgerons d'Horus » in *L'Anthropologie*, IV, juillet-août 1981, Paris, G. Masson, 7 p. (Bibliothèque Égyptologique, t. 2. Études de mythologie et d'archéologie égyptiennes).
MASSÉ, H., *Croyances et coutumes persanes*, Paris, G.-P. Maisonneuve, 1938, 2 vols. (Les littératures populaires de toutes les nations. Nouv. Série, IV et VI).
—, *Firdousi et l'épopée nationale*, Paris, Librairie Académique Perrin, 1935, viii-307 p. (Les épopées persanes).
MASSIGNON, L. et KASSIM, H. M., « Études sur les corporations musulmanes indo-persanes » in *Revue des Études Islamiques*, 1927, p. 249-271.
MASSIGNON, L., « La Futtuwa ou pacte d'honneur artisanal entre travailleurs musulmans au Moyen Âge » in *Nouvelle Clio*, 4, 1952, pp. 171-198. (Opera Minora, Bruxelles, 1952).
—, *Salmân-e Pâk et les prémices spirituels de l'Islam iranien*, Paris, Arrault, 1934, 52 p. (Société des Études iraniennes et de l'Art persan, nᵒ 7).
MELIKOFF, I., « Abu Muslim, patron des Akhis », C. O., 1957, XXIV, pp. 419-421.
—, *Abû Mûslim, le porte-hache du Khorassan, dans la tradition épique turco-iranienne*, Paris, A. Maisonneuve, 1962, 161 p.
MENASCE, J. de, « Mythologie de la Perse » in *Mythologies. De la Méditerranée au Gange*, P. Grimal ed., Paris, Larousse, 1963, pp. 200-219.
—, *Religions de l'Ancien Iran*, Paris, Presses Universitaires de France, 1968, pp. 107-111. (Extr. de Problèmes et Méthodes d'Histoire des Religions. EPHE, Vᵉ section, Sciences religieuses).

—, *Une Encyclopédie mazdéenne. Le Denkart*, Paris, 1928. (École des Hautes Études, Bibl. Sciences religieuses, LXIX).

Minovi, M., « Mansha'-e naghsh-e shir-o khorshid, 'alâmat-e rasmi-ye Irân » in *Dînshah Irani Memorial Volume*, 1948, Bombay, pp. 85-106.

Mokri, M., « La mythologie anté-islamique de l'Iran » in EI^2, pp. 12a-14a.

Mole, M., *Culte, mythe et cosmologie dans l'Iran ancien*, Paris, 1963, xxxi - 597 p. (Annales du Musée Guimet, 69).

—, « L'épopée iranienne après Firdosi » in *La Nouvelle Clio*, 5e année, 1953, n°s 7 10, pp. 377-393. (Mélange A. Dupont Sommer, Bxlles, 1953).

—, « La Guerre des géants d'après le *Sutkar Nask* » in *Indo-Iranian Journal*, vol. III, 1959, n° 4, pp. 282-305.

—, *L'Iran ancien*, Paris, Bloud et Gay, 1965, 119 p., pl. fig., (Religions du monde).

—, « La naissance du monde dans l'Iran préislamique » in *La naissance du monde*, Seuil, Paris, 1959, pp. 301-328. (Sources Orientales, I).

Nafisi, S., *Derafsh-e Irân va Shir-o Khorshid*, Tehrân, Tchâp-e Rangin, 1328 H., 82 p.

Nayyer-nouri, H., *Târikhtche-ye beyragh-e Irân va Shir-o Khorshid*, Tehrân, Tchâpkhâne-ye dâneshgâh, Âbân 1344 H., ta'lif 17, 172 p. (Enteshârât-e Moassese-ye Motâle'ât va Tahghighât-e edjtemâ'i, 31).

Nöldeke, Th., *Das Iranische Nationalepos : Hamâse-ye melli-ye Irân*, 3e impr. Bozorg-e Alavi trad., préf. de S. Nafisi, Tehrân, Sepehr, 2537 sh / 1978, 176 p.

—, « Jakub, der Kupferschmied und seine Dynastie » in *Orientalische Skizzen*, Berlin, 1892, pp. 185-217.

Norgen, J., Dawis, E. et Grabar, O., *Preliminary Index of Shah-Nameh Illustrations*, The U. of Michigan, Ann Arbor, 1969.

Noushin, A., *Vâje-Nâmak, dar bâre-ye vâjehâ-ye doshvâr-e Shâhnâme*, Enteshârât-e Bonyâd-e farhang-e Irân, n° 142.

Nyberg, H. S., « La légende de Keresaspa » in *Oriental Studies in honour of Dasturji Sa'hab C. E. Pavry*, Oxford, 1934.

—, *Die Religionen des Alten Iran*, Leipzig, 1938, J. C. Hinrich, x 506 p., trad. du suédois par H. H. Schaeder (Mitteilungen der Vorderasiatisch-aegyptischen Gesellschaft E. V. Bd. 43).

Olmstead, A. T. E., *History of the Persian Empire (Achaemenid Period)*, Chicago, the U. of Chicago Press, 1948, xx-576 p.-lxx pl.

Orbelli, J., « Sasanian and Early Islamic Metalwork » in Pope, S. Per. A., vol. I, text, chap. 33, pp. 716-770. Trad. du français.

Oriental Miniatures, of Abu Raihon Beruni Inst. Of Orientology of the uZ SSR Acad. of Sciences, Tashkent, Gafur Gulyam Literature and Art Publ. House, 1980.

Pahlavi Texts, in *The Sacred Books of the East*, transl. by E. W. West, Delhi, Motilal Banarsidass, 1969-970, Parts 1 5, vols V, XVIII, XXIV, XXXVII, XLVII.

Patris, A., « La légende de Dédale dans l'antiquité classique » in *Revue Belge de Philologie et d'Histoire*, Bruxelles, 24, 1945.

Pokorny, J., Indogermanischen etymologischen Wörterbuch, Bern, 1959, Francke Verlag, I. Band, 1183 p.

Pritchard, E., *Ancient Near Eastern Texts relating to the Old Testament*, Princeton, Princeton U. Press, 1950, xxi-526 p.

Les Religions du Proche-Orient asiatique, textes et traditions sacrés babyloniens, ougaritiques, hittites, présentés par R. Labat, M. Sznycer, M. Vieyra, Paris, Fayard–Denoël, 1970, 583 p. (Le trésor spirituel de l'humanité).

Rickard, J. A., *Man and Metals*, New York, 1932, 2 vols.

ROBINS, F. W., *The Smith, Tradition and Lore of an Ancien Craft*, London, 1953.
ROBINSON, B. W., « The national hero in Persian painting » in *J. iran. Soc.* I (1950), pp. 80-85.
—, *Persian Painting in the John Rylands Library, A Descriptive Catalogue*, London, Sotheby Parke Bennet, 1980, 271 p.
—, *Les Plus beaux dessins persans*, Paris, Éd. du Chêne, 1966.
ROMANOVSKI DUBTCHA, V., « Shir-o khorshid » in *Sâlnâme-ye keshvar-e Irân*, 3ᵉ année, 1327 H., pp. 91-105.
ROTH, R., « Die Sage von Feridun in Indien und Iran » in *Zeitschrift der Deutschen Morgenlädischen Gesellschaft*, 2, 1848 ; 5, p. 216-230.
RYPKA, J., *History of Iranian Literature*, transl. From the German by P. van Popta-Hope, J. Kahn ed., Derdrecht-Holland, D. Reidel Publ. CO., 1968.
SADIGHI, Gh.-H., *Les Mouvements religieux iraniens au IIᵉ et au IIIᵉ siècles de l'Hégire*, Paris, Les Presses Modernes, 1938, 334 p.
SAFÂ, Z., « Derafsh-e Kâvyân » in *Sâlnâme-ye keshvar-e Irân*, 2ᵉ année, 1326, pp. 18-22.
—, *Hamâse-sarâ'i dar Irân*, (« la tradition épique en Iran, depuis les commencements jusqu'au XIVᵉ s. de l'H. »), Tehrân, Tchâp-e khod-kâr-e Irân, 1324 H., 585 p.
SALAC, A., « Firdousi et la religion babylonienne » in *Archiv Orientalni*, vol. 18, n°s 1 et 2, 1950, pp. 479-484.
SARRE, F., *L'Art de la Perse ancienne*, trad. P. Budry, Paris, Grès et Cie., ix-65 p.-150 pl, ed. princeps 1921.
SHÂD, M. P., *Farhang-e Ânanderadj*, M. Dabir Siyâghi ed., Tehrân, Khayyâm, 1335 1336 / 1956-1957, 7 vols.
SHAFAGH, R.-Z., *Farhang-e Shâhnâme*, Tehrân, 1320 H., 52-289 p. (Selsele-ye entesharât-e andjoman-e âsâr-e melli, n° 85).
SICILIANO, I., *Les Chansons de geste et l'épopée. Mythes, Histoire, Poèmes*, Torino, Società editrice internazionale, 1978, viii-477 p. (Bibliotheca di Studi Francesi, 3).
SINGER, C., *A History of Technology*, Oxford, Holymard, E. J., and Hall, A. R., 1954-1958.
SMITH, W., *Les Drapeaux à travers les âges et dans le monde entier*, trad. G. Pasch, Paris, A. Fayard, 1976, 360 p.
STCHOUKINE, I., *Les Peintures des manuscrits de Shah 'Abbas Iᵉʳ à la fin des Safavis*, Paris, P. Geuthner, 1964. (Inst. français d'Archéologie de Beyrouth. Bibliothèque Archéologique et Historique, t. LXXVI).
STCHOUPAK, N., NITTI, L. et RENOU, L., *Dictionnaire sanskrit-français*, Paris, A. Maisonneuve, 1972, 879 p. (Publ. de l'Inst. de civilisation indienne).
STEINGASS, F., *A Comprehensive Persian-English Dictionary*, London, Trench, Trubner & Co., 1982.
STERN, S. M., « Ya'qub the Coppersmith and Persian National Sentiment » in *Iran and Islam*, in memory to the late V. Minorsky, Edinburgh U. Press, 1971, pp. 535-555.
A Survey of Persian Art, from Prehistoric times to the Present, A. U. Pope ed., Ph. Ackerman assist. ed., London & New York, Oxford U. Press, 6 vols., 1938.
TABRIZI, M., *Farhang-e Borhân-e Ghâte'*, Tehrân, M. Mo'in ed., Zavvâr-Ebn-e Sinâ, 1330-1342 / 1951-1963, 5 vols.
TAESCHNER, F., « Zohâk. Ein Beitrag zur persischen Mythologie und Ikonographie » : in *Islam*, 6, 1915-16, pp. 289-294.
TEGNAEUS, H., *Le Héros civilisateur, Contribution à l'étude ethnologique de la religion et de la sociologie africaines*, Paris, Stock, 1950.
THOMPSON, S., *Motif-Index of Folk-Literature, A Classification of Narrative Elements in Folklore, Ballads, Myths, Fables, Medieval Romances, Exempla, Fabliaux, Jest-Books*

and Local Legends, 6 vols., Bloomington & London, Indiana U. Press, Second print. 1966.

UNVALA, J. M., « Zohâk » in *SMSR*, V, 1929, pp. 56-68.

VAN GENNEP, A., *Les Rites de passage. Étude systématique des rites de la porte et du seuil, de l'hospitalité, de l'adoption, de la naissance, de l'enfance, de la puberté, de l'initiation, de l'ordination, du couronnement, etc.*, Paris, A. et J. Picard, 1981, ii-288 p. + addendum.

Vullers, I. A., *Lexicon Persico-latinum*, Bonnae ad Rhenum, Impensis Adolphi Marci, 1855, 1864, 2 tt.

WALTER, J. J., *Psychanalyse des rites*, ed. Denoël, Gonthier, Paris, 1977, (Coll. Médiations).

WASHB-HOPKINS, E., *Epic Mythology*, Strasburg, 1915.

WELCH, A., *Shah 'Abbas and the Arts of Isfahan, Catalogue*, Cambridge, Mass., Fogg Art Mus., Havard U., the Asia Society Inc., 1973.

WIDENGREN, G., *Hochgottglaube im Alten Iran*, Uppsala, (Uppsala Universitets Arsskrift 1938, VI).

/ Apporte de copieux éléments, extraits de la riche bibliographie, sur les dieux célestes africains, qu'il compare aux dieux suprêmes iraniens. /

—, « Recherches sur le féodalisme iranien » in *Orientalia Suecana*, vol. V (1956), Uppsala 1957, pp. 79-182.

—, I*Les Religions de l'Iran*, trad. L. Jospin, Paris, `payot, 1968, 419 p. (Les religions de l'humanité, Bibliothèque historique).

WIKANDER, S., *Der Arische Männerbund. Studien zur Indo-Iranischen Sprach und Religiongeschichte*, Lund., Ed. Hakan Ohlssons, 1946, III p.

/ Pour la valeur du derafsh dans la société d'hommes, cf. pp. 58 sq. /

—, « Études sur les mystères de Mithra », ext. de Vetenskaps-Societetens i Lund. Arsbok, 1950, pp. 5-46.

—, « Sur le fonds commun indo-iranien des épopées de la Perse et de l'Inde » in *La Nouvelle Clio*, N° 7,-1 2, 1949-1950, pp. 310-329.

WOLFF, F., *Avesta, die heiligen Bücher der Parsen, Nach Barthlomae's Altiranischen Wörterbuch übersetzt*, 1925.

/ Meilleure trad. de l'*Avesta*, fondée sur le dictionnaire de Chr. Bartholomae. /

—, *Glossar zu Firdosis Schahname*, Festgabe des Deutschen Reiches zur Jahrtausendfeier für den Persischen Dichterfuisten, Herausgegeben von der Notgemunschaft der Deutschen Wissenschaft in verbindung mit der Deutschen Morgenländischen Gesellschaft. Supplementband : Verkonkordanz der Schahname, Ausgaben von Macan, Vullers und Mohl, 2 vols. Berlin, 1935.

WULFF, H. E., *The Traditional Crafts of Persia, their Development, Technology, and Influence on Eastern and Western Civilisations*, Massachusetts, the M.T. T. Press, 1968, 405 p.

XELLA, P., « Il dio siriano Kothar » in *MAGIA, Studi di Storia delle religioni in memoria di R. Garosi*, Roma, Bulzoni, 1976, pp. 111-125.

YAGHÂNYÂNITCH, L., « *Shâhnâme*-ye Ferdowsi va hamâse-ye mânand-e ân dar adabiyât-e rousi » in *Nashriye-ye dâneshkade-ye adabiyyât-e Tabriz*, t. 2, n°1, pp. 20-30.

POUR-DÂVOUD, *Yashthâ*, trad. D. J. Irâni, Tehrân, Tahouri Publ., 1968, 2 vols., (Zabân-o Farhang-e Irân, 50).

YOSHIDA, A., « Épopée » in *EU*[6], 1968, Paris, pp. 375a-380a.

YOUSOFI, Gh. H., « Derafsh-e Irân » in *Nashriye-ye farhang-e Khorâsân*, n°s 2/3 : 5-20 et 4/5 : 8-15.

ZAKÂ', Y., « Târikhtche-ye taghyirât va tahavvolât-e derafsh va 'alâmat-e dowlat-e Irân az âghâz-e sade-ye sizdahom-e hedjri-ye ghamari tâ emrouz » in *Honar va Mardom*, n° 31, N. S., ordibehesht 1344 H., pp. 13-24.

Le Zend-Avesta, trad. nouvelle avec commentaire historique et philologique par J. Darmesteter, av.-propos de E. Benveniste, 1960, Paris, A. Maisonneuve, 3 vols., I : « La liturgie, YASNA et VISPERED », cxix-500 p. ; 2 : « La loi (VENDIDAD), l'épopée (YASHTS), le livre de Prière (KHORDA AVESTA), xxxv-747 p. ; 3 : « Origines de la littérature et de la religion zoroastrienne, appendice à la traduction de l'Avesta, fragments des Nasks perdus et index », cvii -262 p. ; (Annales du musée Guimet, tt. 21, 22 et 24).

DIVERS

DANTE ALIGHIERI, La Divina Commedia : La Divine comédie, ed. bilingue intégrale, texte italien établi sur la dernière ed. de la Società Dantesca Italiana, texte français et notes rev. et mis à jour par L. Cohen et Cl. Ambroise, présenté par P. Renucci, ill. de miniatures en couleurs d'un manuscrit siennois du XVe siècle, Paris, Les Libraires Associés, 1965, xxviii-674 p.

FARAMÂRZ fils de KHODÂDÂD, *Samak-e 'Ayyâr*, trad. du pers. par F. Razavi, int. de H. Massé, Paris, G.-P. Maisonneuve et Larose, 1972, t. I, 230 p. Coll. UNESCO d'œuvres représentatives. (Bibliothèque des Œuvres Classiques persanes, n° 3).

MICHELET, J., *Bible de l'humanité*, Paris, F. Chamerot, 1864, xii-494 p.

Table des matières

Repères 7
Abréviations 9
Le forgeron, archétype éternel du patriote persan 11
Aspects du forgeron. Étude de la figure polyvalente de l'artisan des métaux ... 13
    Rapports du forgeron avec les éléments 13
        Armes et outils 16
    La fonction artisanale 17
    Le forgeron architecte et démiurge 19
    La fonction sociale 21
        Contradictions du statut social 22
    Le forgeron et le panthéon 31
        Le combat mythique 34
        La fonction corrective 41
    Conclusion partielle 44
Les métallurges dans le *Shâhnâmeh* 47
    Les premiers âges et les métiers 47
        Ordre classique 49
        Ordre du Shâhnâmeh 55
    Étude sémantique 66
        Lexique 66
        Le radical *kan* 72
    Les forgerons dans le *Shâhnâmeh* 77
        Les bâtisseurs 80
        Forgerons lieurs et forgerons délieurs 90
        Le marteau et l'enclume : une analogie de la dynamique 96
    Conclusion partielle 103

Histoire d'un mythe : le forgeron dans *Le livre des rois* de Ferdowsi

Le forgeron légendaire et l'étendard national 107
    Le forgeron mythique 108
        L'ordre troublé 109
        La parole et le pouvoir populaire 123
        L'étendard de Kâveh 131
        La forge de l'arme et le combat cosmique 137
    Le mal enchaîné : le retour a la légitimité 158
    Étymologie 180
        Le forgeron : Kâveh 180
        L'étendard : derafsh 184
    L'étendard national 188
    Conclusion partielle 205

    Kâveh, mythe ou réalité historique ? 211
        L'Hardi accusateur d'ispahan 213
        L'ancêtre des goudarziens ? 220
        La figure de « l'artisan-chevalier » 225
        Genèse d'un mythe : essai d'interprétation 235

Contribution à une iconographie du *derafsh* 243

L'Artisan est un démiurge 249

Bibliographie 251

L'Iran aux éditions L'Harmattan

Dernières parutions

AU SEUIL D'UNE SAISON FROIDE, Recueil de poèmes,
Forough farrokhzad

Bilingue français-persan, Traduit du persan et présenté par Sara Saïdi B.
Parce que chacun des poèmes qui le composent est un acte d'écriture singulier et irréversible, le présent recueil - représentatif de la maturation intellectuelle et de l'évolution de la technique poétique de l'auteure - nous donne à penser non seulement sur la littérature orientale et la littérature en général, sur l'essence même de la poésie, mais surtout sur la condition humaine. Au faîte de sa maturité poétique, Forough Farrokhzad décède subitement à l'âge de 33 ans. Son projet de libération de la femme par l'art et par la littérature a concrétisé un renouveau du lien très fort entre écriture et liberté.

ISBN : 978-2-343-13659-2 • 4 décembre 2017 • 150 p. 16 €

DEUX CENTS LOCUTIONS COMPARATIVES DU PERSAN

Monireh Kianvach-Kechavarzi

Ce recueil offre au public francophone deux cents locutions comparatives, usuelles et souvent imagées, de la langue persane. Certaines font allusion aux faits historiques, légendaires ou anecdotiques. A travers ces éléments de langage se dessinent concrètement les liens étroits et constants entre les traditions pré-islamique et islamique (notamemnt chiite), qui marquent la particularité de la culture persane. Chaque locution est éclairée par un exemple. Un index des noms propres et un index des thèmes permettent une recherche approfondie.

ISBN : 978-2-343-13403-1 • 15 novembre 2017 • 116 p. 13,5 €

LA CRISE DE LA CONSCIENCE IRANIENNE. Histoire de la prose persane moderne (1800-1980)
Christophe Balay

Pour les Iraniens, toute expérience humaine prend tôt ou tard une forme littéraire. Dans la longue tradition littéraire iranienne, c'est la forme poétique qui assume ce rôle, constitue l'axe autour duquel s'enroule l'ensemble du système. Mais la grande crise des 19e et 20e siècles opère un déplacement de l'axe. La prose conquiert peu à peu une place nouvelle dans un échange permanent avec l'idéologie politique et sociale. L'auteur met en perspective le phénomène de la naissance et du développement de cette prose littéraire en montrant à quel point son destin est intimement lié à celui de l'Iran politique, social, économique et culturel.
ISBN : 978-2-343-11779-9 • juin 2017 • 536 p. 39 €

LA GENÈSE DU CINÉMA D'AUTEUR IRANIEN. Ebrahim Golestan
Farid Esmaeelpour, Préface de Serge Le Péron ; Postface de Jean Douchet

Cet ouvrage constitue une analyse approfondie d'une des figures majeures du cinéma iranien contemporain, celle d'Ebrahim Golestan, à la fois traducteur de Shakespeare, de Georges Bernard Shaw, de William Faulkner et pionnier de ce que l'on pourrait qualifier de cinéma d'auteur. Selon le critique Jonathan Rosenbaum, il n'est pas possible de bien comprendre le nouveau cinéma iranien, porté notamment par Abbas Kiarostami et Jafar Panahi, sans se référer à EbrahimGolestan. L'ouvrage permet de (re)découvrir ses films cachés et/ou perdus de l'histoire du cinéma iranien.
ISBN : 978-2-343-12099-7 • juin 2017 • 174 p. 18,5 €

L'IRAN AUTREMENT. Des conflits philosophiques à l'iconophobie
 Reza Rokoee

 Ce livre entreprend une analyse de la pensée philosophique en Iran et propose une lecture de quelques problématiques actuelles. L'ouvrage offre un aperçu de l'histoire des idées en Iran moderne et contemporain et s'intéresse notamment à la question d'iconoclasme à travers le syndrome qualifié d'iconophobie.
ISBN : 978-2-343-09220-1 • avril 2017 • 310 p. 31 €

DE LA BURQA AFGHANE À LA HIJABISTA MONDIALISÉE. Une brève sociologie du voile afghan et ses incarnations dans le monde contemporain

 Carol Mann - Préface de Catherine Millet

Comment, en l'espace de quinze ans, la burqa, objet de toutes les condamnations en tant que symbole de l'oppression des femmes, en est venue à représenter le contraire, notamment avec l'essor de la hijabista ? En associant son regard d'anthropologue à la méthode de l'historienne, l'auteure nous permet de réfléchir sur le port du voile en général, tel que nous le voyons de plus en plus adopté dans notre paysage urbain occidental, et d'y réfléchir en dehors de ce qu'elle n'hésite pas à appeler « l'hystérie », celle des politiques aussi bien que celle des prédicateurs doctrinaires qui en font un idéal de la féminité.

ISBN : 978-2-343-10081-4 • mars 2017 • 240 p. 24,50 €

Structures éditoriales du groupe L'Harmattan

L'Harmattan Italie
Via degli Artisti, 15
10124 Torino
harmattan.italia@gmail.com

L'Harmattan Hongrie
Kossuth l. u. 14-16.
1053 Budapest
harmattan@harmattan.hu

L'Harmattan Sénégal
10 VDN en face Mermoz
BP 45034 Dakar-Fann
senharmattan@gmail.com

L'Harmattan Mali
Sirakoro-Meguetana V31
Bamako
syllaka@yahoo.fr

L'Harmattan Cameroun
TSINGA/FECAFOOT
BP 11486 Yaoundé
inkoukam@gmail.com

L'Harmattan Togo
Djidjole – Lomé
Maison Amela
face EPP BATOME
ddamela@aol.com

L'Harmattan Burkina Faso
Achille Somé – tengnule@hotmail.fr

L'Harmattan Côte d'Ivoire
Résidence Karl – Cité des Arts
Abidjan-Cocody
03 BP 1588 Abidjan
espace_harmattan.ci@hotmail.fr

L'Harmattan Guinée
Almamya, rue KA 028 OKB Agency
BP 3470 Conakry
harmattanguinee@yahoo.fr

L'Harmattan Algérie
22, rue Moulay-Mohamed
31000 Oran
info2@harmattan-algerie.com

L'Harmattan RDC
185, avenue Nyangwe
Commune de Lingwala – Kinshasa
matangilamusadila@yahoo.fr

L'Harmattan Maroc
5, rue Ferrane-Kouicha, Talaâ-Elkbira
Chrableyine, Fès-Médine
30000 Fès
harmattan.maroc@gmail.com

L'Harmattan Congo
67, boulevard Denis-Sassou-N'Guesso
BP 2874 Brazzaville
harmattan.congo@yahoo.fr

Nos librairies en France

Librairie internationale
16, rue des Écoles – 75005 Paris
librairie.internationale@harmattan.fr
01 40 46 79 11
www.librairieharmattan.com

Lib. sciences humaines & histoire
21, rue des Écoles – 75005 Paris
librairie.sh@harmattan.fr
01 46 34 13 71
www.librairieharmattansh.com

Librairie l'Espace Harmattan
21 bis, rue des Écoles – 75005 Paris
librairie.espace@harmattan.fr
01 43 29 49 42

Lib. Méditerranée & Moyen-Orient
7, rue des Carmes – 75005 Paris
librairie.mediterranee@harmattan.fr
01 43 29 71 15

Librairie Le Lucernaire
53, rue Notre-Dame-des-Champs – 75006 Paris
librairie@lucernaire.fr
01 42 22 67 13